UTB **2671**

Eine Arbeitsgemeinschaft der Verlage

Böhlau Verlag · Köln · Weimar · Wien
Verlag Barbara Budrich · Opladen · Farmington Hills
facultas.wuv · Wien
Wilhelm Fink · München
A. Francke Verlag · Tübingen und Basel
Haupt Verlag · Bern · Stuttgart · Wien
Julius Klinkhardt Verlagsbuchhandlung · Bad Heilbrunn
Lucius & Lucius Verlagsgesellschaft · Stuttgart
Mohr Siebeck · Tübingen
Orell Füssli Verlag · Zürich
Ernst Reinhardt Verlag · München · Basel
Ferdinand Schöningh · Paderborn · München · Wien · Zürich
Eugen Ulmer Verlag · Stuttgart
UVK Verlagsgesellschaft · Konstanz
Vandenhoeck & Ruprecht · Göttingen
vdf Hochschulverlag AG an der ETH Zürich

PATRICK RÖSSLER

Inhaltsanalyse

2., überarbeitete Auflage

UVK Verlagsgesellschaft

Patrick Rössler ist Professor für Empirische Kommunikationsforschung an der Universität Erfurt.

Bibliografische Information der Deutschen Bibliothek
Die Deutsche Bibliothek verzeichnet diese Publikation in der Deutschen Nationalbibliografie; detaillierte bibliografische Daten sind im Internet über http://dnb.ddb.de abrufbar.

1. Auflage: 2005
2. Auflage: 2010

ISBN 3-8252-2671-9

© UVK Verlagsgesellschaft mbH, Konstanz 2010

Einbandgestaltung und Grundlayout: Atelier Reichert, Stuttgart
Satz: Claudia Wild, Konstanz
Druck: fgb · freiburger graphische Betriebe, Freiburg

UVK Verlagsgesellschaft mbH
Schützenstr. 24 · 78462 Konstanz
Tel.: 07531-9053-0 · Fax: 07531-9053-98
www.uvk.de

Inhalt

Vorwort zur 1. Auflage 9
Vorwort zur 2. Auflage 11

1 Wozu quantitative, standardisierte Inhaltsanalysen? ... 13

1.1 Vorbemerkungen 13
1.2 Was die Inhaltsanalyse ist – und was nicht 17
1.3 Definitionen der Inhaltsanalyse und wichtige Begriffe 20

2 Typische Fragestellungen: Deskription und Inferenz ... 27

2.1 Ziel: Beschreibung der Berichterstattung 27
2.2 Ziel: Inferenzschlüsse auf die soziale Wirklichkeit 31

3 Der Forschungsprozess: Vom Erkenntnisinteresse zum Verwertungszusammenhang 37

3.1 Die einzelnen Schritte der Medieninhaltsanalyse im Überblick 37
3.2 Das Kernproblem: Definition der Einheiten 41
3.3 Der Forschungsprozess im Zeitablauf 45

4 Die Auswahleinheit: Stichprobenziehung und Untersuchungsmaterial 53

4.1 Definition der Auswahleinheit 53
4.2 Weitere Auswahlverfahren auf unterschiedlichen Stufen ... 57

4.3	Praktische Hinweise zu Beschaffung, Archivierung und Verwendung	64
4.4	Analyse von Online-Inhalten	68

5 Die Analyseeinheit: Definitionen für Print- und Funkmedien ... 75

5.1	Grundsätzliche Überlegungen	75
5.2	Unabhängige Analyseeinheiten: Parallele Zerlegung	76
5.3	Analyseeinheiten bei Printmedien: Hierarchische Zerlegung	78
5.4	Analyseeinheiten für Fernsehnachrichten: Hierarchische Zerlegung	82
5.5	Exkurs I: Analyseeinheit Bild	85
5.6	Exkurs II: Umgang mit Analyseeinheiten im Internet	89

6 Das Codebuch: Aufbau und Kategorienbildung ... 95

6.1	Der Aufbau des Codebuchs in der Übersicht	95
6.2	Kategoriensystem und Kategorienbildung	100

7 Die Standards: Formale Kategorien ... 113

7.1	Zur Funktion formaler Kategorien: Fixierung	113
7.2	Kategorie: Medium (Auswahleinheit)	115
7.3	Kategorie: Datum/Zeit	116
7.4	Kategorie: Umfang (Länge/Dauer)	118
7.5	Kategorien zu weiteren Darstellungsmerkmalen	121

8 Der Gegenstand: Inhaltliche Kategorien ... 131

8.1	Zur Funktion inhaltlicher Kategorien: Klassifikation	131
8.2	Kategorie: Thema	133
8.3	Kategorie: Ereignis- bzw. Bezugsort	141
8.4	Kategorie: Akteure/Handlungsträger	144
8.5	Kategorie: Aktualitätsbezug	149

9 Die Tendenz: Wertende Kategorien 155

9.1 Zur Funktion wertender Kategorien: Evaluation 155
9.2 Globalbewertungen von Analyseeinheiten 157
9.3 Skalenbildung bei wertenden Kategorien 161
9.4 Wertende Aussagen: Synthetisches Kategoriensystem 163

10 Die Erhebungsphase: Schulung, Codierung und Feldorganisation 175

10.1 Codiererschulung und Pre-Test 175
10.2 Feldorganisation 180
10.3 Codebogen und Datenerhebung 184
10.4 Computergestützte Inhaltsanalyse 188

11 Die Qualitätskontrolle: Reliabilität und Validität 195

11.1 Zur Logik der inhaltsanalytischen Gütekriterien 195
11.2 Reliabilität der Codierung 197
11.3 Validität und Inferenzschluss 205

12 Der Verwertungszusammenhang: Exemplarische Inhaltsanalysen zu unterschiedlichen Mediengattungen 213

12.1 Vorbemerkung: Befunde von Inhaltsanalysen aus der akademischen Forschung 213
12.2 Studie I: Diskussion über die Meinungsfreiheit im Zuge des Karikaturenstreits in der deutschen Tagespresse 215
12.3 Studie II: Vergleich von S<small>PIEGEL</small> und F<small>OCUS</small> 219
12.4 Studie III: Fernsehnachrichten und Wahlkampf 222
12.5 Studie IV: Crossmedia-Verweise als Scharnier zwischen Werbeträgern 226
12.6 Der Forschungsbericht 230

13 Kommunikationswissenschaftliche Anwendung: Die Inhaltsanalyse als Teil eines Mehrmethodenansatzes .. 235

13.1 Methodische Untersuchungskonzepte für Theorien und Modelle 235
13.2 Inferenzen auf den Kommunikator: Nachrichtenwerte 237
13.3 Inferenzen auf den Rezipienten: Agenda-Setting 240
13.4 Inferenzen auf die soziale Situation: Framing 243
13.5 Mehrstufen-Ansatz: Kultivierung 246

Abschließende Überlegungen 249

Anhang 253

Glossar 255
Beispiel-Codebuch: Muslimische Weblogs 259
Antworten zu den Übungsfragen 279
Abbildungsverzeichnis 283
Literatur 285
Register 289

Vorwort zur 1. Auflage

Fünfundzwanzig Augenpaare sind der Grund für dieses Buch – 25 Augenpaare und ihre zunächst ratlosen Blicke angesichts meiner Versuche, in einem Einführungskurs in die kommunikationswissenschaftlichen Methoden den Sinn und Zweck unterschiedlicher Analyseeinheiten bei der Codierung von Fernsehnachrichten zu verdeutlichen. Um dieser (anfänglichen) Ratlosigkeit zu begegnen, wendet sich dieser Band an Einsteiger in die Inhaltsanalyse ohne irgendwelche Vorkenntnisse. Sein Aufbau folgt einem simplen Leitgedanken: Anhand einer konkreten Fragestellung will er über die praktische Anwendung das Verständnis für die Logik der Methode wecken. Die Perspektive ist damit eher »handwerklich« ausgerichtet; durch die Entwicklung von Lösungsstrategien für ein vorgegebenes Problem werden die Leser für die Möglichkeiten und Grenzen der systematischen Analyse von Medienangeboten sensibilisiert. Diese Orientierung am unmittelbaren Forschungsalltag soll den Anwendern den schnellen Zugang zur »Philosophie« der inhaltsanalytischen Verfahren ermöglichen und sie zu einer intensiveren Beschäftigung damit motivieren.

Weil dieses Lehrbuch den Nutzwert betont, rücken die wissenschaftstheoretische und die konzeptionelle Komponente zwangsläufig in den Hintergrund. Das didaktische Prinzip ist vielmehr »bottom-up« angelegt: Die Einsicht in die Bedeutung der Methode für die Medienpraxis und das Vertrauen in ihre eigene inhaltsanalytische Basiskompetenz sollen Nachwuchsforscher zu einer vertieften Auseinandersetzung stimulieren. Hierfür stehen dann weitere wissenschaftliche Werke zur Verfügung, die im Literaturverzeichnis am Ende dieses Buches aufgeführt sind. Diese Ausrichtung berücksichtigt bereits, dass mit den in Deutschland flächendeckend einzuführenden, konsekutiven BA-/MA-Studiengängen veränderte Zielvorgaben einhergehen: In den Orientierungsphasen eines BA-Studiums sollen alle Absolventen zu einer grundsätzlichen Berufsfähigkeit geführt werden, zu der dieses Lehrbuch durch die Vermittlung eines ersten methodischen Grundstocks beitragen will. Es gliedert sich in dreizehn Kapitel, was etwa der Zahl inhaltlicher Sitzungen pro Semester in einer grundlegenden Lehrveranstaltung entspricht. Auf diese Inhalte kann in der Folge eine intensivere Behandlung der Inhaltsanalyse aufbauen, beispielsweise in Vertiefungskursen oder Projektarbeiten.

Konsequenterweise habe ich dieses Buch in Zusammenarbeit mit Vertretern aus der Zielgruppe, genauer: mit Studierenden der Kommunikationswissenschaft an der Universität Erfurt erarbeitet. Susanne Tirsch und Ulrike Täuber, beide inzwischen mit reichlich Projekterfahrung gesegnet, haben die Arbeiten so kritisch wie konstruktiv begleitet, die Beispielanwendung aufbereitet und die didaktischen Features ausgeführt. Die Schlussredaktion profitierte erheblich von den Anregungen, die Paula Syniawa und Tanja Peterzelka – als Vertreter der Zielgruppe dieses Bandes – mit der ihnen eigenen Akribie beigetragen haben. Ohne das geduldige Engagement dieser Studierenden wäre der Band kaum in der vorliegenden Weise zustande gekommen, weshalb ich Ihnen zu besonderem Dank verpflichtet bin. Aus fachlicher Sicht haben Dr. Helena Bilandzic (Universität Erfurt) und Dr. Bertram Scheufele (Universität München) das Manuskript kritisch durchgesehen. Meiner großen Wertschätzung, die das üblich-kollegiale weit übersteigt, konnten sich diese beiden Methodenexperten schon lange sicher sein – aus meinem tiefsten Herzen kommen nun noch Dank und Anerkennung für ihre sorgfältige Überarbeitung des Textes hinzu, die sie neben ihren eigenen Belastungen auf sich genommen haben. Außerdem schulde ich Eva Baumann (Hannover) und Stephanie Lücke (Erfurt) Dank für die Erlaubnis, das von ihnen im Rahmen eines gemeinsamen Lehrforschungsprojekts der beiden Universitäten entwickelte Codebuch als Beispielanwendung verwenden zu dürfen.

Ich erhoffe mir, dass sich durch die hier vorgelegte Einstiegslektüre in den Studierenden der Kommunikationswissenschaft (und der Nachbardisziplinen) der Funke der Neugier auf viele spannende Medieninhaltsanalysen entzünden möge – und dass sich dieser Funke zu einem Feuer der Begeisterung für die Erklärungskraft ihrer Verfahren ausweitet, wenn die Leistungen von Massenmedien beschrieben werden sollen!

Erfurt, im Juli 2005   Patrick Rössler

Vorwort zur 2. Auflage

Die Resonanz auf die erste Auflage dieses Lehrbuchs fiel durchaus erfreulich aus: Von verschiedenen Seiten – Studierende, Dozenten, Kollegen – erreichte mich Zuspruch für das Unterfangen, ein Einsteigerbuch für das Handwerk der Inhaltsanalyse anzubieten. Allerdings waren diese Zuschriften zumeist auch gepaart mit mehr oder minder substanziellen Verbesserungsvorschlägen, die mir aber allesamt sehr sinnvoll erschienen. Deswegen war es für mich selbstverständlich, diese Anregungen, für die ich allen Kommentatoren an dieser Stelle herzlich danken möchte, in die vorliegende Neuauflage des Lehrbuchs aufzunehmen.

Neben den unvermeidlichen Tipp- und Interpunktionsfehlern wurden für diese Ausgabe zunächst einige argumentative und terminologische Inkonsistenzen beseitigt. Wie in vergleichbaren Werken auch haben wir aus Gründen der Lesbarkeit auf geschlechtneutrale Formulierungen verzichtet, sprechen aber dennoch grundsätzlich beide Geschlechter an. Ein wesentlicher Teil der Überarbeitungen bezieht sich außerdem auf Aktualisierungen: Für die im Text erwähnten Beispielstudien wurden zeitgemäßere Publikationen ausgewählt, und auch die Literaturempfehlungen im Anhang erweitert und auf den neuesten Stand gebracht. Schließlich sind einige Aspekte nun ausführlicher dargestellt, die ursprünglich nur angedeutet waren, zwischenzeitlich aber an Relevanz gewonnen haben – etwa die Analyse visueller Kommunikation in Form von Pressefotos, die Durchführung computergestützter Inhaltsanalysen und von Realitätsberechnungen oder Hinweise zur Formulierung eines Forschungsberichts.

Die umfangreichsten Veränderungen ergaben sich freilich aus der intensiveren Berücksichtigung von inhaltsanalytischen Verfahren für Online-Medien, die an unterschiedlichen Stellen im Manuskript ergänzt wurden. Besonders augenfällig ist dies an dem Fallbeispiel zu erkennen, das die Lektüre des gesamten Buches begleitet und sich nunmehr einem Phänomen aus der Kommunikation im so genannten »Web 2.0« widmet, einschließlich des im Anhang abgedruckten Codebuchs. Mein Dank gilt hier der Forschergruppe von BA-Studierenden der Universität Erfurt, die dieses Codebuch für ihr Abschlussprojekt, dessen Ergebnisse in

Buchform publiziert sind, erarbeitet und uns zur Verfügung gestellt haben. Leser, die sich stärker für die Inhaltsanalyse klassischer Massenmedien interessieren, sei daher die erste Auflage des vorliegenden Lehrbuchs anempfohlen, die hoffentlich noch längere Zeit über die öffentlichen Bibliotheken erreichbar bleiben wird.

Überhaupt wurde das bewährte Konzept, mein Lehrbuch in Zusammenarbeit mit Studierenden zu erstellen, auch für diese überarbeitete Auflage angewandt: Mein ganz besonderer Dank geht deswegen an Lena Hautzer und Marco Lünich, die ihre eigenen Erfahrungen bei der Anwendung des Bandes im Rahmen einer Inhaltsanalyse gesammelt haben und auf dieser Grundlage ganz wesentlich an der Neufassung des Manuskripts mitwirkten. Ohne ihren Enthusiasmus, aber auch ihre Genauigkeit im Lektorat und bei der Ausformulierung von Ergänzungen wäre mir eine solch fundamentale Revision des Bandes niemals gelungen. Mein letzter Dank geht schließlich an die Betreuer innerhalb der UVK Verlagsgesellschaft, die meine Ankündigung, mehr als nur kosmetische Änderungen betreiben zu wollen, nicht als Drohung, sondern als Chance begriffen und diesen Prozess tatkräftig unterstützt haben!

Erfurt, im Juli 2010   Patrick Rössler

Wie dieses Buch zu lesen ist
Dieses Buch will seinen Lesern die Forschungspraxis der Inhaltsanalyse näher bringen. Um auch komplexere Inhalte übersichtlich und anschaulich darzustellen, werden folgende lerndidaktische Features verwendet:
- Kurze Inhaltsangaben verschaffen einen schnellen Überblick über das jeweilige Kapitel.
- Als inhaltlicher Leitfaden sind Schlagwörter im Volltext herausgehoben.
- Schlüsselbegriffe zur Orientierung finden sich in der Marginalspalte am Rand des Volltextes.
- Den inhaltsanalytischen Prozess begleitet ein praxisbezogenes Fallbeispiel – so kann der Leser direkt nachvollziehen, wie sich die theoretischen Überlegungen praktisch anwenden lassen.
- Speziell ausgewiesene Merksätze, Definitionen und Zitate erleichtern den Lernprozess.
- Beispiele, Tabellen und Abbildungen veranschaulichen die abstrakten Sachverhalte.
- Weiterführende Literatur wird sowohl im Volltext als auch im Anhang zur Vertiefung empfohlen.
- Wichtige Fachbegriffe erklärt ein Glossar am Ende des Buches.
- Jedes Kapitels endet mit Übungsaufgaben zur Selbstüberprüfung.

Wozu quantitative, standardisierte Inhaltsanalysen? | 1

Inhalt
1.1 Vorbemerkungen
1.2 Was die Inhaltsanalyse ist – und was nicht
1.3 Definitionen der Inhaltsanalyse und wichtige Begriffe

Dieses Kapitel begründet den Nutzen, den die Inhaltsanalyse von massenmedialen Erzeugnissen für die Kommunikationswissenschaft und andere Disziplinen besitzt. Es veranschaulicht die wesentlichen Kennzeichen der Inhaltsanalyse anhand einiger unterschiedlicher Definitionen, die in der Forschungsliteratur bereits entwickelt wurden.

Vorbemerkungen | 1.1

In einem durchschnittlichen deutschen Kabelnetz sind derzeit gut 30 Fernsehsender zu empfangen, via Satellit noch einige mehr. Fast alle dieser Sender strahlen rund um die Uhr ein ständig wechselndes, sich erneuerndes Angebot aus – macht etwa 9.000 Stunden jährlich und bei 30 Sendern über eine Viertelmillion Stunden Programmleistung. Da jeder oder jede Deutsche statistisch im Schnitt etwa drei Stunden täglich fernsieht, kann jeder von uns aber nur Promilleanteile des TV-Angebots wahrnehmen.

allgegenwärtige Medieninhalte

Ähnlich verhält es sich auch mit anderen Medien: 135 so genannte Publizistische Einheiten produzieren Tageszeitungen mit einer verkauften Auflage von über 20 Millionen Exemplaren täglich. Es gibt jedoch keinen Kiosk und keinen Großhändler, der uns für ein bestimmtes Datum alle verschiedenen Tageszeitungen lückenlos liefern könnte. Selbst wenn wir uns einen vollständigen Überblick über die Berichterstattung verschaffen wollten – wir könnten es nur unter großen Mühen. Rechnet man die mehreren Tausend Publikums- und Fachzeitschriften hinzu, die hier zu Lande existieren, und vergisst auch die über einhundert öffentlich-rechtlichen oder privaten Hörfunksender nicht, dann scheint der mediale »Druck« in unserer Gesellschaft ins schier Unermessliche zu wachsen.

Und doch finden alle diese Medien unter den 80 Millionen Bundesbürgern ihr Publikum. Nur: Mit welchen Botschaften dieses Publikum konfrontiert wird, lässt sich angesichts der immensen Medienvielfalt kaum mehr abschätzen. Zwar ist nichts so überholt wie die Tageszeitung von gestern, und vieles, was der Rundfunk ausstrahlt, »versendet sich« ohne größere Resonanz, wie es der Intendant eines Fernsehsenders einmal formulierte. Trotzdem gibt es gute Gründe, diese Inhalte zumindest ausschnittsweise systematisch zu erfassen und zu untersuchen – hier einige Beispiele:

Gründe für Medieninhaltsanalysen

1. In der *Politik* wird davon ausgegangen, dass Darstellungen in den Massenmedien einen großen Einfluss auf die Entscheidungsfindung haben können, etwa wenn es um Wahlen geht. Daher besteht regelmäßig Interesse an Informationen über die wichtigen Themen in der Berichterstattung, über die Bewertung von Parteien oder über das Image von Politikern in verschiedenen Medien.
2. Auch in der *Wirtschaft* gilt Medienpräsenz als ein Machtfaktor, der über den Marktwert von Unternehmen ebenso entscheiden kann wie über den Absatz von Produkten. Daneben kann das frühzeitige Erkennen von neuen Trends oder von Themen, über die demnächst öffentliche Diskussionen einsetzen werden, das Produkt- bzw. Kommunikationsmanagement deutlich optimieren.
3. Im Bereich des *Rechts* ist der Mediensektor durch eine ganze Reihe von Gesetzen und Abkommen geordnet. Der Umfang an Werbung, der im Fernsehen ausgestrahlt werden darf, ist reguliert, und der Jugendschutz verhindert die Veröffentlichung von pornografischen oder gewaltverherrlichenden Inhalten in den Medien. Die Einhaltung dieser Richtlinien muss von einer Reihe unterschiedlicher Institutionen (z. B. den Landesmedienanstalten) regelmäßig überprüft werden.
4. Die *Wissenschaft* interessiert sich für die gesellschaftlichen Folgen, die verschiedene Arten von Medieninhalten hervorrufen können. Am populärsten sind sicherlich die immer wieder geäußerten Vermutungen, die Häufung von Gewaltdarstellungen im Fernseh- und Videoangebot würde die Gewaltbereitschaft gerade unter Jugendlichen erhöhen. Diese und vergleichbare Annahmen fußen in der Regel auf der Beobachtung bestimmter inhaltlicher Tendenzen im Fernsehangebot, die freilich erst systematisch nachzuweisen wären.

Um solche Fragestellungen angemessen bearbeiten zu können und zuverlässige Erkenntnisse zu erhalten, die über eine persönliche Medienbeobachtung hinausgehen, wurde die systematische, standardisierte

Inhaltsanalyse entwickelt. Als Ausgangspunkt wird hierfür immer wieder eine berühmte Rede des großen Sozialwissenschaftlers Max Weber vor dem deutschen Soziologentag 1910 genannt – obwohl es bereits zuvor entsprechende Studien gab und die Methode daraufhin, insbesondere in den USA, erst verfeinert und perfektioniert wurde.

Zitat

Max Weber (1910)
»Wir werden nun, deutlich gesprochen, ganz banausisch anzufangen haben damit, zu messen, mit der Schere und dem Zirkel, wie sich der Inhalt der Zeitung verschoben hat [...] zwischen dem, was überhaupt an Nachrichten gebracht wird und was heute nicht mehr gebracht wird.«
Quelle: Max Weber (1911): Geschäftsbericht, in: Verhandlungen des ersten Deutschen Soziologentages, Frankfurt. Tübingen: Mohr.

Weiteren Aufwind für die Methode bescherten die Propagandaforschung im Zweiten Weltkrieg, die weltweite Verbreitung der Sozialwissenschaften empirischer Prägung und zuletzt die (eingangs schon beschriebene) Vervielfachung der Medieninhalte. Heute erfreut sich die standardisierte Medieninhaltsanalyse auch in Deutschland – als einzige originär kommunikationswissenschaftliche Methode – einer enormen Beliebtheit, wie zahlreiche Projekte, Diplom- und Magisterarbeiten zeigen.

Seit einiger Zeit existiert hier zu Lande sogar ein eigenes Forschungsinstitut für Medienanalysen: In den Berichtsheften des MEDIA TENORS (www.mediatenor.de) werden die Ergebnisse einer kontinuierlichen Inhaltsanalyse unter vielfältigen Fragestellungen veröffentlicht. Das Institut mit Partnern in mehreren Ländern erfasst tagesaktuell die Politik- und Wirtschaftsberichterstattung von sieben wichtigen Tageszeitungen und sieben Hauptnachrichtensendungen; außerdem wöchentliche Magazinsendungen im Fernsehen, verschiedene Wochenschriften mit politischem Inhalt, dazu Wirtschaftszeitungen und ausgewählte Internet-Angebote (siehe Abb. 1.1).

regelmäßige Inhaltsforschung

Die Resultate füllen regelmäßige Berichtsbände mit Analysen und Schaubildern, was bereits eine brauchbare Basis für viele Aussagen über Medieninhalte darstellt. Trotzdem sind damit längst nicht alle Fragen beantwortet: Erstens beruht die Erfassung durch dieses Institut nicht auf einer repräsentativen Stichprobe von Medien (vgl. Kap. 4), und sie muss trotz des ungeheuren Aufwands immer noch viele relevante Medienangebote ausklammern, etwa im regionalen oder im Unterhaltungs- und Infotainment-Bereich. Zweitens ist die Erfassung selbst für manche

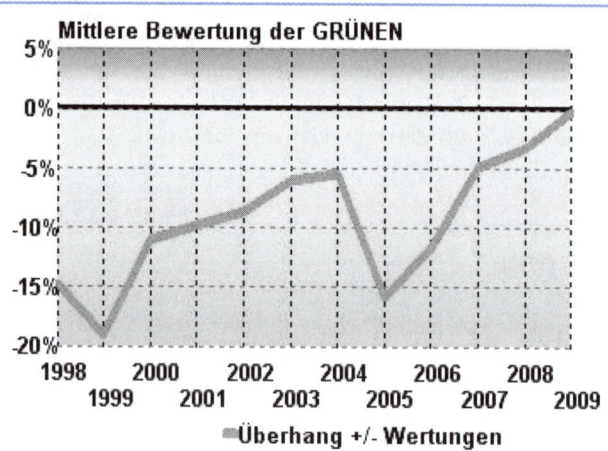

Abb. 1.1

Beispiel für eine Inhaltsanalyse aus MEDIA TENOR (www.mediatenor.de): Medienimage BÜNDNIS 90/ DIE GRÜNEN 1998–2009

spezielle Fragestellungen eben doch nicht tief gehend genug, und was bzw. wie erfasst wird, ist für das eine Ziel angemessen, für das andere nicht. Und drittens ist die Stärke der Vorgehensweise – dass nämlich nach demselben Muster über Jahre hinweg Daten gewonnen werden, die dadurch auch miteinander vergleichbar sind – dann ein Nachteil, wenn sich kurzfristig Sachverhalte auftun, die so schnell nicht berücksichtigt werden können.

Folglich besteht für viele Probleme zusätzlicher Bedarf an Medieninhaltsanalysen, und deswegen wurde auch dieses Buch geschrieben: Auf den folgenden Seiten erfahren die Leserin und der Leser Schritt für Schritt, wie die Methode bei entsprechenden Fragestellungen sinnvoll angewendet werden kann. Es folgen zunächst einige Definitionen und begriffliche Grundlagen, dann ein Überblick über wichtige Anwendungen (Kapitel 2) und den grundsätzlichen Ablauf des Forschungsprozesses (Kapitel 3). Die Überlegungen bei der Anlage von empirischen Arbeiten verdeutlichen Kapitel 4 bis 7, bevor im zentralen Teil (Kapitel 8 bis 11) die Ausarbeitung und Anwendung der inhaltsanalytischen Instrumente beschrieben wird. Abschließend werden noch unterschiedliche Typen von Medieninhaltsanalysen beispielhaft vorgestellt (Kapitel 12) und die Bedeutung der Inhaltsanalyse für die Kommunikationswissenschaft anhand mehrerer Forschungsansätze verdeutlicht (Kapitel 13). Durch die stärker anwendungsbezogenen Kapitel 3 bis 13 begleitet die Leser das Fallbeispiel einer tatsächlich durchgeführten Inhaltsanalyse. Hier werden die zunächst allgemeiner gehaltenen Überlegungen und Erläuterungen unmittelbar in die Forschungspraxis umgesetzt.

Aufbau des Buchs

Was die Inhaltsanalyse ist – und was nicht | 1.2

Zunächst ist allgemein zu klären, was wir uns überhaupt unter einer Inhaltsanalyse vorzustellen haben, und was wir im weiteren Verlauf dieses Buches speziell meinen, wenn wir von einer Inhaltsanalyse sprechen. Hierzu betrachten wir zunächst vier verschiedene Arten von medialen Botschaften (siehe Abb. 1.2).

So verschieden diese Botschaften sind, so gut kann man an ihnen das Wesen der Inhaltsanalyse im Vergleich zu anderen textanalytischen Methoden (beispielsweise der Hermeneutik) erläutern.

Wesen der Inhaltsanalyse

Betrachten wir zunächst die Zeitungsmeldung: Eine durchaus übliche Herangehensweise an diese Botschaft wäre, zu fragen, ob das berichtete Geschehen tatsächlich wahrheitsgetreu dargestellt wurde, oder ihren Satzbau auf Verständlichkeit zu untersuchen. Gedichte werden in der Regel interpretiert, ihre Aussage gedeutet, die Wortwahl und Rhythmus nach ästhetischen Kriterien bewertet. Comic und Pressefoto könnten auf ihre künstlerische Qualität abgeprüft werden, die Originalität

Abb. 1.2

Beispielhafte Medienbotschaften
Quellen:
Frankfurter Rundschau vom 24.2.2005:
1 & 2; J.-C. Forest (1970),
Barbarella: 35;
Paul Celan (1971),
Schneepart: 49.

Du durchklafterst
Farbenstoß, Zahlwurf, Verkenntnis,

viele
sagen:
du bists, wir verwissens,
viele verneinen sich an dir,
der du sie dir einzeln
erjast,
aufständisch wie
der dem Handgesagten geschenkte
Steinmut,
der sich hinhob zur Welt
am Saum des gewendeten Schweigens
und aller Gefahr.

des Zeichenstils oder den Blickwinkel des Fotografen. Allen diesen Zugängen ist eines gemeinsam: Sie gehen überwiegend *werkimmanent* vor, d. h., im Mittelpunkt der Überlegungen stehen einzelne Botschaften (das könnten jenseits der hier gewählten Beispiele selbstverständlich auch Fernsehbeiträge, Kinofilme oder Websites sein), die aus sich heraus gedeutet und auf dieser Grundlage erst zu übergreifenden Sachverhalten in Beziehung gesetzt werden.

Kennzeichen der Medieninhaltsanalyse

Die Medieninhaltsanalyse verfährt grundsätzlich anders: Sie betrachtet in der Regel eine *große Zahl von Botschaften* vergleichbarer Natur (z. B. alle Artikel in der Süddeutschen Zeitung zum Thema Kernenergie), die sie auf darin auffindbare Muster und Tendenzen (z. B. Pro- oder Kontra-Argumente) hin durchsucht. Ihr Resultat speist sie nicht aus der individuellen Interpretation einer einzelnen medialen Botschaft, wie oben beschrieben, sondern aus der systematischen Analyse *zahlreicher* medialer Botschaften. Damit ist ihre Zielsetzung eine vollkommen andere: Es geht nicht darum, ein möglichst umfassendes und tief gehendes Verständnis des jeweiligen medialen Objekts zu erreichen. Vielmehr werden aus der Vielfalt der Objekte die wesentlichen Tendenzen herausdestilliert und so *allgemeine* oder *verallgemeinerbare Aussagen* ermöglicht – auch um den Preis, dass man jedem einzelnen Objekt nicht zur Gänze gerecht werden kann.

Dieser Gegensatz zieht sich durch viele der Methoden in der empirischen Sozialforschung und wird gerne als Unterschied zwischen »quantitativer« und »qualitativer« Vorgehensweise bezeichnet. Richtiger wäre es jedoch, von »standardisierten« und »nicht standardisierten« Methoden zu sprechen.

Literatur

Bei der Inhaltsanalyse geht es um eine Abstraktion von einzelnen medialen Objekten, wobei das Objekt auf die an ihm interessierenden Merkmale reduziert wird. In der Forschungspraxis bedeutet dies eine Kombination aus qualitativen Urteilen über Botschaften, die quantitativ verdichtet und ausgewertet werden. Bei weiter gehendem Interesse an solch grundsätzlichen Überlegungen zur Wissenschaftstheorie sei auf die vertiefenden Quellen im kommentierten Literaturverzeichnis verwiesen (siehe hierzu z. B. Diekmann 2009: 18–173, Merten 1995: 60–94; Früh 2007: 27 ff.).

Unbedingt festzuhalten ist, dass es den quantitativen bzw. standardisierten Methoden besonders um die *Reduktion von Komplexität* geht: Die unüberschaubare soziale Wirklichkeit, die uns umgibt (im vorliegenden Fall die

Medienberichterstattung), wird auf ihre zentralen Strukturen reduziert, um die Muster sichtbar zu machen, die »hinter den Dingen« stehen. Diesen Mustern wird eine größere Bedeutung zugeschrieben als dem einzelnen Fall.

> **Merksatz**
>
> Die Medieninhaltsanalyse reduziert die Komplexität der Berichterstattung, indem sie deren zentrale Muster herausarbeitet.

Im eingangs erwähnten Presseartikel könnten beispielsweise ein Thema oder die genannten Akteure festgehalten werden, um über viele Artikel hinweg die Themenstruktur zu einem bestimmten Zeitpunkt zu ermitteln. Oder man könnte in der Comic-Zeichnung die visuelle Darstellung der Heldin anhand ihrer Kleidung erfassen, um aufgrund der Analyse vieler solcher Geschichten etwas über die Frauenrolle in Comics der sechziger Jahre zu erfahren. Damit sollte auch der grundsätzliche Unterschied in der Vorgehensweise beider Zugänge deutlich geworden sein: Die standardisierte Medieninhaltsanalyse definiert vor der Untersuchung ihres Materials eine Reihe von bedeutsamen Kriterien, anhand derer sie ihr Material untersucht, während interpretative Verfahren ihre Aussage erst aus dem Material heraus entwickeln.

systematische Erkenntnisse durch Standardisierung

Dieses Lehrbuch befasst sich im Folgenden nur mit der *standardisierten Variante* der Medieninhaltsanalyse, die als Methode in der sozialwissenschaftlich orientierten Kommunikationsforschung bevorzugt eingesetzt wird. Während einige andere Lehrbücher die Inhaltsanalyse im Allgemeinen behandeln, konzentrieren wir uns in der Darstellung auf ein bestimmtes, für unser Fach besonders bedeutsames Anwendungsgebiet, nämlich die *Medieninhaltsanalyse*. Unter Medien werden dabei in erster Linie die *klassischen Massenmedien* wie Fernsehen, Zeitungen und Zeitschriften oder der Hörfunk verstanden; deren Inhalte sind meist Beiträge, Filme, gesprochene oder gedruckte Texte und Bilder. Zu deren Analyse erläutern wir die in der Forschung gebräuchlichsten Erhebungsformen, die wir *Verfahren* nennen wollen (eine ausführlichere Liste möglicher Verfahren kann bei Merten 1995, S. 119–279 nachgelesen werden).

Schließlich sei erwähnt, dass auch auf einen Typ Inhaltsanalyse näher eingegangen wird, der im Zuge der Digitalisierung von Printmedien an Popularität gewonnen hat: Die *Computergestützte Inhaltsanalyse* (CUI; vgl. Kap. 10.4), bei der große Textmengen durch eine spezielle Software analysiert werden, eignet sich aber nur für einen bestimmten Typ von Fragestellungen und hauptsächlich für Textmedien.

1.3 Definitionen der Inhaltsanalyse und wichtige Begriffe

Verschiedene Forscher haben Vorschläge zur Definition der Inhaltsanalyse gemacht, von denen drei im Folgenden näher betrachtet werden. Keine dieser Definitionen ist »richtig« oder »falsch«, aber wenn man ihre verschiedenen Elemente gegenüberstellt, erkennt man deutlich die wichtigsten Wesensmerkmale der Methode (und lernt nebenbei auch die einschlägigen Begriffe kennen, die im weiteren Verlauf verwendet werden).

> **Definition**
>
> **Inhaltsanalyse nach Berelson (1952: 18)**
> »Content analysis is a research technique for the objective, systematic and quantitative description of the manifest content of communication.«

Die klassische Definition des amerikanischen Forschers Bernard Berelson stammt aus den fünfziger Jahren und beschreibt die Inhaltsanalyse zunächst noch als reine Forschungstechnik (*research technique*). Seither hat sich allerdings nicht nur ein beträchtliches Repertoire unterschiedlicher inhaltsanalytischer Verfahren ausdifferenziert, auch die erkenntnistheoretische Begründung der Inhaltsanalyse war Gegenstand der wissenschaftlichen Auseinandersetzung. Deshalb bezweifelt heute niemand mehr, dass die Inhaltsanalyse die bloße verfahrenstechnische Ebene verlassen und den Status einer eigenständigen Methode erreicht hat.

quantitative Messung

Auch zwei weitere der genannten Eigenschaften sind unumstritten: Erstens geht die Inhaltsanalyse, wie schon eingangs ausgeführt, prinzipiell *quantitativ* vor. Das heißt, es muss eine *Messung* der interessierenden Merkmale erfolgen. Dafür gelten natürlich die ganz grundsätzlichen sozialwissenschaftlichen Überlegungen (z.B. dass den interessierenden Ausprägungen eines Merkmals numerische Entsprechungen zugewiesen werden müssen). Auf einen Aspekt sei jedoch schon jetzt hingewiesen, da er sich in inhaltsanalytischen Studien oft als problematisch erweist: Messung bedeutet hier meist bloß eine simple Zuordnung – man klassifiziert beispielsweise den Gegenstand eines Artikels anhand einer Liste von Themen, oder ordnet eine Aussage einer bestimmten Quelle zu (Nominaldefinitionen). Die daraus resultierenden Daten unterliegen bei der späteren Auswertung allerdings aus Sicht der Statistik einigen Einschränkungen. Die Befunde sind eben oft deskriptiv wie in der zuvor abgedruckten Grafik aus dem MEDIA TENOR (siehe Abb. 1.1). Mit anderen

Worten: Man erfährt viel darüber, wie häufig bestimmte Ausprägungen eines Merkmals in der Berichterstattung vorkommen, aber der große Erkenntnisgewinn einer Inhaltsanalyse ergibt sich dann weniger aus aufwändigen statistischen Berechnungen, sondern aus der intelligenten Anlage der gesamten Studie. Wie dies bereits bei der Ausarbeitung der Fragestellung berücksichtigt werden sollte, wird in Kapitel 2.2 erläutert.

Merksatz

Die inhaltsanalytische Messung erbringt häufig nur Daten von einfacher Qualität, die später überwiegend deskriptiv ausgewertet werden.

Zweitens, und damit sind wir wieder bei der Definition von Berelson, geht die Inhaltsanalyse grundsätzlich *systematisch* vor. Ein Ausschnitt aus der sozialen Realität wird nach definierten Regeln gemessen, und diese Regeln müssen vom Forscher vorab im *Untersuchungsinstrument* festgelegt werden. Die genaue Vorgehensweise hierbei wird in den Kapiteln 7 bis 9 noch ausführlich besprochen.

Fachbegriffe

Das Regelwerk, ein so genanntes *Codebuch*, ist Kernstück jeder inhaltsanalytischen Studie. Die Personen, die dieses Codebuch anwenden, sind folgerichtig die *Codierer*, und der Prozess wird als *Codierung* (oder auch Verschlüsselung) bezeichnet. Das Ergebnis der Codierung sind *Codes* – dies bedeutet, den Informationen, die für die Fragestellung interessant sind, werden Zahlenwerte zugeordnet, die anschließend statistisch ausgewertet werden können. Die Codes werden auf *Codebögen* festgehalten, die vom Codierer ausgefüllt werden. Die formalen und inhaltlichen Kriterien, die an das Untersuchungsmaterial angelegt werden, nennt man *Kategorien*, und die für eine Kategorie vorgesehenen Codes sind ihre *Ausprägungen*. Der gesamte Satz von verwendeten Kriterien bildet schließlich das *Kategoriensystem*.

Damit haben wir eine ganze Reihe wesentlicher Begriffe kennen gelernt, die für das Verständnis der Methode (und damit auch dieses Buches) grundlegend sind. Wir empfehlen unseren Lesern deswegen, sich mit diesen Begriffen – Codebuch, Codierer, Codierung, Codes, Codebogen, Kategorien, Ausprägungen, Kategoriensystem – anhand des obigen Abschnitts gut vertraut zu machen, denn sie werden von nun an vorausgesetzt. An dieser Stelle kann es auch hilfreich sein, schon einmal in den Anhang dieses Buches hineinzusehen, in dem beispielhaft ein komplettes Instrument abgedruckt ist. Besondere Bedeutung für die Inhaltsanalyse besitzt sicherlich das Codebuch, denn dort sind alle wesentlichen Angaben festgehalten, die die Codierer zur Durchführung der Inhaltsanalyse benötigen (vgl. Kap. 6): Hier finden wir also

Codebuch

- Aussagen über das Material, das untersucht werden soll;
- Hinweise zur Behandlung dieses Materials und zum Ablauf der Codierung;
- das Kategoriensystem als Definition der Kriterien, die an dieses Material anzulegen sind;
- Beispiele für Verschlüsselungen in den einzelnen Kategorien.

Drei weitere Elemente der Definition von Berelson – die objektive Beschreibung manifester Inhalte – wurden von anderen Forschern später nicht ohne weiteres geteilt, weshalb wir uns nun einer neueren deutschen Definition aus dem Lehrbuch von Werner Früh (2007) zuwenden.

Definition

Inhaltsanalyse nach Früh (2007: 27)
»Die Inhaltsanalyse ist eine empirische Methode zur systematischen, intersubjektiv nachvollziehbaren Beschreibung inhaltlicher und formaler Merkmale von Mitteilungen.«

objektiv versus intersubjektiv nachvollziehbar

Diese Definition benennt also die Inhaltsanalyse als eigenständige Methode, der Begriff »empirisch« verweist auf die oben ausgeführte Messebene, die natürlich wieder systematisch gestaltet sein muss. Allerdings fällt auf, dass an die Stelle der ursprünglichen Forderung nach Objektivität eine *intersubjektiv nachvollziehbare* Beschreibung gerückt ist. Dies berücksichtigt die eher philosophische Erkenntnis, dass »Objektivität« im Sinne einer vom jeweiligen Beobachter unabhängigen, stets gleichartig ausfallenden Wahrnehmung nicht erreichbar ist: Zwei Menschen, die sich zur selben Zeit am selben Ort befinden, werden niemals dieselben Eindrücke aufnehmen, sondern die Wirklichkeit immer leicht unterschiedlich erfahren (man denke etwa an die sich oft widersprechenden Zeugenaussagen vor Gericht, obwohl die Leute dasselbe gesehen haben).

Wissenschaftlich anzustreben ist hingegen eine Beobachtung, die über das einzelne Individuum hinaus – also »intersubjektiv« – anhand genauer Regeln zu ähnlichen Wahrnehmungen gelangt. Oder konkreter formuliert: Unterschiedliche Forscher bzw. Codierer sollten bei der Anwendung desselben Instruments auf dasselbe Material zu denselben

Ergebnissen kommen. Eine zentrale Rolle spielt dabei natürlich das Codebuch als systematisches Regelwerk; es muss hinreichend eindeutig und bestimmt in seinen Vorgaben sein, sodass die Resultate der Inhaltsanalyse jederzeit reproduzierbar sind.

Von Vorteil ist dabei sicherlich, dass sich Medieninhalte als Untersuchungsmaterial (wenn in der Literatur zuweilen im linguistischen Sinn nur von »Texten« die Rede ist, so sind damit meist auch andere mediale Formen wie Bilder, Filme, Töne usw. gemeint) für gewöhnlich nicht verändern. Auch bei mehrfacher Anwendung der Inhaltsanalyse bleibt ein Zeitungsartikel derselbe Artikel und ein Nachrichtenbeitrag derselbe Beitrag – sie sind hinsichtlich der Methode *nonreaktiv*. Dies unterscheidet die Inhaltsanalyse beispielsweise von der Befragung, denn es wurde schon oft festgestellt, dass Umfrageteilnehmer ihre Ansichten durch die Befragung verändern und bei wiederholten Befragungen nicht immer dieselben Antworten geben, weil sie auf die Befragung reagiert oder dazugelernt haben.

Reaktivität

Auf diese Reaktivität stoßen wir bei der Inhaltsanalyse freilich an ganz anderer Stelle: Hier wird vom Codierer verlangt, eine Klassifizierung der vorgelegten Botschaften vorzunehmen. Dieser Vorgang kann ganz wesentlich von der Persönlichkeit des Codierers abhängen, insbesondere von seinen Vorkenntnissen bezüglich des Themas, das untersucht wird, aber auch von seinem politischen Interesse oder sogar von seiner momentanen Laune. Im Interesse der eben ausgeführten Reproduzierbarkeit sind diese persönlichen Freiheitsgrade des Codierers natürlich möglichst stark einzuschränken, etwa durch ausführliche Definitionen der Kategorien, Beispielcodierungen im Codebuch oder durch eine intensive Codiererschulung, die die Codierer auf einen ähnlichen Wissensstand bringt (vgl. Kap. 10.1). Nur so könnte bei einer wiederholten Anwendung tatsächlich die gewünschte Reproduzierbarkeit erreicht werden.

Andererseits sind die Vorerfahrungen des Codierers ein wichtiges Element im Codierprozess – sonst könnte man ja gleich einen Computer mit der Verschlüsselung beauftragen. Menschen sind in der Lage, die ungeheuer vielfältigen Ausdrucksformen in (Medien-)Botschaften aufgrund ihres sprachlichen und lebensweltlichen Erfahrungsschatzes deutlich sinnvoller und effektiver auf bestimmte Kategorien zurückzuführen. Jeder geschulte Codierer wird beispielsweise die Botschaft »Neue CD: Madonna auf der Überholspur« sofort als Aussage zur Karriere eines Popstars interpretieren und sie weder als Statement zum Verkehrswesen noch zur Kirchengeschichte auffassen. Die Vielfalt dieses impliziten Wissens der Menschen exakt zu definieren, könnte kein Codebuch leisten. Es geht bei der inhaltsanalytischen Vorgehensweise also auch darum, einerseits die Regeln im Codebuch eindeutig festzulegen, und andererseits das individuelle Wissen der Codierer durch die Kontrolle und Steuerung ihrer Interpretationen fruchtbar zu nutzen.

Merksatz

Die Systematik der inhaltsanalytischen Instrumente soll die intersubjektive Nachvollziehbarkeit der Erhebung sichern, nutzt hierzu aber auch die Lebenserfahrung der Codierer.

manifeste versus latente Inhalte

Damit sind wir bereits bei einem Aspekt der Definition von Berelson angelangt, zu dem sich Früh überhaupt nicht äußert: der Beschränkung auf *manifeste Inhalte* der Botschaft. Dies meinte ursprünglich, die Inhaltsanalyse solle sich auf jene Inhalte beschränken, die tatsächlich »schwarz auf weiß« dastehen, um mehrdeutige Inhalte (zugunsten einer höheren »Objektivität«) auszuschließen. Damit würden freilich nicht nur wesentliche und besonders interessante Medienbotschaften von der Inhaltsanalyse ausgenommen (z. B. latente Merkmale, wie Bewertungen oder Ironie) – tatsächlich handelt es sich hier auch um ein graduelles Phänomen: Selbst ein noch so manifester Inhalt muss vom Codierer als solcher erkannt werden; ob eindeutig oder nicht ist damit keine Sache der Botschaft, sondern des Beobachters, der sie deutet. Zu Recht wurde deswegen auf das unbefriedigende Ergebnis dieser lange geführten Diskussion um manifeste oder latente Inhalte hingewiesen (z. B. bei Früh 2007: 111 ff.), die uns schließlich zu der Definition von Merten führt.

Definition

Inhaltsanalyse nach Merten (1995: 15)
»Inhaltsanalyse ist eine Methode zur Erhebung sozialer Wirklichkeit, bei der von Merkmalen eines manifesten Textes auf Merkmale eines nicht-manifesten Kontextes geschlossen wird.«

Bedeutsam ist hier einerseits, dass diese Definition genau die eben getroffene Unterscheidung berücksichtigt. Manifest sind die zu untersuchenden »Texte« selbst, denn sie liegen in einer fixierten, unveränderlichen Form vor. Nicht manifest sind hingegen alle Kontexte, auf die sie bezogen werden. Hier versucht die standardisierte Medieninhaltsanalyse, durch ihr sorgfältig definiertes Regelwerk die Schlussfolgerungen des Codierers nachvollziehbar zu gestalten. Andererseits klammert diese Definition zwangsläufig die Möglichkeit einer reinen Beschreibung als Gegenstand der Inhaltsanalyse aus: Die Inhaltsanalyse beruht nach dieser Lesart immer auf Schlussfolgerungen, die aufgrund des Ausgangsmaterials getroffen werden. So pauschal ist dies zwar nicht aufrechtzuerhalten, aber tatsächlich sind es genau diese Rückschlüsse, die bei der Inhaltsanalyse das »Salz in der Suppe« ausmachen, und weniger die reine Beschreibung des Materials – eine Einsicht, die das nächste Kapitel weiter vertieft.

Übungsfragen

1 Ist die folgende Aussage richtig?
Die standardisierte Medieninhaltsanalyse verfährt vorwiegend werkimmanent. Einzelne Botschaften stehen im Mittelpunkt der Überlegungen, welche aus sich heraus gedeutet und mit einem externen Bezugssystem in Verbindung gesetzt werden.

2 Was stimmt? Das Ziel der quantitativen Inhaltsanalyse ist, …
   a) zentrale Muster aus einer Vielzahl von Objekten herauszuarbeiten.
   b) allgemeine bzw. verallgemeinerbare Aussagen zu ermöglichen.
   c) eine Reduktion der Komplexität zu leisten.

3 Welche Aussage ist falsch?
   a) Die an das Untersuchungsmaterial angelegten formalen und inhaltlichen Kriterien nennt man Kategoriensystem.
   b) Die Ausprägungen der verschiedenen Kategorien bilden das Kategoriensystem.
   c) Der Kriterienkatalog mit den verschiedenen Ausprägungen der Kategorien, welche im Codebuch festgehalten werden, nennt man Kategoriensystem.

4 Was bedeutet intersubjektive Nachvollziehbarkeit?
   a) Eine vom jeweiligen Beobachter unabhängige und stets gleich bleibende Wahrnehmung.
   b) Eine über den jeweiligen Beobachter hinausgehende, ähnliche Wahrnehmung vieler Beobachter.
   c) Das Erreichen der gleichen Ergebnisse bei der Anwendung desselben Instruments auf das gleiche Material von verschiedenen Personen.

Typische Fragestellungen: Deskription und Inferenz | 2

Inhalt
2.1   Ziel: Beschreibung der Berichterstattung
2.2   Ziel: Inferenzschlüsse auf die soziale Wirklichkeit

Dieses Kapitel verdeutlicht zwei grundsätzliche Zielsetzungen, die dem Erkenntnisinteresse von Medieninhaltsanalysen zugrunde liegen können: zum einen die Beschreibung der medialen Berichterstattung im engeren Sinne anhand vorab definierter Kriterien; und zum anderen darüber hinausgehend die Schlussfolgerungen hinsichtlich Journalisten, Rezipienten oder der gesellschaftlichen Verhältnisse insgesamt.

Ziel: Beschreibung der Berichterstattung | 2.1

Der klassische, stark vereinfachte Prozess der Massenkommunikation geht davon aus, dass typischerweise eine Art »Kommunikator« – das sind in der Regel Journalisten und Journalistinnen oder Medienschaffende in Fernsehsendern, Zeitungsredaktionen und anderen Medienorganisationen – Botschaften an das Publikum, also die Rezipienten des betreffenden Angebots, übermittelt. Natürlich wäre dieser Prozess deutlich differenzierter zu modellieren, wollte man damit die zahlreichen Vorgänge im Prozess der Massenkommunikation abbilden. Für unsere Zwecke reicht dieses simple Schema (siehe Abb. 2.1) jedoch vollkommen aus, um ein erstes Erkenntnisziel der Inhaltsanalyse zu verdeutlichen. Denn durch die Codierung werden die übermittelten Botschaften anhand allgemeiner Kriterien beschrieben. Wie in Kapitel 1.3 schon erläutert, können so aus vorab definierten Merkmalen der Medienberichterstattung *Daten* gewonnen werden.

Erkenntnisziele der Inhaltsanalyse

Die zu ziehenden Schlussfolgerungen beschränken sich hier auf die Codierung und werden vollständig vom Codierer vorgenommen. Setzt man die so gewonnenen Daten nicht explizit zu weiter gehenden Sachverhalten in Beziehung, so ergibt sich auf der Ebene von *Beschreibungen*

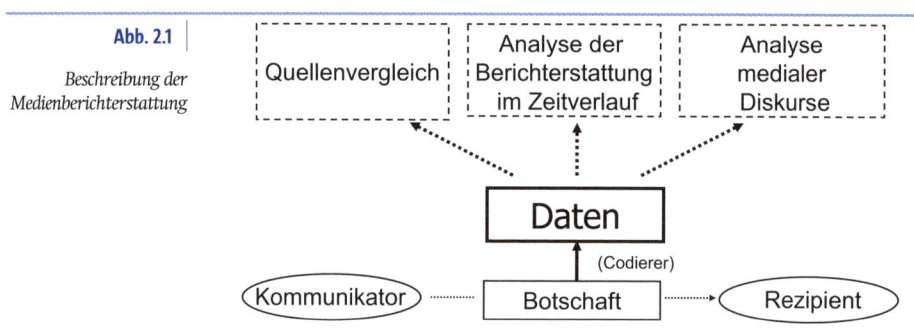

Abb. 2.1
Beschreibung der Medienberichterstattung

eine Darstellung der Medienberichterstattung selbst. Das ist jedoch nur dann sinnvoll, wenn sich die Fragestellung, die der Inhaltsanalyse zugrunde liegt, ebenfalls bloß auf die Ebene der Berichterstattung bezieht. Dies ist aus wissenschaftlicher Sicht zwar eher die Ausnahme als die Regel und die erzielten Ergebnisse scheinen oft banal, aber es gibt dennoch eine Reihe von zweckmäßigen Anwendungen in der Forschung, die wir nun etwas genauer betrachten:

1. der Vergleich unterschiedlicher medialer Quellen;
2. die Analyse von Veränderungen in der Berichterstattung im Zeitverlauf;
3. die Analyse medialer Diskurse.

Quellenvergleich

Die Vielfalt im globalen Medienmarkt bedingt, dass eine große Zahl von Medienangeboten um die Aufmerksamkeit der Zuschauer konkurriert. In manchen Fällen kann es deswegen bereits ein hinreichendes Forschungsinteresse sein, zwei oder mehr **mediale Quellen** inhaltsanalytisch miteinander zu vergleichen, um Gemeinsamkeiten und Unterschiede zwischen diesen aufzuzeigen (siehe auch unser Fallbeispiel, das in Kapitel 3 einsetzt). Im Ergebnis können dann beispielsweise differierende Angebotsprofile, die wechselseitig als Referenzmaßstab dienen, verdeutlicht werden; für eine sinnvolle Interpretation werden dann aber meist doch noch weitere Kontextmerkmale herangezogen (z. B. die Organisationsform oder die finanzielle Ausstattung der jeweiligen Anbieter).

Beispiel

Quellenvergleich

In der öffentlichen Diskussion – beispielsweise um die Höhe der Fernsehgebühren – wird oft gefragt, ob sich die Programme von öffentlich-rechtlichen und privaten Fernsehsendern tatsächlich stark genug unterscheiden, um eine unterschiedliche Behandlung durch den Gesetzgeber zu rechtfertigen. Durch eine Inhaltsanalyse der Programme lassen sich die entsprechenden Anteilswerte gegenüberstellen: Hier zeigt sich, dass der Informationsanteil in ARD und ZDF immer noch deutlich höher ausfällt, während private Sender ihren Schwerpunkt auf die fiktionale Unterhaltung legen.

Krüger, Udo Michael/Zapf-Schramm, Thomas (2009): Politikthematisierung und Alltagskultivierung im Infoangebot. Programmanalyse 2008 von ARD/Das Erste, ZDF, RTL, Sat.1 und ProSieben. In: Media Perspektiven, Heft 4, S. 201–222.

Eine zweite Möglichkeit, auf der Beschreibungsebene von Medieninhalten eine interessante Differenzierung zu erreichen, kann darin bestehen, *Entwicklungen im Zeitverlauf* nachzuzeichnen. An anderer Stelle wurde bereits auf die dynamische Natur der Berichterstattung hingewiesen: In einem kontinuierlichen Prozess erzeugt sie ständig neue Inhalte, und aufgrund ihres manifesten Charakters können diese auch zu späteren Zeitpunkten noch untersucht werden. Dies ist einer der Vorzüge der Inhaltsanalyse gegenüber anderen sozialwissenschaftlichen Methoden wie beispielsweise der Befragung. Denn die findet in einer bestimmten Gegenwart statt, Fragen über die Vergangenheit ergeben nicht immer zutreffende Befunde. Dagegen liegen archivierte Medieninhalte auf Dauer vor und können zeitunabhängig untersucht werden. Allerdings muss hier ein möglicher Bedeutungswandel berücksichtigt werden, den bestimmte Dinge im Lauf der Zeit erfahren haben. So ist etwa eine Gameshow der 90er-Jahre nicht unbedingt mit einer aus den 70er-Jahren (wie »Am laufenden Band«) vergleichbar. Aber selbstverständlich lassen sich Quellenvergleiche und Zeitablauf-Studien auch miteinander kombinieren, wie unser Beispiel illustrieren soll.

Zeitverlauf

Beispiel

Zeitverlauf
Die Berichterstattung über sexuellen Missbrauch war Gegenstand einer Inhaltsanalyse von Süddeutscher Zeitung, Frankfurter Allgemeiner Zeitung und der Bild-Zeitung in den Jahren 2002 und 2003. Wie ein nach Monaten aufgeschlüsselter Vergleich zeigt, sind die Unterschiede sowohl im Zeitverlauf als auch zwischen dem Boulevardblatt und den so genannten Qualitätsmedien geringer als erwartet: Alle Zeitungen berichteten kontinuierlich, aber auf eher mäßigem Niveau. Seltener sorgten einzelne Fälle für gehäufte Berichte, zumeist fanden sich pro Monat aber etwa 20 Artikel zum Thema. Unterschiede zeigen sich dann allerdings

bei genauerer Betrachtung, auf welche Art Boulevard- bzw. Qualitätsmedien berichteten.

Literatur: Scheufele, Bertram (2005): Sexueller Missbrauch. Mediendarstellung und Medienwirkung. Wiesbaden: VS Verlag für Sozialwissenschaften.

mediale Diskurse

Als dritte, zentral auf die Beschreibung der Medieninhalte selbst bezogene Untersuchungsstrategie kann die *Charakterisierung der medialen Diskurse* zu einem bestimmten Thema betrachtet werden. In den veröffentlichten Medienberichten zu wichtigen gesellschaftlichen Themen kommen unterschiedliche Standpunkte zum Tragen und verschiedene Akteure zu Wort, es wird eine Vielzahl von Argumenten ausgetauscht. Auf Basis einer Inhaltsanalyse kann die Struktur dieser Diskurse nachgezeichnet werden (mediales »Framing«). Damit erhält man Aufschluss darüber, wie die untersuchten Massenmedien den betreffenden Gegenstand aufgearbeitet haben, möglicherweise lassen sich Defizite in der Berichterstattung oder bestimmte Schwerpunkte ausmachen. Auch ein Vergleich mit abstrakten und konkreten Normen (z. B. Jugendschutzregelungen, Werbezeitbeschränkungen, Empfehlungen von Ernährungsberatern, Gleichstellung der Geschlechter usw.) als Referenzmaßstab kann ein legitimes Erkenntnisinteresse sein.

Beispiel

Mediale Diskurse
Wie jede technische Neuerung wurde auch die zunehmende Verbreitung des Internets von unterschiedlichen Hoffnungen und Befürchtungen, Erwartungen und Prognosen begleitet. Eine Inhaltsanalyse der Medienberichterstattung über das Thema Internet in deutschen Nachrichtenmagazinen kam zu dem Schluss, dass zunächst ein Spannungsfeld von technikeuphorischen Diskursen, die neue Chancen aufgrund der Technologie vorhersagten, und technikfeindlichen Diskursen vorherrschte, die mit dem Internet unabsehbare Gefahren verbanden. Diese Diskurse wurden später von einer eher serviceorientierten Berichterstattung abgelöst, in der die Zeitschriften ihren Lesern Hilfestellung für die sinnvolle Anwendung der Technologie gaben.

Literatur: Rössler, Patrick (2001): Between online heaven and cyberhell: The framing of »the Internet« by traditional media coverage. In: New Media & Society, Heft 1, S. 49–66.

Wie das Beispiel zeigt, ist natürlich auch eine Kombination mit den zuvor genannten Strategien möglich, wenn die Diskurse in unterschiedlichen Medien und/oder im Zeitverlauf nachgezeichnet werden. Allerdings haben gerade die zuletzt genannten Anwendungen verdeutlicht, dass gerade dann, wenn es um Diskurse geht, die Trennlinie zwischen Beschreibung einerseits und kontextbasierter Schlussfolgerung andererseits nicht leicht zu ziehen ist. Mediale Diskurse beziehen sich in aller Regel auf gesellschaftliche Zusammenhänge im weitesten Sinne, weshalb es in der konkreten Anwendung immer schwer fallen wird, beides voneinander zu trennen, d. h., die gefundenen Diskurse nicht auf den jeweiligen sozialen Hintergrund zu beziehen. Aus diesem Grund wenden wir uns im folgenden Abschnitt ausführlicher den Inhaltsanalysen zu, die Schlussfolgerungen auf weiter gehende Kontexte beabsichtigen.

kombinierte Vorgehensweise

Merksatz

Beschreibende Medieninhaltsanalysen ohne weiter gehende Kontextualisierung sind im wissenschaftlichen Bereich nur in Ausnahmefällen sinnvoll, werden aber in der angewandten Kommunikationsforschung Gewinn bringend eingesetzt (z. B. Medienresonanz von PR-Maßnahmen).

Zuvor soll jedoch ein wichtiges Anwendungsfeld eher beschreibender Inhaltsanalysen erwähnt werden, das weniger in der wissenschaftlichen als in der angewandten Kommunikationsforschung beheimatet ist: In der PR-Branche sind so genannte *Medienresonanzanalysen* weit verbreitet, bei denen mithilfe von kommerziellen Medienbeobachtungsdiensten nachgeprüft wird, welche Wirkung eine ausgesandte Pressemitteilung oder ein Medienevent erzielt hat. Wichtigster Indikator hierfür ist die Anzahl von Abdrucken in Zeitungen und Zeitschriften oder die Zahl von Erwähnungen in Funkmedien. Dies ist in seiner simpelsten Form freilich eher eine Sammlung von Artikeln nach einem bestimmten Aufgreifkriterium und weniger eine Inhaltsanalyse im eigentlichen Sinn.

Ziel: Inferenzschlüsse auf die soziale Wirklichkeit | 2.2

Gerade Medieninhaltsanalysen mit einem wissenschaftlichen Erkenntnisinteresse bleiben meist nicht auf der beschreibenden Ebene stehen, sondern ziehen aus der untersuchten Medienberichterstattung weiter gehende Schlussfolgerungen (auch: Inferenzen). Diese Inferenzen sind dann gesellschaftliche Konstruktionen von Wirklichkeit; dabei ist der

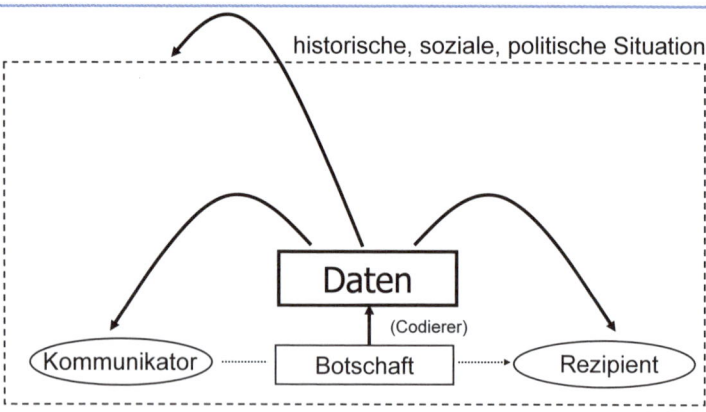

Abb. 2.2
Inferenzschlüsse aufgrund der Medienberichterstattung

Kontexte für Inferenzschlüsse

Realitätsausschnitt, auf den geschlossen werden soll, explizit zu benennen, weil nur so die Analyse auf die tatsächlich bedeutsamen Merkmale konzentriert werden kann. Welche Kontexte nun genau von Bedeutung sind, kann pauschal nicht gesagt werden, sondern hängt von dem untersuchten Problemkreis ab. Als wichtigste Kontexte für Inferenzschlüsse gelten (siehe Abb. 2.2):
1. der Kommunikator,
2. der Rezipient,
3. die historische, politische oder soziale Situation.

Rückschluss auf Kommunikator

Am nahe liegendsten erscheint sicherlich der Versuch, aus der Berichterstattung auf den Urheber der betreffenden Botschaften zu schließen. Nicht zuletzt ist der *Kommunikator* für die veröffentlichten Mitteilungen unmittelbar verantwortlich, es kann ihm in seinen Handlungen also eine gewisse Absicht unterstellt werden. Umgekehrt erscheint es dann nur legitim, das Ergebnis seiner Handlungen – die Medieninhalte – als Hinweise auf seine Kommunikationsabsichten zu interpretieren. So zeigt beispielsweise die Analyse von überregionalen Tageszeitungen regelmäßig, dass sich die Blätter in einem politischen Links-Rechts-Spektrum durchaus unterschiedlich positionieren; von der eher links orientierten Frankfurter Rundschau über die Süddeutsche Zeitung, rechts von der Mitte die Frankfurter Allgemeine Zeitung bis hin zur rechts-konservativen Die Welt. Andere Studien verknüpfen die publizierte Berichterstattung mit dem vermuteten Rollenverständnis der Journalisten – geht es eher um eine möglichst sachliche und ausgewogene Informationsvermittlung? Oder spricht aus den Beiträgen darüber hinaus ein investigatives Interesse, das auf die Enthüllung von Missständen oder Skandalen abzielt?

> **Beispiel**

Nachrichtenwerte
Ein bedeutsamer Zweig der Kommunikatorforschung befasst sich mit der Frage, nach welchen Kriterien Journalisten Mitteilungen (z. B. von Nachrichtenagenturen) für die Berichterstattung auswählen und andere zurückweisen. Durch eine Inhaltsanalyse von veröffentlichten Beiträgen wurden so genannte »Nachrichtenfaktoren« ermittelt (z. B. Aktualität, räumliche Nähe, Prominenz der Akteure usw.). Dies sind Merkmale, die den berichteten Sachverhalten vom Forscher zugeschrieben werden. Je mehr dieser Faktoren auf einen Sachverhalt zutreffen, umso höher ist sein Nachrichtenwert und mithin die Wahrscheinlichkeit, für die Berichterstattung ausgewählt zu werden. Zu Recht wird eingewendet, dass man eigentlich eine Input-Output-Analyse durchführen müsste, in der man das in der Redaktion verfügbare Ausgangsmaterial den tatsächlich ausgewählten Meldungen gegenüberstellt. Alleine aus den Veröffentlichungen auf die Selektionskriterien der Journalisten zu schließen, greift hier zu kurz (vgl. auch Kap. 13.2).
  Literatur: Staab, Joachim F. (1990): Nachrichtenwert-Theorie. Formale Struktur und empirischer Gehalt. Freiburg/München: Alber.

Die Problematik dieser Vorgehensweise liegt auf der Hand: Schließt man nur aufgrund der Veröffentlichungen auf die Entscheidungskriterien der Kommunikatoren rück, werden eine ganze Reihe von Einflüssen nicht berücksichtigt: Die Nachrichtengebung wird auch durch äußere Zwänge (z. B. Termindruck, Platzmangel), die Verfügbarkeit von Informationen, die Meinungsbildung in der Redaktion und manchmal sogar durch Zufälle geprägt. Um diesen Phänomenen auf die Spur zu kommen, müsste man entweder die Journalisten befragen oder ihr Verhalten in der Redaktion beobachten. Dennoch dürfte die Inferenz auf den Kommunikator noch zuverlässiger sein als die beiden anderen Typen von Rückschlüssen – besonders dann, wenn sie sich auf das Medium (bzw. seine Redaktionen) insgesamt bezieht, statt über Motive und Verhalten individueller Journalisten zu spekulieren.

Zum Zweiten kann auf Basis der analysierten Berichterstattung auch auf Merkmale der *Rezipienten* geschlossen werden, für die die Medieninhalte produziert werden. Einflüsse auf deren Wahrnehmungen sind zu erwarten, direkte Wirkungen auf Einstellungen oder Verhalten der Menschen hingegen weniger. Dennoch findet man in der öffentlichen Diskussion immer wieder entsprechende Vermutungen – etwa wenn aus einer hohen Zahl von Gewalttaten im Fernsehprogramm

Rückschluss auf Rezipienten

kurzschlussartig abgeleitet wird, jugendliche Zuschauer würden davon selbst gewalttätig. In diesem Fall mag der Bruch in der Argumentation offenkundig sein, aber nur allzu oft betrachten wissenschaftliche oder feuilletonistische Beobachtungen von Medieninhalten eine Wirkung quasi als gegeben, obgleich nur die Medienseite betrachtet wurde.

> **Beispiel**
>
> **Pornografie**
> In mehreren Inhaltsanalysen wurden soziale Situationen, Rollenverhalten und sexuelle Praktiken in Videofilmen mit »harter Pornografie« und TV-Ausstrahlungen von Softpornos untersucht. Aus dem Ergebnis, dass die Darstellung der sozialen Realität in beiden Medien nicht substanziell voneinander abweicht, folgt eine Annahme über die Konsumenten der Produkte: Möglicherweise stellen sich auf lange Sicht ähnliche Wirkungen hinsichtlich der Realitätswahrnehmung ein, unabhängig davon, welche Formen von Pornografie die Rezipienten sehen. Diese Vermutung wäre durch zusätzliche Publikumsstudien noch zu untersuchen.
> Literatur: Brosius, Hans-Bernd/Rössler, Patrick (1999): Die soziale Realität in einfacher Pornographie und Softsex-Filmen. Ein Beitrag zur Pornographie-Diskussion. In: Rundfunk und Fernsehen, Heft 1, S. 25–42.

Das Beispiel verdeutlicht die grundsätzliche Problematik von Schlussfolgerungen auf das Publikum: Während bei den Kommunikatoren zumindest davon ausgegangen werden kann, dass die untersuchten Medieninhalte absichtsvoll während ihrer Berufsausübung entstanden sind, liegen Effekte auf die Rezipienten weithin im Dunkeln. Die Inhaltsanalyse ist nicht in der Lage, Aufschlüsse darüber zu liefern, ob die von ihr untersuchten Medienangebote tatsächlich genutzt werden, und wie ihr Publikum dabei auf sie reagiert. Hierfür sind zusätzliche Datenerhebungen erforderlich, die auf die Inhaltsanalyse abgestimmt sind. Wie dies konkret erfolgen kann, zeigen Kapitel 13.3 und 13.5.

Rückschluss auf Situation

Wesentlich leichter hat es die Kommunikationsforschung hingegen bei Schlussfolgerungen zur *historischen, politischen* und *sozialen Situation*, die auf Medienberichten beruhen. Hier wird davon ausgegangen, dass der Berichterstattung gültige Indizien für die gesellschaftliche Realität zu entnehmen sind. Zumindest für demokratische Staaten westlicher Prägung sollte diese Annahme gerechtfertigt sein: Hier ist eine wahrhaftige, ausgewogene und umfassende Darstellung Teil des Selbstverständnisses von Journalisten. Eine wesentliche Funktion des Mediensystems in der Demokratie ist, der Bevölkerung die Grundlagen für eine wohlüberlegte

Willensbildung bereitzustellen und die Vielfalt der bestehenden Meinungen widerzuspiegeln. Vor diesem Hintergrund sollte man davon ausgehen können, dass der Berichterstattung auch Aufschlüsse über die gesellschaftliche Wirklichkeit entnommen werden können.

Beispiel

EU-Osterweiterung
Zu Beginn des neuen Jahrtausends traten im Zuge der »EU-Osterweiterung« eine Reihe osteuropäischer Nationen der Staatengemeinschaft bei. Anhand einer Inhaltsanalyse der Berichterstattung über einzelne Beitrittsländer wurden – unter Berücksichtigung der politischen Orientierung der Zeitungen – politische Positionen und Argumente für und wider die EU-Osterweiterung analysiert. Zudem wurde untersucht, ob die Zukunftsaussichten nach der Aufnahme der Länder in die EU eher negativ oder positiv bewertet wurden.
  Literatur: Engelmann, Ines (2009): Frames und Positionen zur EU-Osterweiterung. Eine Argument- und Framing-Analyse ausgewählter EU-Beitritte. In: Publizistik, Heft 1, S. 82–102.

Allerdings sollte man auch in diesem Fall die Medienberichte nicht unbesehen als zutreffende Beschreibungen der Realität akzeptieren, und selbst der Abgleich mit den verbreiteten Meldungen der Nachrichtenagenturen, der in der Castor-Studie vorgenommen wurde, erweitert nur das Spektrum medialer Wirklichkeitsentwürfe. Alle Medien handeln schließlich nach ihrer eigenen Logik – die Nachrichtenfaktoren aus dem obigen Beispiel illustrieren dies. Zuweilen sind Medien sogar als Akteure in das Geschehen verwickelt, dann ist natürlich keine unabhängige Berichterstattung zu erwarten. Außerdem sind manche Sachverhalte schlicht zu komplex, als dass sie in den Formaten der aktuellen Medien dargestellt werden könnten. Weitere Einschränkungen sind denkbar, weshalb Inhaltsanalysen, die Rückschlüsse auf die soziale Situation beabsichtigen, möglichst viele unterschiedliche Medien erfassen sollten.

Merksatz

Inferenzschlüsse auf Kommunikator, Publikum oder die soziale Situation verleihen der Medieninhaltsanalyse besondere Aussagekraft; die jeweilige Kontextualisierung kann aus ihren Ergebnissen jedoch nicht immer zwingend abgeleitet werden und bedarf deswegen häufig ergänzender Datenerhebungen.

Erkenntnisfortschritt durch Analysetiefe

Im ersten Kapitel wurde aufgezeigt, dass die Medieninhaltsanalyse typischerweise Daten auf einfachem Datenniveau erzeugt, was der statistischen Auswertung gewisse Grenzen setzt. Dieses Kapitel unterbreitete unterschiedliche Vorschläge, wie trotz dieser Einschränkungen doch noch eine beachtliche Analysetiefe erreicht werden kann. Durch geschickt angelegte Vergleiche, in denen die Vergleichsmerkmale als verursachende Faktoren für Unterschiede betrachtet werden, oder gut begründete Inferenzschlüsse kann die Inhaltsanalyse erheblich zum Erkenntnisfortschritt beitragen. Erst der sinnvolle Vergleich führt zur Erkenntnis, nicht die reine Auflistung von Zahlenkolonnen – dies wäre das Geschäft eines Buchhalters, nicht eines Wissenschaftlers! Die methodische Konzeption einer Inhaltsanalyse, mit der sich das nun folgende Kapitel beschäftigt, muss solche Möglichkeiten für Referenzen und/oder Inferenzen von vornherein berücksichtigen. Auch sollte bereits an dieser Stelle darüber nachgedacht werden, ob es zur Absicherung der Inferenzschlüsse nötig ist, eine die Inhaltsanalyse ergänzende Erhebung durchzuführen, um über die reine Plausibilität der Schlussfolgerungen hinaus noch eine größere Beweiskraft der Befunde zu erzielen.

Übungsfragen

1. Was ist richtig? Die Vorteile der quantitativen Inhaltsanalyse im Vergleich zu anderen sozialwissenschaftlichen Methoden sind:
   a) die weit gehende Nonreaktivität des Untersuchungsmaterials bezüglich der Methode.
   b) die Möglichkeit der zeitunabhängigen Untersuchung archivierter Inhalte.
   c) die Möglichkeit, gesellschaftlichen Bedeutungswandel außer Acht lassen zu können.
2. Um weiter gehende Schlussfolgerungen aus der untersuchten Medienberichterstattung ziehen zu können, ist es erforderlich, den für die Fragestellung relevanten Realitätsausschnitt explizit zu benennen. Eine Vielzahl von Kontexten ist hier denkbar, jedoch gelten drei verschiedene Kontexte für Inferenzschlüsse als die wichtigsten. Um welche handelt es sich?
3. Ist die folgende Aussage richtig?
   Der Medieninhaltsanalyse wird durch Inferenzschlüsse besondere Aussagekraft verliehen. Die Kontextualisierung bedarf in der Regel jedoch zusätzlicher Datenerhebungen, da sie nicht immer aus den Ergebnissen der Medieninhaltsanalyse abgeleitet werden kann.

Der Forschungsprozess: Vom Erkenntnisinteresse zum Verwertungszusammenhang

3

Inhalt

3.1 Die einzelnen Schritte der Medieninhaltsanalyse im Überblick

3.2 Das Kernproblem: Definition der Einheiten

3.3 Der Forschungsprozess im Zeitablauf

Dieses Kapitel gibt einen Überblick über die verschiedenen Arbeitsschritte, die bei der Konzeption einer Inhaltsanalyse zu absolvieren sind – von der theoretischen Fundierung über die Entwicklung des Forschungsinstruments bis zur eigentlichen Durchführung der empirischen Arbeiten. Von besonderer Bedeutung ist dabei die Festlegung der verschiedenen Einheiten, die inhaltsanalytisch untersucht werden sollen. Eine Reihe von Leitfragen fasst dieses Kapitel zusammen, bevor in das Fallbeispiel einer konkreten Inhaltsanalyse (Gesundheit in Frauenzeitschriften) eingeführt wird. Dieses wird in den nachfolgenden Kapiteln weiter verfolgt, um die Umsetzung der einzelnen Arbeitsschritte zu verdeutlichen.

Die einzelnen Schritte der Medieninhaltsanalyse im Überblick | 3.1

Die Durchführung einer Inhaltsanalyse kann ein durchaus langwieriges Unterfangen sein. Von der ersten Formulierung des Erkenntnisinteresses (Welche Fragestellung will ich untersuchen?) bis zum Druck des Forschungsberichts sind eine ganze Reihe von Arbeitsschritten zu durchlaufen. Die zusammenfassende Übersicht (siehe Abb. 3.1) erweitert eine Darstellung von Früh (2007: 102), der die Inhaltsanalyse als Methodik in den allgemeinen sozialwissenschaftlichen Forschungsprozess einbettet.

Übersicht: Forschungsprozess

Am Beginn jedes Forschungsvorhabens steht ein Erkenntnisinteresse. Dies kann sich aus vielerlei Quellen speisen: Während es in der akademischen Forschung oft um *die Überprüfung von Theorien oder*

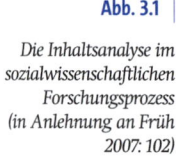

Abb. 3.1

Die Inhaltsanalyse im sozialwissenschaftlichen Forschungsprozess (in Anlehnung an Früh 2007: 102)

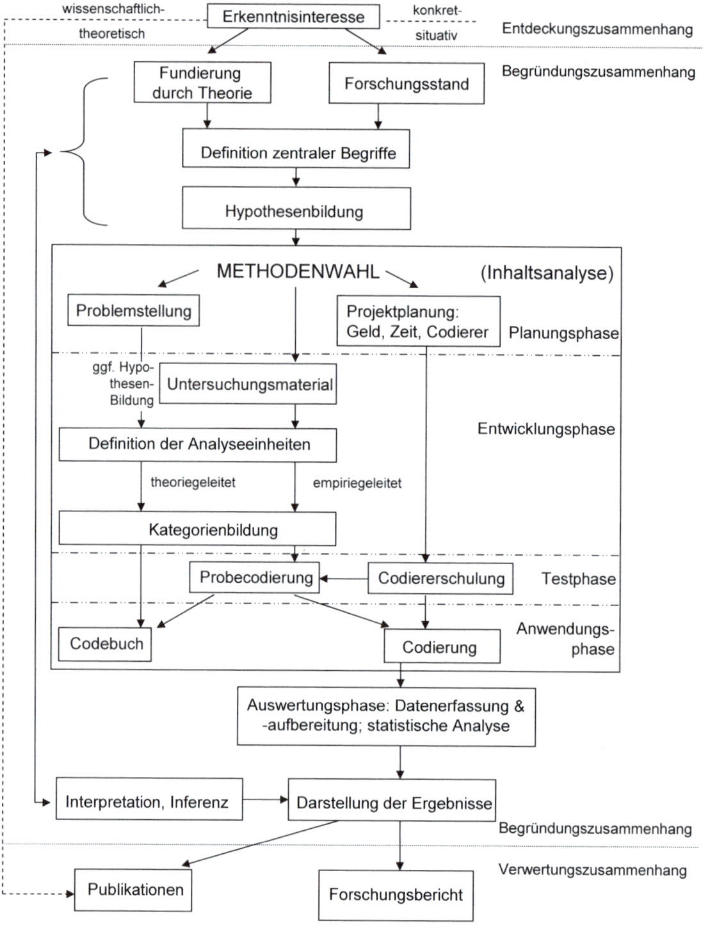

Erkenntnisinteresse

wissenschaftlichen Annahmen geht, liegt den Anwendungen in der Marktforschung meist ein *konkretes Kommunikationsproblem* in einer bestimmten Situation zugrunde: Wie wird mein Produkt in den Medien dargestellt? Dazwischen ist eine große Zahl von Mischformen zu beobachten, bei denen theoretische Fragen anhand aktueller Ereignisse untersucht werden (z. B. die Darstellung von Migranten in den Medien nach den fremdenfeindlichen Anschlägen in Hoyerswerda) oder praktische Probleme auf Basis wissenschaftlicher Erkenntnisse gelöst werden (z. B. der Imagewandel eines politischen Kandidaten in den Medien).

In jedem Fall ist das Erkenntnisinteresse – der so genannte *Entdeckungszusammenhang* – vorab explizit zu formulieren, denn er liefert den inhaltlichen Rahmen für alle weiteren Entscheidungen, die innerhalb der Inhaltsanalyse getroffen werden müssen. Weitere Schritte, die daraufhin im *Begründungszusammenhang* folgen, sind:

Begründungszusammenhang

1. die Fundierung der Fragestellung durch geeignete Theorie(n),
2. die Darstellung des bisherigen Forschungsstandes,
3. die Definition der zentralen Konstrukte und Begriffe,
4. die Hypothesenbildung.

Hierbei handelt es sich um die klassische Vorgehensweise in der empirischen Sozialforschung, die in eigenen Büchern ausführlicher dargestellt ist (vgl. z. B. Brosius et al. 2009: 42 ff.) und hier nur anhand des Fallbeispiels am Ende des Kapitels etwas verdeutlicht werden kann. Eigentlich kann erst am Ende dieser Schritte die Entscheidung über die Methodenwahl gefällt werden: Zielen meine Hypothesen eher auf die Erklärung menschlichen Verhaltens oder Einstellungen ab, wähle ich als Methode eine Befragung oder Beobachtung; werden die oben beschriebenen Inferenzschlüsse aus der Medienberichterstattung angestrebt, führe ich eine Inhaltsanalyse durch. Diese Reihenfolge sollte unbedingt eingehalten werden, selbst wenn sich bereits bei der Formulierung der Fragestellung eine bestimmte methodische Vorgehensweise anbietet. Auch die Arbeitshypothesen ergeben sich später meist aus einer Kombination des theoretisch Wünschenswerten und des empirisch Machbaren.

Merksatz

Vor der Konzeption der eigentlichen Inhaltsanalyse müssen das Forschungsinteresse und die zu untersuchenden Hypothesen formuliert werden; Theorien und bereits vorliegende Forschungsergebnisse sind dabei zu berücksichtigen.

Ist die Entscheidung für die Inhaltsanalyse als Methode der Wahl gefallen, so beginnt der eigentliche empirische Teil der Forschung. Auch hier sind in einer ersten *Planungsphase* die Rahmenbedingungen der Untersuchung näher abzustecken: Welches ist die Problemstellung der Inhaltsanalyse, und zwar mit Blick auf die zu untersuchenden Hypothesen? Muss sie noch mit weiteren Datenerhebungen zu einer Methodenkombination verknüpft werden, um die Hypothesen zu überprüfen (vgl. Kap. 13)? Die Planungsphase schließt mit einer detaillierten Projektplanung ab, die die verfügbaren Ressourcen (Geld, Zeit, Codierer) in eine vernünftige Relation zum angestrebten Erkenntnisfortschritt setzt. Die

Planungsphase

wesentlichen Elemente dieser Ablaufplanung eines Projekts werden im dritten Abschnitt dieses Kapitels näher erläutert. Von besonderer Bedeutung ist hierbei die Entscheidung, welches Material überhaupt untersucht werden soll (vgl. Kap. 4).

Entwicklungsphase

In der anschließenden *Entwicklungsphase* wird das Instrumentarium ausgearbeitet. Erste und bedeutsamste Festlegung ist hier die Definition der Analyseeinheiten, die als ganz elementare Bezugsgrößen für die Codierung den Aussagegehalt der gesamten Studie bestimmen. Deswegen wird sie im folgenden Abschnitt zunächst allgemeiner, in Kap. 5 dann ausführlich für unterschiedliche Medientypen erläutert. Erst daraufhin kann der Forscher in die Kategorienbildung eintreten. Dabei werden die theoretischen Konstrukte, die zur Beantwortung der Forschungsfrage gemessen werden müssen, durch *operationale Definitionen* in Kategorien überführt, das *Messniveau* anhand der vorgesehenen Ausprägungen bestimmt und allgemein die *Codierregeln* festgelegt (vgl. genauer die Kap. 6 bis 9). Hierin liegt der hauptsächliche Aufwand bei der Erstellung des Instruments, und bis ein zufrieden stellendes Kategoriensystem vorliegt, sind meist zahlreiche Korrekturdurchläufe erforderlich. Die Vorgehensweise ist dabei sowohl theorie- als auch empiriegeleitet; das heißt, Kategorien und ihre Definitionen werden sowohl aufgrund der Hypothesen und der früheren Forschung als auch nach einer ersten Sichtung des Untersuchungsmaterials entwickelt.

Das so entstandene Instrumentarium wird danach in der *Testphase* erstmals durch eine Codierung unter Realbedingungen erprobt. Hierfür ist eine ausführliche Codiererschulung nötig, in der auch erste Informationen über die *Güte der Codierung* eingeholt werden (vgl. Kap. 10 und 11). Die Erfahrungen aus der Probecodierung fließen in ein verbessertes Instrument ein, das später in der tatsächlichen *Anwendungsphase* für das gesamte Untersuchungsmaterial eingesetzt wird. Damit ist der Erhebungsprozess abgeschlossen und es beginnt die *Auswertungsphase*: Die gesammelten Daten werden erfasst und für die Analyse aufbereitet, die in der Regel durch spezielle Statistikprogramme (z. B. SPSS) erfolgt. Hierzu müssen die Daten nochmals bereinigt werden, d. h. eventuelle Fehlcodierungen sind zu korrigieren, unvollständige Datensätze auszusondern und Schreibfehler bei der Dateneingabe zu beseitigen.

Anwendungs- und Auswertungsphase

Ergebnisdarstellung

Der Begründungszusammenhang gipfelt schließlich in der *Darstellung der Ergebnisse* der Studie. Hier sind zunächst die eigentlichen Befunde der Erhebung zu präsentieren, die das Untersuchungsmaterial meist deskriptiv beschreiben (s. o.). Die *Interpretation* dieser Befunde bezieht dann die gewünschten Inferenzschlüsse mit ein. Sie teilt die Ergebnisse der Hypothesenprüfungen mit und leitet daraus Aussagen zur ursprünglichen Forschungsfrage ab; ggf. verwendet sie hierzu auch die

Erkenntnisse aus ergänzenden Datenerhebungen. Sofern möglich, werden diese Aussagen nochmals in den Kontext des zugrunde liegenden theoretischen Ansatzes gestellt und mit früheren Forschungsergebnissen verglichen. Hierin liegt das Resultat der gesamten Forschungsanstrengung, und im *Verwertungszusammenhang* ist deswegen darauf zu achten, dass der erzielte Erkenntnisfortschritt auch angemessen der interessierten Fachöffentlichkeit bekannt gemacht wird. Der ausführliche *Forschungsbericht* (vgl. Kap. 12), der die gesamten Arbeiten dokumentiert (z. B. in Form einer Magisterarbeit oder eines Projektberichts), ist hierfür meist weniger geeignet: Hinter der – aus Gründen der Nachvollziehbarkeit stärker gewichteten – Schilderung methodischer und inhaltlicher Details sind die Kernaussagen oft schwer erkennbar. Deswegen streben Forscher separate *Publikationen* in Fachzeitschriften oder Büchern an, die die wesentlichen Erkenntnisse pointiert und verständlich darstellen, aber für weiter gehende Detailbefunde auf den Forschungsbericht verweisen.

Verwertungszusammenhang

Merksatz

Publikationen sind ein wesentlicher Verwertungszweck auch von Medieninhaltsanalysen, denn nur so lässt sich der erzielte Erkenntnisfortschritt für andere Forscher dokumentieren, um in zukünftige Forschung wieder einzufließen.

Das Kernproblem: Definition der Einheiten | 3.2

Der umfangreiche, scheinbar endlose Strom der Medienberichterstattung wird erst dann einer Beschreibung zugänglich, wenn wir ihn in sinnvolle Teile – die so genannten Einheiten – zerlegen. Eine wichtige Aufgabe innerhalb der eben beschriebenen Entwicklungsphase einer Inhaltsanalyse ist die Festlegung dieser Einheiten. Sie bestimmt nicht nur, welche Ausschnitte aus der Berichterstattung interessieren, sondern auch die Codierlogik und die Inhalte, die überhaupt erfasst werden – und letztlich sogar die Aussagekraft der Ergebnisse. Aus diesem Grund widmen sich die nächsten beiden Kapitel 4 und 5 speziell dieser Thematik, die uns darüber hinaus auch im weiteren Verlauf der Kategorienbildung beschäftigen wird. An dieser Stelle folgt zuvor jedoch eine allgemeine Darstellung der unterschiedlichen Typen von Einheiten, ihrer jeweiligen Funktion und Definition.

Zerlegung in Einheiten

> **Merksatz**
>
> Die Festlegung von Einheiten besitzt eine grundsätzliche Bedeutung für jede Medieninhaltsanalyse und ist deswegen mit besonderer Sorgfalt durchzuführen.

Typen von Einheiten

Problematisch ist hierbei, dass in der deutschsprachigen wie internationalen Forschung verschiedene Begriffe üblich geworden sind, die sich zwar auf meist ähnliche Typen von Einheiten beziehen, diese aber unterschiedlich benennen. Unsere Darstellung versucht, den überwiegenden Sprachgebrauch zugrunde zu legen und verwendet die angegebenen Bezeichnungen auch im weiteren Verlauf dieses Buches. Man muss allerdings immer damit rechnen, dass andere Autoren für dieselben Aspekte andere Begriffe verwenden. Grundsätzlich sind vier Typen von Einheiten zu unterscheiden:

1. die Auswahleinheit (sampling unit),
2. die Analyseeinheit (recording unit),
3. die Codiereinheit (content unit),
4. die Kontexteinheit (context unit).

Auswahleinheit

Die **Auswahleinheit** beinhaltet die physisch vorliegenden Materialien, die aus dem gesamten Spektrum verfügbaren Medienmaterials für die Untersuchung ausgewählt werden. Dies könnten etwa alle Ausgaben der SÜDDEUTSCHEN ZEITUNG des Jahres 2003 sein, die Nachrichtensendungen der ARD in einem bestimmten Zeitraum oder die Homepages von Politikern an einem bestimmten Stichdatum. Statistisch gesprochen handelt es sich um die gezogene Stichprobe aus der Grundgesamtheit der Medienberichterstattung. Diese kann durch ein Zufallsverfahren zustande kommen (z. B. *jede zehnte* Ausgabe einer Tageszeitung), beruht bei Inhaltsanalysen aber häufiger auf einer bewussten Auswahl (»*alle* Artikel über Kernkraft«) und einer anschließenden Vollerhebung (vgl. Kap. 4). Die Definition der Auswahleinheit ergibt sich normalerweise aus der gewählten Fragestellung, denn das analysierte Material muss natürlich geeignet sein, diese Frage zu beantworten. Ein wesentlicher Aspekt ist dabei, ob nur Material eines Medientyps (z. B. Tageszeitung) oder mehrerer Typen (z. B. Tageszeitung und Fernsehnachrichten) berücksichtigt werden soll, weil Letzteres den Aufwand erheblich erhöht.

> **Merksatz**
>
> Die Auswahleinheit legt systematisch fest, welches Medienmaterial inhaltsanalytisch zu untersuchen ist.

In der Praxis hat die Definition also insbesondere Auswirkungen auf die Projektplanung, denn je umfangreicher und vielfältiger die Auswahleinheit definiert wird, umso größere zeitliche und personelle Ressourcen sind erforderlich, um sie zu bearbeiten. Auch ist zu berücksichtigen, dass physikalisch abgrenzbare Auswahleinheiten (also z. B. über Zeitungsausgaben oder Senderkennungen) vergleichsweise leicht zu identifizieren und zu beschaffen sind; kommt jedoch ein inhaltliches Kriterium wie etwa »alle Artikel über Kernkraft« hinzu, müssen die Aufgreifkriterien auf der begrifflichen Ebene sehr präzise definiert werden, um nicht wichtige Merkmalsträger unabsichtlich auszuschließen. Oft kann diese Festlegung nur in mehreren Stufen erfolgen (vgl. Kap. 4.1).

Die *Analyseeinheit* sind dann jene Elemente aus dem Untersuchungsmaterial, für die im Rahmen der Codierung jeweils eine Klassifizierung vorgenommen wird. Oft ist dies der *einzelne Artikel* (z. B. über Kernkraft) in einer Zeitung oder ein entsprechender Beitrag in einer Nachrichtensendung. Sie stellen die Grundlage für alle späteren Auswertungen dar und müssen deswegen mit einem angemessenen Auflösungsgrad definiert werden (vgl. Kap. 5). Je nach zu untersuchendem Sachverhalt kann es auch vorkommen, dass dasselbe Medienmaterial anhand von zwei oder mehr Analyseeinheiten codiert werden muss – z. B. zunächst die Artikel in der Tageszeitung und danach die darin enthaltenen Fotos.

Analyseeinheit

Merksatz

Die Analyseeinheit ist Grundlage für Codierung und Auswertung, weshalb ein angemessener Auflösungsgrad für jede gewünschte Aussageebene zu wählen ist.

Damit strukturiert die Wahl der Analyseeinheit auch den gesamten Codierprozess: Normalerweise wird für jede Analyseeinheit ein eigenes Kategoriensystem gebildet und oft sind auch separate Codierdurchläufe für unterschiedliche Analyseeinheiten erforderlich. Hier gilt wieder: Solange die Analyseeinheiten physikalisch definiert sind (ein Artikel, eine Sendung), fällt dem Codierer die Identifikation ziemlich leicht. Ein Artikel beginnt in der Regel mit einer Überschrift und endet mit dem Autorennamen oder einem dicken Kästchen; eine Fernsehsendung hat einen Vorspann, einen Abspann und eindeutig erkennbare Sequenzen, die sie von der Werbung abtrennen. Müssen Beginn und Ende einer relevanten Analyseeinheit hingegen inhaltlich erschlossen werden (z. B. anhand bestimmter Aussagen oder eines Themas), so sind ausführliche

Codiereinheit

Codiereranweisungen und -schulungen erforderlich, um eine vergleichbare Vorgehensweise der Codierer zu gewährleisten.

Die *Codiereinheit* schließlich ist das einzelne Merkmal, das innerhalb einer Analyseeinheit für die Codierung bedeutsam ist. Anders ausgedrückt: Codiereinheiten beziehen sich auf die jeweils an einem Merkmalsträger interessierenden Aspekte. Sie hängen selbstverständlich von der Fragestellung der Studie ab: Beispielsweise kann derselbe Artikel über ein Fußball-Länderspiel in der einen Studie wegen des transportierten Rollenbildes interessieren (Codiereinheit: z. B. Verhalten der Sportler), in einer anderen Studie wegen dem vermittelten Nationalgefühl (Codiereinheit: z. B. Kommentierung des Ergebnisses). Die Codiereinheiten finden ihre Entsprechung in den Kategorien, durch die sie gemessen werden. Dabei gilt, dass jede Kategorie möglichst nur eine Codiereinheit ansprechen sollte (vgl. Kap. 6.2), dass aber umgekehrt ein und dieselbe Codiereinheit von unterschiedlichen Kategorien erfasst werden kann, etwa wenn in einem Satz mehrere Aspekte des Themas berührt werden.

Merksatz

Die Codiereinheit benennt diejenigen Aspekte, die an dem Medienmaterial interessant sind, um die Forschungsfrage zu beantworten und durch die Kategorien adressiert werden.

Codiereinheiten lassen sich in formale und inhaltliche Codiereinheiten (und darüber hinaus in weitere Unterformen) einteilen:
1. *Formale Codiereinheiten*: Dies sind jene physikalisch eindeutigen Sachverhalte, die sich durch Messen, Zählen oder Transkribieren erheben lassen und keine Schlussfolgerungen des Codierers erfordern. Beispiele hierfür wären etwa
   - die *Länge* eines Beitrags (in Worten, Zeichen oder Sekunden),
   - sein *Umfang* (in cm^2),
   - sein *Erscheinungs- oder Ausstrahlungsdatum*,
   - seine *Platzierung* im Medienkontext (am Anfang einer Sendung oder am Ende, auf der Titelseite oder im Innenteil) usw.
2. *Inhaltliche Codiereinheiten*: Dies sind die vom Erkenntnisinteresse abhängigen Bedeutungsdimensionen, zu deren Klassifikation der Codierer Schlussfolgerungen ziehen muss und die deswegen besonders gut definiert sein sollten. Man unterscheidet zwischen
   - *referenziellen* Einheiten, die sich auf bestimmte Personen (Akteure), Objekte, Orte oder Ereignisse beziehen;

- *thematischen* Einheiten, die auf abstrakterer Ebene die Zugehörigkeit zu übergreifenden Diskursstrukturen (Themen) festhalten;
- *propositionalen* Einheiten, die sachliche oder wertende Feststellungen über Personen, Tatsachen oder Vorgänge treffen (Argumente, Meinungen, Kommentare).

Wie sich formale Codiereinheiten durch entsprechende Kategorien erfassen lassen, beschreibt Kapitel 7, referentielle und thematische Einheiten sind Gegenstand von Kapitel 8 und die Codierung propositionalen Einheiten wird in Kapitel 9 behandelt.

Abschließend sei die *Kontexteinheit* als die vierte bedeutsame Einheit im Rahmen der Inhaltsanalyse erwähnt. Sie stellt ein Hilfskonstrukt dar, das dem Codierer erlaubt, im Zweifelsfall zusätzliche Kontexte heranzuziehen, um zu einer korrekten Codierung der Analyseeinheit zu gelangen. Beispielsweise ist es für die korrekte Erfassung der Aussage: »Sie besuchte anschließend den Soldatenfriedhof in Washington« erforderlich, dass sein weiterer Kontext herangezogen wird – in diesem Fall die Tatsache, dass der Satz in einem Artikel über Bundeskanzlerin Merkels USA-Reise stand. Erst mit der Definition des jeweiligen Artikels als Kontexteinheit ist es möglich, innerhalb der Aussage den Akteur der Handlung (Merkel) korrekt zu identifizieren. Als Kontexteinheit wird deswegen, wenn ein Codebuch unterschiedliche Analyseeinheiten vorsieht, häufig die nächstumfassendere Analyseeinheit definiert, die ein zweifelsfreies Verständnis erlaubt (in unserem Beispiel der Artikel zum Verständnis einer einzelnen Aussage).

Kontexteinheit

Merksatz

Die Kontexteinheit hilft dem Codierer, den korrekten Zusammenhang der Analyseeinheit zu erfassen, indem sie in Zweifelsfällen den Rückgriff auf einen größeren Berichtskontext erlaubt.

Der Forschungsprozess im Zeitablauf | 3.3

Von der ersten Forschungsidee bis zur Abgabe einer Publikation vergeht einige Zeit – empirische Arbeiten im Allgemeinen und besonders Inhaltsanalysen sind ein langwieriges Unterfangen. Die vorangegangenen Abschnitte dieses Kapitels haben die wesentlichen Arbeitsschritte genannt und einige konzeptionell und inhaltlich nötige Entscheidungen verdeutlicht. Doch was heißt dies für die Planung des Forschungsablaufs? Welcher Zeitbedarf ist einzukalkulieren, welcher Personalaufwand vorzusehen?

Auf diese Fragen gibt es selbstverständlich keine pauschale Antwort, denn die Rahmenbedingungen ergeben sich erst aus dem Erkenntnisinteresse und den Entscheidungen, die der Forscher auf den verschiedenen Stufen (siehe Abb. 3.1) trifft. Um aber zumindest grobe Anhaltspunkte für den zu erwartenden Aufwand zu erhalten, folgt nun eine Auswahl von Fragen zu wichtigen Aspekten, auf die im Laufe der nächsten Kapitel noch ausführlicher eingegangen wird. Da diese Fragen den gesamten Forschungsprozess betreffen, gehören sie logisch an diese Stelle – auch wenn ihr tieferer Sinn mitunter erst durch die nachfolgenden Kapitel klar wird. Wir empfehlen daher, diesen Fragenkatalog zunächst als »Vorgeschmack« auf die weiteren Ausführungen zu begreifen, und ihn dann konkret anzuwenden, sobald tatsächlich die Planung einer eigenen Inhaltsanalyse ansteht.

wichtige Fragen zum Ablauf des Forschungsprozesses

- *Forschungsinteresse:*
  Gibt es einen externen Auftraggeber, der die Arbeiten finanziell fördert oder anderweitig unterstützt?
  Wenn ja, inwieweit müssen die Interessen des Auftraggebers bei Konzeption, Durchführung und insbesondere bei der Verwertung berücksichtigt werden; sind hierfür z. B. besondere Korrekturumläufe einzuplanen?
- *Theoretische Fundierung:*
  Gibt es Vorläuferstudien, deren theoretische Einbettung einschlägig ist, oder muss ein theoretischer Rahmen selbst hergeleitet und ausformuliert werden?
- *Forschungsstand:*
  Wie umfangreich sind die vorhandenen empirischen Ergebnisse zum selben oder einem ähnlichen Thema, die aufgearbeitet werden müssen?
  Ist die einschlägige Literatur verfügbar oder stehen zeit- und kostenintensive Fernleihen an?
- *Definition zentraler Begriffe (Dimensionen):*
  Ist der Problemkreis durch anerkannte Referenzquellen erschlossen (einschlägige Theorien und Studien, s. o.; außerdem Lexika, Skalenhandbücher usw.)?
- *Hypothesengerüst:*
  Welche Inferenzschlüsse sind beabsichtigt?
  Wie viele verschiedene Typen von Datenerhebungen sind erforderlich, um die Hypothesen prüfen zu können?
  Gibt es Datenbestände, die eine sinnvolle Zweitverwertung verfüg-

barer Studien ermöglichen und so den eigenen Erhebungsaufwand reduzieren?
- *Untersuchungsmaterial:*
  Was ist die Grundgesamtheit, über die eine Aussage getroffen werden soll?
  Welches Medienspektrum muss über welchen Zeitraum abgedeckt werden?
  Ist die Untersuchung verschiedener Medientypen erforderlich?
  Wann und wie leicht ist das Material zugänglich?
  Welcher Zeitaufwand und welche Kosten entstehen für Beschaffung und Archivierung?
- *Projektplanung:*
  Kann für Schriftverkehr, organisatorische Aufgaben und finanzielle Abrechnung auf eine bestehende Infrastruktur (Universität, Projektpartner) zurückgegriffen werden?
  Wer koordiniert die einzelnen Projektschritte?
  Stehen im Projektzeitraum ausreichend geeignete Mitarbeiter zur Verfügung? Wer?
- *Definition der Analyseeinheit:*
  Welchen Auflösungsgrad erfordern meine Ergebnisse, um die Forschungsfrage sinnvoll beantworten zu können?
  Lässt sich die Abgrenzung der Analyseeinheit eindeutig und nachvollziehbar definieren?
- *Kategorienbildung:*
  Gibt es Studien mit Vorbildcharakter, deren Kategorien repliziert werden können?
  Steht jenseits der eigentlichen Auswahleinheit einschlägiges Codiermaterial zur Verfügung, um das Kategoriensystem empiriegeleitet prüfen und verbessern zu können?
- *Codiererschulung/Probecodierung?*
  Sind schulungsintensive inhaltliche Codierungen vorgesehen, die Schlussfolgerungen der Codierer verlangen und entsprechend intensiv eingeübt werden müssen?
  Ist der Zeitaufwand für die Codiererschulung in der zeitlichen und finanziellen Planung berücksichtigt?
  Existiert einschlägiges Codiermaterial für die Probecodierung?
- *Codierung:*
  Wie lange dauert überschlägig die Codierung einer Analyseeinheit, und wie viele Analyseeinheiten sind in der Auswahleinheit etwa enthalten?
  Ist eine bestimmte technische Ausstattung Voraussetzung für die Codierung (Videorecorder, Internetanschluss usw.)?

Wurde der finanzielle Aufwand für die Vervielfältigung der Codebücher und insbesondere der Codebögen berücksichtigt?
Müssen unterschiedliche Codierer auf dasselbe Material zugreifen?
Gibt es einen regelmäßigen Termin für Treffen zur Projektbegleitung?

- *Auswertungsphase:*
Wurde der Zeit- und Arbeitsaufwand für Dateneingabe und -bereinigung (basierend auf der geschätzten Zahl von Analyse- und Codiereinheiten) einkalkuliert?
Steht ein geeignetes Auswertungsprogramm zur Verfügung, und wird der Umgang damit beherrscht?

- *Ergebnisdarstellung, Forschungsbericht, Publikationen:*
Ausformulierung von Befunden und Verdichtung der Auswertungen in Grafiken oder Tabellen sind zeitintensiv – wurde ausreichend Spielraum für die Berichtslegung vorgesehen?
Wie viele Exemplare des Abschlussberichts müssen hergestellt werden, und wer finanziert dies?

Die Beantwortung jeder dieser Leitfragen hat Konsequenzen für den absehbaren Arbeitsaufwand, und sie helfen bei der Einschätzung der jeweiligen Projektlage. Auf dieser Basis kann dann nicht nur eine erste Kalkulation erfolgen, sondern ggf. auch die eine oder andere Entscheidung mit möglicherweise weit reichenden Folgen korrigiert werden. Zu beachten bleibt, dass hier nur die allgemein bedeutsamen Aspekte angesprochen werden konnten, aber je nach der eigenen Fragestellung noch weitere spezifische Kostenfaktoren zu beachten sind. Außerdem zeichnet Schätzungen aus, dass sie eben keine genauen Werte erbringen, sondern Annäherungsgrößen. Eine immer wiederkehrende Erfahrung ist, dass man in der Planungsphase gerne dazu neigt, den Aufwand für eine Inhaltsanalyse eher zu unter- denn zu überschätzen. Es empfiehlt sich also, den zunächst vermuteten Aufwand um einen erheblichen Korrekturfaktor von sicherheitshalber 1,5 zu erhöhen.

Fallbeispiel: Muslimische Weblogs I

Die Lebenswirklichkeit von Muslimen wird in den klassischen Massenmedien insgesamt nur unzureichend und zuweilen sogar verzerrt abgebildet. In Zeiten zunehmend individualisierter Medienproduktion stellt sich die Frage, ob nicht längst alternative muslimische Öffentlichkeiten eine ergänzende Informationsquelle bieten. Gerade neuere Medienformen wie Weblogs erweitern die Repräsentations- und Handlungsspielräume von Muslimen.

Eine Forschungsgruppe von sieben Studierenden der Kommunikationswissenschaft an der Universität Erfurt beschäftigte sich im Rahmen ihrer Bachelor-Abschlussarbeit über ein Jahr lang intensiv mit diesem Thema. Nach einem weiteren Jahr, in dem sechs der sieben Studierenden die Forschungsarbeit fortführten und erweiterten, wurde die durch den Förderpreis der Thüringer Landesmedienanstalt ausgezeichnete Arbeit Anfang 2010 unter dem Titel »Muslimische Weblogs. Der Islam im deutschsprachigen Internet« publiziert.

Literatur

Engelmann, Kerstin/Günther, Friederike/Heise, Nele/Hohmann, Florian/Irrgang, Ulrike/Schmidt, Sabrina (2010): Muslimische Weblogs. Der Islam im deutschsprachigen Internet. Berlin: Frank & Timme.

Neben einer intensiven theoretischen Auseinandersetzung wurde unter anderem auch eine quantitative Inhaltsanalyse durchgeführt, um die aktuelle Öffentlichkeit muslimischer Weblogs zu untersuchen. Ziel der Analyse war es, erstmalig deutschsprachige muslimische Weblogs zu dokumentieren und die dort vorhandenen Inhalte und Kommunikationsstrukturen sowie die bloginternen bzw. blogübergreifenden Diskurse zu beschreiben. Des Weiteren war die Frage zu klären, ob sich innerhalb der Weblogs virtuelle Diskursgemeinschaften bilden – und ob diese Gemeinschaften eine Bereicherung des gesamtgesellschaftlichen Islam-Diskurses darstellen könnten. Zu diesem Zweck wurde ein Instrumentarium in Form eines Codebuches entwickelt, welches neben dem Kategorienschema auch Handlungsanweisungen für die Codierer, wichtige Definitionen und die Erläuterung der Untersuchungseinheit enthält.

Zum besseren Verständnis des Fallbeispiels, welches von nun an jedes Kapitel dieses Lehrbuchs veranschaulichen wird, ist es empfehlenswert, sich mit dem im Anhang abgedruckten Codebuch vertraut zu machen. Sowohl aus dem Codebuch als auch aus der Publikation zu dieser Studie wird ausführlich in den Ausführungen zum Fallbeispiel zitiert.

Während einer intensiven Vorbereitungsphase setzten sich die Forscher zunächst inhaltlich mit dem Thema auseinander. Es galt zu untersuchen, inwiefern der Islam überhaupt in den Medien repräsentiert wird, und welche Theorien sich zur Beschreibung der muslimischen Öffentlichkeit in Weblogs eignen. Im Zuge dessen mussten notwendigerweise grundsätzliche Begriffsdefinitionen erarbeitet werden: Was zum Beispiel ist überhaupt ein »Weblog«? Wie lässt sich die »Muslimosphäre«

Vorbereitungsphase

3 Der Forschungsprozess

beschreiben, also der Bereich von Internetpräsenzen, die sich mit dem Islam befassen? Sämtliche Konstrukte waren zunächst zu definieren und dies im Codebuch bzw. im Forschungsbericht zu dokumentieren. Außerdem beschäftigten sich die Forscher intensiv mit dem »Medium Internet« (und insbesondere den sie interessierenden Weblogs), um einen Überblick über den Forschungsgegenstand zu erhalten.

Fragestellungen — Im Laufe dieser umfassenden theoretischen Auseinandersetzung konnten die vordringlichen Forschungsfragen formuliert werden:

- Sind muslimische Weblogs im deutschsprachigen Internet präsent?
- Welche Themen und Meinungen werden innerhalb dieser Weblogs verhandelt?
- Sind diese muslimischen Weblogs miteinander vernetzt? Bilden sich bloginterne bzw. blogübergreifende muslimische Gemeinschaften?

Aufgrund dieser Forschungsfragen wurden einige für die Analyse bedeutsame Hypothesen aufgestellt und verschiedene Dimensionen der Thematik abgeleitet, die jeweils in Kategorien überführt wurden. Wie sich die Konstrukte aus den Forschungsfragen ableiten ließen und wie daraus Kategorien entwickelt wurden, verdeutlicht das folgende Beispiel: Um die Frage näher zu untersuchen, welche Themen und Meinungen innerhalb der Muslimosphäre verhandelt werden, wurden folgende Hypothesen aufgestellt:

- In die Gemeinschaft der Weblogs erhalten Themen oder Ereignisse Einzug, die außerhalb der Muslimosphäre initiiert werden.
- In den Weblogs werden Themen oder Ereignisse unterschiedlicher Art behandelt, die nicht immer direkt mit dem Islam oder Muslimen im Zusammenhang stehen.

Versucht man nun, diese Hypothesen und die dahinterstehenden Konstrukte zu operationalisieren, ist es sinnvoll folgende Kategorien zu erheben: Vorhandensein eines Ereignisses, Name des Ereignisses, Thema des Posts, Islambezug des Posts sowie die Art, die Herkunft und der Name von verwendeten Quellen. Aus der Gesamtheit aller anhand der Forschungsfragen operationalisierten Kategorien resultiert letztendlich das Kategorienschema.

Übungsfragen

1   Am Beginn eines jeden Forschungsvorhabens steht ein:
    a) Erkenntnisinteresse
    b) Forschungsinteresse
    c) Verwertungsinteresse

2 Ist diese Aussage richtig oder falsch?
Nach der Konzeption der eigentlichen Inhaltsanalyse müssen das Forschungsinteresse und die zu untersuchenden Hypothesen formuliert werden; Theorien und bereits vorliegende Forschungsergebnisse sind dabei zu berücksichtigen.

3 Die Erstellung von Kategorien erfolgt:
a) theoriegeleitet, d. h. aufgrund von Hypothesen und früherer Forschung.
b) empiriegeleitet, d. h. aufgrund erster Sichtungen des Untersuchungsmaterials.
c) praxisorientiert, d. h. aufgrund von Erfahrungen und Tatsachen.

4 Welche der folgenden Aussagen treffen zu?
a) Bei der Auswahleinheit handelt es sich um die Grundgesamtheit der Berichterstattung.
b) Die Analyseeinheit ist Grundlage für die Codierung und Auswertung des Untersuchungsmaterials.
c) Codiereinheiten beziehen sich auf die an mehreren Analyseeinheiten interessierenden Aspekte.
d) Bei der Kontexteinheit handelt es sich um ein Hilfskonstrukt, welches im Zweifelsfall nützlich ist, um zu einer korrekten Codierung der Analyseeinheit zu gelangen.

Die Auswahleinheit: Stichprobenziehung und Untersuchungsmaterial | 4

Inhalt

4.1 Definition der Auswahleinheit

4.2 Weitere Auswahlverfahren auf unterschiedlichen Stufen

4.3 Praktische Hinweise zu Beschaffung, Archivierung und Verwendung

4.4 Analyse von Online-Inhalten

Dieses Kapitel widmet sich der Entscheidung, nach welchen Kriterien das der Inhaltsanalyse zugrunde liegende Material ausgewählt wird. Hierzu werden unterschiedliche Auswahlstrategien vorgestellt und ihre Vor- und Nachteile abgewogen. Die Darstellung einiger praktischer Erfahrungen mit der Sammlung von Inhalten klassischer und neuer Angebotsformen rundet diesen Abschnitt ab.

Definition der Auswahleinheit | 4.1

Das Untersuchungsmaterial für die Medieninhaltsanalyse muss einerseits so bestimmt werden, dass die Erkenntnisse – entsprechend der gewählten Fragestellung – auf einer möglichst umfassenden Untersuchung relevanten Materials basieren. Dies erhöht die Zuverlässigkeit der Ergebnisse, aber gleichzeitig ist die Codierung mit erheblichem Aufwand verbunden. Deshalb erfordert der verantwortungsvolle Umgang mit Forschungsressourcen, dass Material nicht unnötig bearbeitet wird. Der Grenznutzen ist beispielsweise dann erreicht, wenn neue Codierungen die Ergebnisse nur noch im Promillebereich verändern. Schließlich gebietet auch eines der grundsätzlichen Ziele der empirischen Sozialforschung – die Reduktion von Komplexität – dass der Forscher sich auf die zentralen Sachverhalte konzentriert und nicht ob einer Vielzahl von Detailerkenntnissen das »große Bild« aus dem Auge verliert.

Merksatz

Strebt die Inhaltsanalyse eine Verallgemeinerung ihrer Befunde an, sind die Auswahleinheiten so zu bestimmen, dass sie die Bedingungen der Stichprobenverfahren für statistische Repräsentativität erfüllen.

mehrstufige Vorgehensweise

Für viele Fragestellungen bietet sich eine fünfstufige Vorgehensweise an, in deren Verlauf auf jeder der fünf Stufen eine Festlegung getroffen wird, um die Auswahleinheit weiter einzugrenzen (siehe Abb. 4.1). Ausgangspunkt sind alle existierenden Medieninhalte, am Ende des Filterprozesses steht das zu bearbeitende Untersuchungsmaterial. In welcher Reihenfolge die einzelnen Stufen durchlaufen werden, ist dabei (fast) beliebig, denn sie tragen auf verschiedene Art zur Eingrenzung der gesamten Berichterstattung bei. Allerdings muss dabei im Auge behalten werden, welche Reichweite die Befunde später aufweisen sollen: Wird eine Verallgemeinerung über die eigene Untersuchung hinaus angestrebt (wie in der empirischen Sozialforschung zumeist der Fall), so müssen die einzelnen Auswahlschritte den Kriterien für repräsentative Stichproben genügen (vgl. Merten 1995: 283 ff.). Das bedeutet, es sollte im optimalen Fall eine Zufallsauswahl oder hilfsweise eine bewusste Auswahl, aber unter keinen Umständen eine willkürliche Auswahl erfolgen.

Zeitraum

Der relevante *Zeitraum*, in dem die Medieninhalte zu betrachten sind, lässt sich angesichts der Fragestellung meist relativ schnell eingrenzen. Häufig orientiert man sich hierzu an Schlüsselereignissen, die plausibel als Anfangs- und Endpunkte der jeweils interessierenden Entwicklung betrachtet werden können. Möchte man beispielsweise die Wahlkampfstrategien der Parteien untersuchen, kann man mit einem als »Wahlkampfauftakt« bezeichneten Parteitag einsetzen und den Wahlsonntag als letztes relevantes Datum festlegen. Wenn andere Inferenzschlüsse auf die gesellschaftliche Situation längerfristig bedeutsame Phänomene (wie etwa die Darstellung von Umweltschutz) zum Gegenstand haben, muss die Fragestellung inhaltlich präzisiert werden: In diesem Beispiel könnte man einerseits eine entsprechend aufwändige Zeitreihenanalyse (seit dem Zweiten Weltkrieg) anstreben oder eher auf jüngere Entwicklungen (seit dem Jahr 2000) eingehen.

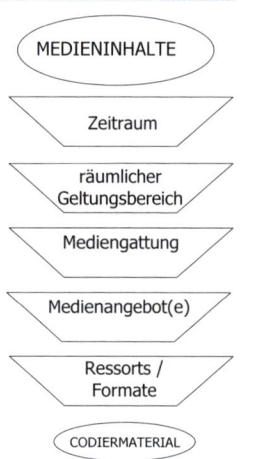

Abb. 4.1
Bestimmung der Auswahleinheit

> **Merksatz**
>
> Für jede zeitliche Festlegung der Auswahleinheit ist darauf zu achten, dass der in der Forschungsfrage angesprochene und der in der Studie untersuchte Zeitraum übereinstimmen.

Auf einer zweiten Stufe ist die *räumliche Geltung* der Auswahleinheit zu bestimmen. Stillschweigend unterstellen Fragestellungen hier zu Lande oft, dass es sich um Entwicklungen in Deutschland handelt, womit primär deutsche Medieninhalte von Bedeutung wären. Kleinere Kommunikationsräume (z. B. lokale Kabelnetze oder Regionen wie bestimmte Bundesländer) können aber ebenso Ziel der Untersuchung sein wie größere (z. B. die Berichterstattung über die Europawahl in verschiedenen EU-Staaten). Im Detail sind hier einige Spitzfindigkeiten zu beachten – etwa ob im obigen Fall deutsch*sprachige* Medien eine sinnvolle Auswahleinheit darstellen, ob der Erscheinungsort in Deutschland liegen soll, oder vielleicht eher das Verbreitungsgebiet. In jedem Fall sind hier pragmatische Lösungen anzustreben, die im Lichte der Fragestellung aussagekräftige Ergebnisse ermöglichen, gerade mit Blick auf die angestrebten Inferenzschlüsse.

räumlicher Geltungsbereich

Besondere Vorsicht ist hier in zwei Fällen geboten: Wenn über einen längeren Zeitraum historische Entwicklungen betrachtet werden sollen, können sich zwischenzeitlich territoriale Grenzen (z. B. Deutschland vor und nach der Wende oder vor und nach dem Zweiten Weltkrieg) oder der politisch-militärische Status (z. B. Nachfolgestaaten der Sowjetunion nach deren Zusammenbruch) verschieben. Der räumliche Bezug kann in solchen Fällen eine sehr differenzierte Beschreibung der Auswahleinheit erforderlich machen. Weiterhin ist bei transnationalen Geltungsbereichen zu prüfen, ob diese auch jenseits der in der Studie konstruierten Auswahleinheit tatsächlich als Kommunikationsräume existieren. So wäre beispielsweise fraglich, ob man für eine Beschreibung der deutschsprachigen Berichte über Gentechnik deutsche, österreichische und Schweizer Medien in einen Topf werfen sollte. In der Praxis würde man wohl eher die Medieninhalte in den verschiedenen Ländern einander gegenüberstellen.

Selbst wenn über Zeit und Raum schon eine erhebliche Einschränkung des Medienmaterials erfolgt, bleibt immer noch eine kaum überschaubare Flut von Inhalten übrig. Die verbleibenden drei Auswahlschritte beziehen sich deswegen auf die eigentlichen Medienangebote im engeren Sinne:

4 Die Auswahleinheit

Gestaltungen, Angebote, Formate

1. Welche *Mediengattungen* in die Analyse eingeschlossen werden, hat erhebliche Auswirkungen auf den Untersuchungsverlauf. Printmedien wie Tageszeitungen und Zeitschriften sind leicht zugänglich, repräsentieren aber nur einen bestimmten Ausschnitt aus dem medialen Spektrum. Die Funkmedien (Fernsehen, Hörfunk) sind angesichts ihrer Reichweiten und ihres speziellen Wirkungspotenzials von besonderer Relevanz. Aber sie sind gleichzeitig aufwändiger in der Codierung und Archivierung, was speziell für das Fernsehen gilt, das seine Botschaften auf zwei Kanälen (Text und Bild) transportiert. Wenn sogar mehrere verschiedene Gattungen einfließen sollen, ist zu entscheiden, wie diese im Umfang gegeneinander zu gewichten sind.

2. Nach der Entscheidung hinsichtlich der Gattungen müssen innerhalb der gewählten Gattungen noch bestimmte *Medienangebote* ausgewählt werden: SÜDDEUTSCHE ZEITUNG oder FRANKFURTER ALLGEMEINE? ARD, ZDF oder RTL? Oder gleich alle? Insbesondere auf dieser Stufe stehen oft – unabhängig von der Fragestellung – viele Auswahlalternativen zur Verfügung, sodass sich hier am ehesten die üblichen Fragen hinsichtlich einer angemessenen Stichprobenziehung stellen (vgl. Kap. 4.2).

3. Je nach Erkenntnisinteresse kann vermutet werden, dass in bestimmten Segmenten von Programm oder Zeitung von vornherein kaum oder gar nicht mit relevanten Medienberichten zu rechnen ist. Sportergebnisse findet man selten im Wirtschaftsteil, Wahlkampfbeiträge weniger in Spielfilmen oder Seifenopern. Aufgrund solcher und ähnlicher Überlegungen lassen sich bestimmte *Ressorts* und *Formate* ausschließen. Speziell für Fernsehanalysen gilt, dass auch innerhalb der verschiedenen Sendungen eines Formats nochmals ausgewählt wird (z. B. nur bestimmte Talkshows). In Printmedien werden zuweilen nur bestimmte journalistische Darstellungsformen innerhalb der Ressorts untersucht (z. B. nur Kommentare).

inhaltliche Spezifikation

Eine letzte Auswahlstufe kann sich ergeben, wenn sich aus der Forschungsfrage ergibt, dass nur ein bestimmter, *inhaltlich definierter Teil der Berichterstattung* untersucht werden soll. So wäre es sinnlos, alle politischen Beiträge zu codieren, wenn nur etwas über die Gentechnik-Berichterstattung ausgesagt werden soll. In diesen Fällen bestimmen vorab festgelegte Aufgreifkriterien, welche Beiträge genau berücksichtigt werden. Um Missverständnisse und Fehlentscheidungen der Codierer zu vermeiden, sind diese Aufgreifkriterien möglichst präzise zu formulieren. In diesem Sinne wäre beispielsweise »alle Artikel über Angela Merkel« eine schlechte Definition. Sinnvoller könnte die Anweisung heißen: »Alle Artikel, in denen »Angela Merkel« oder die »Bundeskanzlerin« in

Überschrift, Dach- und Unterzeile oder dem ersten Abschnitt des Artikels genannt wird.« Zu beachten ist, dass die Formulierung der Aufgreifkriterien auch den Arbeitsaufwand der Codierer stark beeinflusst – es macht nämlich einen Unterschied, ob Beiträge *vollständig* nach den definierten Merkmalen durchsucht werden müssen oder *nur relevante Teile* (wie im Beispiel).

> **Merksatz**
>
> Soll ein inhaltliches Aufgreifkriterium in den Auswahlprozess einfließen, muss dieses möglichst präzise formuliert und mit einem vertretbaren Selektionsaufwand verbunden sein.

Ergebnis dieses Filterprozesses sind dann exakt definierte Auswahleinheiten, die sich typischerweise in Kernsätzen wie »die Berichterstattung über Gentechnik in den Wirtschaftsressorts der deutschen Nachrichtenmagazine SPIEGEL und FOCUS im Jahr 2010« zusammenfassen lassen. Die Ergebnisse der Inhaltsanalyse beziehen sich dann auch immer auf genau diese Auswahleinheit. Im Forschungsbericht wäre es allerdings sprachlich oft sperrig, diese präzise Definition immer zu wiederholen, weshalb dort meist weniger spezifische Formulierungen verwendet werden. Die Auswahlverfahren, die über die erwähnten Selektionsschritte hinaus mitunter erforderlich sind, um eine Verallgemeinerbarkeit der Befunde abzusichern, erläutert der nachfolgende Abschnitt.

Weitere Auswahlverfahren auf unterschiedlichen Stufen | 4.2

Wie Abschnitt 4.1 gezeigt hat, werden die Auswahleinheiten in einem mehrstufigen Auswahlverfahren ermittelt. Je nach gewähltem Zeitraum ist es in manchen Inhaltsanalysen möglich, wirklich alle relevanten Ausgaben einer Sendung oder einer Zeitung zu untersuchen; in diesem Fall spricht man von einer *Vollerhebung*. Insbesondere gilt dies, wenn ein weiteres inhaltliches Aufgreifkriterium die Zahl der Analyseeinheiten beschränkt (oder nur wenige Medien untersucht werden): Interessieren die Kommentare zu einem bestimmten politischen Skandal, ist deren Zahl meist überschaubar; Gleiches gilt z. B. für die Nachrichten im lokalen Fernsehen.

Vollerhebung

Oft soll die Berichterstattung jedoch über einen längeren Zeitraum analysiert werden, oder in der Auswahleinheit finden sich so viele einschlägige Analyseeinheiten, dass diese nicht alle bearbeitet werden können. In diesem Fall ist die Ziehung einer *Stichprobe* aus allen Analyseeinheiten nötig, aus deren Betrachtung dann auf die *Grundgesamtheit* aller einschlägigen Analyseeinheiten geschlossen werden kann.

> **Merksatz**
>
> Strebt man repräsentative, d. h. verallgemeinerbare Aussagen an, so muss die Auswahleinheit ein *strukturgleiches, verkleinertes Abbild der Grundgesamtheit* darstellen, über die eine Aussage getroffen werden soll.

Stichprobe

Daraus ergibt sich die Frage: Wenn ich in meine Auswahleinheit die Sender ARD, ZDF, RTL, SAT.1 und PROSIEBEN aufgenommen habe, darf ich dann tatsächlich etwas über »das deutsche Fernsehen« aussagen? Oder kann ich aus einer Untersuchung von FRANKFURTER RUNDSCHAU, SÜDDEUTSCHE ZEITUNG, FRANKFURTER ALLGEMEINE ZEITUNG und DIE WELT die »Berichterstattung deutscher Tageszeitungen« beschreiben?

In diesen Fällen klaffen offenkundig die Grundgesamtheit, über die etwas ausgesagt werden soll, und die Auswahleinheit auseinander, denn die Stichprobe bildet nicht strukturgleich die Grundgesamtheit aller deutschen Fernsehprogramme oder Tageszeitungen ab. Im Umkehrschluss gilt dann: Ist auf einer der Stufen eine bewusste Auswahl erfolgt, so schränkt sich die Grundgesamtheit entsprechend ein – Aussagen sind dann, wie in unseren Beispielen, nur noch über »die deutschen Vollprogramme« bzw. die »überregionalen Qualitätszeitungen« möglich, aber nicht mehr über das gesamte Fernsehprogramm oder die gesamte Zeitungsberichterstattung.

> **Merksatz**
>
> Ob die festgelegte Auswahleinheit noch zum ursprünglich beabsichtigten Aussagebereich der Studie passt, ist kritisch zu überprüfen; ggf. müssen das Erkenntnisinteresse oder die Forschungsfrage entsprechend eingeschränkt werden.

Geht man die unterschiedlichen Stufen einzeln durch, so sind auf jeder Ebene unterschiedliche Auswahlverfahren möglich, die später aber nicht immer repräsentative Aussagen über die angenommene Grundgesamtheit ermöglichen:
- Zeitraum: systematische Auswahl »künstlicher Wochen«
- räumlicher Geltungsbereich: Klumpenauswahl

- Medienebene: geschichtete Auswahl, Quotenauswahl und Auswahl typischer Fälle

Im statistischen Idealfall würde man alle Zeiteinheiten (z. B. Tage) oder alle Analyseeinheiten durchnummerieren und dann per Losverfahren eine *einfache Zufallsauswahl* treffen. Meistens ist dies freilich mit einem unangemessen hohen Aufwand verbunden, weil ja die Grundgesamtheit erst einmal exakt bestimmt werden muss, bevor man auslosen kann! Und außerdem ist dies auch nicht immer sinnvoll, wenn es etwa darum geht, eine Veränderung über einen bestimmten Zeitraum hinweg zu dokumentieren.

Zufalls- und systematische Auswahl

Deswegen behilft man sich gerne mit einer *systematischen Auswahl* (also einer Listenauswahl), bei der von einem bestimmten Startpunkt aus – nach einem festgelegten Intervall – jedes n-te Element berücksichtigt wird. Da zumindest die klassischen Medienangebote eine festgelegte Periodizität aufweisen, die Inhalte also mit einer zeitlichen Regelmäßigkeit (Tageszeitungen einmal täglich, Hörfunknachrichten stündlich usw.) erscheinen, kann man diese Zeiteinheiten zur Grundlage für eine systematische Auswahl machen. Wählt man für eine Analyse über mehrere Jahre hinweg beispielsweise den ersten Montag im Januar des ersten Jahres, den ersten Dienstag im Februar, und dann immer einen Wochentag weiter für jeden darauf folgenden Monat, so erhält man über den gesamten Zeitraum so genannte »künstliche Wochen« (als dessen verkleinertes, strukturgleiches Abbild). Die Woche (siehe Abb. 4.2) hat sich dabei

Kalenderwoche	MO	DI	MI	DO	FR	SA	SO
1	**1.1.**	2.1.	3.1.	4.1.	5.1.	6.1.	7.1.
2	8.1.	**9.1.**	10.1.	11.1.	12.1.	13.1.	14.1.
3	15.1.	16.1.	**17.1.**	18.1.	19.1.	20.1.	21.1.
4	22.1.	23.1.	24.1.	**25.1.**	26.1.	27.1.	28.1.
5	29.1.	30.1.	31.1.	1.2.	**2.2.**	3.2.	4.2.
6	5.2.	6.2.	7.2.	8.2.	9.2.	**10.2.**	11.2.
7	12.2.	13.2.	14.2.	15.2.	16.2.	17.2.	**18.2.**
8	**19.2.**	20.2.	21.2.	22.2.	23.2.	24.2.	25.2.
9	26.2.	**27.2.**	28.2.	1.3.	2.3.	3.3.	4.3.
10	5.3.	6.3.	**7.3.**	8.3.	9.3.	10.3.	11.3.
(...)	(...)	(...)	(...)	(...)	(...)	(...)	(...)

Abb. 4.2

Definition einer künstlichen Woche

Medienangebote an den »fett gedruckten Tagen« werden codiert.

in der Vergangenheit als wichtige Bezugsgröße für die Struktur der Berichterstattung erwiesen, da zumindest die klassischen Massenmedien ihr Angebot nach einem Wochenturnus tageweise gliedern: Die Tageszeitung hat beispielsweise am Montag einen dickeren Sportteil und am Donnerstag die Kinostarts, und auch die Fernsehprogramme vergeben ihre Programmplätze meist wöchentlich – »Germany's Next Topmodel« läuft dann eben immer donnerstags auf ProSieben.

Im konkreten Fall ist selbstverständlich zu prüfen, ob die vorgegebene Auswahlregel die Struktur tatsächlich gleich abbildet – es müssen nämlich auch Feiertage dieselbe Chance haben, in die Stichprobe aufgenommen zu werden. Und da manche ebenfalls auf vorgegebenen Intervallen beruhen (Pfingsten liegt z. B. immer im selben zeitlichen Abstand von Ostern), muss immer insgesamt kontrolliert werden, ob sich das Auswahlintervall nicht mit einem anderen, »natürlichen« Intervall überlagert. Gleiches gilt auch für *saisonale Schwankungen*, die mitunter zu berücksichtigen sind: Berichte über Osterhasen sind im Winter schlichtweg seltener aufzufinden, während im Zuge von Olympischen Spielen selbst Randsportarten starke Beachtung finden. In ganz seltenen Fällen lässt sich der Zeitrahmen sogar bis auf einen einzigen Tag reduzieren, wenn beispielsweise in einer Stichtagsuntersuchung alle Tageszeitungen oder Fernsehnachrichten analysiert werden. Deren Ziel kann dann aber nur der unmittelbare Medienvergleich sein; weiter gehende inhaltliche Schlussfolgerungen sind aus diesen Stichproben nur in Ausnahmefällen zu ziehen (etwa dann, wenn es um die Berichterstattung am Wahlsonntag ginge).

saisonale Schwankungen

Merksatz

Die Definition einer »künstlichen Woche« als Medienstichproben erzeugt ein verkleinertes, strukturgleiches Abbild der Grundgesamtheit, wenn ein angemessenes Auswahlintervall festgelegt wird.

Klumpenauswahl

Das erwähnte, hier bedeutsame Stichprobenverfahren ist die *Klumpenauswahl*: Man legt einen bestimmten Tag fest (»Klumpen«), an dem alle relevanten Beiträge codiert werden. Hierbei wird nicht die Analyseeinheit selbst (der Beitrag) zufällig ausgewählt, sondern eine übergeordnete, »natürliche« Struktureinheit (der Tag). Innerhalb dieser Struktureinheit findet dann eine Vollerhebung aller Analyseeinheiten statt. Am Rande bemerkt, handelt es sich auch bei den eben beschriebenen, systematischen Auswahlverfahren im Grunde um eine solche Klumpenauswahl. Sehr verbreitet ist diese Vorgehensweise für die Abbildung des gewünschten räumlichen Geltungsbereichs. Denn gerade bei Medien mit regionalem Verbreitungsgebiet (lokaler Rundfunk, Ballungsraum-Fernsehen, Regionalzeitungen) ist es oft schwer, überhaupt eine gesamte Liste relevanter Angebote zu erstellen, geschweige denn deren Beschaffung zu organisieren. Hier kann es ebenfalls sinnvoll sein, zunächst nach territorialen Kriterien eine Reihe von Klumpen zufällig auszuwählen (in Deutschland z. B. anhand der Einteilung in Wahlkreise oder -bezirke, da diese einigermaßen vergleichbare Einwohnerzahlen aufweisen) und dann die Medien innerhalb dieser Klumpen zu bearbeiten. Allerdings sei darauf hingewiesen, dass die Klumpenauswahl aus Sicht der Stichprobentheorie einen größeren Auswahlfehler erzeugt; andererseits besteht bei der Inhaltsanalyse oft keine Alternative, um den Aufwand bei der Feldarbeit in sinnvollen Grenzen zu halten.

> **Merksatz**
>
> Klumpenstichproben sind in der Medieninhaltsanalyse weit verbreitet und erleichtern die Feldarbeit, ihre größere Anfälligkeit für Auswahlfehler ist jedoch bei der Untersuchungsanlage und der Interpretation der Ergebnisse zu berücksichtigen.

Die meisten Probleme bei der Bestimmung von Auswahleinheiten ergeben sich normalerweise auf der Medienebene, insbesondere bei der Bestimmung der letztlich zu codierenden Medienorgane und ihrer Segmente (Ressorts, Formate). Sofern anwendbar, erbringt hier eine *geschichtete Zufallsauswahl* die sinnvollsten Ergebnisse. Sie bietet sich dann an, wenn die zu untersuchenden Merkmale in einer Grundgesamtheit bekannt sind und gleichzeitig stark streuen (z. B. über die unterschiedlichen Formate in Fernsehprogrammen). Also einmal angenommen, wir untersuchen Homestorys über Adelshäuser, die in Spielfilmen und Serien per Definition nicht vorkommen können, aber umso häufiger in Boulevardmagazinen, Nachrichten und Reportageformaten: Bei einer reinen Zufallsstichprobe müsste man eine große Zahl von Sendungen ziehen, damit wirklich auch Boulevardmagazine, Nachrichten und Reportageformate usw. vertreten sind. Wenn man das relevante Schichtungsmerkmal jedoch (wie in diesem Fall) definieren kann, so findet die Zufallsauswahl nur innerhalb der jeweiligen Ausprägungen des Merkmals statt (also unter Boulevardmagazinen, Nachrichten usw.). Dies garantiert, dass sich in der Auswahleinheit alle Ausprägungen des Merkmals wiederfinden, auch wenn nur eine begrenzte Zahl von Sendungen untersucht wird.

geschichtete Zufallsauswahl

> **Merksatz**
>
> Die geschichtete Zufallsstichprobe reduziert dann die Auswahleinheit, wenn die Verteilung eines breit gestreuten Merkmals bekannt ist.

Offen ist dann nur noch, in welchem Zahlenverhältnis die einzelnen Typen berücksichtigt werden: Bei der *proportionalen Schichtung* versucht man, die Anteile in der Grundgesamtheit so genau wie möglich abzubilden; in unserem Fall könnte man dies anhand des Programmanteils oder der Einschaltquoten tun. Dann würde eben eine größere Zahl von Boulevardmagazinen und weniger Reportageformate ausgewählt. Bei der *disproportionalen Schichtung* würden bestimmte Typen stärker berücksichtigt als in der Grundgesamtheit; dies ist dann sinnvoll, wenn es Ziel der Studie wäre, die Sendungstypen miteinander zu vergleichen. In dem Fall würden genauso viele Reportageformate wie Boulevardmagazine ausgewählt, um für deren Gegenüberstellung auf eine ähnliche Datenbasis zurückgreifen zu können.

Zufallsstichproben sind unverzichtbar, wenn die Befunde der Inhaltsanalyse später verallgemeinert werden sollen. Ist dies aus inhaltlichen Gründen nicht notwendig oder wegen des damit verbundenen Aufwands nicht realisierbar, muss auf Verfahren der *bewussten Auswahl* zurückgegriffen werden. Das Zufallsmoment, das ansonsten ein strukturgleiches verkleinertes Abbild der Grundgesamtheit entstehen lässt, wird hier durch eine kriteriengeleitete, empirisch begründete Auswahl des Forschers ersetzt. Die beiden wichtigsten Verfahren sind dabei

- die Quotenauswahl und
- die Auswahl typischer Fälle.

Quotenauswahl — Bei der *Quotenauswahl* benutzen wir unser Vorwissen über die Struktur der Grundgesamtheit, um unsere Auswahleinheit ähnlich »nachzubauen«. Aus der jährlichen Tageszeitungsstatistik wissen wir beispielsweise, wie viele überregionale und wie viele regionale bzw. lokale Tageszeitungen erscheinen, welche davon in den alten Bundesländern und welche in den neuen Bundesländern hergestellt werden, und welche Auflagen diese Zeitungen haben. Aus der Kombination dieser Merkmale ergibt sich möglicherweise, dass regionale bayerische Tageszeitungen mit einer Auflage unter 200.000 Exemplaren einen Anteil von acht Prozent am deutschen Zeitungsmarkt besitzen. Wollte man in einer Studie diese Grundgesamtheit durch 25 deutsche Tageszeitungen angemessen abbilden, müssten also zwei regionale bayerische Tageszeitungen mit weniger als 200.000 Auflage (8 % von 25) untersucht werden. Auf diese Art und Weise erhält man einen so genannten »Quotenplan« mit den

Anteilen für jede Merkmalskombination. Die tatsächlich zu analysierenden Zeitungen bestimmt der Forscher anschließend selbstständig nach diesen Kriterien.

Die *Auswahl typischer Fälle* hingegen entfernt sich bereits deutlich von dem Ideal, ein strukturgleiches Abbild der Grundgesamtheit zu erzeugen. Hier wird aus dem Erkenntnisinteresse und den Forschungsfragen argumentativ abgeleitet, welche Auswahleinheiten mit Blick auf das Analyseziel besonders charakteristische Merkmale aufweisen. Viele veröffentlichte Inhaltsanalysen beruhen auf solchen Auswahleinheiten: von der Darstellung der Sexualität in der BRAVO bis zur Auslandsberichterstattung der NEW YORK TIMES. Die Ergebnisse sollten dann – weil es sich um »typische Vertreter« des Medianangebots handelt – für die Gesamtheit ähnlicher Angebote gültig sein. Dies stellt erhebliche Anforderungen an die Begründung für die Auswahl, die auch empirisch gut abgesichert sein sollte. Drei Argumentationen sind dabei häufiger anzutreffen:

Auswahl typischer Fälle

1. Es werden exemplarisch die Angebote ausgewählt, die die höchste Publikumsresonanz aufweisen (z. B. die Talkshows mit der höchsten Einschaltquote oder die Regionalzeitungen mit dem größten Leserkreis). Sind später Inferenzschlüsse auf die Rezipienten angestrebt, ist dies als sinnvoller Indikator anzusehen.
2. Es werden die Angebote ausgewählt, die als »Leitmedien« gelten und die Berichterstattung anderer Medien beeinflussen. Die Analysen des MEDIA TENORS (s. o.) weisen beispielsweise regelmäßig die meistzitierten deutschen Medien aus. Dieser Multiplikatoreffekt kann gerade bei Schlüssen auf die Kommunikatoren als angemessenes Auswahlkriterium gelten.
3. Es werden die Angebote ausgewählt, die ein bestimmtes inhaltliches Spektrum abdecken (z. B. eine eher liberale und eine eher konservative Tageszeitung), um die möglichen unterschiedlichen Positionen abbilden zu können. Dies wäre bei Inferenzschlüssen auf die politisch-gesellschaftliche Situation von Bedeutung, zuweilen aber auch bei Kommunikatorstudien.

Trotzdem bleibt festzuhalten, dass der Einsatz bewusster Auswahlverfahren grundsätzlich einer sorgfältigen Begründung bedarf. Wurden wirklich die wesentlichen Merkmale verwendet, um die Quotenvorgaben zu definieren? Habe ich tatsächlich typische Fälle erwischt? Lapidare Aussagen, wonach die Berichterstattung des SPIEGELS als stellvertretend für Deutschlands Medien zu betrachten sei, oder die Artikel in der SÜDDEUTSCHEN ZEITUNG – als Qualitätsblatt – für die Tageszeitungen im Land stehen könnten, reichen hier sicher nicht aus. Und je weniger unterschiedliche

Quellen die Analyse einbezieht, desto schwieriger wird die Begründung, dass man alle bedeutsamen Charakteristika berücksichtigt habe.

> **Merksatz**
>
> Alle Auswahlverfahren, die auf den verschiedenen Selektionsstufen eingesetzt werden, sind mit Blick auf das Analyseziel zu begründen; besonders sorgfältig ist bei bewussten Auswahlverfahren zu argumentieren.

willkürliche Auswahl

Der Vollständigkeit halber sei erwähnt, dass in der Stichprobentheorie auch *willkürliche Auswahlverfahren* bekannt sind. Hier werden die einzelnen Elemente ohne tiefere Systematik und ohne genauere Informationen über die Grundgesamtheit frei nach Schnauze bestimmt. Es erübrigt sich fast zu sagen, dass die Ergebnisse dieser Inhaltsanalysen für sich keinerlei Repräsentativität beanspruchen dürfen und nicht verallgemeinerbar sind. Im besten Fall können solche Untersuchungen noch den Charakter einer Fallstudie annehmen; dies trifft unter anderem dann zu, wenn die Berichterstattung eines einzelnen, willkürlich ausgewählten Mediums untersucht wird (z. B. die Berichterstattung des BADISCHEN TAGBLATTS über Asylbewerber). Die Natur solcher Stichproben muss bei der Interpretation der Befunde und bei beabsichtigten Inferenzschlüssen jedoch immer mitgedacht werden!

4.3 Praktische Hinweise zu Beschaffung, Archivierung und Verwendung

Die Definition der Auswahleinheiten ist freilich erst die halbe Miete: Denn nun stellt sich die Frage, wie das erforderliche Untersuchungsmaterial beschafft werden kann. Was dabei zu bedenken ist – und welche Schwierigkeiten auftreten können –, wird im Folgenden anhand unterschiedlicher Mediengattungen dargestellt, und zwar für

- Tageszeitungen,
- aktuelle Zeitschriften,
- das Fernsehen,
- den Hörfunk und
- das Internet.

Material: Tageszeitungen

Zweifellos sind Printmedien das dankbarste Untersuchungsmaterial für eine Inhaltsanalyse, insbesondere die *Tageszeitungen*. Sie bilden einzelne, physisch überschaubare Einheiten, die nebeneinander gelegt, mitgenommen und archiviert werden können. Sie werden von öffentlichen

Einrichtungen und Bibliotheken gesammelt und sind noch lange Zeit einer Untersuchung zugänglich, oft auch durch die Dokumentation auf Mikrofiche. Die in jüngerer Zeit erhältlichen CD-ROM-Ausgaben sind Platz sparend und erlauben eine schnelle Sichtung aufgrund der jeweiligen Aufgreifkriterien. Außerdem verbindet man mit Tageszeitungen eine differenzierte und profunde, aber trotzdem aktuelle Berichterstattung, die Hintergründe mit einschließt. Da die Tageszeitung auch eine hohe Reichweite innerhalb der Bevölkerung hat, stellt sie die Auswahleinheit für die meisten in Deutschland durchgeführten Inhaltsanalysen dar.

Merksatz

Aufgrund ihres weiten inhaltlichen Spektrums, ihrer Verbreitung und des einfachen Handlings bietet sich die Tageszeitung für viele Fragestellungen als Auswahleinheit an.

Die Nachteile reiner Presseanalysen sollen hier aber nicht verschwiegen werden: Zunächst ist es, wie an anderer Stelle erwähnt, eher schwierig, eine flächendeckende Tageszeitungsstichprobe zu ziehen: Die Pressegroßhändler arbeiten regional verteilt und kein Anbieter hat alle deutschen Zeitungen im Programm. In regelmäßigem Abstand stellt Walter J. Schütz seit vielen Jahren die so genannte »Stichtagssammlung Tagespresse« zusammen, die alle publizistischen Einheiten umfasst und über deren Analyse er regelmäßig in der Fachzeitschrift MEDIA PERSPEKTIVEN berichtet.

Ein weiteres Problem ist das Verhältnis zwischen Mantel- und Lokalausgaben, denn oft vereint dieselbe publizistische Einheit eine Vielzahl unterschiedlicher Teilausgaben, weshalb genau zu definieren ist, auf welchen Teil sich die Analyse nun bezieht. Und bei der Freude über den bequemen CD-ROM-Zugriff und Onlinearchive darf nicht vergessen werden, dass sich die Suchoptionen dort – je nach Betreiber – unterschiedlich komfortabel gestalten. Die Texte selbst sind dann zwar inhaltlich korrekt gespeichert, aber zahlreiche Layoutmerkmale (und mitunter auch die Illustration durch begleitende Fotos) können verloren gehen.

Aktuelle Zeitschriften besitzen von ihrem Ausgangsmaterial her ähnliche Vorteile wie die Tageszeitung. Einschränkend ist nur zu sagen, dass die nachträgliche Erreichbarkeit des Materials in manchen Segmenten der Publikumspresse erheblich eingeschränkt ist. Dies gilt weniger für politische Magazine wie den SPIEGEL oder FOCUS, aber durchaus für

Material: Zeitschriften

Frauenzeitschriften oder »bunte Blätter« (wie etwa die FREIZEIT REVUE), die so gut wie keine Bibliothek sammelt. Belegexemplare finden sich in der Deutschen Bibliothek (Frankfurt/Leipzig) und den jeweils zuständigen Landesbibliotheken, die allesamt durch die Zeitschriftendatenbank ZDB der Deutschen Bibliothek erschlossen sind. Bibliotheksexemplare können aber für Analysezwecke kaum verwendet werden, weil sie nicht ausgeliehen oder mit Markierungen versehen werden dürfen. Auch die Verlagsarchive sind oft schlecht bestückt und im Vertrieb sind ältere Exemplare selten länger als ein halbes Jahr lang zu bekommen, was bei der Projektplanung zu berücksichtigen ist. Ein weiteres Problem kann sich aus dem oft hohen Bildanteil von Zeitschriften ergeben: Wesentliche Inhalte werden visuell transportiert, weshalb es einem solchen Medium kaum gerecht würde, wenn man nur die enthaltenen Texte analysierte. Für die Codierung von Bildinformationen müssen freilich vollkommen andere Kategorien entwickelt und operationale Definitionen gefunden werden (vgl. Kap. 5).

Material: Fernsehen

Ähnliches gilt für das *Fernsehen*, allerdings in verschärftem Maße: Erstens besteht die visuelle Komponente, die analysiert werden soll, nicht aus Einzelbildern, sondern aus Bewegtbildern, die schwieriger zu erfassen sind. Zweitens sieht die Archivlage noch schlechter aus, weil es in Deutschland keine Institution gibt, die das gesamte Fernsehprogramm (wenn auch nur zu Belegzwecken) archiviert. Zwar bemüht sich das Deutsche Rundfunkarchiv um eine systematische Dokumentation, die über 30 im »Netzwerk Mediatheken« zusammengeschlossenen Archive, Bibliotheken, Dokumentationsstellen, Forschungsinstitute und Museen sammeln jedoch weit gehend unabhängig nach eigenen Schwerpunkten. Die nachträgliche Beschaffung von Sendungen wird deswegen oft zur Detektivarbeit und auch die Recherche bei den Produzenten ist Zeit raubend und kostspielig, weshalb gerade TV-Analysen meist einer vorausschauenden Planung bedürfen.

Wenn möglich, sollte man Fernsehanalysen daher so anlegen, dass die Auswahleinheit selbst archiviert werden kann. Die Speicherung des Untersuchungsmaterials ist dann (immer noch) mit einem erheblichen technischen und organisatorischen Aufwand verbunden – es bedarf bei zeitgleicher Ausstrahlung mehrerer Aufzeichnungsgeräte, die störanfällig sein können und regelmäßige Kassettenwechsel erfordern. Die Entwicklung moderner Festplattenrekorder mit der Ausgabe von DVD-Aufzeichnungen werden diese Probleme jedoch in absehbarer Zeit stark verringern. Die weite Verbreitung leistungsstarker Satellitenanlagen macht international vergleichende Analysen einfacher; allerdings ist auch hier genau darauf zu achten, ob es die technische Ausstattung tatsächlich erlaubt, falls erforderlich, verschiedene Kanäle gleichzeitig aufzunehmen.

> **Merksatz**
>
> Fernsehanalysen sind mit einem hohen technischen, organisatorischen und zeitlichen Aufwand verbunden, sie bedürfen sorgfältiger Planung und eines inhaltlich besonders ausgefeilten Instrumentariums.

Schließlich besitzt das Fernsehen als Funkmedium auch im Codierprozess (und damit greifen wir Kap. 10 etwas vor) einen gravierenden Nachteil: Der Inhalt liegt nicht – wie bei Printmedien – in ausgedruckter Form physisch vor, sondern ist flüchtig und an einen vom Medium bestimmten Zeittakt gebunden. Das »Zurückblättern«, das gerade mehrstufige Codierprozesse mit unterschiedlichen Analyseeinheiten und einem komplexen Codebuch benötigen, ist deutlich schwieriger. Aufgrund dieser vielfältigen Probleme beschränken sich Forscher zuweilen auf die Analyse der textlichen Informationen (ggf. sogar von schriftlichen Sendemanuskripten) oder von Programminformationen in Fernsehzeitschriften. Obwohl dies im Einzelfall angemessen sein mag, liegen die Probleme auf der Hand: Das tatsächlich ausgestrahlte Material kann nicht nur von den Planungen abweichen – außerdem wird das Bild, eigentlich wichtigster Kanal dieses »informationsreichen« Mediums, einfach ausgeblendet!

Trotz aller Schwierigkeiten sind Inhaltsanalysen der Fernsehberichterstattung wichtig, da es derzeit nicht nur das Medium mit dem größten gesellschaftlichen Einfluss ist, sondern auch, weil gerade angesichts der Flüchtigkeit des Mediums die Inhaltsanalysen oft die einzige Möglichkeit sind, Aufschlüsse über vergangene Programmangebote zu konservieren. Dieses Argument gilt, genauso wie die erwähnten Schwierigkeiten, ähnlich auch für den *Hörfunk*. Obwohl hier der Umgang mit dem Material – wegen der fehlenden visuellen Komponente – noch etwas leichter ist, finden sich in der Forschung kaum systematische Inhaltsanalysen von Radioprogrammen. Dies erstaunt umso mehr, weil der Hörfunk von seiner Nutzungsdauer her gesehen eine überragend wichtige Rolle für das deutsche Medienpublikum spielt.

Material: Hörfunk

4.4 Analyse von Online-Inhalten

Material: Internet

Abschließend sei auf die Analyse von Internet-Inhalten eingegangen. Auch dabei handelt es sich um Mitteilungen, die eine ganze Bandbreite von Kanälen in Anspruch nehmen können (Texte, Bilder, Töne, Animationen, Filme usw.). Insofern sind auch diese bei der Analyse differenziert zu behandeln. Größte Probleme ergeben sich weiterhin bei der Definition der Einheiten: Zunächst existieren im Internet eine ganze Reihe verschiedener Anwendungen, vom World Wide Web über Diskussionsforen und Chats bis hin zur E-Mail, die alle ineinander verwoben sein können. Vor allem die Inhalte des World Wide Webs erweisen sich für die Inhaltsanalyse als interessante, aber gleichzeitig schwierig zu fassende Untersuchungsobjekte.

Literatur

Zur weiteren Vertiefung:
Meier, Stefan/Wünsch, Carsten/Pentzold, Christian/Welker, Martin (2010). Auswahlverfahren für Online-Inhalte. In: Welker, Martin/Wünsch, Carsten (Hrsg.) (2010): Die Online-Inhaltsanalyse. Forschungsobjekt Internet. Köln: Herbert von Halem, S. 103 ff.

Die Bestimmung der Auswahleinheit wird im Internet dadurch erschwert, dass in vielen Fällen die Grundgesamtheit nicht bekannt ist und wegen der ständigen Veränderungen auch kaum bestimmt werden kann. Täglich gehen unzählige neue Inhalte online und ebenso viele werden wieder aus dem Netz genommen. Dabei sind einige Inhalte lediglich zweitweise nicht erreichbar oder auch nicht für jedermann zugänglich.

schwer erfassbare Grundgesamtheit

Eine aktuelle und abschließende Liste aller relevanten Webseiten gibt es also allein aufgrund der Dynamik und der Größe des Internets nicht. Sollen im Internet Aussagen über einen Ausschnitt der Realität gemacht werden, müssen wir aber trotzdem versuchen, auf eine entsprechende Grundgesamtheit zuzugreifen. Es werden daher häufig Suchmaschinen zu deren Ermittlung herangezogen, da diese vermeintlich das gesamte Internet nach Inhalten durchforsten und zudem die Mehrheit der normalen Internetnutzer diesen Weg ebenfalls für ihre Angebotssuche wählt. Allerdings sind die Ergebnisse der jeweiligen Abfragen mit Vorsicht zu genießen, denn Suchmaschinen arbeiten mit bestimmten Algorithmen, die Ergebnisse bewerten und gewichten. Eine wichtige Währung im Internet sind zum Beispiel Verlinkungen: Webseiten, die häufig verlinkt werden, stehen bei den Suchergebnissen weiter oben. Das Suchergebnis ist daher zu Gunsten dieser Seiten verzerrt. Da die Algorithmen nicht öffentlich zugänglich sind, besteht auch keine Möglichkeit, das Zustandekommen der Liste nachzuvollziehen. Zudem weisen die großen Suchmaschinen lediglich die ersten 1.000 Suchergebnisse aus, selbst wenn weit mehr Suchtreffer vorliegen.

Weitere Listen mit relevanten Internetseiten entstammen häufig redaktionellen Angeboten, in denen die Links zu bestimmten Themen zusammengefasst sind, oder werden auf sogenannten Social-Bookmarking-Seiten von Internetnutzern selbst kreiert, indem Angebote zu bestimmten Themen markiert und gerankt werden. Auch hier gilt es zu bedenken, dass die Ergebnisse eher auf populäre Seiten verweisen und weniger bekannte, doch für das Analyseziel eventuell genau so wichtige Angebote ausklammern. Zudem stellt sich bei allen Listen die Frage, wie aktuell diese sind, und ob es inzwischen nicht bereits weitere, unberücksichtigte Angebote gibt, da es eine Weile dauert, bis neue Angebote über Suchmaschinen und in den genannten Linklisten gefunden werden können.

Weitere Probleme für die Festlegung der Auswahleinheit stellen die Reaktivität und Personalisierung der Onlineangebote dar. Die aufgerufenen Angebote werden meist für den jeweiligen Zugriff generiert und basieren teilweise auf Eingaben des Nutzers oder den (in sogenannten »Cookies« gespeicherten) Informationen aus einem vorherigen Besuch der Seite. Ein einmal realisiertes Angebot kann bei erneutem Aufrufen der gleichen Internetadresse also komplett anders strukturiert und dargestellt werden. Insgesamt bleibt die Definition der Grundgesamtheit daher stets eine Momentaufnahme und orientiert sich stark an der jeweiligen Forschungsfrage.

Die für Funkmedien beschriebenen Probleme bei der Archivierung verschärfen sich im Internet weiter, da der schnelle Wandel der Inhalte ohne vordefinierte Periodizität erfolgt. Die Filter Raum und Zeit, die wir am Anfang des Kapitels angesprochen haben, lassen sich im Internet nur bedingt einsetzen. Auch nachträgliche Stichproben sind zum einen kaum mehr zu ziehen und Archive nur für bestimmte Angebotstypen (z. B. Mailinglisten) verfügbar. Zum anderen werden viele Seiten laufend geändert oder ergänzt, und es ist oft nicht nachprüfbar, wie lange ein Angebot bereits in der aktuellen Form besteht, d.h. wann genau es erstellt bzw. überarbeitet wurde. Auch der räumliche Bezug ist mitunter schwer zu fassen: Anders als bei den Printmedien ist im Internet oft nicht auf den ersten Blick ersichtlich, wo und für wen Inhalte produziert werden. Länderkürzel in der Domain können hier lediglich ein Indiz sein, es bedarf jedoch meist intensiver Recherche.

Typologie der Online-Inhaltsanalyse

Bei der Inhaltsanalyse von Internet-Inhalten hat sich aufgrund der aufgezeigten Probleme eine Aufteilung in angebots- und nutzerzentrierte Inhaltsanalysen bewährt. Erstere fokussieren auf die im Internet zur Verfügung gestellten Angebotsoptionen, wie sie theoretisch jedermann nutzen könnte. Letztere betrachten nur die tatsächlich realisierten Nutzungsvorgänge durch die Rezipienten. Beide Verfahren lassen sich in jeweils zwei Unterformen aufteilen. So kann bei der angebotszentrierten Inhaltsanalyse mit einer Sparten- oder auch Bereichsanalyse der Schwerpunkt auf Mediengenres, Publikationsformen oder Anbietergruppen gelegt werden, während bei einer inhaltlichen Fokusanalyse konkrete Themen, Personen, Ereignisse oder auch Autoren betrachtet werden. Für die nutzerzentrierte Inhaltsanalyse besteht zum einen die Möglichkeit einer Publizitätsanalyse, die sich an der Reichweite bestimmter Angebote orientiert, wie sie zum Beispiel von der IVW (der ursprünglich für den Printbereich entwickelten Auflagenmessung) ausgewiesen wird. Zum anderen kann mit einer Selektivitätsanalyse die individuelle Nutzung einzelner Rezipienten ausgewertet werden. Hierfür wird die einzelne Nutzung per Video oder über ein Logfile aufgezeichnet und damit nichts anderes getan, als Beobachtungsdaten inhaltsanalytisch ausgewertet (vgl. Kap. 13).

Archivierung

Für die Archivierung von Webseiten im Rahmen der Online-Inhaltsanalyse gibt es mittlerweile einige kommerzielle, aber auch kostenfreie Programme, die ein Abbild der Internetseite auf der Festplatte ablegen. diese Programme werden für den jeweiligen Einsatz konfiguriert, wobei eingestellt werden muss, von welcher Domain ausgehend die zu archivierenden Dateien und Seiten gespeichert werden sollen. Dieser Programmtyp, der auch »Spider« oder »Crawler« genannt wird, ruft nach und nach die auf der Seite gesetzten Links auf und speichert die für die einzelne Adresse hinterlegten Seiten. Trotz immer schnellerem Datentransfer und großen Speicherkapazitäten muss bedacht werden, dass es bei einer umfassenden Archivierung schnell zu einer beträchtlichen Menge an Daten kommen kann, da sich mit jeder archivierten Ebene die möglichen Linkverbindungen vervielfachen können. Gut durchdachte Filtersetzungen zahlen sich hier genauso aus wie eine laufende Überprüfung der archivierten Seiten, bei der zu testen gilt, ob alle Objekte einer Seite erfasst wurden und diese genauso funktionieren wie im Internet. Manche Anbieter verwenden zudem technische Sperren, so dass zwar auf diese Inhalte zugegriffen werden kann, eine Archivierung hingegen nicht möglich ist.

Es wird deutlich, dass bei der Untersuchung von Internet-Inhalten besonders genaue Definitionen erforderlich sind – für Aufgreifkriterien, für die Ermittlung der Grundgesamtheit und die Stichprobenziehung ebenso wie für die darauf basierende Auswahleinheit. Diese Vorarbeit bedeutet zwar anfangs einen höheren Aufwand als bei der herkömmlichen Inhaltsanalyse (beispielsweise von Printmedien), kann diesen Nachteil aber bei der Archivierung und Auswertung des Materials wieder ausgleichen. Sobald nämlich festgelegt ist, welche Webseiten archiviert werden sollen, übernimmt der Computer die Archivierung und es hängt nur noch von dessen Rechenkapazität und der Datenübertragungsrate ab, wann das Material ausgewertet werden kann. Bei der Auswertung besteht zudem der Vorteil, dass das Material bereits digitalisiert vorliegt. Dies könnte vor allem auch in Hinblick auf eine automatisierte Textanalyse (vgl. Kapitel 10.4) interessant sein.

> **Merksatz**
>
> Bei der Analyse von Online-Inhalten kommt der Definition der Grundgesamtheit und der sorgfältigen Archivierung der Webseiten besondere Bedeutung zu.

Fallbeispiel: Muslimische Weblogs II

Kehren wir nun zu unserem Fallbeispiel zurück, das bereits am Ende des vorherigen Kapitels vorgestellt worden ist. Nach den theoretischen Vorarbeiten für die Studie ist der erste wichtige praktische Arbeitsschritt die Bestimmung der Auswahleinheit. Durch die Dynamik und Komplexität von Online-Inhalten wird die Erfassung von Webseiten schwierig, weshalb bereits der Bestimmung von Kriterien, die das Untersuchungsfeld eingrenzen, eine Schlüsselfunktion zukommt. Diese Abgrenzung leistete das für diese Studie eigens definierte, methodische Konstrukt der »Muslimosphäre«. Die Muslimosphäre (MS) ist demnach ein spezifischer, dem Islam gewidmeter Raum im deutschsprachigen Internet, und wurde durch die Forscher erstmals benannt. Im engeren Sinne bezeichnet die MS alle Internetpräsenzen, die von Muslimen bereitgestellt werden; im weiteren Sinne gehören zur MS aber auch Seiten, auf denen Nicht-Muslime Inhalte über den Islam und seine Glaubensanhänger publizieren. *[Auswahleinheit]*

Somit werden zur Muslimosphäre in dieser Studie definitionsgemäß alle Webseiten gezählt, die mindestens eines der folgenden Aufgreifkriterien erfüllen: *[Aufgreifkriterien]*

4 Die Auswahleinheit

- In der Stamm-URL oder im Namen der Internetpräsenz ist der Wortstamm eines der folgenden Begriffe enthalten: »Koran«, »Islam« oder »Muslim«.
- In den Selbstdarstellungen der Betreiber der Internetpräsenzen wird ersichtlich, dass diese gläubige Muslime sind.
- Auf der Hauptseite der Internetpräsenz befindet sich ein islamischer Glaubens- oder Gebetsausspruch.
- Die Themen, Beiträge, Ressorts oder Artikel der Hauptseite müssen überwiegend von Muslimen bzw. für Muslime verfasst worden sein oder über Muslime, den Islam und zugehörige Themen berichten oder Informationen oder Interpretationen zum Islam und dessen Ausübung enthalten.

Zur Erfassung der Muslimosphäre wurde daraufhin in mehreren Durchläufen ein Katalog von Internetseiten erstellt, auf dessen Grundlage dann die Inhaltsanalyse der aufgefundenen Weblogs erfolgte. Die Erstellung dieses Katalogs basierte auf folgenden Schritten:

Mulimosphäre

1) Zunächst wurde mittels der Suchmaschine Google und den Schlagwörtern »Islam«, »Muslim« und »Koran« eine erste Übersicht deutscher Internetseiten erstellt. Google wurde deswegen als Suchmaschine gewählt, weil im deutschen Internet laut WebHits.de am 22. März 2010 ca. 89 % aller Suchanfragen über Google ablaufen – damit ist Google die meistgenutzte Suchmaschine. Die Ergebnisse der Suchanfrage mit den oben genannten Begriffen wurden mit Hilfe einer zweiten Suche bei dem Anbieter Yahoo kontrolliert. Ein fester Zeitpunkt der Datenerfassung sollte den Unwägbarkeiten in der Dynamik des Internets entgegenwirken. Um eine spätere Vergleichbarkeit der Befunde zu gewährleisten, wurde sichergestellt, dass alle Angebote zum Zeitpunkt der Katalogisierung online waren.

2) Während der Suche sicherte ein Leitfaden zur Vorgehensweise bei der Recherche des Samples eine intersubjektive Nachvollziehbarkeit. Innerhalb von zwei Tagen wurden Listen mit den Seiten der Muslimosphäre erstellt, zusammengesetzt und bereinigt. Um Mängel beim Einsatz von Suchmaschinen möglichst auszugleichen, wurde im zweiten Schritt eine Linkverfolgung der ersten Liste durchgeführt. Hierbei wurden auf drei Ebenen die verlinkten Seiten, die ebenfalls die Kriterien der Muslimosphäre zu erfüllen hatten, ermittelt und in einem Linkbaumkatalog erfasst. Die neu hinzugekommenen Seiten wurden ebenfalls auf Verlinkungen hin untersucht und ihre Zugehörigkeit zur Muslimosphäre geprüft.

Das Ergebnis war die für die Untersuchung gültige Grundgesamtheit von 797 Webseiten (Informationsseiten, Homepages, Foren, Weblogs, Online-Medien und andere Online-Formate), darunter 161 Blogs. Dieser

Webseiten-Katalog zeigt eine Momentaufnahme der Muslimosphäre, die sich zum jetzigen Zeitpunkt aufgrund der Dynamik des World Wide Web zweifellos etwas anders gestalten würde.

Die 161 Weblogs wurden anschließend einer Vollerhebung unterzogen, wobei aufgrund des umfangreichen Datenmaterials lediglich ein zeitlich begrenzter Ausschnitt an Posts erhoben werden konnte. Bei der Datenerhebung wurden letztlich Beiträge berücksichtigt, die im Untersuchungszeitraum vom 1. August bis zum 31. Oktober 2007 in den Weblogs gepostet wurden. Diese Eingrenzung erschien unproblematisch, da die meisten Weblogs thematische Schwerpunkte setzen, was impliziert, dass trotz der zeitlichen Eingrenzung ihre grundlegenden Themen und Strukturen valide erfasst werden konnten.

Übungsfragen

1 Ist diese Aussage richtig oder falsch?
Wird bei einer Inhaltsanalyse eine Verallgemeinerung der Befunde angestrebt, so ist es notwendig, dass die Definition der Auswahleinheit – also die aus der Grundgesamtheit der Berichterstattung gezogene Stichprobe – die Bedingungen der Stichprobenverfahren für statistische Repräsentativität erfüllt.

2 Was trifft nicht zu? Die Auswahlschritte zur Ermittlung von Auswahleinheiten, die den Kriterien für repräsentative Stichproben genügen sollen, erfolgen…
   a) durch bewusste Auswahl.
   b) durch zufällige Auswahl.
   c) durch willkürliche Auswahl.

3 Was ist richtig? Wenn die Auswahleinheit ein strukturgleiches, verkleinertes Abbild der Grundgesamtheit darstellt, über die eine Aussage getroffen werden soll, …
   a) werden damit repräsentative Aussagen möglich.
   b) vereinfacht dies die Kategorienbildung für diese Auswahleinheit.
   c) muss eine Schichtung aufgrund bekannter Merkmale aus der Grundgesamtheit vorliegen.

4 Welche der folgenden Aussagen sind falsch?
   a) Klumpenstichproben sind in der Medieninhaltsanalyse weit verbreitet, da sie für Auswahlfehler kaum anfällig sind.
   b) Durch die systematische Auswahl und Definition »künstlicher Wochen« erhält man ein strukturgleiches, verkleinertes Abbild der Grundgesamtheit.

c) Die kriteriengeleitete und empirisch basierte, bewusste Auswahl der Stichprobe bedarf einer besonderen Begründung.
d) Als Kriterium für repräsentative Stichproben bedarf die willkürliche Auswahl keiner Begründung.

Die Analyseeinheit: Definitionen für Print- und Funkmedien | 5

Inhalt

5.1 Grundsätzliche Überlegungen

5.2 Unabhängige Analyseeinheiten: Parallele Zerlegung

5.3 Analyseeinheiten bei Printmedien: Hierarchische Zerlegung

5.4 Analyseeinheiten für Fernsehnachrichten: Hierarchische Zerlegung

5.5 Exkurs I: Analyseeinheit Bild

5.6 Exkurs II: Umgang mit Analyseeinheiten im Internet

In diesem Kapitel wird die Definition der Analyseeinheit(en) als eine der wichtigsten Entscheidungen im Prozess der Inhaltsanalyse ausführlich erläutert. Für zwei unterschiedliche Medientypen, nämlich gedruckte und gesendete Mitteilungen, wird das Prinzip der hierarchischen Zerlegung des Materials in einzelne Analyseeinheiten erläutert.

Grundsätzliche Überlegungen | 5.1

Der Definition der Analyseeinheiten kommt eine besondere Bedeutung zu, wie in Kapitel 3.2 bereits verdeutlicht wurde. Nochmals zur Wiederholung: *Die Analyseeinheit sind jene Elemente aus dem Untersuchungsmaterial, für die im Rahmen der Codierung eine Klassifizierung vorgenommen wird.* Man muss sich dabei stets vor Augen führen, dass die Ebene, auf der die Codierung erfolgt, auch die kleinste Basis für die spätere Auswertung darstellt. Man kann nicht genauer analysieren, als die Daten erhoben wurden; wohl aber kann man sehr genau erhobene Daten für die Auswertung wieder auf einer höheren Ebene zusammenfassen (»aggregieren«).

> **Merksatz**
>
> Der Auflösungsgrad der Analyseeinheit bestimmt die Detailliertheit der Auswertungen (Analysetiefe): Einmal erhobene Daten können zwar auf eine höhere Ebene aggregiert werden, aber nachträglich nicht mehr auf einer niedrigeren Ebene differenziert werden.

Ebene der Messung?

Die Entscheidung für oder gegen eine Analyseeinheit bestimmt also schon das Spektrum möglicher Auswertungen. Für die Festlegung der Analyseeinheit muss man sich deswegen Klarheit darüber verschaffen, was gemessen werden soll und auf welcher Ebene die Messung überhaupt variieren kann – für jede dieser Ebenen muss dann eine Analyseeinheit definiert werden. So wäre z. B. der Artikel eine sinnvolle Analyseeinheit, wenn die Themen der Berichterstattung erfasst werden sollen, denn ein Artikel dient in der Mehrzahl der Fälle auch als Bedeutungsträger für ein Thema. Das gesamte Ressort der Zeitung wäre hier als Analyseeinheit ungeeignet, weil darin mehrere Themen abgehandelt werden; ein einzelner Satz wäre aber genauso keine angemessene Analyseeinheit, weil er zu feingliedrig ist – Themen beziehen sich regelmäßig auf mehr als einen Satz.

Es spricht jedoch nichts dagegen, das Untersuchungsmaterial ein und derselben Studie in verschiedene Analyseeinheiten zu zerlegen, und zwar entweder

- parallel oder
- hierarchisch.

5.2 | Unabhängige Analyseeinheiten: Parallele Zerlegung

Bei der *parallelen Zerlegung* sind die jeweiligen Analyseeinheiten unabhängig voneinander zu sehen, obwohl sie auf dieselbe Auswahleinheit angewendet werden. Sie können sich auf dasselbe oder auf unterschiedliches Material beziehen, sich überschneiden oder decken. Nur wird dabei für jede Analyseeinheit etwas anderes gemessen, es kommt jeweils ein eigenes Kategoriensystem zum Einsatz.

> **Beispiel**
>
> **Parallele Zerlegung der Zeitungsberichterstattung**
> Angenommen, unsere Forschungsfrage bezieht sich auf die Darstellung von Angela Merkel in überregionalen Tageszeitungen. Die Codierung

kann zunächst (1) auf *Artikelebene* erfolgen. Die Anweisung für den Codierer lautet, einen relevanten Artikel zu identifizieren (z. B. anhand des Aufgreifkriteriums »Merkel in Überschrift genannt«) und dann die definierten, wesentlichen Artikelmerkmale festzuhalten. Das wäre neben der medialen Quelle und dem Erscheinungsdatum sicherlich das Thema, in dessen Zusammenhang Merkel genannt wird. Eine weitere Strategie könnte (2) darin bestehen, *politische Akteure* als Analyseeinheit zu wählen. Dann wird die Auswahleinheit insgesamt nach handelnden Personen durchsucht, als Aufgreifkriterium würde man etwa eine Liste der 20 wichtigsten Politiker vorgeben. Für jedes Auftreten eines Akteurs (darunter auch Merkel) würde dann u. a. festgehalten, ob er/sie positiv, negativ oder neutral dargestellt wird und welche Eigenschaften der Person zugeschrieben werden. Daneben könnten als Analyseeinheit auch (3) *Pressefotos* betrachtet werden. Der Codierer müsste sich dabei jedes einzelne abgedruckte Foto vornehmen (ggf. ergänzt um ein weiteres Aufgreifkriterium, z. B. »Merkel abgebildet«) und ein Kategoriensystem anwenden, das speziell auf die Fotomerkmale abgestimmt ist (Erhebung von Bildmotiv, Mimik, Körpersprache usw.). (vgl. Kap. 5.5)

Bezugspunkt für die *Auswertung* ist in der ersten Variante der Artikel: Die Ergebnisse zeigen an, in welchen Zeitungen oder zu welchem Zeitpunkt Angela Merkel anhand welcher Themen dargestellt wird. In der zweiten Variante bezieht sich die Auswertung auf die genannten Akteure; das können weniger, in der Regel aber mehr Fälle sein als Artikel, weil in einem durchschnittlichen Artikel mehr als eine handelnde Person vorkommt. Die Resultate würden dann die Akteursnennungen von Merkel denen anderer Politiker gegenüberstellen, um unterschiedliche Images herauszuarbeiten. Die dritte Variante wertet auf Basis der aufgefundenen Fotos aus; man würde hier ermitteln, in welchen Kontexten Merkel abgebildet wird oder ob es sich um ein – aus ihrer Sicht – vorteilhaftes oder unvorteilhaftes Motiv handelt.

Eine ähnliche Logik lässt sich auch auf die Analyse von Rundfunk- bzw. Fernsehprogrammen anwenden. Setzt man eine parallele Zerlegung ein, sollte man sorgfältig nachprüfen, ob die formulierten Hypothesen mit den unterschiedlichen Analyseeinheiten auch angemessen bearbeitet werden können. Denn wie bereits gesagt: Informationen, die auf der einen Ebene erhoben wurden, können nicht ohne weiteres in den anderen Datensatz auf der anderen Ebene überführt werden. Anders stellt sich dies im Falle der – in der Forschung weit verbreiteten – hierarchischen Zerlegung dar, deren Logik in den nachfolgenden beiden Abschnitten am Beispiel von Tageszeitungen und Fernsehnachrichten erläutert wird.

5.3 Analyseeinheiten bei Printmedien: Hierarchische Zerlegung

Die hierarchische Zerlegung des Untersuchungsmaterials beruht auf der Idee, anhand von strukturellen Merkmalen verschiedene Ebenen der Berichterstattung zu identifizieren. Jede dieser Ebenen ist Träger für bestimmte Informationen, und durch die Definition jeder Ebene als eigene Analyseeinheit kann eine optimale Codierung ohne Informationsverlust erfolgen. Schematisch stellt Abb. 5.1 diese Vorgehensweise dar.

Exemplarisch betrachten wir nun die Analyse von Wahlkampfberichterstattung; unser Ziel sei, den politischen Teil der Tageszeitungen auf einschlägige Artikel und Aussagen hin zu untersuchen.

Im Fall von Tageszeitungen wäre es plausibel, die Auswahleinheit in der letzten Stufe auf Ressortebene zu definieren, und zwar als den politischen Teil der jeweiligen Tageszeitung. Diese Auswahleinheit muss dann noch für jedes Medium genauer spezifiziert werden: In der SÜDDEUTSCHEN ZEITUNG könnte dies die Titelseite sein und außerdem alle Seiten unter den Rubriken »Themen des Tages«, »Seite drei«, »Meinungsseite« und »Nachrichten«. In der FRANKFURTER ALLGEMEINEN ZEITUNG wäre dies genauso die Titelseite, dann aber eine Liste anderer Rubriken. Gleichzeitig bietet sich der politische Teil in seiner Gesamtheit auch als *Analyseeinheit auf höchster Ebene* an – auf alles, was dort erscheint, treffen bestimmte Sachverhalte zu, die auf dieser Ebene variieren, aber auf den darunter liegenden Ebenen zwangsläufig konstant bleiben.

höchste Ebene: Auswahleinheit

Dies lässt sich gut am Beispiel der Kategorie »Erscheinungsdatum« verdeutlichen. Jeder politische Teil der SÜDDEUTSCHEN ZEITUNG erscheint an einem bestimmten Tag, aber an jedem Tag erscheint in der SÜDDEUTSCHEN ZEITUNG nur ein politischer Teil. Das Datum variiert zwischen den zu untersuchenden politischen Teilen von unterschiedlichen Ausgaben an den jeweiligen Tagen, also ist es sinnvoll, das Datum auf der Ebene der Analyseeinheit »politischer Teil« zu codieren. Alle Artikel, die am betreffenden Tag im politischen Teil erscheinen, haben andererseits per se dasselbe Datum. Deswegen ist es unnötig, diese Information auf der

Abb. 5.1
Hierarchisch gegliederte Analyseeinheiten für die Tageszeitung

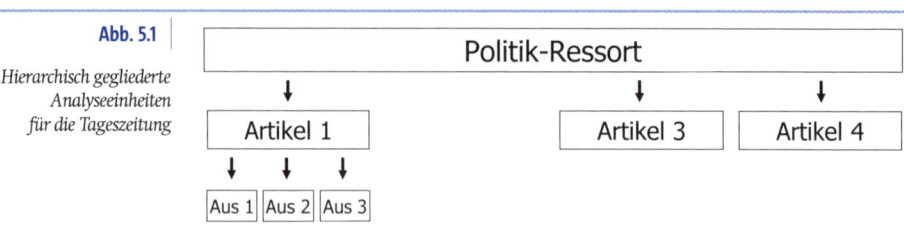

Artikelebene festzuhalten – damit würde man nur überflüssigen Codieraufwand produzieren, denn die Information ist für alle Artikel desselben politischen Teils konstant.

Merksatz

Die logisch sinnvolle Zuordnung der Kategorien zu angemessenen Analyseeinheiten spart Codieraufwand und erlaubt zielgenauere Analysen.

Damit sind wir auf der *Artikelebene* angelangt. Zuvor wurde bereits ein Beispiel für eine Kategorie erwähnt, die sinnvollerweise für diese Analyseeinheit codiert wird: das Thema des Artikels. Die journalistische Nachrichtenproduktion fasst typischerweise Informationen zum selben Thema in einem Artikel zusammen. Zwar können manche Artikel auch mehrere Themen behandeln (abgesehen davon, dass die Themendefinition selbst problematisch ist; vgl. Kap. 8.2). Häufiger kommt allerdings vor, dass in derselben Ausgabe mehrere Artikel zum selben Thema erscheinen.

Artikelebene

Man könnte einwenden, dass dieselben Informationen doch auch auf der übergeordneten Analyseeinheit festgehalten werden könnten: Beispielsweise wäre es möglich, für jeden politischen Teil eine Liste mit den Themen anzulegen, die in den einzelnen Artikeln angesprochen werden. Dies ist prinzipiell richtig, ein solches Vorgehen hätte aber gravierende Nachteile: Zum einen sind solche Daten später schwierig auszuwerten, denn es handelt sich um so genannte Mehrfachcodierungen innerhalb einer Kategorie, für die die meisten Statistikprogramme nur eingeschränkte Analysemöglichkeiten vorsehen. Zum anderen geht ein enormes Analysepotenzial verloren, denn gemeinsam mit dem Thema würden auf Artikelebene ja noch eine Menge weiterer Informationen erhoben (z. B. die Länge und Platzierung des Artikels). Die könnten aber nicht mehr sinnvoll mit einzelnen Themen verknüpft werden, wenn letztere nur pauschal auf höherer Ebene erfasst würden.

Merksatz

Eine unüberlegte Zuordnung von Kategorien und Analyseeinheiten rächt sich spätestens bei der Auswertung.

Ähnlich lässt sich mit Blick auf die dritte, in Abb. 5.1 veranschaulichte Analyseeinheit argumentieren. Hier wird der einzelne Artikel nochmals in *unterschiedliche Aussagen* zerlegt. Denn analog gilt: Auch wenn sich alle einzelnen Aussagen in einem Artikel auf dasselbe Thema beziehen, so variieren sie doch häufig hinsichtlich ihrer Urheber, ihres Gegenstandes und ihren Bewertungen. Der nachfolgende Beispieltext mag dies verdeutlichen.

Beispiel

Auszug aus einem Artikel zur Sozialstaatsdebatte

»[…] [1]Die Kritik der Opposition am Sparpaket sei vollkommen überzogen, gab die Kanzlerin zu Protokoll. [2]Davon unbeeindruckt trat Sigmar Gabriel vor seine Parteigenossen. [3]›Ich halte die Sozialpolitik der Regierung für vollkommen verfehlt‹, ließ er wissen und bekannte sich anschließend eindeutig zu den Plänen der Opposition für eine Steuerreform […]«

Anmerkung: Für die einfachere Ansprache im Text wurden die einzelnen Sätze durchnummeriert.

Aussagenebene

Dieser Auszug aus einem Artikel zur Sozialstaatsdebatte führt die Notwendigkeit einer weiteren Analyseeinheit unterhalb der Artikelebene klar vor Augen – zumindest dann, wenn jenseits von Themen eine feingliedrigere Erhebung der Inhalte verlangt ist. Und wieder gilt: Zwar könnte man auch unterschiedliche Urheber oder Bewertungen auf Artikelebene zusammenfassend und pauschal codieren, sie dann aber später bei der Auswertung nicht mehr auseinander halten.

Im ersten Satz wird die Stellungnahme von Angela Merkel (Kanzlerin = Urheber) referiert, die kritische Äußerungen der Opposition zum Sparpaket (Gegenstand) als übertrieben bezeichnet (Bewertung). Hierbei handelt es sich um den einfachen Fall, dass ein Satz gleich einer Aussage ist. Anders ist dies in den beiden folgenden Sätzen, die zusammengenommen zuerst eine und dann noch eine weitere Aussage ergeben: Satz 2 benennt den Urheber für die nachfolgenden Aussagen – Sigmar Gabriel. In Satz 3 folgt dann zunächst eine Bewertung (»verfehlt«) des Gegenstands »Sozialpolitik der Regierung«, dann die Bewertung (»bekennt sich zu«) des Gegenstandes »Oppositionspläne für Steuerreform«. Anscheinend sind also die Satzgrenzen nicht immer angemessen, um die einzelnen Aussagen voneinander zu trennen. Es müssen andere Indikatoren für diese Abgrenzung gefunden werden. Pragmatisch würde man im Beispielsfall immer dann eine neue Aussage codieren, wenn Urheber, Gegenstand oder Bewertung wechseln (vgl. hierzu ausführlicher Kap. 9).

Viele dieser Feinheiten in der medialen Darstellung könnten also auf Artikelebene nur unzureichend festgehalten werden. Deswegen ergibt die Codierung von Aussagen als selbstständige Analyseeinheit einen Datensatz, in dem jede einzelne Aussage in jedem Artikel einen eigenen Fall darstellt. Damit ist unsere dreistufige, hierarchisch gegliederte Codierung komplett – es liegen Daten auf Ressort-, Artikel- und Aussagenebene vor, und zwar in unterschiedlichen Datensätzen. Die lassen sich im Rahmen der Auswertung später wieder zusammensetzen und zusammenfassen.

Merksatz

Hierarchisch zerlegte Analysen ergeben unterschiedliche Datensätze, die sich anhand von Schlüsselcodes wieder für die Auswertung zusammenführen lassen.

Allerdings muss hierfür rechtzeitig ein *Schlüsselmerkmal* definiert und festgehalten werden, das später die eindeutige Zuordnung erlaubt. Dies kann beispielsweise eine mehrstellige Codezahl sein, die Informationen über Medium und Erscheinungsdatum enthält, sowie eine laufende Artikelnummer und eine laufende Aussagennummer. Damit wird jede codierte Analyseeinheit eindeutig gekennzeichnet (siehe Abb. 5.2). Der sauberen Zuweisung dieser Schlüsselcodes kommt größte Bedeutung zu, denn sie ist später Voraussetzung für eine vernünftige Datenauswertung. Die Codierer sollten deswegen ausdrücklich auf den Stellenwert dieser vermeintlich unwichtigen, »langweiligen« Kategorie hingewiesen werden!

Schlüsselmerkmal

Merksatz

Der korrekten Erfassung der Schlüsselcodes kommt bei hierarchisch zerlegten Analyseeinheiten höchste Priorität zu, da ohne sie später keine sinnvolle Auswertung erfolgen kann.

In diesem Abschnitt wurde die Zerlegung ausgehend von dem Typ der zu untersuchenden Berichterstattung dargestellt. In der Praxis der Inhaltsanalyse würde man allerdings anders vorgehen: Am Beginn stehen die Hypothesen, Forschungsfragen und Begriffe (vgl. Kap. 3), von denen ausgehend man eine Liste der Sachverhalte erstellt, die in der Inhaltsanalyse festgehalten werden müssen. Anschließend kann für jeden Sachverhalt entschieden werden, welche Analyseeinheit erforderlich ist, um ihn angemessen erfassen zu können. Diese Liste dient dann als

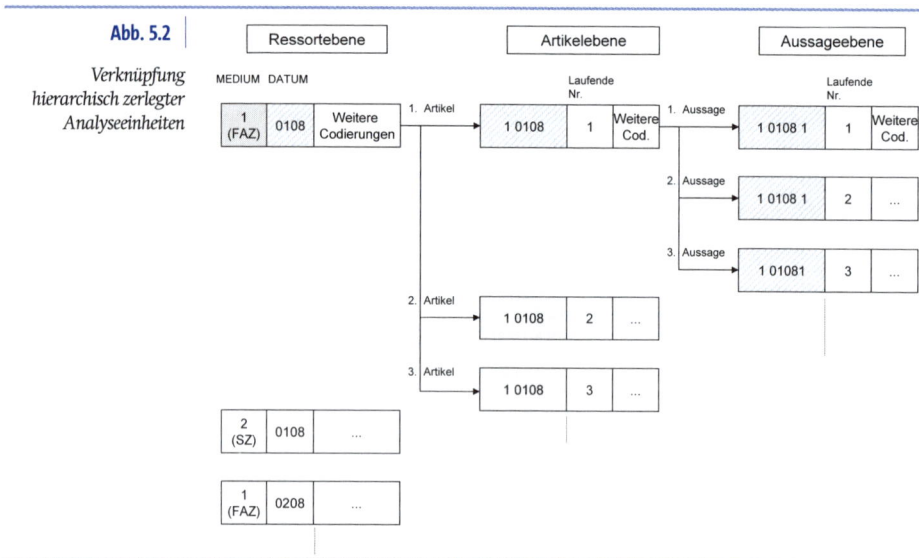

Abb. 5.2 Verknüpfung hierarchisch zerlegter Analyseeinheiten

Richtschnur für die Definition der Analyseeinheiten und danach für die Zuordnung von Kategorien zu Analyseeinheiten.

Abschließend sei an dieser Stelle noch auf ein grundsätzliches Problem hingewiesen, das die spätere Auswertung von inhaltsanalytischen Daten auf der Ebene unterhalb des einzelnen Artikels betrifft. Aus statistischer Sicht könnte man hier argumentieren, dass streng genommen die meisten der üblichen Testverfahren nicht angewendet werden können, da die einzelnen Einheiten (Aussagen usw.) keine unabhängigen Beobachtungen darstellen, was eine wichtige Prämisse der Teststatistik verletzt. In der Forschungspraxis wird dieser berechtigte Einwand jedoch meist vernachlässigt, was bei deskriptiven Auswertungen, die hauptsächlich unterschiedliche Anteilswerte gegenüberstellen und auf Testverfahren verzichten, auch durchaus legitim ist.

keine unabhängigen Beobachtungen

5.4 Analyseeinheiten für Fernsehnachrichten: Hierarchische Zerlegung

Die eben anhand der Zeitungsberichterstattung ausführlich dargestellte Vorgehensweise lässt sich mit derselben Logik auf TV-Inhalte anwenden. Da es hierbei jedoch einige Besonderheiten zu beachten gilt, die aus dem speziellen Charakter des Mediums Fernsehen resultieren, soll die Übertragung exemplarisch anhand der Analyse von Fernsehnachrichten

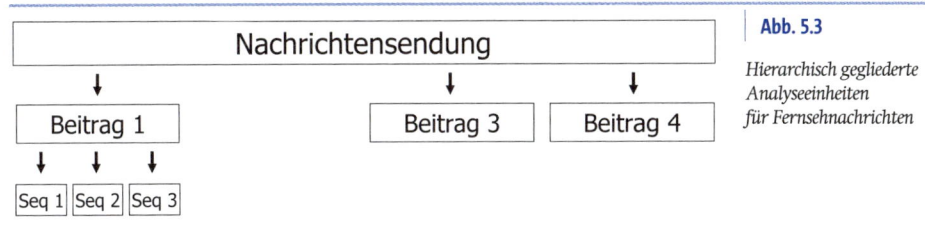

Abb. 5.3
Hierarchisch gegliederte Analyseeinheiten für Fernsehnachrichten

verdeutlicht werden. Abb. 5.3 passt das bereits bekannte Schema an die neue Auswahleinheit an.

Wieder wäre die letzte Ebene der Auswahleinheit – etwa die einzelne *Nachrichtensendung* (TAGESSCHAU, HEUTE, RTL AKTUELL usw.) – auch gleichzeitig die Analyseeinheit auf höchster Stufe. Für sie können das Datum, aber auch übergreifende Merkmale wie das Geschlecht des Sprechers codiert werden. Eine Ebene darunter wäre der einzelne *Beitrag* angesiedelt. Er ließe sich beispielsweise als Gesamtheit aller Botschaften definieren, die zum selben Thema gesendet werden. Meist reicht dies jedoch für eine präzise Beschreibung nicht aus, weshalb auf formaler Ebene einzelne *Beitragselemente* (wie Anmoderation, Filmbericht, Experteninterview usw.) oder gar *Sequenzen* (der Bildinhalt zwischen zwei Schnitten) als Analyseeinheit vorzusehen wären. Erneut gibt es hierfür keine pauschale Empfehlung – anhand der Fragestellung ist zu entscheiden, welcher Auflösungsgrad für das jeweilige Erkenntnisinteresse angemessen scheint. Die Definition dieser kleinsten Analyseeinheiten der TV-Berichterstattung kann Probleme aufwerfen, denn das kreative Screendesign der Fernsehmacher bietet so manche Überraschung, die dem Inhaltsanalytiker Kopfzerbrechen bereitet. Eine Auswahl:

Beitrags- und Sequenzebene

- Wie verfährt man mit einander überlagernden Elementen (etwa einer Anmoderation, die in einen Bildbericht übergeht)?
- Wie teilt man durch eine weiche Überblendung verknüpfte Sequenzen?
- Wie codiert man aufgeteilte Split-Screen-Bildschirme (Bild im Bild)?
- Wie werden eingeblendete Werbezeilen, Programmhinweise oder Logos berücksichtigt?

Diese Fragen lassen sich meist nicht am grünen Tisch beantworten, sondern müssen durch die Betrachtung von Beispielmaterial erkannt und pragmatisch gelöst werden. Allerdings hat es sich in vielen Zusammenhängen als sinnvoll erwiesen, für die kleinste Analyseeinheit eine *Mindestdauer* festzulegen. Die sollte größer als die mit vernünftigem Aufwand messbare Zeiteinheit (z. B. eine Sekunde) sein und verhindern, dass Programminhalte mit schnellen Schnitten und raschen Bildwechseln (z. B.

Werbung, Musikvideoclips, Actionfilme) in eine unendliche Zahl von Analyseeinheiten zerfallen, die letztlich fast nur noch auf Einzelbildebene zu codieren wären. Zu Recht kann man argumentieren, dass deren Informationsgehalt bei schneller Abfolge auch vom unvoreingenommenen Zuschauer kaum mehr wahrnehmbar und decodierbar wäre.

> **Merksatz**
>
> Für die Analyseeinheiten auf der untersten Stufe sollte, sofern für das Untersuchungsziel angemessen, ein Mindestumfang festgelegt werden, um extrem kurze Bruchstücke aus der Codierung ausschließen zu können.

Text versus Bild

Die bisher vorgestellte Zerlegung berücksichtigte auf ihrer letzten Stufe nur formale Gestaltungsmerkmale. Genauso wäre aber denkbar, hier die oben erwähnten inhaltlichen Einheiten (Aussage, Akteur usw.) zu verwenden. In diesem Fall sollte jedoch grundsätzlich über den Stellenwert nachgedacht werden, den *visuelle und textliche Informationen* für die Fragestellung besitzen. Beispielsweise neigt man dazu, Aussagen vorwiegend anhand des gesprochenen oder eingeblendeten Textes zu definieren, weil Bildaussagen sehr viel schwerer zu identifizieren sind – nicht umsonst heißt es, »ein Bild sagt mehr als 1000 Worte«. Außerdem unterscheidet sich die Wahrnehmung von Bildaussagen zwischen den einzelnen Betrachtern gravierender als die von Textaussagen, weil der Interpretationsspielraum bei Bildern um einiges größer ist. Weitere Schwierigkeiten können aus der Tatsache resultieren, dass gerade Fernsehen als integrales Produkt aus Text und Bild zu sehen ist, die sich gegenseitig ergänzen und angemessen erfasst werden sollten. Allerdings entsprechen sich die Einheiten auf Text- und Bildebene nicht immer, etwa wenn das Bild wechselt, aber der Kommentar des Sprechers weiterläuft. Im Extremfall kann es gar zu der so genannten Text-Bild-Schere kommen, bei der auf beiden Ebenen stark unterschiedliche Aussagen transportiert werden.

Ein grundsätzliches Problem entsteht hier daraus, dass unser Untersuchungsinstrument – das Codebuch – in der Regel sprachlich fixiert ist, also auf Text basiert. Daher ist es zwangsläufig einfacher, mit diesem Instrument Analyseeinheiten desselben Charakters – Texte – zu codieren. Bildinformationen müssen dagegen im Codierprozess erst in Sprache »übersetzt« werden, um sie codieren zu können. Konsequenterweise müsste eine Fernsehcodierung für die Bildkomponente also eine Art *visuelles Codebuch* entwickelt werden, in dem Kategorien und ihre Ausprägungen anhand der Ähnlichkeit mit Schlüsselbildern erfasst werden. Diese Technik ist bislang jedoch wenig ausgereift und wird wegen des damit

Abb. 5.4

Schlüsselbilder aus Nachrichtensequenzen am Beispiel »Straßenschlachten in Seoul«

verbundenen Aufwandes (Schlüsselbilder müssen im Vorfeld identifiziert und digitalisiert werden) kaum eingesetzt. Abb. 5.4 illustriert anhand eines Beispiels, welche Schlüsselbilder für dasselbe Ereignis in unterschiedlichen Sendern ausgestrahlt wurden: Während alle Sender durch eine Totale einen Überblick über das Geschehen geben und später einzelne Akteure herausgreifen, variieren die gesendeten Bilder je nach Quelle. Die Festlegung, welche Bilder einem vorab definierten Schlüsselbild »ähnlich« sind und welche nicht, ist schwierig zu treffen und erfordert in jedem Fall einen hohen Schulungsaufwand für die Codierer.

visuelles Codebuch

Abschließend sei nun nochmals auf einen wichtigen Vorteil hierarchischer Zerlegungen eingegangen, der für alle untersuchten Medien gilt: Codierungen auf niedriger Stufe können bei der Auswertung auf höherer Ebene aggregiert, d. h. zusammengefasst werden. Beispielsweise ist es möglich, die Dauer eines Beitrags aus der Länge der einzelnen Sequenzen aufzuaddieren, oder alle auf Sequenzebene erhobenen Akteure zum Akteursspektrum einer Nachrichtensendung zu verdichten. Bei der endgültigen Überprüfung des Kategoriensystems sollte deswegen darauf geachtet werden, jedes Merkmal möglichst nur auf einer Analyseebene zu messen oder unterschiedliche Messverfahren für dasselbe Merkmal einander ergänzend anzulegen.

Exkurs I: Analyseeinheit Bild | 5.5

Wie schon in den vorgehenden Abschnitten skizziert, handelt es sich bei der Analyse von Bildmaterial um ein schwieriges Unterfangen. Obwohl die Bildanalyse in vielen Forschungsrichtungen thematisiert wird, hat sich bis jetzt noch kein Trend herausgebildet, wie die Stärken

aktueller Stand der Bildforschung

der verschiedenen Analysemöglichkeiten sinnvoll kombiniert werden sollten. Auch in der Kommunikationswissenschaft lässt sich kein Patentrezept dafür aufstellen, wie mit der Analyse von Bildmaterial umzugehen ist. Gerade auch deswegen werden inhaltsanalytische Untersuchungen von Bildern – im Vergleich zu verbalem Material – in verschwindend geringer Zahl durchgeführt. Dies gilt für Studien zu Bewegtbildangeboten (wie z. B. Fernsehnachrichten, vgl. Kap. 5.4), aber insbesondere ist die deutsche Pressebildforschung im Gegensatz zur amerikanischen noch im Rückstand: Oft wird innerhalb einer textlich basierten Inhaltsanalyse nur beiläufig aufgenommen, ob zum Beispiel bei der Berichterstattung in der Zeitung die untersuchten Akteure auch in Form von Bildern abgebildet sind. Spezielle Studien, die sich mit der Analyseeinheit Bild beschäftigen, bilden also die Ausnahme. Nur in Teilsegmenten wie etwa der Forschung zur visuellen Wahlkampfkommunikation oder der Imageryforschung (bei der es sich hauptsächlich um Werbewirkungsforschung handelt) steht das Bild tatsächlich im Fokus des Interesses und wird entsprechend angemessen analysiert.

Diese Tatsache ist allerdings sehr verwunderlich, wenn man bedenkt, dass Bilder in der Medienberichterstattung einen großen Stellenwert einnehmen. In der Wirkungsforschung wurde zudem erkannt, dass Bilder zwar eine andere, aber in manchen Kontexten sogar weiter reichende Wirkung auf den Rezipient ausüben als textlich fixierte Aussagen. Denn Bilder prägen durch Schlüsselreize die Alltagswahrnehmung ihrer Betrachter und beeinflussen die Medienberichterstattung maßgeblich. Medienbilder dienen so der Reduktion von Komplexität – sie nehmen eine Schlüsselfunktion für das Realitätsverständnis des Rezipienten ein, da sie zum einen eine Orientierungshilfe darstellen und zum anderen wesentliche Emotionen vermitteln.

methodische Schwierigkeiten

Bislang sind Bilder oft methodisch und inhaltlich so behandelt und untersucht worden, als wären sie verbale Kommunikation. Dabei stellt sich logischerweise die Frage, ob sich Bilder überhaupt durch Wort und Text erschöpfend beschreiben lassen. Zudem ist es fraglich, wie sich eine zentrale Aufgabe der Inhaltsanalyse – die Reduktion von Komplexität in Medieninhalten – mit der vielschichtigen Natur von Bildern vereinbaren lässt. Aus diesem Grund fand die Analyse von Bildern bislang seltener in den standardisierten Verfahren der Kommunikationsforschung, sondern hauptsächlich durch hermeneutische, interpretierende Methoden ihre Anwendung. In der Kommunikationswissenschaft selbst wird zuweilen der Umweg über eine Befragung oder Beobachtung von Fotojournalisten (z. B. um sich mit deren Auswahlkriterien auseinanderzusetzen) oder über eine Befragung von Rezipienten oder ein Experiment (z. B. um Wirkungspotenziale von Bildern zu untersuchen) in Kauf genommen. Allerdings berücksichtigt man mit solchen Strategien das zu untersuchende Material nur indirekt – das Bild selbst, seine Aussagekraft und sein thematischer Kontext bleiben dem Forscher auf diesem Wege verschlossen.

Literatur

Da die Ausführungen zur Bildanalyse in diesem Rahmen nur als Exkurs zu einem Spezialfall verstanden werden sollen, werden an dieser Stelle ein 1) interdisziplinäres und ausführliches Überblickswerk und 2) eine aktuelle Bildinhaltsanalyse zur Vertiefung empfohlen.
1) Grittmann, Elke (2007): Das politische Bild. Fotojournalismus und Pressefotografie in Theorie und Empirie. Köln: Herbert von Halem Verlag.
2) Ballensiefen, Moritz (2009): Bilder machen Sieger – Sieger machen Bilder. Die Funktion von Pressefotos im Bundestagswahlkampf 2005. Wiesbaden: VS Verlag für Sozialwissenschaften.

Um sich dieser Analyseeinheit angemessen zu nähern, muss sich der Forscher gewahr darüber sein, das eine quantitative Inhaltsanalyse (im Gegensatz zur kunstwissenschaftlichen Betrachtung) primär keine ästhetischen Dimensionen analysiert, sondern das journalistische Bildmaterial nach faktenorientierten Kriterien auswerten muss. Dadurch ergeben sich im Unterschied zur textorientierten Inhaltsanalyse ganz andere, neuartige Herausforderungen und weitergehende Interpretationsspielräume.

Anwendungsgebiete und Kategorien

Das Erkenntnisinteresse bei der Analyse statischer visueller Angebote (wie etwa Pressefotos, Karikaturen oder Wahlkampfplakate) kann grob in fünf zentrale Gebiete unterteilt werden: Bei dem ersten Analysebereich handelt es sich um den Stellenwert von Bildern und deren formale Merkmale. Diese Merkmale, wie das Format, die Bildgestaltung, die Quelle oder auch der Anteil, den ein Bild beispielsweise auf einer Zeitungsseite einnimmt, aber genauso klassische formale Merkmale wie Datum, Medium und Platzierung (vgl. Kap. 7) lassen sich vergleichsweise einfach erheben und werden auch recht häufig angewandt. Ein weiteres Untersuchungsfeld besteht darin, rein quantitativ auszuzählen, ob und in welchem Umfang verschiedene Motive oder Personengruppen (wie Männer und Frauen) visuell repräsentiert werden (Frequenzanalyse; vgl. Kap. 8).

formale Merkmale

Eine andere Messebene eröffnen uns wertende Kategorien, die die Bildberichterstattung als negativ, neutral oder positiv klassifizieren (vgl. Kap. 9). An dieser Stelle kommt ein weiteres Problem auf den Forscher zu, nämlich die grundsätzliche Diskussion darüber, ob Bilder werkimmanent betrachtet werden sollen oder gerade eine weitumfassende Kontexteinheit (vgl. Kap. 3.2) benötigen. Dieses Problem lässt sich nur mit Blick auf die zu Grunde liegende Forschungsfrage lösen. Nichtsdestotrotz sei an dieser Stelle angemerkt, dass es sich in den meisten Studien empfiehlt, eine weiter gefasste Kontexteinheit zu definieren. Ein visuelles Angebot nur für sich zu betrachten, kann bei jedem Codierer zu sehr unterschiedlichen Ergebnissen führen, was die intersubjektive Nachvollziehbarkeit der Erhebung beeinträchtigt. Das liegt nicht nur daran, dass die Codierer unterschiedliches Vorwissen haben (bestimmte Politiker zum Beispiel vielleicht gar nicht kennen oder erkennen), sondern auch an der Aussage, für die ein Bild steht. Ist beispielsweise ein Politiker zu einem sehr ernst zu nehmenden Anlass unglaublich fröhlich abgebildet, hat das eigentlich positive Motiv keine positive Konnotation mehr. So bietet es sich bei der Pressefotographie an, den Untertitel des Bildes, den Titel des Artikels zum Bild oder auch den Artikel zum Bild selbst als Kontexteinheit zu verwenden.

Ein weiteres Forschungsgebiet interessiert genau dies – also die inhaltliche Korrespondenz von Bild und Text. In welcher Beziehung stehen Bild und Artikel sowohl inhaltlich, grafisch und zeitlich zueinander? Und das fünfte Forschungsfeld schließlich ist der wohl interessanteste, aber auch komplexeste Bereich, nämlich die Bildanalyse anhand eines visuellen Codebuchs oder von Bildkategorien. Bisher lehnen sich inhaltliche Kategorien nämlich oft an Inhaltsanalysen für Textinhalte an; daraus resultieren jedoch meist Kategorien, die unpräzise sind und sich nur bedingt auf das Bild und seine Aussage beziehen lassen. Denn dort wird nur z. B. der thematische Kontext erfasst, aber nicht der zu untersuchende Bildinhalt selbst. Versucht man die Inhaltsanalyse aber selbst auf einer Bildebene durchzuführen, ist es in jedem Fall lohnenswert, sich in anderen Fachrichtungen nach sinnvollen Kategorien umzusehen. So hat beispielsweise die Wahrnehmungspsychologie durch Experimente zur Rezeption von Personendarstellungen festgestellt, dass die Darstellungsweise (wie zum Beispiel die Kameraperspektive) oder auch das gezeigte nonverbale Verhalten (wie Gestik, Mimik, Kopfhaltung oder symbolische Körperstellung, z. B. Händeschütteln) wesentlich zur Art und Weise beitragen, wie das Bild vom Betrachter verarbeitet wird. Durch solche Ergebnisse lassen sich in der Inhaltsanalyse dann Bildtypen oder Bildmotive in sinnvolle Kategorien überführen, messen und interpretieren. Welche inhaltlichen Kategorien genau erstellt werden, hängt natürlich wieder ganz von der Forschungsfrage ab.

Insgesamt lässt sich festhalten, dass bei der Analyse von Bildmaterial ein besonders ausgefeiltes Kategoriensystem mit gut durchdachten

Definitionen sowie eine intensivste Codiererschulung von Nöten sind, um die Codierweise so vergleichbar und damit das Instrument so reliabel wie möglich zu gestalten (vgl. Kap. 11). Eine harte Codierweise (vgl. Kap. 9) bietet sich hier an, um die subjektive Bedeutungszuweisung bei Bildern einzuschränken.

Zu beachten ist außerdem bei der Kategorisierung von Bildmotiven, dass oft die Berücksichtigung der zeitlichen Rahmenbedingungen gesondert zu bedenken ist. Nicht nur Handlungen und Interpretation von nonverbalem Verhalten (wie Mimik, Symbole oder Kleidungsstil) sind zeitlich-kulturell geprägt und bedingt: Das gleiche Phänomen findet sich auch hinsichtlich der Darstellungsmodalitäten von Bildern. Die technisch-stilistischen Mittel der Fotografie und der Bildbearbeitung haben sich doch im Verlauf der Zeit sehr verändert und erweitert.

Ein letztes Erkenntnisinteresse, das einer visuellen Inhaltsanalyse zugrunde liegen kann und deswegen hier vorgestellt werden soll, ist die Vielfaltsanalyse. Hierbei zielt die Forschung auf die Feststellung ab, in wie weit Presseerzeugnisse das gleiche Medienmaterial aufweisen. Zumindest für diese Art von Analyse hat sich das schon oben beschriebene ikonografische Codebuch bewährt, da es auf der visuellen Ebene der Bildercodierung beruht. Für eine solche Analyse ist es wichtig, das Datenmaterial, also die einzelnen visuellen Angebote, verlässlich zu sichern. Sinnvoll ist dies durch eine Digitalisierung (Einscannen) bei Printpresseorganen möglich, und sehr angenehm bei Onlineangeboten durch die Erstellung von Screenshots. So können alle Bilder in einem Dokument übersichtlich gespeichert und einer Analyse unterzogen werden.

Vielfaltsmessung

Merksatz

Die Bildinhaltsanalyse ist ein spannendes, jedoch bislang noch wenig untersuchtes Forschungsfeld, bei der unbedingt auf die spezifischen Eigenschaften des visuellen Materials eingegangen werden sollte.

Exkurs II: Umgang mit Analyseeinheiten im Internet | 5.6

Wie bereits in Zusammenhang mit der Definition der Auswahleinheit erörtert (vgl. Kap. 4.3), gestaltet sich die Inhaltsanalyse von Internet-Inhalten teilweise anders als bei den Print- und Funkmedien. Gerade im Hinblick auf die Definition der Analyseeinheit begegnen dem Forscher aufgrund der Vielfalt multimedialer Darstellungsformen im Internet diverse Probleme, für die es eine geeignete und vor allem praktikable Lösung zu finden gilt. Das Internet erweist sich nämlich nach wie vor als sehr flexibles und dynamisches Forschungsobjekt. Abschließende Anweisungen für den Umgang mit den unzähligen Darstellungsmöglichkeiten können daher hier nicht gegeben werden, sondern müssen oft für jede Untersuchung neu bedacht sein. Folgende Überlegungen stellen bei der Konzeption und Definition der einzelnen Analyseeinheiten lediglich eine erste Orientierung dar.

War das Internet in seinen Anfangstagen noch ein sehr textlastiges Medium, so hat zwischenzeitlich die Verwendung audio-visueller Inhalte stark zugenommen. Hierbei macht es keinen Unterschied, ob die untersuchten Inhalte beispielsweise dem World Wide Web entstammen oder in E-Mails zu finden sind. Der Trend zu multimedialen und -modalen Angebotsformen verstärkt sich durch die flächendeckende Verfügbarkeit von Breitbandverbindungen und großen Datenspeichern. Der Kreativität der Web-Entwickler sind scheinbar kaum noch technische Grenzen gesetzt und das Resultat sind hochkomplexe und multikodierte Inhalte. Es gibt selbst für thematisch ähnliche Webseiten kein einheitliches Erscheinungsbild, das sich, wie etwa bei den Printmedien, an Gestaltungsmerkmalen wie Ressorteinteilung und formalisiertem Artikelaufbau orientiert. Zwar bestehen Gemeinsamkeiten wie etwa bei den sozialen Online-Communities; dennoch hat jede Seite ihren eigenen Aufbau und manche Besonderheit. Es müssen daher vor Beginn der Untersuchung möglichst detaillierte und genaue Grenzen und Aufgreifkriterien für die einzelnen Analyseeinheiten festgelegt werden um wichtige Informationen nicht zu vernachlässigen und gleichzeitig Unwesentliches auszuschließen. Dies setzt in der Regel eine vorgeschaltete Strukturanalyse der Auswahleinheiten voraus, oder zumindest eine eingehende Beschäftigung mit den Angeboten. So setzt sich eine Seite beispielsweise aus vielen einzelnen Bausteinen zusammen, die aus unterschiedlichen Quellen ausgelesen werden und sich mit jedem neuen Aufruf ändern können. Man denke hier beispielsweise an Werbebanner und Pop-Ups, die teilweise themenspezifisch auf die Seite zugeschnitten sind oder gar auf Nutzungsinformationen von vorigen Seitenbesuchen des Nutzers basieren, also individuell angepasst werden.

Auf einer gewöhnlichen Webseite können zudem unzählige Objekte wie Navigationselemente, Grafiken, Musik, Geräusche und Filme verborgen liegen. Bei einer Inhaltsanalyse, die alle forschungsrelevanten Inhalte erschließen möchte und nicht nur einzelne Elemente wie ein bestimmtes, immer wiederkehrendes Textfeld, bietet sich daher eine Betrachtung der einzelnen Objekte auf jeder einzelnen Seite an, die dann entsprechend den Darstellungen in Abb. 5.1 für Text bzw. Abb. 5.2 für audio-visuelle Einheiten zerlegt werden können. Im Sinne der parallelen Zerlegung wird jedes einzelne Objekt anhand bestimmter Kriterien definiert. Was als eigenständiges Objekt gezählt wird, was nicht und wie sich die einzelnen Objekte voneinander abgrenzen, ist dabei vom Forscher festzulegen. In sozialen Onlinenetzwerken besteht zum Beispiel die Besonderheit, dass sich die Nutzer ihre eigenen Seiten selber konfigurieren und entscheiden, was für den jeweiligen Nutzer einsehbar ist. Die Abgrenzung könnte hier beispielsweise visuell über Linien oder Farbänderungen erfolgen, die der Codierer berücksichtigen und erkennen muss, oder über Pausen zwischen einzelnen auditiv wahrgenommenen Einheiten oder Bildsequenzen. Neuere Ansätze schlagen sogar vor, Analyseeinheiten überhaupt nicht mehr anhand von strukturellen Merkmalen, sondern aufgrund thematischer Zusammenhänge zu definieren, wie unser Beispiel verdeutlicht.

Abgrenzung von Analyseeinheiten

Beispiel

Thematische Zusammenhänge als Analyseeinheit
Forscher der TU Ilmenau haben einen Analyseapparat zur Struktur- und Qualitätsanalyse von Onlineangeboten entwickelt, bei dem die formale Analyseeinheit durch ein bestimmtes Thema gebildet wird (und nicht durch die Kommunikationsform wie z. B. Artikel, Video, Weblogs). Ein »Themenkomplex« kann sich dann aus solchen unterschiedlichen Elementen zusammensetzen, die dann jeweils einzelne Codiereinheiten (vgl. Kap. 3.2) umfassen. Ein solches Konzept kann flexibel an Fragestellungen angepasst werden und beispielsweise auch Nutzungsdaten integrieren.
Zeller, Frauke/Wolling, Jens (2010): Struktur- und Qualitätsanalyse publizistischer Online-Angebote. Überlegungen zur Konzeption der Online-Inhaltsanalyse. In: Media Perspektiven, Heft 3, S. 143–153.

Es müssen in einer Untersuchung jedoch nicht alle Elemente erhoben werden. Was genau betrachtet und was außer Acht gelassen wird, wird nach eingehender Betrachtung auf Grundlage der Forschungsfrage festgelegt. Dieser Prozess gestaltet sich eventuell mühsamer als bei der Printanalyse; es ergeben sich aber durch die Vielseitigkeit des Internets auch neue spannende Forschungsfelder: So könnte es lohnenswert sein, neben dem Hauptartikel weitere Seitenelemente wie Kommentare, Umfragen oder Gewinnspiele zu analysieren. Beispielsweise hat man durch die häufig eingesetzte Kommentarfunktion eine erhöhte Interaktivität zwischen Rezipient und Kommunikator, die sich erforschen lässt, und auch

Umfrageergebnisse könnten einen Aufschluss über die Meinungen der Nutzer oder die Bewertung des Artikels geben (wobei die mangelnde Repräsentativität deren Erhebung zu berücksichtigen wäre).

Merksatz

Die Definition der Analyseeinheiten bei Online-Inhalten ist ein wichtiger und bisweilen aufwändiger Arbeitsschritt und sollte angelehnt an der Forschungsfrage erfolgen.

Wie bei der Inhaltsanalyse von Fernsehinhalten stellen sich auch bei der Auswertung der einzelnen Analyseeinheiten eine Reihe von Fragen, zum Beispiel wie Text und Video verrechnet werden können oder ob beispielsweise ein Nutzerkommentar genauso codiert und gewichtet wird wie der eines Journalisten.

Fallbeispiel: Muslimische Weblogs III

Im vorherigen Abschnitt wurde durch die Bestimmung der Auswahleinheit für das Fallbeispiel festgelegt, welche Inhalte analysiert werden. Der nächste Schritt bestand darin, zu definieren, was dabei konkret untersucht wird. Bei der Bestimmung sinnvoller Analyseeinheiten muss man sich stets vor Augen halten, was mit der Untersuchung wirklich erreicht werden soll, denn nur daraufhin kann schlüssig entschieden werden, welche Bestandteile eines Mediums in die Analyse einbezogen werden. Die dafür festgelegten Vorgehensweisen müssen auch im Codebuch als explizite Anweisungen enthalten sein, damit wenig Interpretationsspielraum offen bleibt und alle Codierer möglichst auf dieselbe Art und Weise arbeiten (vgl. Kap. 11.2).

Analyseeinheit Weblog

In unserem Fallbeispiel werden zwei Analyseeinheiten aufgrund einer hierarchischen Zerlegung erhoben – der *Weblog* und der *Post*. Die Auswahl dieser Analyseeinheiten ergibt sich aus den Forschungsfragen: So sollte zum einen untersucht werden, ob muslimische Weblogs im deutschsprachigen Internet präsent sind. Die Beantwortung dieser Frage erforderte eine Untersuchung der Analyseeinheit Weblog, sprich: des medialen Angebotes an sich. Auch die Frage nach der Vernetzung wurde u. a. auf dieser Ebene erfasst, da der Weblog gewissermaßen das Gerüst (bzw. die Plattform) der einzelnen Posts bildet. Eine Definition der Analyseeinheit Weblog enthält auch das Codebuch:

»Weblogs sind regelmäßig aktualisierte Webseiten, die bestimmte Inhalte (zumeist Texte beliebiger Länge, aber auch Bilder oder andere multimediale Inhalte) in umgekehrt chronologischer Reihenfolge darstellen. Die Beiträge sind einzeln über URLs adressierbar und bieten in der Regel die Möglichkeit, Kommentare zu hinterlassen. Dadurch sowie durch Verweise auf andere Weblogs, denen interessante Informationen entnommen wurden oder zu deren Autoren ein persönlicher Kontakt besteht, bilden sich Netzwerke von untereinander verbundenen Texten und Webseiten heraus; die Gesamtheit aller Weblogs wird zuweilen als »Blogosphäre« bezeichnet.«

Um die verschiedenen Themen und Meinungen innerhalb der Weblogs erheben zu können, wurde als weitere Analyseeinheit der einzelne »Post« untersucht. Das Codebuch definiert die Analyseeinheit Post wie folgt:

Analyseeinheit Post

»Die Einträge werden Post, aber auch Posting genannt und stellen die Hauptbestandteile aller Weblogs dar. Die Posts werden umgekehrt chronologisch sortiert, somit finden sich die neuesten Beiträge zuoberst im Weblog. Ältere Beiträge werden zum Teil auf weiteren Seiten angezeigt oder in Archiven aufgelistet. Der erste Post ist demzufolge der chronologisch am weitesten zurückliegende bzw. der früheste im Weblog. Der zu codierende Teil des Posts fängt mit der Überschrift an und endet vor dem ersten Kommentar. Statische, deskriptive Daten wie Anzahl der Kommentare, das Datum, Anzeige der Trackbackfunktion usw. zählen nicht zum Inhalt und werden auch nicht bei der Kategorie *Postlänge* mitgezählt. Der Permalink, die spezifische Adresse des einzelnen Posts, bildet die Grundlage der Codierung.«

Die Posts sind insofern gut als einzelne Analyseeinheiten abgrenzbar, da sie in der Regel jeweils eine eigene Überschrift, ein Datum (zum Teil auch Uhrzeiten), einen Permalink sowie einen Autoren aufweisen. Auch die Anzahl der Kommentatoren wurde auf der Post-Ebene erhoben, um die Frage nach der Bildung einer bloginternen Gemeinschaft anhand quantitativer Angaben beantworten zu können.

Übungsfragen

1 Welche der folgenden Aussagen ist/sind falsch?
   a) Analyseeinheiten sind Elemente aus dem Untersuchungsmaterial, für die im Rahmen der Codierung eine Klassifizierung vorgenommen wird.
   b) Der Auflösungsgrad der Analyseeinheiten bestimmt die Detailliertheit der Auswertungen des Untersuchungsmaterials.
   c) Erhobene Daten lassen sich auf höherer Ebene aggregieren.

d) Erhobene Daten lassen sich auf niedrigerer Ebene nachträglich differenzieren.

2 Überprüfen sie folgende Aussagen zur parallelen und hierarchischen Zerlegung hinsichtlich ihrer Richtigkeit!
Parallele Zerlegung:
a) Die jeweiligen Analyseeinheiten werden unabhängig voneinander betrachtet.
b) Die Analyseeinheiten können sich auf das gleiche oder auf unterschiedliches Material beziehen.
c) Die Analyseeinheiten sind immer deckungsgleich

Hierarchische Zerlegung:
a) Mithilfe struktureller Merkmale werden verschiedene Ebenen der Berichterstattung identifiziert.
b) Jede der identifizierten Ebenen ist Träger derselben Information.
c) Jede Ebene wird als eigene Analyseeinheit definiert.

3 Ist die folgende Aussage richtig?
Durch eine hierarchische Zerlegung von Analyseeinheiten ergeben sich unterschiedliche Datensätze. Um eine sinnvolle Auswertung zu erreichen, sind Schlüsselcodes notwendig, die die erhobenen Datensätze wieder zusammenführen.

Das Codebuch: Aufbau und Kategorienbildung | 6

Inhalt

6.1 Der Aufbau des Codebuchs in der Übersicht

6.2 Kategoriensystem und Kategorienbildung

Dieses Kapitel gibt einen Überblick über den Prozess, in dem das zentrale Instrument der Inhaltsanalyse – das Codebuch – entsteht. Nach einer allgemeinen Beschreibung der Struktur eines Codebuchs wird insbesondere die Formulierung angemessener Kategorien ausführlich behandelt.

Der Aufbau des Codebuchs in der Übersicht | 6.1

Eine Kernaufgabe bei Medieninhaltsanalysen besteht darin, das Codebuch zu erarbeiten. Als Untersuchungsinstrument enthält es alle wesentlichen Festlegungen, die in den bisherigen Kapiteln besprochen wurden, sowie die konkreten Anweisungen für das Vorgehen der Codierer und die Kriterien, anhand derer das Untersuchungsmaterial bearbeitet werden soll (vgl. Kap. 7 ff.). Angesichts der geforderten Transparenz des Forschungsprozesses, die diesen für andere Personen intersubjektiv nachvollziehbar macht, muss das Codebuch ausführlich und verständlich formuliert sein, sodass sich die Codierer, aber auch andere Forscher auf seiner Basis ein vollständiges Bild von der Untersuchungsanlage machen können. Schließlich sollte es bei wiederholter Anwendung auf dasselbe Material zu denselben Ergebnissen führen, wozu äußerst detaillierte Festlegungen erforderlich sind. Der vorliegende Abschnitt stellt in einem Überblick zunächst den typischen Aufbau eines Codebuches dar, *typischer Aufbau* bevor das Kategoriensystem (als sein Herzstück) und die Grundregeln zur Kategorienbildung in eigenen Kapiteln behandelt werden.

Für die Gestaltung eines Codebuchs gibt es keine festen Regeln oder Vorgaben, sie bleibt prinzipiell dem Forscher selbst überlassen. Sieht man jedoch die Instrumente aus bisherigen Studien durch, so wird ein gewisses Muster erkennbar, nach denen ein Codebuch üblicherweise aufgebaut ist. Auch einzelne bewährte, meist formale Kategorien lassen sich dabei manchmal von anderen Studien übernehmen, müssen dann aber immer an die konkrete Fragestellung der eigenen Studie angepasst werden. Abb. 6.1 fasst die Konventionen, die sich über die Zeit hinweg herausgebildet haben, beispielhaft für hierarchisch zerlegte Analyseeinheiten zusammen. Instrumente mit anderer Analyselogik wären dementsprechend abzuwandeln.

Das typische Codebuch gliedert sich in zwei Teile: einen (meist kürzeren) *Einleitungsteil* mit den definitorischen Rahmenbedingungen und einen (meist umfangreicheren) *Hauptteil*, der das Kategoriensystem enthält.

Abb. 6.1

Der Aufbau eines Codebuchs

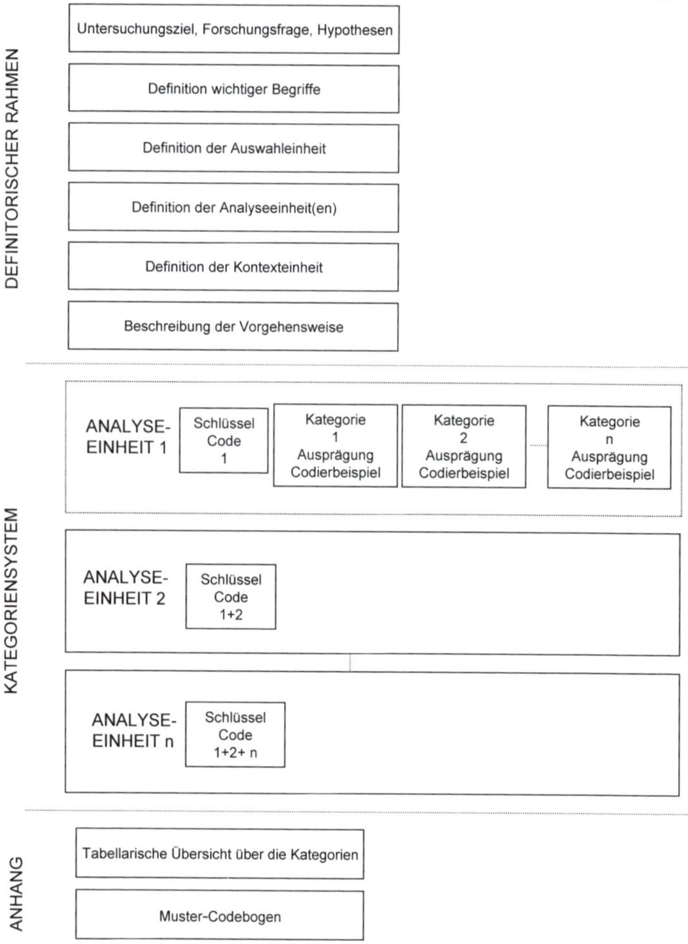

DEFINITORISCHER RAHMEN
- Untersuchungsziel, Forschungsfrage, Hypothesen
- Definition wichtiger Begriffe
- Definition der Auswahleinheit
- Definition der Analyseeinheit(en)
- Definition der Kontexteinheit
- Beschreibung der Vorgehensweise

KATEGORIENSYSTEM

ANALYSEEINHEIT 1 | Schlüssel Code 1 | Kategorie 1 Ausprägung Codierbeispiel | Kategorie 2 Ausprägung Codierbeispiel | Kategorie n Ausprägung Codierbeispiel

ANALYSEEINHEIT 2 | Schlüssel Code 1+2

ANALYSEEINHEIT n | Schlüssel Code 1+2+ n

ANHANG
- Tabellarische Übersicht über die Kategorien
- Muster-Codebogen

In einen *Anhang* können für den Codierer nützliche Hilfsmaterialien eingefügt werden, beispielsweise eine tabellarische Übersicht aller Kategorien oder ein Muster des Codebogens, um ihn ggf. selbst kopieren zu können. Der Gesamtumfang dieses Instruments kann stark variieren – von einigen wenigen Seiten bei schlichten Fragestellungen mit geringer Analysetiefe bis hin zu einhundert und mehr Seiten bei einer sehr detaillierten Erfassung der Medienberichterstattung. Grundsätzlich ist zu beachten, dass es sich bei dem Codebuch nicht um eine Publikation für eine breitere Fachöffentlichkeit handelt, sondern um ein *Arbeitsinstrument*, dessen Hauptzweck darin besteht, die Codierer bei ihrer Tätigkeit anzuleiten. Um diesem Anspruch möglichst optimal gerecht zu werden, muss seine Gestaltung entsprechend angepasst werden. Hilfreich sind beispielsweise:

Gestaltungsvorschläge

- eine klare und übersichtliche Aufteilung mit grafischen Hervorhebungen;
- eine gut lesbare Schriftgröße für die schnelle Informationsaufnahme auch beim Durchblättern;
- ein großzügiges Layout, das Platz für handschriftliche Anmerkungen und Ergänzungen im Zuge der Codiererschulung lässt;
- eindeutige, aber dennoch kurze und prägnante Kategorientitel;
- eine abgesetzte und auf den ersten Blick erkennbare Liste von Ausprägungen pro Codierung;
- bei Kategorien zur Erfassung inhaltlicher Codiereinheiten die Illustration jeder Ausprägung mit einem Beispiel.

Im Einleitungsteil werden in Kurzform alle wesentlichen Informationen niedergelegt, die zum *Verständnis des gesamten Projekts* wichtig sind. Die Kenntnis des Untersuchungsziels, der Forschungsfragen und Hypothesen kann dem Codierer nutzen, wenn er sich in einer Codiersituation unsicher über die richtige Vorgehensweise ist. Um auf das implizite Wissen der Codierer (wie oben ausgeführt) zurückgreifen zu können, sind diese Informationen zum Hintergrund der Inhaltsanalyse essenziell. In der Regel macht es keinen Sinn, die Codierer über den Zweck der Studie im Dunkeln zu lassen. Besonders bedeutsam ist freilich, einen Konsens über die Verwendung der wichtigsten *Begriffe* herzustellen, wie sie sich aus dem Untersuchungsziel ergeben. Wenn es um die Berichterstattung über Gentechnik gehen soll, ist beispielsweise zu klären, welche Aspekte genau darunter fallen – nur die »grüne« Gentechnik im Bereich von Nutzpflanzen oder auch die »rote« Gentechnik, die medizinische Anwendungen am Menschen einschließt? Nur wissenschaftliche Aspekte von Forschung und Herstellung, oder auch Spekulationen über gesellschaftliche Folgen? Gerade dann, wenn die Auswahleinheit so definiert ist, dass die Codierer noch anhand eines Aufgreifkriteriums entscheiden

Einleitung

müssen, ob eine Analyseeinheit zu bearbeiten ist oder nicht, müssen diese Definitionen sehr detailliert auf die einzelnen Aspekte des Untersuchungsgegenstands eingehen.

Merksatz

Das Codebuch ist ein Arbeitsinstrument; deshalb müssen Gestaltung und Inhalte primär darauf abzielen, dem Codierer eine möglichst korrekte und effektive Ausübung seiner Tätigkeit zu ermöglichen.

Definitionen

Die Festlegung von Auswahl- und Analyseeinheiten wurde in den beiden vorangegangen Kapiteln ausführlich behandelt. Das Ergebnis dieses Prozesses ist im Codebuch niederzulegen, gemeinsam mit einer Aussage zur Kontexteinheit für jede Analyseeinheit. Aus diesen Definitionen kann der Codierer unzweifelhaft entnehmen, welches Material zu bearbeiten ist und in welche Einheiten es zerlegt werden muss, auf die dann die entsprechenden Elemente des Kategoriensystems (siehe Kap. 6.2) anzuwenden sind. Je mehr unterschiedliche Analyseeinheiten definiert wurden, desto komplexer wird auch die Codierung. Daher ist es gerade in der Einarbeitungsphase von Nutzen, dem Codierer anhand eines Ablaufschemas die Reihenfolge der von ihm verlangten Tätigkeiten und Entscheidungen zu verdeutlichen. Als Form kann (muss aber nicht) die Darstellung durch ein Flussdiagramm gewählt werden, wie es Abb. 6.2 am Beispiel einer Untersuchung von Fernsehnachrichten zum Bundestagswahlkampf mit zwei Analyseeinheiten zeigt. Dabei stehen Ovale für die Handlungen und Rauten für die Entscheidungen des Codierers, Rechtecke für die eigentliche Codierung.

Beispiel

Der Prozess beginnt mit dem Einlegen der Videokassette und dem Auffinden der relevanten Nachrichtensendung. Nach der Betrachtung des Vorspannes und der Begrüßung durch den Sprecher liegen die Informationen vor, um die Codierung für die Analyseeinheit Sendung vornehmen zu können: Datum, Ausstrahlungszeit und Medium sowie das Geschlecht des Sprechers sind nun bekannt. Danach kann der erste Beitrag angesteuert und sein Thema identifiziert werden (dabei handelt es sich bereits um eine codierrelevante Festlegung). Ist das Thema nicht der Bundestagswahlkampf, der in diesem Beispiel interessieren soll, wird sofort der nächste Beitrag aufgesucht und dessen Thema identifiziert. Sobald ein Beitrag zum Bundestagswahlkampf auftritt, wird dieser zuerst

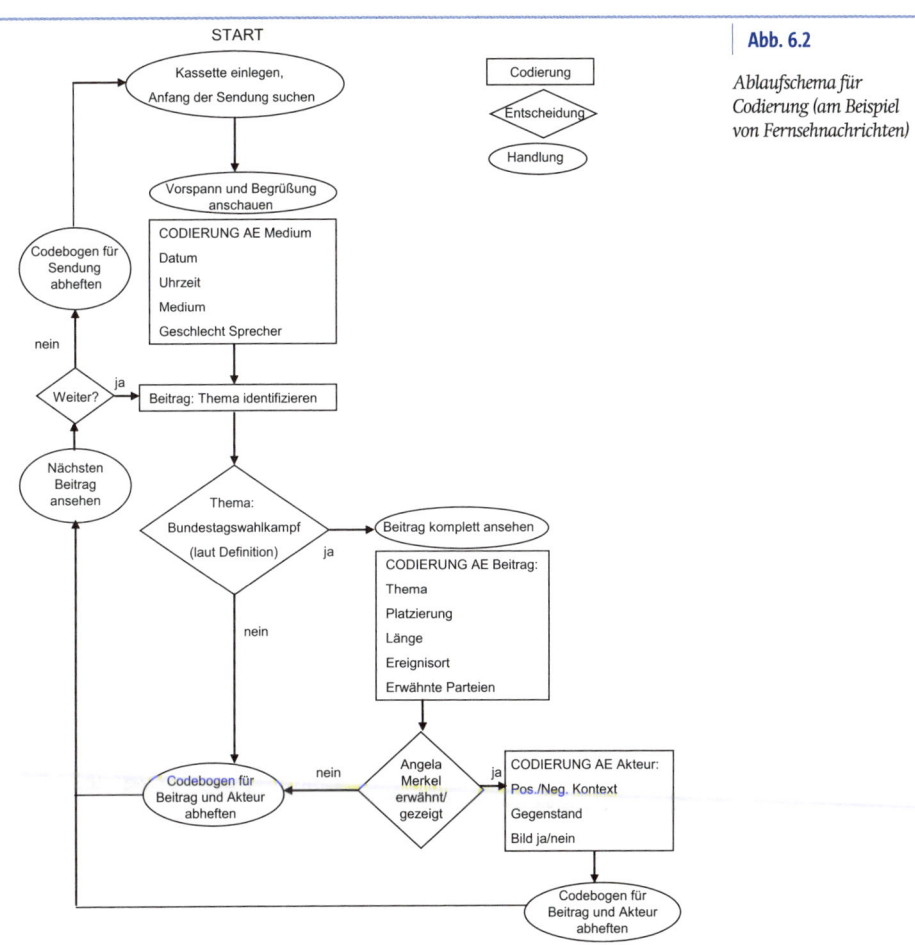

Abb. 6.2

Ablaufschema für Codierung (am Beispiel von Fernsehnachrichten)

komplett angesehen, bevor der Codierer die Verschlüsselung für die Analyseeinheit Beitrag vornimmt. Hier gilt es, zunächst den Schlüsselcode (vgl. Kap. 5.2) zu erfassen, der später die Zuordnung zur Sendung ermöglicht. Außerdem sind das genaue Thema, der Ereignisort und die erwähnten Parteien sowie als formale Codiereinheiten Platzierung und Länge des Beitrags festzuhalten.

Schließlich ist zu entscheiden, ob in dem inzwischen ganz angesehenen Beitrag Angela Merkel erwähnt oder gezeigt wird. Falls nicht, kann zum nächsten Beitrag übergegangen werden; falls ja, sind für die Analyseeinheit »Akteur« der Gegenstand, der Kontext und die Visualisierung von Merkel zu codieren. Damit kann der Codebogen für diesen Beitrag und den Akteur abgelegt und der nächste Beitrag begutachtet werden. Wenn der Codierer beim Wetter (als Abschluss der Sendung) angelangt ist, kann er auch den Sendungsbogen abheften und die nächste Kassette einlegen – der Prozess beginnt dann von vorne für die nächste Sendung.

Die Erstellung eines solchen Ablaufschemas hilft aber nicht nur dem Codierer, sich mit den von ihm verlangten Arbeiten vertraut zu machen: Auch der Forscher kann dabei überprüfen, ob er eine sinnvolle Analyselogik entwickelt hat, das Kategoriensystem vollständig ist und das Codebuch alle erforderlichen Informationen enthält. Damit ist der Einleitungsteil abgeschlossen, und das Codebuch spezifiziert in seinem Hauptteil nun das Kategoriensystem, das an die zu untersuchende Berichterstattung angelegt wird. Seiner Erstellung widmet sich der nachfolgende Abschnitt.

6.2 Kategoriensystem und Kategorienbildung

Das Kategoriensystem spezifiziert, anhand welcher Kriterien die relevanten Codiereinheiten gemessen werden sollen. Sein Aufbau (vgl. Abb. 6.1) gliedert sich im Regelfall entsprechend der verschiedenen Analyseeinheiten, die es zu bearbeiten gilt. In einem geschlossenen Block werden zuerst alle Kategorien für die erste Analyseeinheit vorgestellt, danach die für die zweite usw. In der Abfolge würde man bei hierarchisch zerlegten Analyseeinheiten von der höchsten zur niedrigsten Ebene vorgehen (z. B. zuerst die Kategorien auf Artikelebene, zuletzt die auf Aussagenebene). Bei einer parallelen Zerlegung der Auswahleinheit sollte die zentrale vor der randständigeren Analyseeinheit präsentiert werden (z. B. zuerst die Kategorien für den Fließtext, dann die für die Pressefotos).

inhaltliche Logik   Innerhalb eines jeden Blocks sollte die Abfolge der einzelnen Kategorien einer inhaltlichen Logik folgen, um den Codierer möglichst sinnvoll durch den Codierprozess zu leiten und den Ablauf eines typischen Codiervorganges vorzustrukturieren. Es hat sich eingebürgert, an den Beginn – falls erforderlich – die Schlüsselcodes zu stellen, die eine eindeutige Identifikation jeder Einheit ermöglichen. Danach werden meist die formalen Codiereinheiten abgehandelt, bevor die inhaltlichen Kategorien nach Codiereinheiten gruppiert werden.

> **Merksatz**
>
> Die Anordnung von Kategorien im Kategoriensystem erfolgt nach Analyseeinheiten getrennt, in der Regel vom Allgemeineren zum Spezifischen, vom Zentralen zum Peripheren und vom Formalen zum Inhaltlichen.

Und wie viele Kategorien benötigt man, um ein theoretisches Konstrukt zu messen? Dies ist je nach Sachverhalt unterschiedlich – oft reicht eine Kategorie aus, insbesondere bei den formalen Codiereinheiten (vgl. Kap. 7). Manchmal ist allerdings eine ganze Reihe von Kategorien erforderlich, gerade wenn inhaltlich komplexere Konstrukte angemessen erfasst werden sollen (vgl. Kap. 8 und 9). Ein Konstrukt bezeichnet einen nicht direkt empirisch messbaren Sachverhalt innerhalb einer wissenschaftlichen Theorie, wie z. B. Angst, welches jedoch durch passende Indikatoren und Kategorien erschließbar wird. Dabei muss aber immer auch ganz praktisch die Machbarkeit der Codierung unter den gegebenen zeitlichen und finanziellen Rahmenbedingungen bedacht werden (vgl. Kap. 3): Jede zusätzliche Kategorie verursacht zusätzlichen Schulungs- und Codieraufwand, und oft steht man vor der Abwägung, eine größere Auswahleinheit, d. h. mehr Medienmaterial, zu bearbeiten und dafür nur eine begrenzte Zahl von Kategorien vorzusehen – oder lieber weniger Beiträge, und die dafür intensiver zu codieren. Die richtige Entscheidung kann immer nur anhand des jeweiligen Entdeckungs- und Verwendungszusammenhangs getroffen werden.

Für das Verhältnis zwischen Kategorien zur selben Codiereinheit gilt aber immer die Grundregel, wonach die jeweiligen Kategorien

Anlage von Kategorien

- erschöpfend und
- disjunkt angelegt sein müssen, ohne
- eine Fehlmessung zu verursachen.

Vollständigkeit der Kategorien ist also eine erste zu stellende Forderung, d. h. das relevante Konstrukt muss durch eine hinreichende Zahl von Kategorien abgedeckt werden, sodass alle verschiedenen Aspekte, die in der Berichterstattung vorkommen können, auch codiert werden können. Andererseits sind ebenso alle Aspekte, die sich theoretisch aus der Betrachtung der Hypothesen und der Definition der Begriffe ergeben, von den Kategorien zu berücksichtigen. Der Sachverhalt ist dann erschöpfend abgedeckt, und die Codierung ist anschließend in der Lage, Schwerpunkte *und* Defizite der Berichterstattung zu verdeutlichen. Gleichzeitig sollte die Messung über eine große *Trennschärfe* verfügen, d. h. die einzelnen Kategorien sind dann disjunkt, wenn sie tatsächlich

Abb. 6.3

Messung eines Konstrukts durch mehrere Kategorien (in Anlehnung an Früh 2007: 88ff.)

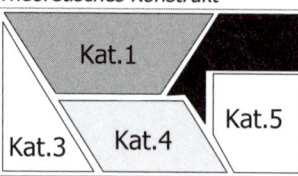
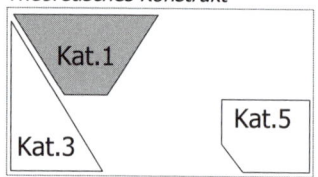
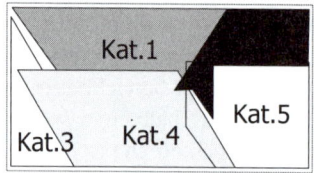
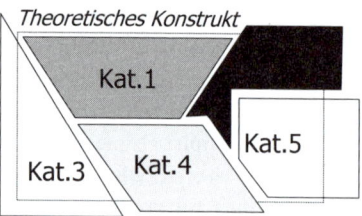

unterschiedliche Aspekte messen, und damit jede in den Medien vermittelte Botschaft eindeutig einer Kategorie zugeordnet werden kann. Schließlich sind die Kategorien so zuzuschneiden, dass sie nur *relevante Sachverhalte* messen und nicht darüber hinausgehende Aspekte, die mit dem jeweiligen Konstrukt nichts zu tun haben. Die schematische Darstellung in Abb. 6.3 zeigt, wie ein Konstrukt idealtypisch durch unterschiedliche Kategorien erhoben werden sollte, und wie sich demgegenüber die drei beschriebenen Fehlerquellen verhalten.

Beispiel

Messung des Konstrukts »Image von Angela Merkel« durch mehrere Kategorien

In einer Analyse der Wahlberichterstattung soll das politische Image von Angela Merkel erfasst werden; dies bezeichnen wir in der Folge als das zu messende theoretische Konstrukt. Aus einschlägigen Theorien und der bisherigen Forschung können wir ableiten, dass (1) Sachkompetenz, (2) Durchsetzungsvermögen und (3) persönliche Qualitäten die entscheidenden Komponenten (Teilkonstrukte) für die Imagebildung von Politikern sind. In der Inhaltsanalyse gilt es nun, für jedes dieser drei Teilkonstrukte eine Kategorie zu definieren, um die entsprechenden Codiereinheiten im Untersuchungsmaterial zu erfassen (Vollständigkeit). Überhaupt keine Kategorien für persönliche Qualitäten wie z. B. »Einfühlungsvermögen« vorzusehen, würde im Ergebnis ein unvollständiges Bild des Merkel-Images zeichnen. Gleichzeitig muss auf die saubere Abgrenzung der Kategorien voneinander geachtet werden (Trennschärfe), da der Codierer sonst keine eindeutige Zuordnung treffen kann, was die Zuverlässigkeit der Codierung verringert. Besonders die definitorische Unterscheidung zwischen (1) Sachkompetenz und (2) Durchsetzungsvermögen dürfte nicht unproblematisch sein – schließlich äußert sich Durchsetzungsvermögen meist anhand des Verhaltens in bestimmten Sachfragen. Außerdem ist zu beachten, dass bei der Definition der Kategorien tatsächlich nur die Aspekte berücksichtigt werden, die zur Imagebildung beitragen: In diesem Sinne würde es eine Fehlmessung bezüglich des Konstrukts bedeuten, wenn unter Sachkompetenz auch Merkels Kenntnisse in der Kleintierzucht codiert würden, denn diese dürften nur peripher zu ihrem politischen Image beitragen.

Die genaue Definition, *was* mit der Kategorie gemessen werden soll, ist allerdings nur die halbe Miete – darüber hinaus ist auch festzulegen, *wie* gemessen werden soll, d. h., welche Vorgaben das Codebuch für die Verschlüsselung der einzelnen Ausprägungen vorsieht. Grundsätzlich gilt dabei die Regel, dass möglichst viele Ausprägungen anhand von Zahlenwerten codiert werden sollen, weil dies die statistische Verarbeitung erheblich vereinfacht. Zwar können die entsprechenden Programme auch so genannte alphanumerische Daten (also Buchstaben oder Worte) verarbeiten, weshalb das Codebuch durchaus die Erfassung von Informationen im Klartext vorsehen kann (z. B. wörtliches Notieren der Überschrift). Allerdings würde man diese Angaben vermutlich in einem Zwischenschritt vor der Dateneingabe *nachcodieren*, also aufgrund aller vorliegenden Nennungen nachträglich einen Verschlüsselungsplan erstellen.

<small>numerische Codierung</small>

Merksatz

Die Erfassung der einzelnen Ausprägungen erfolgt meist durch Zahlencodes, um die statistische Auswertung zu erleichtern.

Dementsprechend weist das Codebuch den Ausprägungen auch dann Zahlenwerte zu, wenn es sich um *Nominaldefinitionen* (vgl. Kap. 1.3) handelt, also lediglich codiert wird, ob eine Ausprägung im Material vorkommt oder nicht. Dies bedeutet, dass der Codebogen ein freies Feld enthält, in

<small>Datenniveaus</small>

dem die Codeziffer der Ausprägung notiert wird. Handelt es sich bei einer Kategorie um eine simple ja/nein- bzw. vorhanden/nicht vorhanden-Codierung, so hat sich eingebürgert, die zustimmende Vorgabe mit einer »1« und die ablehnende mit einer »2« vorzusehen. Es ist dagegen nicht sinnvoll, Ankreuz-Vorgaben wie eine Liste aller Ausprägungen zum Markieren vorzusehen, die dann bei der Dateneingabe erst noch »übersetzt« werden müssen.

Literatur

Die Unterscheidung der einzelnen Skalenniveaus (nominal, ordinal, intervall) ist für die spätere Auswertung des Datenmaterials zentral. Allgemeine Lehrbücher der empirischen Sozialforschung erläutern die Logik, die dieser Differenzierung zugrunde liegt, viel genauer, als das hier in der gebotenen Kürze geschehen kann. Falls dem Leser die Logik noch nicht aus anderen Zusammenhängen bekannt ist, sei nachdrücklich die Lektüre entsprechender Darstellungen empfohlen; z. B. bei Diekmann (2009), S. 285 ff.

Andere Skalentypen auf Ordinal- oder Intervallniveau sind bei der Kategorienbildung eher die Ausnahme. Wenn physikalische Dimensionen wie die Länge von Artikeln (in Zeichen) oder die Dauer von Beiträgen (in Sekunden) erhoben werden, so liegen *Intervalldaten* vor, für die man zweckmäßiger Weise den exakten Wert festhalten sollte. Gleiches gilt für reine Zählvorgänge, wie häufig bestimmte Schlüsselworte oder Akteure in der Analyseeinheit vorkommen. Rangdaten auf *Ordinalniveau* entstehen regelmäßig dann, wenn vom Codierer eine Einstufung verlangt wird (vgl. Kap. 9): Wird der Akteur in dem Beitrag uneingeschränkt positiv, eher positiv, neutral, eher negativ oder uneingeschränkt negativ dargestellt? Enthält der Artikel eine starke, mittlere, schwache oder überhaupt keine Personalisierung? In diesem Fall sind die jeweiligen Ausprägungen, die zu einer Codierung auf einem bestimmten Skalenpunkt führen, mit besonderer Sorgfalt zu definieren. Liegt mindestens eine Abstufung mit fünf Ausprägungen vor, kann auch von quasi-metrischen Daten gesprochen werden. Interessant wird diese Uminterpretation von Ordinaldaten zu metrischen Daten besonders bei der Auswertung, da so mehr Rechenoperationen möglich sind.

> **Merksatz**
>
> Codierereinschätzungen führen in der Regel zu Daten auf Ordinalniveau, für die die einzelnen Rangstufen sorgfältig – d. h. vollständig, trennscharf und Fehlmessungen vermeidend – definiert werden müssen.

Die Forderungen nach Vollständigkeit, Trennschärfe und dem Ausschluss von Fehlmessungen gelten gleichermaßen für die Definition der einzelnen *Ausprägungen innerhalb einer Kategorie*. Zur Verdeutlichung wenden wir uns erneut dem oben bereits eingeführten Beispiel zur Messung des Konstrukts »Image von Angela Merkel« zu, behandeln nun jedoch wie man die Vorgaben für eine Kategorie festlegt.

> **Beispiel**
>
> **Definition der Vorgaben für das Teilkonstrukt »Persönliche Qualitäten von Angela Merkel«**
> Wir setzen voraus, dass eine saubere Definition der Kategorie »Persönliche Qualitäten« (in Abgrenzung zu den übrigen Kategorien zur Imagemessung) vorliegt. Dann könnte eine mögliche Skala zur Einstufung der im Material gefundenen Aussagen so aussehen: (1) uneingeschränkt positive Darstellung, (2) eher positive Darstellung, (3) neutrale Darstellung, (4) eher negative Darstellung oder (5) uneingeschränkt negative Darstellung. Die Aufteilung wäre erschöpfend, weil das gesamte Spektrum möglicher Charakterdarstellungen abgedeckt wird, und birgt nicht die Gefahr von Fehlmessungen, weil alle Ausprägungen streng auf einer einzigen Dimension, nämlich dem Positiv-Negativ-Kontinuum, angeordnet sind. Die Kunst liegt hier eher in der trennscharfen Abgrenzung, insbesondere bei den graduellen Abstufungen zwischen den beiden positiven bzw. den beiden negativen Ausprägungen. Dies wird in Kapitel 9 noch ausführlicher besprochen.

Bedeutsam ist die saubere Definition von Ausprägungen gerade auch auf nominalem Datenniveau (s. o.), wenn es um die korrekte Klassifikation einer Beschreibung geht. Abb. 6.4 zeigt eine ungeeignete (im Bild links) und eine geeignete Definition für die Vorgaben bei einer Codierung politischer Akteure. Im Bild rechts wird sinnvollerweise eine Dimension – die Parteizugehörigkeit – dem Spektrum an Ausprägungen als Kriterium zugrunde gelegt. Die Mehrzahl aller Codiereinheiten dürfte

Definition der Ausprägungen

Abb. 6.4

Geeignete und ungeeignete Vorgaben für die Kategorie »politische Akteure«

Kategorie: politische Akteure	
UNGEEIGNET	GEEIGNET
(1) Bundeskanzler	(1) FDP-Politiker
(2) Bundesminister	(2) Grünen-Politiker
(3) CDU-Politiker	(3) CDU-Politiker
(4) SPD-Politiker	(4) SPD-Politiker
(5) Landtagsabgeordnete	(5) Die Linke-Politiker
(6) andere Lokalpolitiker	(6) Politiker anderer Parteien
(7) Schauspieler	(7) andere politische Akteure
(8) Sportler	

damit schnell und unzweifelhaft zugeordnet werden können. Die ungeeignete Lösung links vermischt verschiedene Dimensionen (politisches Amt, Parteizugehörigkeit, Ortsbezug, gesellschaftliche Funktion) und ist deswegen weder trennscharf – die Bundeskanzlerin ist z. B. gleichzeitig CDU-Politikerin – noch erschöpfend – ein Minister der FDP auf Landesebene könnte nicht erfasst werden. Und außerdem provozieren die Ausprägungen (7) und (8) Fehlmessungen bezüglich des Konstrukts »politische Akteure«, weil zusätzlich die in der Analyseeinheit vorkommenden Schauspieler und Sportler erhoben werden.

Die Ausprägung (7) der geeigneten Lösung (»andere politische Akteure«) erfüllt dabei die Funktion einer so genannten *Auffangvorgabe*: Hier werden diejenigen Codiereinheiten verschlüsselt, die von den speziellen Ausprägungen nicht abgedeckt, aber dennoch für das theoretische Konstrukt von Belang sind. Auf diese Art kann das Kriterium der Vollständigkeit vergleichsweise einfach erfüllt werden; entfallen allerdings bei der Codierung gehäuft Fälle auf die kaum interpretierbare Auffang-Vorgabe, so spricht einiges dafür, dass die gewählten Ausprägungen den Merkmalsraum nicht angemessen abbilden. Diese Überlegungen gelten analog für *Auffangkategorien* auf der Ebene von Teilkonstrukten.

Merksatz

Die Formulierung von Auffangkategorien und Auffangvorgaben gewährleistet eine vollständige Abdeckung des gewünschten Aussagebereichs geht jedoch meist mit einem Informationsverlust einher.

Insgesamt sei betont, dass die Codierregeln für jede Kategorie so eindeutig sein müssen, dass der Codierer möglichst in allen denkbaren Konstellationen eine regelbasierte Entscheidung treffen kann. Im Zweifelsfall sind solche Entscheidungsregeln auch explizit zu formulieren. Als Grundsatz geben Codebücher normalerweise generell den *spezifischeren* Codierungen Vorrang vor den allgemeineren (z. B. Themencodierung unter »Gesundheitspolitik«, nicht unter der Auffangvorgabe »Innenpolitik allgemein«) und den *höherwertigen* Codierungen Vorrang vor den geringeren (z. B. Platzierung eines mehrspaltigen Artikels auf dem Zeitungstitel als »Aufmacher«, nicht als »Mehrspalter«).

spezifische vor allgemeiner Codierung

Präzise Entscheidungsregeln sind regelmäßig dann erforderlich, wenn eine Codiereinheit in der Analyseeinheit mehrfach vorkommen kann, aber nur eine dieser Codiereinheiten erfasst werden soll (beispielsweise wenn in Artikeln mehrere Akteure vorkommen, aber nur der wichtigste zu codieren ist). Üblicherweise wird in solchen Fällen die Codiereinheit für relevant erklärt, die innerhalb der Analyseeinheit den größten Raum beansprucht (also den Akteur, auf den sich der Text hauptsächlich bezieht). Sollte dies nicht eindeutig feststellbar sein, wird oft die erstgenannte Alternative herangezogen (wenn im Artikel mehrere Akteure denselben Stellenwert besitzen, dann also den Erstgenannten dieser Akteure). Zuweilen findet man hierfür auch die Sammelkategorie »mehrere ... (Codiereinheiten)«, die freilich den Nachteil hat, dass bei der späteren Analyse überhaupt kein Rückschluss mehr möglich ist, auf welche Codiereinheit genau sich die übrigen codierten Merkmale beziehen.

präzise Entscheidungsregeln

Merksatz

Die Codieranweisungen sollten spezifischeren Kategorien und Ausprägungen den Vorrang geben vor allgemeineren, höherwertigen vor geringerwertigen und wichtigeren Codiereinheiten den Vorrang vor unwichtigeren.

Fallbeispiel: Muslimische Weblogs IV

Die Erarbeitung des Codebuches, das Forschungsinstrument der Studie zu muslimischen Weblogs, war ein sehr intensiver und wichtiger Arbeitsschritt. Nachdem festgelegt wurde, welches Material (vgl. Kap. 4) auf welcher Ebene (vgl. Kap. 5) in die Analyse einbezogen werden soll, musste beschlossen werden, woraufhin genau die Artikel untersucht werden sollen – also welche Kategorien für den Weblog und die Posts berücksichtigt werden müssen.

Generell sollte ein Kategoriensystem ebenso wie die einzelnen Kategorien vollständig, exklusiv und trennscharf sein. Die Entwicklung des

Kategorienschema

Kategoriensystems ist ein iterativer Prozess, aber die Kategorienbildung für das Forschungsprojekt fand größtenteils hypothesengeleitet statt. Der Erhebungsschwerpunkt sollte auf den von den Akteuren der Muslimosphäre verhandelten Themen und Ereignissen liegen; daneben interessierte auch die argumentative Fundierung des Textes durch Quellen, die vor allem in Form von Hyperlinks vorlagen. Durch die Stichprobenziehung und die Linkverfolgung (s. o.) erlangte die Forschungsgruppe erste Einblicke in die Grundgesamtheit des Untersuchungsgegenstandes. Diese Beobachtungen flossen in die Formulierung formaler Kategorien ein, die die Struktur der Weblogs erhoben. Für beide Analyseebenen, Weblog und Post, wurden formale sowie inhaltliche Kategorien gebildet (siehe unten: Untersuchungselemente der quantitativen Inhaltsanalyse).

Beispiel

Untersuchungsebene	Art der Elemente	Variablen
Weblog	formal	Name des Weblog Überschrift/Unterüberschrift Vorhandensein von Selbstdarstellung, Archiv, Linkliste, Blogroll Merkmale der Blogbetreiber
	wertend	Ausrichtung des Weblog
Beitrag	formal	Anzahl der Kommentare Anzahl der Kommentatoren Vorhandensein einer Trackbackfunktion
	inhaltlich	Themen Ereignisse Quellen

Ausprägungen Es mussten jedoch nicht nur die Kategorien hergeleitet werden – auch die Ausprägungen der Kategorien sollten den Anforderungen der Vollständigkeit, Exklusivität und Trennschärfe genügen und wurden im Codebuch definiert, um intersubjektive Nachvollziehbarkeit aufgrund eines reliablen Instruments zu schaffen. Bei dieser Arbeit sollte vom Allgemeinen ausgegangen und so weit ausdifferenziert werden, wie es einerseits für die Forschungsfrage benötigt wird, und es andererseits für eindeutige Codierentscheidungen sinnvoll ist. In unserem Fallbeispiel wird unter anderem das Thema des Posts in einer Kategorie abgefragt. Neben eher allgemein gehaltenen Ausprägungen zu gesamtgesellschaftlichen Themen ist das Themenfeld in Bezug auf den Islam sehr ausdifferenziert, wie der folgende Codebuchauszug mit Kategorie, Ausprägungen, jeweiligem Zahlencode und den Definitionen zu den Ausprägungen verdeutlicht:

Beispiel

Codebuchauszug: Thema des Posts
.
.
.

ISLAM

40000 Islam
Der Islam ist eine der fünf großen Weltreligionen mit ca. 1,3 Milliarden Gläubigen. Der Islam ist eine monotheistische abrahamitische Religion, die sich streng vom Polytheismus und auch von der christlichen Vorstellung von Inkarnation und Dreifaltigkeit abgrenzt. Bestimmendes Element ist die Lehre vom *tauhid*, der Einheit Gottes.»Der Islam gründet auf dem Koran, der für die Gläubigen das unverfälschte Wort Gottes ist [...].«In diese Kategorie fallen alle Aussagen zur islamischen Religion, ihrem Erscheinungsbild, der Religionsausübung und ihren Gläubigen, soweit diese nicht explizit in eine der Unterkategorien einzuordnen sind.

.
.
.

41000 Moschee
Eine Moschee ist ein ritueller Ort für die Verrichtung der täglichen Gebete.

41010 Bau und Architektur, Kunstgeschichte
Geschichtliche und kulturelle Einflüsse prägen die Architektur von Moscheen. Vorschriften über die obligatorischen Bestandteile wie der Gebetsraum (Mihrab Nische), Räume für rituelle Waschungen und eine Dikka (Gebetsplattform des Muezzin) und nicht obligatorische Bestandteile wie das Minarett werden diskutiert oder beschrieben. Weitere Diskussionen den Bau und die Form der Moschee betreffend sind möglich.

41020 Aktionen gegen Moscheebau
Thematisiert werden die Argumente und Akteure gegen den Moscheebau in Deutschland sowie seine vermuteten negativen gesellschaftlichen Folgen.

41030 Aktionen für Moscheebau
Thematisiert werden die Argumente und Akteure für den Moscheebau in Deutschland sowie seine vermuteten positiven und neutralen gesellschaftlichen Folgen.

[…]

Auffangvorgabe

Obwohl hier augenscheinlich sehr detailgenau vorgegangen wurde und auf den ersten Blick kaum denkbar scheint, dass etwas fehlen könnte, ist immer damit zu rechnen, dass nicht alle Möglichkeiten aufgezählt wurden. Deswegen empfiehlt es sich dringend, eine Auffangvorgabe zu verwenden, in der man alle nicht im Codebuch aufgeführten Ausprägungen codieren kann. Im folgenden Beispiel ist das die Vorgabe »nicht zuzuordnen«; es empfiehlt sich aber genauso »Sonstiges« oder »Andere«. Bei ersten Tests ist dies häufig ein Anzeichen dafür, ob genügend Ausprägungen gefunden werden konnten – je öfter »Sonstiges« codiert wurde, desto ungenauer sind die Formulierungen oder unvollständiger die Ausprägungen im Codebuch.

Beispiel

Funktion des Post	Code eintragen
1	Information
2	Kommentar, Meinungsäußerung, Interpretation
3	Mischform
9	nicht zuzuordnen

Hierbei zählt der überwiegende Eindruck. Sobald eine Rahmung oder Bewertung der Information durch den Poster vorgenommen wird, fällt der Post nicht mehr unter die Ausprägung »1«. Sind Ausschnitte von Quellen in den Post integriert, in denen Meinungen und Bewertungen vorgenommen werden, ist dennoch der Ausschnitt als Informationsbereitstellung vom Poster zu bewerten.

Ein weiteres wichtiges Kriterium beim Aufstellen des Kategorienschemas ist die Trennschärfe. Das bedeutet, Kategorien und Anweisungen müssen so eindeutig formuliert und identifizierbar sein, dass dem Codierer wenig Interpretationsspielraum bleibt (siehe Abb. 6.4). Sind die Kategorien nicht trennscharf, können unter den Codierern Unstimmigkeiten auftreten und ein Sachverhalt wird auf verschiedene Art und Weise codiert. Nach diesem Muster sollte jede Kategorie, besser noch jeder einzelne aufgeführte Begriff genau definiert und mit Beispielen versehen werden, um Missverständnisse unter den Codierern von vornherein auszuschließen.

Auch wenn es sehr umständlich klingt, war es doch für die Gruppe von Vorteil, alle Kategorien zu besprechen, denn so konnte eine größere Einstimmigkeit erzielt und das Codebuch besser umgesetzt werden. Dies ist jedoch nur bei den wenigsten Studien möglich, weil häufig die Codierer schon das fertige Codebuch in die Hand bekommen. Deshalb ist es besonders wichtig, dass es unmissverständlich und eindeutig verfasst wird.

Übungsfragen

1 Was ist eine zentrale Aufgabe bei Medieninhaltsanalysen?
2 Was wird in einem Codebuch festgelegt?
   a) konkrete Anweisungen für die Codierer
   b) Kriterien bzw. Kategorien, anhand derer das Untersuchungsmaterial bearbeitet wird
   c) die Stichprobengröße, für die das Codebuch konzipiert wurde
3 Welche Beziehung besteht zwischen dem Codierer und dem Codebuch?
   a) das Codebuch ist der Untersuchungsgegenstand des Codierers
   b) das Codebuch muss dem Codierer die richtige und korrekte Ausübung seiner Tätigkeit ermöglichen
   c) das Codebuch ist das Arbeitsinstrument des Codierers
4 Nennen Sie die drei wichtigsten Eigenschaften von Kategorien, die sie bezüglich der jeweiligen Codiereinheiten aufweisen müssen!

Die Standards: Formale Kategorien | 7

Inhalt

7.1　Zur Funktion formaler Kategorien: Fixierung

7.2　Kategorie: Medium (Auswahleinheit)

7.3　Kategorie: Datum/Zeit

7.4　Kategorie: Umfang (Länge/Dauer)

7.5　Kategorien zu weiteren Darstellungsmerkmalen

In diesem Kapitel werden die wichtigsten, für fast jede Inhaltanalyse erforderlichen formalen Kategorien vorgestellt und deren Bedeutung, insbesondere für die spätere Analyse, verdeutlicht. Musterlösungen illustrieren die Codierung von Auswahleinheit, Publikationstermin, Umfang und weiteren Darstellungsmerkmalen der Berichterstattung.

Zur Funktion formaler Kategorien: Fixierung | 7.1

Formale Kategorien dienen, worauf ihr Name schon hinweist, der *Erhebung formaler Codiereinheiten*. Zur Wiederholung: Formale Codiereinheiten sind physisch manifeste Sachverhalte, die sich meist durch messen, zählen oder Transkription erheben lassen und keine Inferenzen des Codierers erfordern (vgl. Kap. 3.2). Daher geht es für die Codierer im Wesentlichen darum, diese Sachverhalte zu fixieren. Das Codebuch stellt hierzu eine Reihe von Kategorien bereit, die in der Regel von geringerer Komplexität sind, aber deswegen nicht minder präziser Definitionen bedürfen. Das vorliegende Kapitel gliedert sich in mehrere kürzere Abschnitte, in denen jeweils einzelne, in Inhaltsanalysen immer wieder benötigte formale Kategorien (z. B. Medium, Datum/Zeit, Umfang) beschrieben werden. Die dabei vorgestellten Beispiellösungen dürfen allerdings nicht als Standardkategorien missverstanden werden, die in einer Studie unbesehen verwendet werden können. Vielmehr sind auch die

Erhebung formaler Codiereinheiten

formalen Kategorien stets im Lichte der Anforderungen zu definieren, wie sie die jeweilige Fragestellung mit sich bringt.

Merksatz

Formale Kategorien verlangen vom Codierer zwar scheinbar nur die Fixierung manifest vorliegender Merkmale; deswegen sind jedoch nicht minder sorgfältige Definitionen erforderlich.

Schließlich darf die Bedeutung der formalen Codierungen im inhaltsanalytischen Forschungsprozess nicht unterschätzt werden: Obwohl ihre Auswertung meistens bloß deskriptive und selten überraschende oder interessante Befunde erbringt, erfüllen sie wichtige *instrumentelle Funktionen* für andere Auswertungen. Zu nennen sind dabei insbesondere:

- die Funktion als Differenzierungskriterium für weiter gehende Analysen
- die Funktion als Schlüsselcode bei hierarchisch zerlegten Analyseeinheiten
- die Funktion als Gewichtungsfaktor bei der Auswertung anderer Kategorien

Untersucht man beispielsweise die Behandlung eines bestimmten Themas (wie Gentechnik) in den Massenmedien, so mag es eine erste aufschlussreiche Information darstellen, wenn man weiß, in welchen Medien überhaupt über das Thema berichtet wurde, oder wann im Zeitverlauf der Höhepunkt der Berichterstattung zu verzeichnen war. Haben Regionalzeitungen überhaupt von dem Thema Notiz genommen? Und wenn ja, zu welchem Zeitpunkt? Auf entsprechende Grundauswertungen hin folgen zumeist tiefer gehende Analysen (vgl. Kap. 2), und für diese werden die genannten formalen Kategorien gerne als *Differenzierungskriterium* herangezogen. Man würde also bei den weiteren inhaltlichen Kategorien unterscheiden, in welchen Medien die betreffenden Sachverhalte häufiger vorkommen, oder in welcher Phase welche Themen angesprochen wurden. Dies verdeutlicht die wichtige Funktion gerade der formalen Kategorien im Untersuchungsverlauf, weshalb sie auch mit der gebotenen Sorgfalt erhoben werden sollten.

An anderer Stelle wurde bereits angesprochen, dass bei einer Codierung auf mehreren Ebenen eindeutige *Schlüsselcodes* erforderlich sind, um die hierarchisch zerlegten Analyseeinheiten anschließend wieder zusammenführen zu können (vgl. Kap. 5.1). Da sich hierfür meist eine Kombination aus verschiedenen formalen Codes anbietet (z. B. Medium/Tag/lfd. Nummer), ist deren gewissenhafte Vergabe Voraussetzung für die korrekte Reproduktion der Struktur der Auswahleinheit während der Auswertungsphase.

Schließlich berücksichtigt die Auswertung inhaltlicher Kategorien häufig formale Kategorien wie den Umfang der Analyseinheit oder ihre Platzierung als *Gewichtungsfaktoren*. Ziel hiervon ist es, im Vergleich zu einer simplen Auszählung genauere Ergebnisse zu erhalten. So würde etwa im obigen Beispiel bei einer simplen Häufigkeitsauswertung (z. B. wie oft Gentechnik und andere Themen in den untersuchten Tageszeitungen vorkamen) jeder Artikel gleich behandelt: Eine kurze Meldung zählt hier genauso viel wie ein mehrspaltiger Aufmacher. Eine Gewichtung mit der jeweiligen Länge des Artikels kann dieses Defizit ausgleichen und ergibt dementsprechend präzisere Anteilswerte. Dies setzt wiederum die sorgfältige Erhebung der formalen Kategorie »Artikellänge« voraus.

Merksatz

Die Bedeutung formaler Kategorien für den Auswertungsprozess ist nicht zu unterschätzen, denn sie erfüllen dabei unterschiedliche instrumentelle Funktionen.

Formale Kategorien können prinzipiell auf allen Analyseebenen vorgesehen und für die betreffenden Analyseeinheiten gemessen werden. Die konkrete Umsetzung unterscheidet sich bloß graduell, weshalb darauf im Folgenden nur ausnahmsweise eingegangen wird. Schließlich sei darauf hingewiesen, dass unter den formalen Kategorien auch festgehalten werden sollte, welcher *Codierer* die betreffende Analyseeinheit bearbeitet hat – dies geht zwar nicht in die Auswertung ein, erleichtert aber die Kontrolle der Codierarbeiten und Rückfragen bei Unstimmigkeiten in der Datenerfassung (vgl. Kap. 10 und 11).

Kategorie: Medium (Auswahleinheit) | 7.2

Die codierte Auswahleinheit wird meist anhand einer Kategorie namens »Medium«, »Zeitung« oder »Sendung« festgehalten. Sie enthält Nominaldefinitionen aller Auswahleinheiten und kann der einfacheren Orientierung halber nach Medientypen sortiert sein (siehe Abb. 7.1). Die Codeziffern sind nicht fortlaufend vergeben, sondern in Zehnergruppen für einzelne Medientypen, nicht besetzte Codes bleiben frei. Dies hat den Vorteil, dass bei der späteren Auswertung die einzelnen Typen leicht zusammengefasst werden können: Öffentlich-rechtliche Nachrichten sind

7 Die Standards

Abb. 7.1

Formale Kategorie zur Erfassung der codierten Auswahleinheit (Medium)

1. Medium

01 Süddeutsche Zeitung	31 ARD Tagesschau (20:00)
02 Frankfurter Allgemeine Zeitung	32 ARD Tagesthemen
03 Frankfurter Rundschau	33 ARD Nachtmagazin
04 Die Welt	34 ZDF heute (19:00)
	35 ZDF heute-journal
11 Leipziger Volkszeitung	36 ZDF heute nacht
12 Neue Osnabrücker Zeitung	37 MDR Thüringen-Journal
13 Ostsee-Zeitung	
14 Märkische Oderzeitung	41 RTL aktuell (18:45)
15 Badische Zeitung	42 RTL-Nachtjournal
16 Trierischer Volksfreund	43 SAT.1 Nachrichten (20:00)
17 Aachener Nachrichten	44 ProSieben Newstime (18:00)
18 Lausitzer Rundschau	45 ProSieben Newstime (00:00)
21 MDR 1	50 spiegel.de
22 MDR Kultur	51 bild.de
23 MDR Info	52 sueddeutsche.de
24 MDR Jump	53 focus.de
25 Antenne Thüringen	54 welt.de
26 Landeswelle Thüringen	
27 Radio Top 40	

in diesem Beispiel alle 30er-Codes, Privatsender alle 40er-Codes und Internetangebote alle 50er-Codes, Hörfunknachrichten die 20er-Codes und überregionale bzw. regionale Tageszeitungen haben dementsprechend die kleineren Werte. Außerdem ist die Zugehörigkeit zu einem Medientyp auf den ersten Blick erkennbar. Wichtig ist hierbei, dass bei namentlich ähnlichen Auswahleinheiten eine eindeutige Kennung hinzugefügt wird (z. B. auf welche der verschiedenen TAGESSCHAU-Sendungen eines Tages sich die Codierung bezieht).

7.3 Kategorie: Datum/Zeit

Ebenfalls standardmäßig wird das Publikationsdatum der Analyseeinheit codiert. Der Auflösungsgrad wird dabei von der Periodizität des Mediums bestimmt: Für die 20-Uhr-Tagesschau reicht es aus, das Datum zu bestimmen, weil es nur eine solche Sendung pro Tag gibt; werden andererseits mehrere Hörfunknachrichten pro Tag bearbeitet, muss die

Ausstrahlungszeit präzisiert werden (sofern dies nicht schon bei der Codierung der Auswahleinheit erfolgte, vgl. Kap. 7.2). Für Tageszeitungen reicht ebenfalls das Datum aus, wöchentlich erscheinende Magazine können – je nach Analyseziel – genauso mit dem Datum oder mit der jeweiligen Kalenderwoche erfasst werden. Bei der Zuweisung eines Datums für Internet-Inhalte sollte das Datum zusammen mit der genauen Uhrzeit des Zugriffs auf das Angebot codiert werden, da sich die Inhalte laufend verändern können. Wenn die Auswahleinheit so bestimmt ist, dass für jedes Medienorgan exemplarisch nur jeweils eine Analyseeinheit pro Monat oder Jahr erhoben werden soll, können unter Umständen sogar größere Zeiteinheiten als Aufteilung der Ausprägungen sinnvoll sein. Der Blick auf die bisherige Forschung zeigt jedoch, dass das Datum als Basiskategorie fast immer fixiert wird.

Bei der Vergabe von entsprechenden Codes gibt es grundsätzlich zwei Strategien: Am einfachsten ist das *Datum im Zahlenformat* zu codieren; allerdings sollte bei einer Untersuchung über größere Zeiträume das Format Jahr/Monat/Tag gewählt werden (siehe Abb. 7.2). Damit ergibt sich bei einer Sortierung tatsächlich ein chronologischer Ablauf (ansonsten kommen zuerst alle Ersten des Monats, dann alle Zweiten, unabhängig von Monat oder Jahr). Alternativ hierzu kann das Codebuch auch *fortlaufende Ziffern* für jedes relevante Datum vorsehen. Der Nachteil hierbei ist, dass der Codierer den betreffenden Wert jeweils einzeln nachschauen muss; der Vorteil ist, dass für Analysen im Zeitverlauf das mehrstellige Datumsformat oft sperrig erscheint. Außerdem hat es die ungünstige Eigenschaft, dass es die Abstände zwischen den Tagen nicht konstant hält: Auf 040130 (30. Januar 2004) folgt beispielsweise 040131 und dann 040201 – der Abstand ist jeweils ein Tag, aber der Zahlenwert springt zwischen den Monaten um 70 weiter. Noch dramatischer ist der Unterschied bei Jahreswechseln. Dies ist bei der Auswertung dann zu beachten, wenn Verfahren gewählt werden, die einen linearen Verlauf unterstellen (z. B. Korrelationen). Aber natürlich besteht auch bei einer Codierung im Datumsformat noch nachträglich die Möglichkeit, dies im Rahmen der Auswertungen in eine lineare Abfolge zu überführen. Gleiches gilt für die Information, um welchen Wochentag es sich handelte. Manche Statistikprogramme tragen diesen Problemen durch spezielle Datumsformate Rechnung, die bereits für die Codierung verwendet werden können.

Datumsformat

Merksatz

Das Datumsformat folgt nicht dem Dezimalsystem und birgt deswegen tückische Fallen im Laufe der Erhebung und insbesondere der Auswertung.

Abb. 7.2

Formale Kategorie zur Erfassung des Publikationsdatums

2. **Datum**

sechsstellig oder bei Bedarf (z. B. für Internetinhalte) auch zwölfstellig im Format JJMMTT

oder alternativ:

2. **Datum**

1	12.06.10	4	15.06.10	7	18.06.10
2	13.06.10	5	16.06.10	8	19.06.10
3	14.06.10	6	17.06.10	9	20.06.10

7.4 Kategorie: Umfang (Länge/Dauer)

Eine wichtige Information, die zwischen den Analyseeinheiten erheblich variieren kann, ist deren Umfang innerhalb der Medienberichterstattung. Die Messung erfolgt für Printmedien üblicherweise in Längeneinheiten (z. B. Spaltenzentimeter, Zeilenzahl, Seitenzahl) oder Flächeneinheiten (cm² der Artikel- oder Fotofläche), für Funkmedien in Zeiteinheiten (Dauer in Stunden, Minuten oder Sekunden) und im Internet, wo sich multimediale und -modale Inhalte finden, muss häufig auf eine Kombination aus Flächen- und Zeiteinheiten zurückgegriffen werden. Obwohl es sich um eine auf den ersten Blick eindeutige Messung physikalisch vorliegender Größen handelt, steckt der Teufel auch hier im Detail der jeweils gewählten Definition.

Printmedien

Bei *Printmedien* für gewöhnlich gewählte Messmethoden unterstellen normalerweise, dass es sich um eine lineare, kontinuierliche und zusammenhängende Darstellung handelt. Für das Gros der Berichterstattung in Tageszeitungen trifft dies auch zu – hoch standardisierte Layoutvorgaben (wie beispielsweise einheitliche Spaltenbreiten) sorgen dafür, dass man mit der Erhebung von Spaltenzentimetern oder der Zeilenzahl pro Artikel einen vernünftigen Indikator für den Berichtsumfang verfügbar hat. Durch die Multiplikation mit der Spaltenbreite oder mit der durchschnittlichen Zeichenzahl pro Zeile ergeben sich dann auch Größen, die zwischen unterschiedlichen Organen vergleichbar sind (die tatsächliche Zeichenzahl steht nur bei der Codierung von CD-ROM oder im Internet zur Verfügung).

Aber bereits bei Boulevardzeitungen – und spätestens bei Wochenblättern oder Zeitschriften mit einem weniger strengen, großzügigeren Layout – gilt dies nicht mehr. Da wechseln die Spaltenbreiten, Kästen und Grafiken werden außerhalb des Satzspiegels eingestreut, Überschriften einsam in große, ansonsten unbedruckte Flächen eingebettet oder gar Fotomotive »freigestellt«, d. h., die Bildkontur folgt dem Motiv und nicht einem klassischen rechteckigen Format. Ist mit solchen speziellen Darstellungsformen zu rechnen, muss die Kategoriendefinition für diese Fälle Handlungsanweisungen vorsehen – und sie nicht dem Gutdünken des Codierers überlassen. An dieser Stelle kann hierfür keine pauschale Lösung angeboten werden, lediglich ein allgemeiner Hinweis sei formuliert: Erstens geht man zumeist dazu über, bei der Flächenmessung die »ausgefransten« Konturen zu vernachlässigen und die Beitragsfläche zu einem gedachten Rechteck zu ergänzen. Der Umgang mit Überschriften ist dabei zu klären; außerdem ist sicherzustellen, dass jedes Flächenstück nur einmal vermessen wird, um den rechnerischen Gesamtumfang der Berichterstattung nicht fälschlich zu erhöhen. Für die Messung kann dann dem Codierer ein improvisiertes Flächenlineal zur Verfügung gestellt werden, indem man zwei Zentimeterskalen im rechten Winkel auf eine Folie kopiert (korrekten Abbildungsmaßstab beachten!). Wird diese Folie an einem Eck angelegt, lassen sich Länge und Breite eines Beitrags schnell ablesen.

Flächenlineal

Merksatz

Die Messung des Umfangs der Print-Berichterstattung muss der Natur des Untersuchungsmaterials angepasst werden und kann nur nach eingehender Betrachtung des Materials definiert werden.

Der Umfang der Berichterstattung von *Funkmedien* wird nur ausnahmsweise ähnlich gezählt, wenn nämlich ein durchgehender Redefluss als codierbares Manuskript fixiert ist oder transkribiert wurde (z. B. bei Radionachrichten oder Sendemanuskripten). Im Regelfall wird jedoch die Dauer in angemessenen Zeiteinheiten festgehalten (meist Sekunden oder Minuten). Hier gilt ebenso wie für die Codierung des Datums (vgl. Kap. 7.3): Zeiteinheiten folgen nicht dem Dezimalsystem und sind deswegen in der Auswertung schwierig zu behandeln. Die Statistikprogramme sehen unterschiedliche Zeitformate vor, über die man sich wieder vor der Codierung informieren sollte, um langwierige Umcodierungsprozesse zu vermeiden.

Da der Zeitverlauf bei Funkmedien per Definition eindimensional und linear ist, gibt es bei der Messung – abgesehen vom mitunter umständlichen Handling oder den technischen Abweichungen zwischen Videogeräten mit geringfügig schwankender Abspielgeschwindigkeit –

Funkmedien

meist keine Streitfälle. Ein Problem entsteht allerdings dann, wenn Bild- und Tonebene (und ggf. Textebene) separat oder sogar in unterschiedlichen Analyseeinheiten gemessen werden sollen: Da die Ebenen im Medium parallel ausgestrahlt werden, lässt sich die Gesamtdauer dann evtl. nicht mehr einfach aus der Addition der Einzelwerte berechnen. In diesem Fall sind ergänzende Messungen für die betreffende Analyseeinheit erforderlich.

Merksatz

Die Messung der Dauer von Rundfunkberichten ist aufgrund der Zeit als Basiseinheit unproblematischer zu definieren, aber im Codiergang eher unkomfortabel.

Internet-Inhalte

Ähnlich komplex kann sich die Erhebung des Umfangs für *Internet-Inhalte* gestalten. Eine exakte Definition der Analyseeinheiten ist hier die Grundvoraussetzung für eine erfolgreiche Codierung. Interessiert auf Webseiten nur der Umfang von einzelnen Objekten, so gibt es Programme, mit denen man die Größe wie mit einem Lineal in cm^2 (oder auch in Pixelanzahl) messen kann. Wichtig ist dabei vor allem, dass die gesamten Inhalte mit den gleichen technischen Voraussetzungen und Einstellungen betrachtet werden. Ein Foto kann auf einem Bildschirm anders aussehen als auf anderen, z. B. aufgrund einer unterschiedlichen Auflösung. Auch der genutzte Browser hat einen Einfluss auf die Darstellung einer Seite.

Häufig wird aber lediglich der Text auf einer Website analysiert. Entweder wird die Textgröße wie bei Objekten gemessen, wobei hier beachtet werden muss, dass es unterschiedliche Schriftarten und -grade gibt; oder man kopiert die interessierenden Passagen praktischerweise in ein Textdokument, um dort die verwendeten Zeichen oder Wörter auszuzählen. Für audio-visuelle Inhalte sind die Ausführungen zur Messung der Zeiteinheiten bei Funkmedien (s. o.) zu berücksichtigen, wobei die Abspielsoftware auf Computern meist eine Zeitleiste besitzt, auf der man die aktuelle Spieldauer ablesen kann.

Merksatz

Da Inhalte im Internet multimedial und -modal sein können, muss die Umfangsmessung ebenfalls an die Natur des Untersuchungsmaterials angepasst werden. Sie vereinfacht sich jedoch durch technische Hilfsmittel wie Textprogramme und Mess- und Abspielsoftware.

3. Umfang des Beitrags

bei Tageszeitungen: Textkorpus ohne Überschrift in Zeilen, einem Artikel explizit zugeordnete Fotos oder Grafiken werden in Zeilen umgerechnet und hinzuaddiert. Die Umrechnung in Zeichen erfolgt anschließend anhand der redaktionellen Vorgaben der einzelnen Tageszeitungen.

bei Printmedien generell: Texte und Objekte werden mit dem Lineal vermessen, Schriftart und -grad sind dabei zu beachten. Wörter oder Buchstaben können ausgezählt werden (vorzugsweise wenn digitalisierte Texte vorliegen).

bei Rundfunknachrichten: Dauer des Beitrags in Sekunden, vom Beginn der Analyseeinheit (siehe Definition) bis zu deren Ende.

bei Internetinhalten: Je nachdem ob Texte, Grafiken, audio-visuelle Inhalte etc. analysiert werden, wird auf die zuvor genannten Möglichkeiten der Umfangsmessung zurückgegriffen.

Abb. 7.3
Formale Kategorie zur Erfassung des Umfangs der Berichterstattung

---

Äußerst schwierig wird es, wenn die Umfangswerte für unterschiedliche Medientypen miteinander verrechnet werden sollen. Die einem Thema gewidmeten Sekunden und Quadratzentimeter lassen sich nicht einfach aufaddieren. Wenn überhaupt, kann ein Vergleich nur nach einer Standardisierung der Verteilungen am jeweiligen Mittelwert für die Print- bzw. die Funkberichterstattung erfolgen. Für die erforderlichen statistischen Prozeduren (z. B. z-Standardisierung) sei auf weiterführende Literatur verwiesen (vgl. z. B. Diekmann 2009: 702 f.). Auch die standardisierten Werte können nur schwer miteinander verrechnet werden, denn ein inhaltliches Problem ist damit noch nicht gelöst: Dass sich die Größen nämlich auf vollkommen andersartige Vermittlungsqualitäten beziehen. So besitzt etwa die Fernsehberichterstattung durch Nutzung unterschiedlicher Wahrnehmungskanäle (Bild und Ton) eine wesentlich höhere und anders geartete Informationsdichte. Im Regelfall werden deswegen die Umfangswerte nach Medientypen getrennt ausgewertet und interpretiert oder zur Gewichtung verwendet.

Verrechnung unterschiedlicher Medientypen

7.5 Kategorien zu weiteren Darstellungsmerkmalen

Den Massenmedien stehen eine Reihe von weiteren Mitteln zur Verfügung, um Beiträge unterschiedlich zu präsentieren – so beispielsweise ihre Platzierung im formalen oder redaktionellen Kontext (Position, Ressort), bei Funkmedien die Erwähnung in einer Themenvorschau oder bei Printmedien die Größe der Überschrift. Viele dieser Merkmale lassen sich auf das Merkmal *Bedeutsamkeit* zurückführen: Das in den Augen der Journalisten wichtige Geschehen wird prominenter dargestellt. Diese Darstellungsmerkmale können durch weitere Kategorien erfasst werden – allerdings sollte gewissenhaft geprüft werden, welche Angaben für das Forschungsziel tatsächlich erforderlich sind. Es ist nicht sinnvoll, die teilweise aufwändige Codierung dieser Kategorien ohne weiteres Nachdenken als formale Anforderungen vorzusehen, ohne dass damit ein konkretes Auswertungsinteresse verknüpft wäre. Ist jedoch die Erhebung nötig, sollten die einzelnen Vorgaben durch Ergebnisse anderer Studien geleitet sein; weitere Hinweise finden sich mitunter auch in Praxisratgebern für Journalisten.

Merkmal: Bedeutsamkeit

An dieser Stelle werden lediglich zwei Aspekte exemplarisch herausgegriffen, nämlich

- die Platzierung und
- die Erfassung des Ressorts bzw. der Formate/Genres.

Platzierung

Wichtigster Indikator für die *Erfassung der Platzierung* ist natürlich die Position der betreffenden Codiereinheit innerhalb des Medienangebots. Artikel in Tageszeitungen beispielsweise, die auf der Titelseite abgedruckt sind, wurden mit einem besonderen redaktionellen Augenmerk versehen. Einen ähnlichen Stellenwert genießen die jeweils ersten Meldungen in einer Nachrichtensendung. Auf Sendungsebene hingegen wäre etwa die Ausstrahlung von Unterhaltungssendungen in der zuschauerstarken Prime Time zwischen 19:00 und 23:00 Uhr ein vergleichbarer Indikator, im Gegensatz zu Wiederholungen im Frühstücksfernsehen. Printmedien hingegen können neben der Position auch die Größe der Überschrift oder die mehrspaltige Aufbereitung als differenzierendes Merkmal nutzen; dem entspräche im Fernsehen eine Ankündigung in der Vorschau. Auf Internetseiten (wie beispielsweise Blogs und Nachrichtenportalen) befinden sich die aktuellsten und meist wichtigsten Einträge prominent im oberen Bereich einer Seite platziert, während sich ältere Beiträge (beziehungsweise die weniger wichtigen Einträge) am Rand der Seite oder weiter unten befinden. Insbesondere bei Internet-Nachrichtenportalen werden alle Beiträge lediglich auf der Startseite und den Ressortübersichten verlinkt und meist mit Bild, Überschrift und »Teaser« (kurzer Anreißer, der einen Überblick über den Inhalt gibt) beworben. Der eigentliche Artikel baut sich dann auf einer neuen Seite auf. Wie das Beispiel in Abb. 7.4 verdeutlicht, ist bei der Integration verschiedener Dimensionen in dieselbe Vorgabe von Ausprägungen darauf zu achten, dass mit den definierten Kombinationen die Menge der möglichen Kombinationen sinnvoll abgedeckt wird (Vollständigkeit; vgl. Kap. 5). Hier gilt die oben bereits erwähnte Grundregel,

4. Platzierung des Beitrags

in den Zeitungen:

1 Aufmacher auf der Titelseite
2 mehrspaltiger Artikel auf der Titelseite
3 einspaltiger Artikel auf der Titelseite
4 eigenständiger, im Inhaltsverzeichnis mit Seitenzahl aufgeführte Artikel oder Artikel, auf den auf der Titelseite anderweitig verwiesen wird
5 mehrspaltiger Artikel auf der Innenseite
6 einspaltiger Artikel auf der Innenseite
9 andere Platzierung

in den Rundfunknachrichten:

1 erster Beitrag der Sendung
2 Beitrag, auf den in der Vorschau verwiesen und/oder in der Sendung kommentiert bzw. auf den sich ein Interview bezieht
3 Beitrag mit Filmbericht
4 reine Sprechermeldung
9 andere Platzierung

auf Internet-Nachrichtenportalen:

1 erster Artikel-Teaser zentral oben auf der Startseite
2 Artikel-Teaser am Rand oben auf der Startseite
3 Artikel-Teaser auf der Startseite
4 Artikelüberschrift ohne Teaser auf der Startseite
5 erster Artikel-Teaser zentral oben auf der Ressortübersichtsseite
6 Artikel-Teaser am Rand oben auf der Ressortübersichtsseite
(…)
99 andere Platzierung

Abb. 7.4
Formale Kategorie zur Erfassung der Platzierung

---

dass im Zweifelsfall stets die höherwertige Platzierung zu verschlüsseln ist und alle nicht vorgesehenen Platzierungsformen unter »andere Platzierung« fallen.

Die *Erfassung der Ressorts bzw. Genres* bezieht sich auf die redaktionellen Substrukturen, mit denen Medienanbieter ihre Inhalte für den Nutzer kennzeichnen. Da mit diesen Substrukturen auch spezifische Nutzungsmuster des Publikums verbunden sind, kann es sich als zielführend erweisen, sie durch entsprechende Kategorien zu erheben. Dies ist allerdings nur dann sinnvoll, wenn die Definition der Auswahleinheit das

Ressorts und Genres

Untersuchungsmaterial nicht von vornherein auf einen Bereich oder ein Ressort beschränkt (z. B. den politischen Teil der Zeitung oder Nachrichtensendungen).

Printmedien teilen ihre Berichterstattung für gewöhnlich in Ressorts auf, die auch den organisatorischen Binnenstrukturen in der Redaktion entsprechen. Die Ressorttitel sind im Kopf der Seite explizit genannt und somit vergleichsweise einfach zu identifizieren. Diese Kategorisierung wird auch bei den meisten Internet-Nachrichtenportalen benötigt. Für Blogs und viele andere Internet-Angebote gibt es zusätzlich die Möglichkeit, den Beiträgen Schlagworte (sogenannte »Tags«) zuzuweisen, die eine Zuordnung in bestimmte Themengebiete erlauben. Es empfiehlt sich, die in den Organen der Auswahleinheit getroffenen Konventionen in die Definition der Ausprägungen zu integrieren, sodass der Codierer tatsächlich nur streng schematisch den Ressorttitel aus den Vorgaben heraussuchen muss (siehe Abb. 7.5).

Abb. 7.5

Formale Kategorie zur Erfassung der Ressortzuordnung

5. Ressort

Codiert wird das Ressort, in dem der Artikel erscheint. Wird ein Artikel von der Titelseite im Inneren der Zeitung fortgesetzt, so wird dies wie ein zusammenhängender Artikel auf der Titelseite behandelt. Dies gilt nicht für abgeschlossene Artikel, auf die auf der Titelseite lediglich hingewiesen wird.

1 Titelseite
2 Politik allgemein
   3 Hintergrund (z. B. Seite Drei)
   4 Meinung (z. B. Meinungsseite)
   5 Pressestimmen
6 Wirtschaft/Finanzen
7 Kultur/Feuilleton/Kunstmarkt
8 Medien/TV-Programm
9 Wissenschaft/Bildung
10 Reise/Verkehr
11 Ratgeber
12 Vermischtes
13 Leserbriefe
20 Jugendseite
30 Wochenendbeilage
99 anderes Ressort

6. Format

Verschlüsselt wird, in welches Format sich die Sendung einordnen lässt. Die Einteilung der Formate orientiert sich primär an formal-dramaturgischen Aspekten. Formate systematisieren und bezeichnen Fernseh- und Hörfunkangebote also nach ihrer Form (Länge, Bestandteile, Abgeschlossenheit der Sendung, Filmtechnik etc.), wobei manche der Kategorien überwiegend für das Fernsehen, andere hauptsächlich für den Hörfunk einschlägig sind. Unterschieden werden:

10	nicht-fiktionale Formate	30	fiktionale Formate
11	Nachrichtensendung	31	Spielfilm
12	Magazinsendung	32	Serie
13	Ratgebersendung	33	Daily Soap
14	Dokumentation/Reportage	34	Trickfilm
15	Quizsendung/Gameshow	35	Hörspiel
16	Darbietungsshow	36	Lesung
17	Talkshow		
18	... mit Alltagsmenschen	40	Werbeformate
19	... mit Politikern/Prominenten	41	Werbung (inkl. Trailer, Werbetrenner)
20	Live-Übertragung von Ereignissen		
21	Reality-TV/Reality-Inszenierung	42	Unterbrecherwerbung
22	Comedy-Sendung/Satire	43	Scharnierwerbung
23	Wetterinformation	44	Teleshopping/Dauerwerbesendung
24	Musiksendungen		
25	Call-In-Talksendung		

Abb. 7.6
Formale Kategorie zur Erfassung von Formaten im Fernsehen

Das Format *Nachrichtensendung* ist gekennzeichnet durch die Berichterstattung über tagesaktuelle Themen, die meist in einzelnen Beiträgen aufeinanderfolgen.

Das Format *Magazinsendung* ist gekennzeichnet durch die Berichterstattung zu einzelnen Themen, die jedoch nicht zwingend tagesaktuell sein müssen, sondern das allgemeine Zeitgeschehen behandeln. Magazinsendungen setzen sich meist aus einzelnen Beiträgen zusammen.

Das Format *Ratgebersendung* ist ebenso wie die Magazinsendung durch die Berichterstattung zu verschiedenen Themen gekennzeichnet, die jedoch nicht zwingend tagesaktuell sein müssen. Typisch für eine Ratgebersendung ist ihr Service-Charakter für den Zuschauer. Dieser kann sich zum Beispiel in interaktiven Elementen zeigen (Expertenratschläge für Zuschauer via Telefon, weitere Informationen zum Thema via Faxabruf oder Internet). Darüber hinaus manifestiert sich der Service-Charakter von Ratgebersendungen auch in der Tatsache, dass die vermittelte Information über eine reine Berichterstattung hinausgeht und anwendungsbezogene Tipps und Ratschläge enthält (z. B. Hausmittel gegen Erkältung, Baufinanzierung). Eine Ratgebersendung kann, muss aber – im Gegensatz zur Magazinsendung – nicht zwingend aus mehreren Beiträgen bestehen.

Das Format *Dokumentation/Reportage* hat zum Ziel, ein Thema bzw. eine Handlung möglichst realitätsnah wiederzugeben. Sie ist durch eine zusammenhängende Dramaturgie gekennzeichnet. Von fiktiven Formaten grenzt sich die Dokumentation bzw. die Reportage dadurch ab, dass sie nicht eine Handlung exklusiv inszeniert, sondern Handlungen filmt, die auch unabhängig von der Filmabsicht geschehen wären.

Bei dem Format *Quizsendung/Gameshow* steht die Inszenierung echter, fernsehspezifischer Spiele oder Wettkämpfe im Mittelpunkt der Produktion. Meist sind die Sendungen als Reihe konzipiert. Sie haben einen festen Sendeplatz, Stammpersonal, die selbe Kulisse und einen immer gleichen Sendungsablauf. Auch eine »langsamere« Form der Quiz- und Gameshow mit Talkelementen und Showeinlagen fällt unter die Format Quizsendung/Gameshow, wenn in ihr echte Spiele gespielt werden (z. B. »Wer wird Millionär«, »Was bin ich?«, »Wetten, dass...?«, »Traumhochzeit«).

(...)

Abb. 7.7

Formale Kategorie zur Erfassung von Genre im Fernsehen

7. Genre

Neben den formal-dramaturgisch definierten Formaten lassen sich die Programmelemente verschiedenen Genres zuordnen. Die Abgrenzung von Genres orientiert sich primär an inhaltlichen Aspekten der Programmelemente und spiegelt die eher alltagstypische Einordnung von Sendungen wider. Eine Verschlüsselung der Kategorie Genre erfolgt jedoch sinnvollerweise nur für solche Programmelemente, die dem Format Magazinsendung, Ratgebersendung, Spielfilm oder Serie angehören.

Unterschieden werden für Magazin- und Ratgebersendungen sowie Dokumentationen/ Reportagen die Inhalte

1 Politik/Wirtschaft
2 Natur/Wissenschaft
3 Gesundheit/Ernährung
4 Boulevard/Prominente
5 Kultur/Reise
6 Sport/Freizeit/Lifestyle
7 Erotik
8 gemischte Inhalte
9 sonstige Inhalte

Ausschlaggebend für die Verschlüsselung ist diejenige inhaltliche Ausprägung, die im Mittelpunkt des Programmelements steht. Nur in Fällen, bei denen es im Grundkonzept des Programmelements liegt, Inhalte aus völlig verschiedenen Bereichen zusammenzutragen, wird Codeschlüssel 8 vergeben.

Unterschieden werden für Spielfilme, Serien usw. die Inhalte

10 Krimi/Thriller
11 Action/Abenteuer
12 Arzt/Krankenhaus
13 Science Fiction
14 Horror/Grusel
15 Humor/Comedy
16 Liebe/Beziehung
17 Erotik
18 Politik/Zeitkritik
19 Krieg/Antikrieg
20 Western
21 sonstige Inhalte

Ausschlaggebend für die Verschlüsselung ist diejenige inhaltliche Ausprägung, die im Mittelpunkt des Programmelements steht.

Etwas komplexer stellt sich die Sachlage im Falle des Fernsehens dar: Zwar vergeben Fernsehzeitschriften oder Sendeanstalten gerne Etiketten, um das Format einer Sendung zu beschreiben oder sie einem bestimmten Genre zuzuordnen. Diese Bezeichnung folgt aber oft Marketing- oder Imageüberlegungen und kann aus wissenschaftlicher Sicht nicht hinreichen. Überdies verschmelzen in der Wahrnehmung der Zuschauer die *Formate* – also Präsentationsformen wie Boulevardmagazine, Realityshows oder Spielfilme – mit *Genremerkmalen*, also Themenbereichen wie Action, Humor, Musik oder Sport. Dabei werden zwei unterschiedliche Dimensionen vermischt, was der Trennschärfe abträglich ist: So existieren Kombinationen wie Comedy und Seifenoper, Reality-Fernsehen kann Gerichtsshows ebenso umfassen wie den Hausfrauentausch, und der Unterschied zwischen Science-Fiction-Spielfilmen und Science-Fiction-Serien ist oft nur graduell. Um dem Codierer die Zuordnung zu erleichtern, kann es sich deswegen anbieten, in einem zweistufigen Verfahren zunächst das Format (was zuweilen auch als »Gattung« bezeichnet wird) zu codieren und im Anschluss für das jeweilige Format eine Genrezuordnung zu treffen (siehe Abb. 7.7). Abschließend sei erneut darauf hingewiesen, dass hier wie für alle formalen Kategorien der Grundsatz gilt, wonach sich aus Fragestellung und Hypothesen die Notwendigkeit ihrer Erhebung ergeben muss – wenn nicht, kann man sich die komplexe Entwicklung angemessener Format-/Genrekategorien ersparen.

Formate im Fernsehen

Fallbeispiel: Muslimische Weblogs V

Wie bei jeder Inhaltsanalyse gliedert sich auch das Codebuch dieser Studie in formale und inhaltliche Kategorien. Gerade unter dem Gesichtspunkt, wie die Muslimosphäre untereinander vernetzt ist und welche Akteure darin aktiv sind, waren die formalen Kategorien innerhalb der Erhebung sehr wichtig. Die meisten Ausprägungen wurden anhand eines Zifferncodes verschlüsselt – bis auf wenige Ausnahmefälle, die in so genanntem »Freitext« festgehalten wurden, der anschließend nachcodiert werden konnte. Die genaue Gestaltung der verschiedenen Kategorien ist allerdings immer abhängig vom Untersuchungsmedium.

Übersicht: formale Kategorien

In dieser Studie wurden pro Weblog folgende formale Kategorien codiert:

Code, Datum der Archivierung, Codierer, Internetadresse, Verfügbarkeit:
Diese Kategorien dienen eher der Kontrolle über den Forschungsprozess und der Erleichterung des Datenmanagements als der Beantwortung der Forschungsfragen. Zum Beispiel wird ein individueller Code für

jeden Weblog vergeben, um die einzelnen Blogs wieder identifizieren und die auf dieser Seite verfassten Posts zuordnen zu können.

Titel der Hauptseite, Überschrift und Unterüberschrift des Weblogs:
Bei diesen Kategorien wird nicht in Codes erhoben; die Wörter werden manuell in den Codebogen eingegeben. Sie dienen u. a. der Bewertung der Ausrichtung eines Blogs.

Selbstdarstellung Blogbetreiber, Darstellung Zweck/Funktion des Blog, Archiv(ierung), Statistik, Linkliste, Blogliste:
Hier wird mit einer dichotomen Antwortvorgabe gearbeitet. Es soll erhoben werden, ob die verschiedenen Rubriken auf dem Weblog vorhanden sind. So kann beispielsweise überprüft werden, ob der Blog persönlich ausgerichtet ist oder ob ein Betreiber eines islamfeindlichen Blogs anonym bleibt oder nicht.

Zahl Statistik, Zahl Links, Zahl Weblogs:
In diesen Kategorien werden die Informationen des Vorhandenseins der Rubriken spezifiziert. Eingetragen wird dabei die Besucherzahl des Blogs oder die Anzahl der Links in der Linkliste. Hiermit kann die Aktivität und die Vernetzung innerhalb der Muslimosphäre untersucht werden.

Zahl und Namen, Aufenthalt bzw. Wohnort und Profession der Blogbetreiber, Anzahl der Blogteilnehmer:
Diese Kategorien gehen vermehrt auf Informationen über die Akteure, also die Blogbetreiber und -teilnehmer der Muslimosphäre ein. Anstatt eines festgelegten numerischen Codes werden hier reelle Zahlen und ganze Worte in den Codebogen eingetragen; etwa beim Wohnort der Blogbetreiber das Land. Bei der Auswertung können diese Informationen nachträglich kategorisiert werden, indem allen Blogbetreibern, die sich in Deutschland aufhalten, der Wert »1« zugeordnet wird usw.

Staats- und Religionsangehörigkeit des Blogbetreibers, Betreibertyp:
Bei diesen Kategorien sollte die Staats- und Religionsangehörigkeit des Blogbetreibers in vordefinierte Ausprägungen eingeordnet werden. Bei allen Kategorien sind Auffangvorgaben eingebaut.

Für die Analyseeinheit »Post« wurden – ähnlich wie für den gesamten Weblog – formale Kategorien zur Übersicht erstellt. Einige dieser Kategorien, wie z. B. die Anzahl der Posts im Untersuchungszeitraum oder die Angabe, ob generell eine Kommentarmöglichkeit vorhanden ist, werden im Vorfeld für die Gesamtheit der Posts eines Weblogs erhoben, bevor der einzelne Post untersucht wird.

Gerade auf dieser Ebene werden die Interaktivität und die Vernetzung innerhalb der Muslimosphäre betrachtet. Einer Messung zugänglich gemacht wird dies anhand der Anzahl von Kommentaren, der Anzahl von Kommentatoren und der Anzahl der Verweise oder Links zum Post. Auch die Standardkategorie der Postlänge findet im Codebuch seinen Platz.

Als Kontexteinheit diente der einzelne Beitrag; d. h. es wurden nur die Informationen erfasst, die aus dem jeweiligen Post zu erschließen waren. Andere (externe) Quellen wurden nur dann zur Klärung hinzugezogen, wenn es sich beim Inhalt des Posts lediglich um einen externen Link ohne jegliche weitere Erläuterung handelte.

Kontexteinheit

Übungsfragen

1 Welche Funktionen haben formale Kategorien in der standardisierten Inhaltsanalyse?
2 Was ist bei der Codierung der formalen Kategorie »Datum« zu beachten?
   a) Codiert man das Datum im Zahlenformat, ergibt sich kein chronologischer Ablauf.
   b) Fortlaufende Ziffern eignen sich am besten, da sie auch für die Codierer den geringsten Aufwand bedeuten.
   c) Das Datumsformat folgt nicht dem Dezimalsystem, was bei der Auswertung zu beachten ist.

Der Gegenstand: Inhaltliche Kategorien | 8

Inhalt

8.1 Zur Funktion inhaltlicher Kategorien: Klassifikation

8.2 Kategorie: Thema

8.3 Kategorie: Ereignis- bzw. Bezugsort

8.4 Kategorie: Akteure/Handlungsträger

8.5 Kategorie: Aktualitätsbezug

Dieses Kapitel beschäftigt sich mit einigen zentralen inhaltlichen Kategorien, die für Medieninhaltsanalysen immer wieder benötigt werden. Für die Verschlüsselung des Berichtsgegenstands, des Orts des Geschehens, der beteiligten Personen und der Aktualität der Ereignisse wird ausführlich beschrieben, welche Probleme bei der Formulierung entsprechender Kategorien gemeinhin auftauchen und wie diese gelöst werden können. Erneut verdeutlichen Musterbeispiele eine mögliche Form, wie die entsprechende Kategorie angelegt werden kann.

Zur Funktion inhaltlicher Kategorien: Klassifikation | 8.1

Wie der Name »Inhaltsanalyse« bereits nahe legt, sind es normalerweise weniger die formalen Kategorien, auf denen das Hauptaugenmerk der Forschung liegt (vgl. Kap. 7). Von größerer Bedeutung ist vielmehr die inhaltliche Dimension von Medienberichten. Diese beschränkt sich keineswegs auf so genannte informationsorientierte Gattungen und Formate wie Nachrichten: Interessierende Inhalte können genauso die Themenstruktur von Talkshows, die sozialen Probleme in Leserbriefen, die Identitätskonstruktion in Kontaktanzeigen oder die Darstellung von Sexualität in Jugendzeitschriften sein. Wenn die Kategorienentwicklung im Folgenden anhand der Analyse der klassischen tagesaktuellen

Berichterstattung verdeutlicht wird, so sind diese Überlegungen dennoch ohne weiteres auf andere Formate übertragbar.

Nochmals zur Erinnerung: *Inhaltliche Codiereinheiten sind die vom Erkenntnisinteresse abhängigen Bedeutungsdimensionen, deren Klassifikation der Inferenz des Codierers bedarf* (vgl. Kap. 3.2). Wir hatten in diesem Zusammenhang verschiedene Arten von Codiereinheiten identifiziert – darunter die *referenziellen* Einheiten (Personen, Objekte, Orte oder Ereignisse) und die *thematischen* Einheiten (übergreifende Diskursstrukturen). Beide beziehen sich auf das faktische Geschehen und stehen im Mittelpunkt des vorliegenden Kapitels. Sie erfordern vom Codierer insbesondere die korrekte Klassifikation von Sachverhalten, d. h. das richtige »Einsortieren« zwischen mehreren Alternativen. Hierfür ist eine präzise Kenntnis der Definitionen und Codierregeln erforderlich, die das Codebuch enthält, während größere Inferenzschlüsse zumeist nicht verlangt werden. Wir nennen die entsprechenden Kategorien im Folgenden *inhaltliche Kategorien*.

referenzielle und thematische Einheiten

Merksatz

Inhaltliche Kategorien verlangen vom Codierer die korrekte Klassifikation von Merkmalen, was in besonderem Maß die genaue Kenntnis des Kategoriensystems und der einzelnen Ausprägungen voraussetzt.

Davon zu unterscheiden ist der dritte Typ von Codiereinheit, die *propositionale* Einheit, die sachliche oder wertende Feststellungen über Personen, Tatsachen oder Vorgänge trifft (Argumente, Meinungen, Kommentare). Der Codierer muss hier nicht nur die Fakten des Geschehens zutreffend erkennen, sondern oft zusätzlich eine Einschätzung dieser Fakten abgeben, etwa in welcher Stärke ein bestimmter Sachverhalt zutrifft. Typisch sind dafür Kategorien, die eine graduelle Abstufung von Ausprägungen (z. B. positiv, neutral, negativ) vorsehen. Kategorien, die auf diese Art zur Ermittlung von Tendenzen in der Berichterstattung beitragen, sollen von nun an *wertende Kategorien* heißen und werden in Kap. 9 näher behandelt. Sicherlich ist die Abgrenzung von inhaltlichen und wertenden Kategorien nicht immer trennscharf, und es gibt eine ganze Reihe von Grenzfällen. Dennoch werden beide nun separat voneinander vorgestellt, vor allem deswegen, weil sich die ihnen zugrunde liegende Codierlogik unterscheidet.

Im praktischen Journalismus existieren viele Faustregeln für die aktuelle Berichterstattung. Eine der populärsten ist die Beantwortung von so genannten W-Fragen, die ein Artikel oder ein Beitrag leisten soll. Zeitgeschehen wird damit als eine Kombination aus

- Personen (Wer?)
- Themen (Was?)
- Orten (Wo?)
- mit einem bestimmten Aktualitätsbezug (Wann?)

journalistische W-Fragen

betrachtet. So erscheint es nur folgerichtig, wenn Inhaltsanalysen bei der Formulierung inhaltlicher Kategorien in einem ersten Schritt auch auf diese eher faktischen Dimensionen eingehen. Die Kategorien Thema, Ereignis- bzw. Bezugsort, Akteure/Handlungsträger und Aktualitätsbezug finden sich deswegen in nahezu allen Inhaltsanalysen von aktueller Berichterstattung und werden nun einzeln vorgestellt. Die fünfte journalistische W-Frage »Wie« ist komplexerer Natur und wird in Kapitel 9 ausführlich behandelt.

Kategorie: Thema | 8.2

Um mit der schwierigsten der vier Kategorien zu beginnen: Die korrekte Definition einer sinnvollen Themenliste gehört zu den anspruchsvollsten (und häufig unterschätzten) Aufgaben im Bereich der Bildung inhaltlicher Kategorien. Das Hauptproblem ist dabei weniger ein methodisches, sondern vielmehr die grundsätzliche Frage: Was ist überhaupt ein Thema? Im Alltag hat darauf jeder sicherlich eine intuitive Antwort, und fragt man Menschen beispielsweise danach, welches die derzeit wichtigsten gesellschaftlichen Probleme seien (vgl. Kap. 13.3), so hätte man beispielsweise im Frühjahr 2010 eine Vielzahl von Nennungen erhalten: vom »Afghanistan-Einsatz der Bundeswehr« bis zur »Finanzkrise«, von den »Missbrauchsfällen an privaten und kirchlichen Schulen« bis hin zur »Laufzeitverlängerung von Atomkraftwerken«. Aber offenkundig variieren diese Themen nicht nur in ihrer Tragweite und Beständigkeit, sondern auch in ihrer Reichweite und dem Grad ihrer Detailliertheit.

In der Forschung gibt es bislang ebenfalls keine einheitliche Definition, was unter einem Thema zu verstehen ist. Allerdings besteht eine gewisse Einigkeit darüber, dass zumindest zu unterscheiden ist zwischen

keine einheitliche Themendefinition

1. dem konkreten, ereignisbezogenen Geschehen, über das tagesaktuell berichtet wird;
2. dem gesellschaftlichen Diskurs, in den dieses Geschehen eingebettet wird (hier würde man am ehesten von einem »Thema« sprechen);
3. dem übergeordneten gesellschaftlichen Feld, dem der Diskurs zuzuordnen ist.

Beispielsweise wäre der Besuch der Bundeskanzlerin beim amerikanischen Präsidenten ein der Berichterstattung zugrunde liegendes *Ereignis*.

Abb. 8.1

Zerlegung der Codiereinheit »Thema« in Ebenen von unterschiedlichem Auflösungsgrad

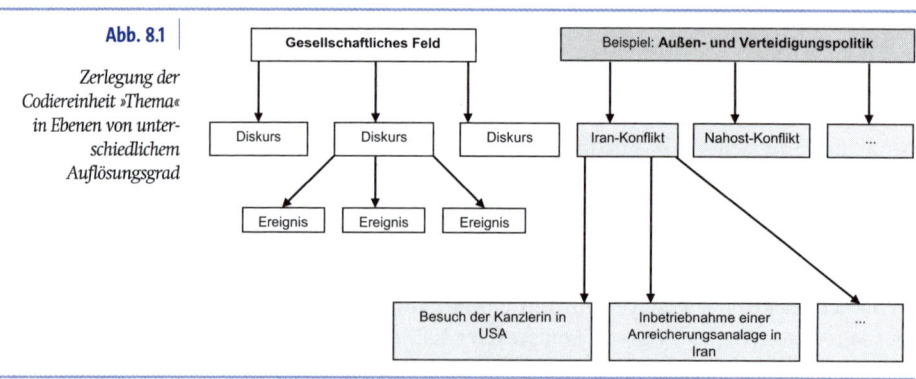

Themen als »quasihierarchische Netzwerke«

Wenn es in den Gesprächen um die Lage im Irak ging, könnte man den Irak-Konflikt als das über die Tagesaktualität hinausgehende *Thema* bezeichnen. Verortet wäre diese Thematik im *Feld* der deutschen Außen- und Verteidigungspolitik. Nach dieser Auffassung lassen sich Themen als »quasihierarchische Netzwerke« über- bzw. untergeordneter Sachverhalte verstehen und – ähnlich wie zuvor die Analyseeinheiten – in Ebenen von verschiedenem Allgemeinheitsgrad zerlegen (siehe Abb. 8.1).

Übertragen auf die Inhaltsanalyse bedeutet dies, dass die Codiereinheit »Thema« in einem unterschiedlichen Auflösungsgrad vorliegen kann. Daher sollte das Codebuch eine Lösung für die Messung dieser unterschiedlichen Ebenen vorsehen. Denn die Berichterstattung spiegelt genau diese wechselnden Auflösungsgrade wider – oft beziehen sich kleinere Meldungen auf konkrete Ereignisse, längere Artikel und Hintergrundberichte widmen sich größeren Zusammenhängen bis hin zu den wöchentlichen »Berichten zur Lage der Nation« in SPIEGEL und ZEIT, die ganze Politikfelder (wie z. B. die außenpolitische Gesamtsituation) Revue passieren lassen. Ähnlich wie im Falle von Analyseeinheiten strebt man also eine Zerlegung an, die in der Literatur auch als *hierarchische Codierung* bezeichnet wird. Am Beispiel einer Themenkategorie (siehe Abb. 8.2) lässt sich deren Logik gut verdeutlichen, die genauso auch auf andere inhaltliche Kategorien angewendet werden kann.

Merksatz

Da keine einheitliche Definition des Konstrukts »Thema« existiert, bietet sich zur Messung eine an das Erkenntnisinteresse angepasste, hierarchische Zerlegung auf Ebenen von unterschiedlichem Auflösungsgrad an; als Themen gelten dann, was der Schlüsselplan als »Thema« listet.

8.a Liste der Themen und Ereignisse (16. Juni 1999, Auszug)
(…)

13000 Verteidigung, gewalthaltige Konflikte, Konfliktlösung
    13100 Afghanistan-Konflikt
        13101 Von der Bundeswehr angeforderter Luftangriff auf Tanklastwagen bei Kunduz
        13102 Besuch des Außenministers bei den deutschen Truppen
        13103 Pariser Club erläðsst Afghanistan alle Schulden
        13104 Offensive gegen militante Taliban
        13105 Afghanistan-Konferenz 2010 in London
        13106 Bericht des Wehrbeauftragten des Deutschen Bundestages
        13107 Kampfhandlungen deutscher Soldaten
        13108 Kampfhandlungen US-amerikanischer Soldaten
        13109 Kampfhandlungen afghanischer Sicherheitskräðfte
        13110 Deutsche Bischöfe reisen nach Afghanistan
        13111 Angriff auf Hilfsorganisation
        (…)
    13200 Nahost-Konflikt
(…)

Abb. 8.2
Inhaltliche Kategorie zur Erfassung von Themen (hierarchische Zerlegung, Ausschnitt)

Die Definition der Ausprägungen (und insbesondere die Vergabe der Codes) beruht auf der Idee der *Mehrebenen-Messung*: Zunächst werden unterschiedliche gesellschaftliche Felder definiert, auf die sich der berichtete Sachverhalt beziehen kann (z. B. Verteidigung, gewalthaltige Konflikte). Diesen Bereichen wird ein fünfstelliger Code zugewiesen (z. B. 13000). Auf der nachfolgenden Ebene können dann die im Untersuchungszeitraum relevanten Diskurse spezifiziert werden, die jeweils mit Codeziffern versehen werden, die sich auf der 100er-Ebene unterscheiden (z. B. 13100 = Kosovo-Konflikt; 13200 = Nahost-Konflikt). Schließlich bleibt die untergeordnete Ebene einzelner Ereignisse, auf der das jeweilige Geschehen stichwortartig skizziert wird. Hierfür sind die beiden letzten Stellen des Codes vorgesehen, weil es leicht passieren kann, dass mehr als zehn einzelne Ereignisse bezüglich eines Themas zu verzeichnen sind. Bei dieser Vorgehensweise sind zwei Aspekte wichtig, die sie für die Inhaltsanalyse fruchtbar macht:

Mehrebenen-Messung durch hierarchische Codes

1. Bei der Codierung wird, wie oben ausgeführt, immer nach dem Prinzip verfahren, dass eine möglichst spezifische Ausprägung zu wählen ist. Bei einem hierarchischen Aufbau fungiert immer die jeweils übergeordnete Ebene als *Auffangvorgabe*, in die Sachverhalte einzuord-

nen sind, für die keine eigene Ausprägung vorgesehen ist. Beispielsweise wäre das nicht ausdrücklich vorgesehene Ereignis »Deutscher Truppentransport über Kosovo abgestürzt« allgemeiner unter »13100« (= Kosovo-Konflikt) zu codieren.

2. Bei der Auswertung können Analysen für *unterschiedliche Ebenen* leicht durchgeführt werden, da sich die Berichterstattung anhand der definierten Struktur sehr einfach zusammenfassen lässt (z. B. alle Codes zwischen 13100 und 13199 unter »Kosovo-Konflikt«).

Grundsätzlich gilt für diese wie für jede andere Kategorienbildung, dass sie sich am jeweiligen *Erkenntnisinteresse der Studie* zu orientieren hat. Zur Verdeutlichung kann man zwei extreme Beispiele für eine Themenkategorie heranziehen: Einmal eine sehr allgemeine und grobe Aufteilung in wenige allgemeine Themenfelder (z. B. Außenpolitik, Innenpolitik, Wirtschaft usw.) oder einen sehr detaillierten Themenplan, wie eben beschrieben. Die erste Lösung könnte sinnvoll sein, wenn man die Themenstruktur über einen sehr langen Zeitraum misst, in dem sich der historische Hintergrund immer wieder verändert, oder wenn stark unterschiedliche Medientypen untersucht werden. Wieso sollte man in diesen Fällen alle thematischen Verästelungen in der Berichterstattung durch ein feingliedriges Instrument messen, wenn für unsere Hypothesen später bloß noch interessant ist, wie hoch der Anteil an politischer Berichterstattung insgesamt war?

Vor diesem Hintergrund wird deutlich, dass die im obigen Beispiel vorgenommene Definition der Themenkategorie (siehe Abb. 8.2) nur für eine ganz bestimmte Art von Fragestellung nützlich ist: Wenn es nämlich darum geht, die Themenstruktur über einen verhältnismäßig kurzen Zeitraum oder die Karriere eines speziellen Themas bzw. den Verlauf eines Diskurses detailliert nachzuzeichnen. Nur dann ist es überhaupt möglich, ein so ausführliches Instrument zu entwerfen, das ja schon die genaue Kenntnis des gesamten Analysematerials erfordert, um die Ausprägungen überhaupt erst definieren zu können!

Meist ist dies jedoch nicht der Fall, denn die Inhaltsanalyse bemüht sich um die Reduktion von Komplexität in einem noch nicht näher bekannten Untersuchungsmaterial oder über einen längeren Zeitraum hinweg, der durch eine scheinbar endlose Vielzahl von Ereignissen gekennzeichnet ist. Für diese andere Art von Erkenntnisinteresse werden Themenkategorien eingesetzt, die zwar ebenfalls der hierarchischen Logik folgen und allgemeinere wie speziellere Ausprägungen vorsehen. Allerdings bezieht sich die Differenzierung nun weniger auf einzelne Diskurse, sondern auf die gesellschaftlichen Felder, die etwas kleinteiliger ausformuliert werden, um die dort jeweils auftretenden Diskurse erfassen zu können (siehe Abb. 8.3).

8.b Liste der Themengebiete (Haupt- und Nebenthema)

001	historische Ereignisse, Rückblicke, Gedenktage	300	Gesundheitswesen
		310	Lebensmittel
101	Außenpolitik	311	Ernährungsskandale (BSE)
102	EU-Politik	320	Krankheiten, Allergien, Arznei
103	VN-Politik/NATO-Politik/supranat. Organisationen	330	Krankenversicherungssystem
		340	Drogen
104	diplomatische Beziehungen zu anderen Staaten	400	Unglücke
		410	Verkehrsunfälle
110	internationale Politik	411	Flugzeugabstürze
111	Justiz	420	Naturkatastrophen, Explosionen, Brände
112	innere Sicherheit	430	Störfälle im Bereich Kernkraft
113	Parteien	440	Todesfälle und Krankheiten bekannter Persönlichkeiten
114	politische Affären, Untersuchungsaussch.		
115	Wahlen		
116	Haushalt, Finanzen, Staatsausgaben	500	Kriminalität (Verbrechen/Vergehen)
117	Rechtsextremismus	510	Wirtschaftskriminalität, Betrug
118	Linksextremismus	511	Umweltkriminalität
		520	Mord, Totschlag
121	Innenpolitik	530	sexuell motivierte Tat, Nötigung, Vergewaltigung
122	Justiz		
123	innere Sicherheit	540	andere individuelle Straftaten
124	Parteien	550	Anschläge, Attentate, Terrorismus
125	Politische Affären, Untersuchungsausschüsse	560	organisierte Kriminalität, Mafia
126	Wahlen	570	Proliferation (Waffenhandel)
127	Haushalt, Finanzen, Staatsausgaben	580	Kriegsverbrechen
128	Rechtsextremismus		
129	Linksextremismus	600	Sport
		610	Sportarten (Wettkämpfe, Ergebnisse)
130	Verteidigung, gewalthalt. Konflikte, Konfliktlösung	611	Fußball
		612	Tennis
131	Rüstung, Verteidigung, Abrüstung, Militär allg.	613	Formel 1
132	Frieden, Friedenssicherung, Verhandlungen	614	Skispringen
133	Krieg, Truppenabzug	615	Boxen
134	Unruhen, Aufstände, Demonstrationen	616	Radfahren
135	Flüchtlinge	617	Leichtathletik
136	humanitäre Hilfe	620	Olympiade
		630	Sportvermarktung, Rechte
140	Sozialpolitik/Sozialordnung	640	Sportpolitik
141	Renten, Sozialhilfe, Sozialer Wohnungsbau		
142	Ehe, Familie, Jugend und Kinder	700	Kunst/Kultur
143	Minderheiten, Ausländer	710	Literatur, literarische Klassik
144	Asylanten, Abschiebung, Ausweisung	720	Oper, Operette
145	Arbeitslosigkeit	730	klassisches Konzert
146	Tarifpolitik, Streik	740	Ballett
147	Bildungspolitik	750	Theater
148	Umweltpolitik	760	bildende Kunst
		770	Film
200	Wirtschaft und Finanzen (Makroperspektive)	780	Medien, Journalismus
201	Konjunktur-, Wirtschaftslage, Standortpolitik		
202	Haushalt, Finanzen, Schulden	800	Gesellschaft
203	Steuern	810	Kirche und Religion
204	Preisentwicklung, Inflation	820	Bildungswesen, Schulen, Universitäten
205	Subventionen	830	Wissenschaft/Technik
		840	Umweltprobleme
250	Wirtschaft (gewerblich)	850	Human Interest
251	Börsenberichte	860	gesellschaftliches Leben, Prominente
261	Unternehmensbilanzen und -ergebnisse	870	Reisen
262	Unternehmensaktivitäten und -umstrukturierungen	871	lokales Geschehen
263	Unternehmenskrisen, Konkurse		
270	Messen, Ausstellungen	900	Pressestimmen anderer Medien

Abb. 8.3

Inhaltliche Kategorie zur Erfassung von Themen (Basis: gesellschaftliche Felder)

Die Vor- und Nachteile einer solchen Themenkategorie liegen klar auf der Hand: Zum einen reduziert sie das Themenspektrum nicht so radikal wie in dem obigen Extrembeispiel weniger Themenfelder, aber ist aufgrund ihres höheren Allgemeinheitsgrads immer noch geeignet, auch längerfristige Entwicklungen mit wechselndem Geschehen und Diskursen über viele Bereiche hinweg zu erfassen. Andererseits lässt die Codierung im Nachhinein keine Rückschlüsse mehr auf die einzelnen Diskurse zu – wenn beispielsweise 15 Beiträge zu »Innenpolitik: Wahlen« erfasst wurden, ist weder möglich zu sagen, welche Wahlen dies waren, noch ob sich alle 15 Beiträge auf eine, mehrere oder 15 verschiedene Wahlvorgänge beziehen. Falls erforderlich, lässt sich dieser Nachteil in der Praxis durch eine offene Kategorie ausgleichen, in der der Codierer Thema oder Ereignis nochmals als freien Text in Stichworten festhält und die nachträglich ausgewertet werden kann.

Schließlich sei erwähnt, dass die Passgenauigkeit der Ausprägungen auf die Medienberichte geringer ausfällt: Dem Codierer wird eine größere Zuordnungsleistung abverlangt, denn er muss die jeweils tangierten gesellschaftlichen Felder richtig identifizieren. In der Praxis scheint dies bei simpel strukturiertem Geschehen wie Sportereignissen oder Unglücken und Katastrophen noch vergleichsweise einfach zu sein. Viele Themen sind jedoch durch eine Verknüpfung unterschiedlicher Felder gekennzeichnet – etwa wenn Kanzlerin Merkel eine Wahlkampfrede zur Rentenreform hält und dabei die hohe Arbeitslosigkeit als Ursache für die Deckungsprobleme in der Rentenkasse benennt. Dieses typische Beispiel für politisches Geschehen stellt den Codierer vor ein Dilemma: Verschlüsselt er den betreffenden Beitrag unter »Wahlen« (Wahlkampfrede), »Sozialpolitik« (Rentenreform) oder »Arbeitsmarkt« (Arbeitslosigkeit)? Es hat sich als hilfreich erwiesen, für solche Fälle eine *Mehrfachcodierung* zuzulassen – zunächst wird der Codierer angewiesen, den zentralen Aspekt (als »Hauptthema«) festzuhalten, und darüber hinaus hat er die Möglichkeit, falls erforderlich, noch ein oder zwei weitere Nebenaspekte zu verschlüsseln. Zur Ermittlung des Hauptthemas können als Indikatoren beispielsweise die Überschrift und ggf. Dach- oder Unterzeilen herangezogen werden. Für die Analyse können später zunächst die Hauptthemen ausgezählt werden, aber ergänzend stehen die Nebenaspekte zur Verfügung, um ein vollständigeres Bild der in der Berichterstattung angesprochenen gesellschaftlichen Felder zu erhalten.

Mehrfachcodierung von Themen

> **Merksatz**
>
> Bei allgemeiner formulierten, auf gesellschaftliche Felder bezogenen Ausprägungen der Themenkategorie kann die mehrfache Codierung von Haupt- und Nebenaspekten eine angemessenere Erfassung des Themas ermöglichen.

Abschließend sei betont, dass selbst die einzelnen Ausprägungen von Themenkategorien nicht ohne weiteres als selbsterklärend angesehen werden dürfen. In der Praxis ist oft zu beobachten, dass sich die eingesetzten Codebücher mit der Nennung eines Themenlabels oder eines gesellschaftlichen Feldes begnügen. Dieses Vertrauen, dass deren Bedeutungsgehalt allgemein (und besonders unter den Codierern) geteilt wird, ist zwar zu einem gewissen Grad berechtigt. Andererseits gibt es gerade hinsichtlich der *Trennschärfe* zwischen den Vorgaben oft Probleme, die durch die eben vorgeschlagene Möglichkeit zur Mehrfachcodierung nur scheinbar gelöst werden. Deswegen sollte ein Codebuch für jede Ausprägung der Themenkategorie eine explizite Definition (etwa wie im nachfolgenden Beispiel) enthalten, die die Codierer im Zweifelsfall konsultieren können. Da diese Darstellung mitunter eine erhebliche Länge erreichen kann, werden die eigentlichen Definitionen der Ausprägungen gerne in einem separaten *Schlüsselplan* (vgl. das nachfolgende Beispiel) niedergelegt, während das Codebuch selbst nur noch eine Übersicht der vorgesehenen Ausprägungen und ihren Codes enthält (siehe Abb. 8.3).

> **Beispiel**
>
> **Auszug aus dem Schlüsselplan**
> (hier Definition der Ausprägung »Wirtschaft«, Kategorie »Hauptthema«)
> 200   *Wirtschaft und Finanzen (Makroperspektive)*
>   Wird dann codiert, wenn es sich um allgemeine wirtschaftliche Themen handelt, in denen die staatliche Rolle in der Wirtschaftspolitik im Vordergrund steht. Es handelt sich gegenüber der (→ Wirtschaft gewerblich) eher um den gesamten Wirtschaftsprozess, dessen Rahmenbedingungen und Globalsteuerung.
>   201   *Konjunktur-, Wirtschaftslage, Standort Deutschland*
>   Wird dann codiert, wenn sich der Beitrag im Wesentlichen den allgemeinen wirtschaftlichen Rahmendaten und deren Entwicklung widmet, insbesondere den

Schwankungen des Wirtschaftsvolumens einer Volkswirtschaft durch zusammenwirkende Veränderungen mehrerer ökonomischer Größen, wobei nicht einer Größe das Schwergewicht beikommt (in diesem Fall wäre dann diese zu codieren). Hierunter fallen auch Beiträge zum Konjunkturzyklus (Depression, Aufschwung, Boom, Krise, Rezession usw.).

202 *Haushalt, Finanzen, Schulden*
Hier werden Beiträge codiert, die sich den Maßnahmen des Staates widmen, durch Veränderungen der Einnahmen und/oder Ausgaben die Höhe des Volkseinkommens, der Beschäftigung und der Preise zu beeinflussen. Dazu gehören die *Haushaltspläne* von Bund und Ländern, die Planung, Aufstellung, Verwaltung und Kontrolle der öffentlichen Haushalte, die Feststellung und Deckung des Finanzbedarfs.

203 *Steuern*
Hier werden Beiträge codiert, die sich im Wesentlichen mit der Erhebung und Regelung des Steueraufkommens befassen. Hierzu gehören alle Steuerabgaben, der Solidaritätszuschlag, die Umsatzsteuer. Nicht codiert werden hier Beiträge zur Kirchensteuer (→Kirchen).

204 *(...)*

250 *Wirtschaft (gewerblich)*
Wird dann codiert, wenn sich das berichtete wirtschaftliche Geschehen primär innerhalb der Privatwirtschaft abspielt, die staatliche Rolle also in den Hintergrund tritt.

251 *Börsenberichte*
Hierunter fallen Berichte über den Stand und die Entwicklung an den verschiedenen Handelsbörsen, unabhängig vom gehandelten Produkt. Dies können Wertpapiere, Devisen oder Rohstoffe sein. Meistens beinhalten solche Meldungen den aktuellen Wert des US-Dollars sowie den Stand der bekannten Börsenindices wie DAX, NIKKEI oder Dow-Jones.

261 *Unternehmensbilanzen und -ergebnisse*
Wird dann codiert, wenn die Jahresergebnisse von Unternehmen im Zentrum des Beitrags stehen. Hierbei handelt es sich meistens um Bilanzpressekonferenzen.

262 *Unternehmensaktivitäten und -umstrukturierungen*
Wird dann codiert, wenn einzelne Aktivitäten von Unternehmen im Zentrum des Beitrags stehen. Dies kann

263 ein Börsengang, die Einrichtung neuer Filialen, die Ankündigung von Arbeitsplatzstreichungen oder die Ablehnung von Übernahmeangeboten sein.
(...)

Kategorie: Ereignis- bzw. Bezugsort | 8.3

Für eine Reihe von Fragestellungen ist die Information bedeutsam, an welchem Ort sich das berichtete Geschehen abspielt – etwa wenn es um den Nachrichtenfaktor »regionale Nähe« (vgl. Kap. 13.2) geht. Zur Erfassung des Ereignisorts lässt sich wieder die Logik der hierarchischen Codierung anwenden: Von den einzelnen Kontinenten über Nationen und Regionen können die Ausprägungen bis auf die Ebene von Städten und Gemeinden heruntergebrochen werden. Man wird hier unterschiedlich differenziert vorgehen, denn eine Analyse der Hauptnachrichtensendungen dürfte eher auf die nationale Ebene abzielen, während die Analyse der Lokalberichterstattung sogar die Aufschlüsselung einzelner Stadtteile erforderlich machen kann. Festzuhalten ist, dass in jedem Fall nur die vermutlich benötigten Ausprägungen zu spezifizieren sind; es hat keinen Sinn, hier einfach das Register aus einem Weltatlas abzuschreiben, denn eine hohe Zahl von Ausprägungen ohne Zählergebnis muss bei der Auswertung sowieso wieder zusammengefasst werden.

hierarchische Differenzierung

Deswegen ist in den meisten Fällen sogar eine Mischform geboten: Aktuelle Berichterstattung hat nämlich die Eigenschaft, bevorzugt Geschehen in der Nähe des Erscheinungsortes zu berücksichtigen. Je weiter die Ereignisse entfernt sind, desto weniger intensiv und weniger differenziert wird berichtet. Der Grund hierfür liegt in den vermuteten Relevanzstrukturen der Rezipienten, denn Menschen messen Vorkommnissen in ihrer näheren Umgebung eine höhere Bedeutung zu.

Merksatz

Ereignisorte werden in der Regel durch eine hierarchische Codierung verschlüsselt, die regional unterschiedlich stark aufgegliederte Ausprägungen vorsieht.

Die Konsequenz für die inhaltsanalytische Praxis ist, dass oft Ortskategorien zum Einsatz kommen, die einen *wechselnden Auflösungsgrad* aufweisen, von sehr genauen Vorgaben rund um den Publikationsort bis hin zu sehr breiten Vorgaben für weit entfernte Regionen. Abb. 8.4 verdeutlicht eine solche Kategorie, wie sie beispielsweise für die Verschlüsselung von Fernsehnachrichten vor und nach der Wende sinnvoll sein könnte. Zunächst werden für Deutschland die Hauptstädte einzeln aufgeführt, anschließend einzelne Regionen anhand der Bundesländer (für die ehemalige DDR könnten hier, falls erforderlich, auch die früheren Regierungsbezirke aufgenommen werden). Es folgen unterschiedliche europäische Staaten, die Russische Föderation und Amerika mit Untergliederungen, während Afrika, Asien und Australien nur allgemein erfasst werden. Eine Besonderheit stellt die Codierung von Staatengruppierungen dar (Code 800 ff.): Sie bricht aus dem Schema aus, denn sie bezieht sich auf regionale Gebilde, die nicht in die territoriale Logik eingebettet werden können, aber häufiger als Ortsangabe auftauchen.

Staatengruppierungen und Organisationen

Wenn es beispielsweise um die Diskussionen um einen Einsatz der NATO geht, kann der Sitz des NATO-Hauptquartiers möglicherweise die weniger bedeutsame Ortsangabe sein. Aber auch dies lässt sich nur vor dem Hintergrund der jeweils zu untersuchenden Fragestellung entscheiden.

Dieses Beispiel zeigt bereits, dass die vermeintlich relativ einfach zu bestimmende Ortsangabe inhaltlich durchaus unterschiedliche Bedeutungen haben kann. So ist aus der Nachrichtenforschung bekannt, dass Massenmedien – aus den oben erwähnten Relevanzerwägungen heraus – dazu neigen, auch bei Geschehen an fernen Orten den Bezug zum eigenen Verbreitungsgebiet zu betonen. Ein berühmtes, klassisches Beispiel ist hier sicherlich die Vorgehensweise jenes schottischen Redakteurs, der die »Titanic«-Katastrophe konsequent auf die Interessen seiner lokalen Zielgruppe reduzierte.

Beispiel

Beispiel: Domestizierung von Ereignissen
Eine schottische Tageszeitung erschien 1912 mit dem Aufmacher »Aberdeen Man lost at Sea«. Der Bericht bezog sich auf den Untergang der »Titanic«, bei dem mehrere Tausend Menschen starben und bis zum damaligen Zeitpunkt das schlimmste Unglück des zivilen Verkehrswesens darstellte.

Ähnliche Mechanismen konnte man Ende 2004 auch bei der Berichterstattung über die Tsunami-Flutkatastrophe in Asien beobachten, als deutsche Medien zunächst das Schicksal der deutschen Urlauber in den Mittelpunkt der Berichterstattung rückten.

KATEGORIE: EREIGNIS- BZW. BEZUGSORT

9. Ereignisort

100	Deutschland	221	Schweden
111	Bonn	222	Schweiz
112	Berlin (als Hauptstadt)	223	Slowakei
113	Ost-Berlin	224	Spanien
		225	Tschechische Republik
120	DDR (bis 1990)	226	Tschechoslowakei (bis 1992)
		227	Türkei
130	alte Bundesländer allgemein (seit 1990)	228	Ungarn
131	Baden-Württemberg	229	Schottland
132	Bayern	230	Wales
133	Berlin (als Bundesland)	231	Zypern
134	Bremen	299	andere europäische Länder
135	Hamburg		
136	Hessen	300	Russland bzw. Sowjetunion
137	Niedersachsen	310	Sowjetunion (bis 1991)
138	Nordrhein-Westfalen	320	Russische Föderation (ab 1991), auch Tschetschenien
139	Rheinland-Pfalz		
140	Saarland	330	ehemalige sowjetische Teilrepubliken (ab 1991)
141	Schleswig-Holstein		
150	Neue Bundesländer allgemein (seit 1990)	400	Amerika
151	Brandenburg	410	USA
152	Mecklenburg-Vorpommern	420	Kanada
153	Sachsen	430	mittel- und südamerikanische Staaten, Karibik
154	Sachsen-Anhalt		
155	Thüringen	500	Afrika
200	Europa	600	Asien
201	Albanien	610	Naher Osten (Israel, Syrien, Jordanien, Libanon, arabische Halbinsel, Iran, Irak, Afghanistan)
202	Belgien		
203	Bulgarien	620	Fernost
204	Dänemark		
205	Finnland	700	Australien, Ozeanien, Antarktis
206	Frankreich		
207	Griechenland	800	Staatengruppierungen
208	Großbritannien	801	EU-Staaten
209	Irland	802	WEU-Staaten
210	Italien	803	EFTA-Staaten
211	Jugoslawien	804	OAU-Staaten
212	Liechtenstein	805	ASEAN-Staaten
213	Luxemburg	806	NATO-Staaten
214	Niederlande/Holland	807	OECD-Staaten
215	Nordirland	808	GUS-Staaten
216	Norwegen	809	andere Staatengruppierungen
217	Österreich		
218	Polen	900	Welt
219	Portugal		
220	Rumänien	999	kein Ereignisort erkennbar

| Abb. 8.4

Inhaltliche Kategorie zur Erfassung des Ereignisortes (1985–1995)

Nicht nur deshalb kann es sinnvoll sein, bei der Codierung zwischen *Ereignisort* und *Bezugsort* des Geschehens zu unterscheiden. Wenn sich die EU-Außenminister in Madrid treffen, um über den Einsatz deutscher Truppen im EU-Auftrag zu sprechen, würde eine Codierung des bloßen Ereignisorts »Spanien« sicherlich den Kern des Sachverhalts nur bedingt treffen: Obwohl die Dinge formal in Spanien passieren, entfalten sie ihre Wirkung deutlich weitläufiger. Zwar decken sich Ereignis- und Bezugsort bei vielen Beiträgen, aber ihre Unterscheidung kann bei der

Ereignisort und Bezugsort

Auswertung wichtige Aussagen über den Charakter der Medienberichterstattung erlauben. Die Unterscheidung der beiden Dimensionen ist freilich nicht trivial und will gut definiert sein; die Ortslisten mit den Ausprägungen der Kategorien können hingegen meist identisch sein. Und schließlich ist gerade hier zu regeln, welche Ausprägungen verwendet werden sollen, wenn sich logisch mehrere anbieten (vgl. Kap. 6.2).

Beispiel

Definition von Ereignis- und Bezugsort
9.A Ereignisort:
Codiert wird hier, wo das Ereignis faktisch stattfand, d. h. der Ort, an dem sich das faktische Geschehen abspielte. (Beispiel: Delegationen treffen sich zu Kosovo-Friedensverhandlungen in Köln: Ereignisort Köln.)
9.B Bezugsort:
Codiert wird hier, auf welchen Ort sich die Auswirkungen des Ereignisses konzentrieren, wobei zur Beurteilung das zentrale Ereignis herangezogen wird. (Beispiel: Delegationen treffen sich zu Kosovo-Friedensverhandlungen in Köln: Bezugsort Kosovo.)

8.4 Kategorie: Akteure/Handlungsträger

Personalisierung als Kennzeichen der Berichterstattung

In den Massenmedien spielen Personen eine herausragende Rolle: Sie tragen die Handlung in Spielfilmen, Serien und Dokumentationen, bestimmen politisches Geschehen oder machen – anhand von Einzelschicksalen – gesellschaftliche Problemlagen deutlich. Manche Medienangebote sind sogar explizit auf die (Selbst-)Darstellung von Personen zugeschnitten und wären ohne diese gar nicht denkbar, etwa die Talkshows und Boulevardmagazine im Fernsehen oder Peoplemagazine und die Klatschpresse. Daher gehört auch die Erhebung von Akteuren oder Handlungsträgern zur Standardprozedur in der Inhaltsanalyse. Allerdings sind hier wieder einige Fallstricke zu beachten, die die Codierung dieser scheinbar simplen Kategorie auf Nominalniveau (vorgegeben wird eine Liste von Akteuren, die auftauchen können) erschweren. Die Probleme sind dabei ähnlich gelagert wie im Falle der Themenverschlüsselung (vgl. Kap. 8.2), und wieder kann eine Lösung nur mit Blick auf die konkrete Fragestellung gefunden werden.

Ganz grundsätzlich muss geklärt werden, wie viele Handlungsträger für die betreffende Analyseeinheit codiert werden sollen. Ist Letztere eher umfangreich geschnitten (wie etwa im Fall einer ganzen Sendung, eines Spielfilms oder eines längeren Artikels), so ergibt sich unter Umständen eine Vielzahl von potenziell zu erfassenden Akteuren. Grundsätzlich ist deswegen gut zu überlegen, für welche Analyseeinheit Akteure sinnvoll erhoben werden können. In manchen Fällen wird man sogar dazu übergehen müssen, die Akteure selbst als Analyseeinheiten (vgl. Kap. 5.1) zu definieren. Doch sogar bei einer vernünftigen Wahl der Analyseeinheit kann es vorkommen, dass mehr Akteure auftreten als tatsächlich festgehalten werden können. Daher sind ausdrücklich Kriterien zu nennen, wie in solchen Fällen vorzugehen ist. Denkbar sind wieder

Auswahl aus einer Vielzahl von Akteuren

- eher formale Kriterien: z. B. die ersten drei auftauchenden Akteure oder die drei, die in der Analyseeinheit am umfangreichsten zu Wort kommen;
- eher inhaltliche Kriterien: z. B. die drei für den Sachverhalt bedeutendsten Akteure.

In jedem Fall ist freilich eine qualifizierte Entscheidung zu treffen, ab welchem Schwellenwert auftretende Personen überhaupt als Akteure im Sinne der Codierung gelten sollen – Personen in einer anonymen Menschenmasse, durchs Bild huschende Passanten oder Statisten in einer Filmszene werden beispielsweise bei Akteurscodierungen regelmäßig ausgeschlossen.

Die wichtigste Entscheidung betrifft allerdings die Frage, ob jenseits seiner reinen Erwähnung auch die *unterschiedlichen Funktionen eines Handlungsträgers* berücksichtigt werden sollen. Beispielsweise kann es für die zu untersuchende Fragestellung einen Unterschied machen, ob Angela Merkel bei einem Staatsbesuch in den USA gezeigt, oder ihre Stellungnahme aus einer Pressemitteilung des Bundeskanzleramtes entnommen wird. In einem Fall ist sie tatsächlich handelnde Person, im anderen die Urheberin einer Aussage. Noch komplexer wird die Sache, wenn sich Merkel in ihrer Stellungnahme über den amerikanischen Präsidenten äußert: Dann gibt es zwei Personen, von denen eine als Urheber und eine andere als Gegenstand von dessen Mitteilung vorkommt.

Akteur versus Urheber

Merksatz

Personen können in der Berichterstattung unterschiedliche Funktionen besitzen, die die Akteurskategorie ggf. berücksichtigen muss.

Besonderes Augenmerk verdient dabei die Person des *Journalisten oder Redakteurs*, der in den Entstehungsprozess von Medieninhalten unvermeidlich eingebunden ist. Sprecher und Moderatoren sind genauso im Bild

Rolle von Journalisten

zu sehen wie Pressefotografen oder Kamerateams, die Fragesteller sind bei gedruckten Interviews von wesentlicher Bedeutung. Auch hier gibt es keine pauschale Empfehlung, wie mit Journalisten als Akteuren zu verfahren ist – abgesehen davon, dass das Codebuch diese Frage abschließend lösen muss. Für viele Zusammenhänge kann es sinnvoll sein, den Journalisten überhaupt nicht zu berücksichtigen und quasi als »Neutrum« zu vernachlässigen (siehe Abb. 8.5), aber gerade wenn die Analyse Rückschlüsse auf die Journalisten (vgl. Kap. 2) vorsieht, muss eine entsprechend differenzierte Einteilung vorgenommen werden. Ein Sonderfall ist die Erhebung der Urheber von Aussagen, auf die im Zusammenhang mit wertenden Kategorien (vgl. Kap. 9.4) noch näher eingegangen wird.

Bei der Ausgestaltung der Ausprägungen sind wieder die bekannten Überlegungen anzustellen, mit welchem Auflösungsgrad das Auftreten von Akteuren gemessen werden soll. Für einzelne Personen, die in den Massenmedien vielfach präsent sind, wäre die namentliche Vorgabe als differenzierteste Ausprägung angemessen (z.B. Angela Merkel, Dieter Bohlen). In der Regel ergeben sich hier Mischformen aus Individualnennungen und Rollendefinitionen (z.B. »Angela Merkel« vs. »Bundeskanzlerin«). Letztere sind immer dann geboten, wenn die Analyse später nicht auf der Ebene von Einzelpersonen (z.B. Image von Kanzlerkandidaten) erfolgen soll, sondern auf der Ebene sozialer Rollen (z.B. Darstellung von Tätern und Opfern bei Gewaltverbrechen). Schließt die Untersuchung fiktionale Programme wie Spielfilme oder Serien ein, so ist außerdem zu definieren, wie mit fiktiven Charakteren umzugehen ist und auf welche Art der Schauspieler in seiner realen Existenz berücksichtigt wird: Die Person »Götz George« kann als »Schimanski« codiert werden, aber auch als realer Interviewpartner in einer Talkshow. Generell sind bei der Verschlüsselung die Kontexte zu beachten, in die die jeweilige Person einbettet ist – gerade dann, wenn Personen in unterschiedlichen Kontexten vorkommen können (z.B. als Schauspieler oder Politiker).

Personen und fiktive Charaktere

Merksatz

Akteurskategorien, die sich auf fiktionale und nichtfiktionale Angebote erstrecken, müssen besonderen Wert auf die Unterscheidung von Personen und Rollen legen.

Abschließend sei an dieser Stelle der erste der oben erwähnten Grenzfälle (vgl. Kap. 8.1) erwähnt, bei dem die inhaltliche Kategorie eine Einstufung des Codierers erfordert und damit bereits in Richtung einer

10. Akteure/Handlungsträger

Hier werden die Akteure verschlüsselt, die innerhalb eines Beitrags erwähnt werden oder selbst zu Wort kommen (nicht der Journalist des betreffenden Senders). Unter Erwähnungen wird hier verstanden, dass die Handlungen eines Akteurs beschrieben werden und/oder der Akteur indirekt oder direkt zitiert wird. Es werden pro Beitrag maximal drei verschiedene Akteure registriert. Kommen mehr als drei vor, so werden die wichtigsten festgehalten; dies sind im Zweifel jene, die zuerst genannt werden. Jeder Akteur wird pro Beitrag nur einmal registriert – bei mehreren Funktionen die Rolle, in der der Akteur im Beitrag dominiert oder hauptsächlich angesprochen wird. Kommen weniger als drei vor, so werden nur diese codiert. Die Angabe von Organisationen bezieht sich in der Regel auf Repräsentanten dieser Einrichtungen; kommen entsprechende Personen vor, so werden sie in der jeweiligen Rolle codiert, in der sie auftreten (z. B. Arnold Schwarzenegger als Gouverneur: Oberhaupt auf erster Unterebene, nicht Schauspieler).

Abb. 8.5
Inhaltliche Kategorie zur Erfassung der Akteure und Handlungsträger in Nachrichtenbeiträgen

100	Bundespolitiker	500	Wirtschaft und Soziale Welt
110	Bundespräsident	510	Arbeitgeberverbände
121	Bundeskanzler	511	Gewerbe, Industrie, Unternehmen
122	Vizekanzler	520	Gewerkschaften und Arbeitnehmerverbände
123	Fraktionschef der Opposition	530	Wissenschaft, Bildungseinrichtungen
130	Bundesminister	540	Kirchen und Religionsgemeinschaften
141	SPD-Politiker	550	nichtstaatliche Oppositions- und Widerstandgruppen
142	Grünen-Politiker		
143	CDU-Politiker	551	Umweltschutzorganisationen, Bürgerinitiativen
144	FDP-Politiker	560	kriminelle, Straftäter, Verdächtige
145	PDS-Politiker	570	Sozialwesen, Medizin, Ärzte usw.
150	Bundesrat		
160	Bundesparteivorsitzender, -vorstandsmitglied oder -sprecher	600	Kulturschaffende und Society
		610	Autoren, Literaturszene
170	Bundesjustiz (BVerfG, BGH, BAG usw.)	620	Schauspieler, Filmszene
180	Bundesbehörden (Bundeswehr, BKA, BGS, Bundesbank usw.)	630	Sänger, Musiker, Musikszene
		640	Fernsehmoderatoren
		650	Models, Modeszene
200	Landespolitiker	660	Reiche, Geldadel, Prominenz
210	Landesregierung allgemein	670	Adel, Königshäuser
211	Ministerpräsident (oder Oberbürgermeister in Stadtstaaten)		
		700	Sportler, Funktionäre
212	Landesminister (oder Senatoren)		
220	Landtag	800	»Normalbürger«
230	Landesparteivorsitzender, -vorstandsmitglied oder -sprecher	810	Opfer
		820	Betroffene, Zeugen
240	Landesjustiz	830	Vereinsvertreter
350	Landesbehörden		
		900	internationale Organisationen
300	Lokal- und Regionalpolitiker	910	europäische Union (EU) und ihre Organe
310	Kreis-, Gemeinde- und Stadtpolitik und -verwaltung	920	Vereinte Nationen (UNO) und ihre Organe
		930	NATO
311	Ober-Bürgermeister, Bürgermeister, Ortsvorsteher, Stadtdirektor	941	ASEAN
		942	EFTA
312	Kreispolitiker, einfaches Parteimitglied	943	OAU
320	lokale Polizeibehörden	944	OECD
		945	OPEC
400	ausländische Politiker und Behörden	950	G-8
410	Staatsoberhaupt, und -präsident/Premierminister	960	G-20
420	Minister	970	GUS
430	bei föderalen Staaten: Oberhäupter auf der ersten Unterebene (z. B. Ministerpräsident, Gouverneur)	980	KSZE/OSZE
440	einfacher Politiker		
450	ausländische Behörden		

wertenden Kategorie (vgl. Kap. 9) tendiert. Angenommen, für die betreffende Fragestellung sei hinsichtlich der Akteurserhebung einzig und alleine der *Bekanntheitsgrad* der Person entscheidend. In diesem Falle wäre es sicher kaum zu leisten, alle denkbaren Akteure im Voraus nach ihrer Prominenz zu klassifizieren. Genauso wenig hilft eine Funktionsbeschreibung weiter, denn es gibt in denselben Funktionen unterschiedlich bekannte Persönlichkeiten: populäre und weniger populäre Schauspieler oder Musiker, namhafte und weniger namhafte Landesminister. Deshalb wäre an dieser Stelle das Hintergrundwissen des Codierers zu nutzen, der den betreffenden Akteur anhand von genau vorgegebenen Regeln nach seinem Bekanntheitsgrad codiert (siehe Abb. 8.6).

Einschätzung: Bekanntheitsgrad

Abb. 8.6

Inhaltliche Kategorie zur Erfassung des Bekanntheitsgrads eines Akteurs/ Handlungsträgers

11. **Bekanntheitsgrad des Akteurs** (Talkshows)

Unter dem Bekanntheitsgrad wird die Breite verstanden, in der der Akteur (Gast in einer Talkshow) vermutlich innerhalb des potenziellen Zielpublikums (durchschnittliche Fernsehzuschauer) bekannt ist. Der Bekanntheitsgrad wird in vier Stufen unterteilt; für jede der Stufen sind exemplarisch einige Beispiele aus den verschiedenen Tätigkeitsfeldern angeführt.

1 hoher Bekanntheitsgrad
z. B. Politiker mit regelmäßiger Präsenz im öffentlichen Diskurs (oft Bundes- oder internationale Politiker, Regierungschefs der Länder), Schauspieler mit tragenden Rollen in Spielfilmen oder erfolgreichen Serien, Vertreter internationaler Adelshäuser, Nachrichtensprecher und Showmoderatoren, Sportler in internationalen Wettbewerben, in allen Altersgruppen bekannte Musiker, Models für internationale Magazine und Modehäuser

2 mittlerer Bekanntheitsgrad
z. B. Politiker mit gelegentlicher Präsenz im öffentlichen Diskurs (oft Landespolitiker oder Experten in Parteigremien und Ausschüssen), Vertreter nationaler Adelshäuser, Starlets, Schauspieler mit Nebenrollen in Spielfilmen oder in weniger erfolgreichen Serien und Daily Soaps, Talk-Show-Moderatoren, Musiker mit Zielgruppenorientierungen, Nachwuchs-Models

3 geringer Bekanntheitsgrad
z. B. Politiker mit einmaliger, punktueller Präsenz im politischen Diskurs, Vertreter regionalen Adels, unbekannte Nachwuchsdarsteller, Sportler auf Regionalebene, Musiker aus der Subkultur, Newcomer, Katalog-Models

4 kein Bekanntheitsgrad
z. B. zufällige Augenzeugen eines Ereignisses oder Talkshowgäste, die als Privatpersonen geladen sind und nur für sich selbst (bzw. stellvertretend als Beispiel für die normale Zivilbevölkerung) stehen und bisher durch keinerlei Medienpräsenz aufgefallen sind.

9 Bekanntheitsgrad nicht eindeutig entscheidbar

Das Codebuch würde in diesem Beispiel – es ging um die Bekanntheit von Talkshowgästen – lediglich drei graduell abgestufte Kategorien vorsehen. Als Hinweis wird dem Codierer der Beurteilungsmaßstab explizit genannt, nämlich die Perspektive eines durchschnittlichen Fernsehzuschauers. Diese Perspektive ist in der Codiererschulung zu präzisieren, so dass alle Codierer ein möglichst einheitliches Bild dieses Durchschnittssehers vor Augen haben. Die Ausprägungen definieren sich dann anhand der beispielhaft angeführten Bekanntheit für einige im vorliegenden Kontext wichtige Akteursgruppen (Politiker, Künstler usw.). Auf die durchaus mögliche Nennung von Namen wurde hier verzichtet, da sich die Auswahleinheit über einen längeren Zeitraum erstreckte; generell sollte an dieser Stelle (wie überhaupt im Codebuch) nicht mit illustrierenden Beispielen gespart werden. Der Codierer trifft nun seine Entscheidung vor dem Hintergrund dieser Systematik und den gegebenen Anwendungsbeispielen; allerdings handelt es sich hier bereits um mehr als eine reine Klassifikation.

Derselben Logik folgen übrigens all jene Kategorien, die im Rahmen der *Nachrichtenwert-Forschung* üblicherweise erhoben werden, z. B. zur Personalisierung eines Sachverhalts, zum eingetretenen Nutzen oder Schaden, zum Überraschungsgrad des Ereignisses oder zur Etablierung des Themas (vgl. Kap. 13.2). Eine häufig benötigte Kategorie dieser Art, die vom Codierer ebenfalls eine Mischung zwischen klassifizieren und bewerten verlangt, behandelt der nächste Abschnitt.

Kategorie: Aktualitätsbezug | 8.5

Bei der Beschreibung von Massenmedien wird oft der Aktualitätsbezug der jeweiligen Inhalte als Unterscheidungskriterium verwendet. Wochenzeitschriften etwa, die eine aufwändigere Produktion erfordern, sind in der Regel weniger aktuell als Tageszeitungen, die im schnellsten Fall das Geschehen vom Vortag behandeln können. Funkmedien und das Internet schließlich erlauben Live-Berichterstattung vom Geschehen selbst oder zumindest eine zeitnahe Aufbereitung – sie unterliegen weniger dem Zwang bestimmter Erscheinungsrhythmen (Periodizität). Doch selbst innerhalb eines Medientyps sind unterschiedlich aktuelle Inhalte anzutreffen, denn das Fernsehen sendet nicht nur live, sondern befasst sich (z. B. in historischen Dokumentationen) gerne mit lange vergangenen Ereignissen. In diesem Sinne stellt der *Aktualitätsbezug* eine weitere inhaltliche Kategorie dar, die der Klassifizierung durch den Codierer bedarf – gleichzeitig erfolgt jedoch eine graduelle Abstufung, die angesichts der zeitlichen Dimension von Aktualität auch nahe liegt:

Aktualität kann entlang einer Zeitachse angeordnet werden, und diese Einstufung erfordert im Einzelfall durchaus die Bewertung des Codierers vor seinem persönlichen Erfahrungsschatz.

Merksatz

Der Aktualitätsbezug kann aufgrund seines zeitlichen Charakters abgestuft verschlüsselt werden, weshalb die Codierleistung mitunter wertende Züge trägt.

Festlegung für die Aktualitätscodierung

Zunächst sind jedoch auch für diese Kategorie Präzisierungen erforderlich, die dem Codierer verdeutlichen, was genau er hinsichtlich der Aktualität verschlüsseln soll. Medienberichterstattung ist – jenseits von ereignisbezogenen Kurzmeldungen – dadurch gekennzeichnet, dass sie Themen auf eine vielfältige Art aufbereiten kann und aktuelle Ereignisse in frühere Begebenheiten einordnet, Spekulationen über Hintergründe oder Prognosen anstellt oder schlicht Ansichten und Meinungen referiert. Deswegen sind für jede Analyseeinheit drei Festlegungen zu treffen:

1. Wenn unterschiedliche Aspekte in derselben Analyseeinheit behandelt werden, auf welchen *Aspekt* soll sich die Aktualitätscodierung beziehen? Hier bietet es sich an, auf vorherige Codierentscheidungen zurückzugreifen und z. B. das bereits ermittelte »Hauptthema« oder den »zentralen Aspekt« als Codiereinheit heranzuziehen.
2. Innerhalb dieser Codiereinheit wird die Aktualitätscodierung oft auf das berichtete *faktische Geschehen* konzentriert, da dem in der Regel die exaktesten Aufschlüsse über den zeitlichen Bezug zu entnehmen sind. Dabei ist ein fehlender Aktualitätsbezug von »zeitlosen« Inhalten ebenso ausdrücklich vorzusehen wie historische oder saisonale Themen.
3. Schließlich ist vor jeder Entscheidung das *Bezugssystem* zu klären: Es mag hier selbstverständlich erscheinen, dass Aktualität immer in Relation zum Erscheinungs- bzw. Sendedatum der Inhalte codiert werden sollte; je nach Fragestellung könnten jedoch auch andere zeitliche Bezugspunkte sinnvoll sein.

Die resultierenden Ausprägungen spannen sich also von eher vagen Zeitbezügen über historisches, länger vergangenes, kürzliches und gegenwärtiges Geschehen bis hin zu zukünftigen Ereignissen, über die in Vorausschau berichtet wird (siehe Abb. 8.7). Die Abstufungen können – je nach Fragestellung und untersuchtem Medientyp – natürlich anders

12. Aktualitätsbezug

Hier wird die Aktualität des Hauptereignisses bzw. des zentralen Aspekts des Beitrags verschlüsselt. Codiereinheit ist dabei das berichtete faktische Geschehen: Handelt ein Beitrag beispielsweise von einem Unglück und den nachfolgenden Diskussionen und Vorwürfen, so ist das zentrale Ereignis das Unglück selbst. Bei Aktualisierung historischer Ereignisse aufgrund von Jubiläen oder Gedenktagen (Code 3) ist zu entscheiden, ob die historische Komponente im Beitrag dominiert. Im Zweifelsfall wird immer der höchste Aktualitätsbezug codiert.

1 Zeitloser Beitrag mit allgemeinen, generellen Informationen (konkretes faktisches Geschehen steht im Hintergrund oder dient nur zur Illustration)
2 Saisonale Berichterstattung (z. B. anlässlich Jahreszeiten, Feiertagen, Ferien)
3 Historischer Beitrag zu einem abgeschlossenen Ereignis, Gedenktag usw. (auch bei aktueller Wiederkehr)
4 Geschehnisse der vergangenen Monate (bis zu einem halben Jahr)
5 Geschehnisse des vergangenen Monats
6 Aktuelles Geschehen der letzten Tage, bis zu max. einer Woche
7 Hochaktuelles Ereignis der letzten 24 Stunden, auf das z. B. explizit hingewiesen werden kann (z. B. »Aus aktuellem Anlass...«)
8 Live-Bericht
9 Vorausgreifende Berichterstattung für zukünftige Ereignisse
0 keine Zeitangabe/keine Einordnung möglich

Abb. 8.7
Inhaltliche Kategorie zur Erfassung des Aktualitätsbezugs

eingeteilt werden. Problem bei der Codierung ist allerdings weniger die Zuordnung der Codiereinheit zu den Ausprägungen, sondern einmal mehr die Feststellung der Codiereinheit: Welcher Sachverhalt ist es, an dem der jeweilige Aktualitätsbezug festgemacht wird? Hier ist eine ausführliche Codiererschulung erforderlich, um die Identifikation des jeweils relevanten Aspekts zu vereinheitlichen.

Fallbeispiel: Muslimische Weblogs VI

Einen weiteren, umfangreichen Teil des Codebuchs nehmen auch in dieser Studie die inhaltlichen Kategorien ein. Darunter ist insbesondere der thematische Kontext zu verstehen, innerhalb dessen die weitere Analyse des Untersuchungsmaterials erfolgt. Die inhaltlichen Kategorien sind der wichtigste Teil der Erhebung, da auf ihrer Grundlage die meisten Forschungsfragen beantwortet werden sollen. Im Folgenden werden einige inhaltliche Kategorien für die Analyseeinheit der Posts erläutert:

Übersicht: inhaltliche Kategorien

Funktion des Posts
Schon die Kategorie »Funktion des Posts« zeigt, dass der Codierer bei inhaltlichen Kategorien einen größeren interpretativen Entscheidungsspielraum besitzt, und somit die Fehlerquelle größer sein kann als bei den formalen Kategorien. Hier soll ermittelt werden, ob es sich bei dem Post um eine reine Informationswiedergabe handelt oder ob auch Meinungen oder Interpretationen preisgegeben werden. Darum ist es an solchen Stellen besonders wichtig, im Codebuch so weit wie möglich zu definieren, wie sich der Codierer in welchem Fall entscheiden soll: »Es zählt der überwiegende Eindruck. Sobald eine Rahmung oder Bewertung der Information durch den Poster vorgenommen wird, fällt der Post nicht mehr unter die Ausprägung »1«(Information). Sind Ausschnitte von der Quelle in den Post integriert, in denen Meinungen und Bewertungen vorgenommen werden, ist dennoch der Ausschnitt als Informationsbereitstellung vom Poster zu bewerten ...«

Primärquelle/Sekundärquelle
An dieser Stelle soll festgehalten werden, welche Quellen im untersuchten Post verwendet wurden. Dabei stehen zum Beispiel die Ausprägungen »Forum«, »Presseagentur«, »Fernsehen« oder auch ein »anderer Blog« zur Verfügung, neben der Auffangkategorie »Sonstige«. Mit dieser Kategorie war es beispielsweise möglich, die Muslimosphäre daraufhin zu überprüfen, ob die Quellen, mit denen argumentiert wurde, hauptsächlich aus dieser selbst stammen oder ob gerade öffentlichkeitswirksame Medien bevorzugt verwendet wurden.

Thema des Posts
Schwerpunkt des Codebuchs waren die inhaltlichen Kategorien, die in Haupt- und Nebenthemen gegliedert wurden und sich (bis auf den Bereich »Islam«) an der oben vorgeschlagenen Themenliste orientieren (vgl. Kap. 8.3). Ein gesonderter Themenblock rund um den Islam war deswegen unabdingbar, weil anzunehmen war, dass dies ein relevantes Thema in den Blogs der Muslimosphäre ist. Jedes einzelne Thema wurde sorgsam definiert und erklärt, damit auch jene Codierer, die sich mit den Spezialthemen nicht auskannten, die Posts intersubjektiv nachvollziehbar codieren konnten.

Post mit Islambezug
Um einen schnellen und aussagekräftigen Überblick zu erhalten, inwiefern sich muslimische Weblogs überhaupt mit Religion auseinandersetzen, wurde hierfür eine dichotome Kategorie entwickelt. Um eine zuverlässige Erhebung zu sichern, legten die Forscher vorab fest, dass

mindestens eines der Schlagworte Islam, Moslem/Muslim, Koran, Allah (in dieser Form oder als Wortstamm) in Titel, Untertitel, Bild oder Bildunterschrift oder im Post genannt sein mussten, um Islambezug positiv zu codieren.

Diese kleine Auswahl inhaltlicher Kategorien illustriert die differenzierte Vorgehensweise der vorliegende Studie. Die Analyse der muslimischen Weblogs erfasste detailgenau die Möglichkeiten der Vernetzung der Blogs untereinander und deren mögliche Inhalte, um anschließend ein fundiertes Urteil zur Situation in der Muslimosphäre abgeben zu können.

Sicherlich scheint es zumeist ratsam, bei der Kategorienfindung eher ausführlich zu sein. Daneben ist es aber für eine effektive Arbeitsweise sinnvoll, sich hin und wieder vom Untersuchungsmaterial selbst inspirieren zu lassen. Man konnte später auch einige Kategorien wieder aus dem Codebuch entfernen, sobald klar war, dass sie für die Untersuchung nicht benötigt wurden, weil die betreffenden Ausprägungen so gut wie nie auftauchten.

Anwendbarkeit des Codebuchs

Das schönste und ausführlichste, durch eine vorbildliche theoretische Zerlegung der Dimensionen entstandene Codebuch ist nämlich vergebens, wenn die Ausprägungen nicht codierbar sind, da sie nicht im Untersuchungsmaterial vorkommen. Allerdings sollte man hier auch nicht vorschnell vorgehen, denn wenn das Nichtvorkommen einer Ausprägung Teil des Erkenntnisinteresses ist, muss die Kategorie selbstverständlich beibehalten werden. Nur so kann später tatsächlich der entsprechende Beweis geführt werden, dass das Merkmal in der Auswahleinheit nicht angetroffen wurde.

Übungsfragen

1 Welche Funktionen besitzen inhaltliche Kategorien für die standardisierte Inhaltsanalyse?
   a) Sie sind vom Erkenntnisinteresse abhängige Bedeutungsdimensionen.
   b) Sie sind vom Erkenntnisinteresse abhängige Klassifikationen.
   c) Sie sind vom Forschungsinteresse abhängige Dispositionen.
2 Nennen sie die verschiedenen Typen von Codiereinheiten und ordnen sie folgende Erklärungen den jeweiligen Typen zu!
   a) Es handelt sich hierbei um Personen, Objekte, Ereignisse oder Orte.
   b) Mit ihrer Hilfe werden sachliche oder wertende Feststellungen über Personen, Tatsachen oder Vorgänge getroffen.

c) Durch diese Codiereinheiten werden übergreifende Diskursstrukturen ersichtlich.

3 Sind die folgenden Aussagen jeweils richtig oder falsch?
a) Bei einer Codierung von Medieninhalten wird immer die möglichst spezifische Ausprägung codiert.
b) Bei einem hierarchischen Aufbau fungiert die jeweils übergeordnete Ebene als so genannte Auffangvorgabe.
c) Nachteilig bei der Auswertung eines hierarchisch aufgebauten Codebuchs können sich die Analysen für unterschiedliche Ebenen herausstellen, da sie sich nur schwer zusammenfassen lassen.

Die Tendenz: Wertende Kategorien | 9

Inhalt

9.1 Zur Funktion wertender Kategorien: Evaluation

9.2 Globalbewertungen von Analyseeinheiten

9.3 Skalenbildung bei wertenden Kategorien

9.4 Wertende Aussagen: Synthetisches Kategoriensystem

Dieses Kapitel führt in die Entwicklung von Kategorien ein, die wertenden Charakter besitzen und deswegen besondere Sorgfalt sowohl bei der Formulierung im Codebuch als auch bei dessen Anwendung durch die Codierer erfordern. Die Darstellung unterscheidet dabei zwischen der übergreifenden Evaluation einer gesamten Analyseeinheit durch den Codierer und der Codierung einzelner wertender Inhalte innerhalb der Berichterstattung.

Zur Funktion wertender Kategorien: Evaluation | 9.1

Wenn es in der standardisierten Inhaltsanalyse eine »Königsdisziplin« gäbe – die Verschlüsselung von wertenden Kategorien wäre sicher ein heißer Kandidat. Denn in keinem anderen der hier vorgestellten Gebiete ist die Definition der Kategorien so mühsam, die Bestimmung sinnvoller Ausprägungen so heikel und die Schulung der Codierer, um übereinstimmende Urteile zu erhalten, so aufwändig. Dennoch stellen gerade die wertenden Kategorien oft das Salz in der Suppe dar, denn jenseits der oft langweiligen Fixierung formaler Sachverhalte (vgl. Kap. 7) oder der bloßen Klassifikation von Inhalten (vgl. Kap. 8) werden hier diejenigen Aspekte berührt, die für Inferenzschlüsse (vgl. Kap. 2) am interessantesten sind. Wie hat die Medienberichterstattung bestimmte Akteure bewertet, wie bestimmte Entwicklungen eingeschätzt? Welche Meinungen wurden vertreten, welche nicht, und über welche Sachverhalte wurde wie berichtet? Bei Rückschlüssen auf den Kommunikator (z. B.

Erfassung von Bewertungen als »Königsdisziplin«

welche politische Position ein Medium vertritt) sind solche Fragen ebenso bedeutsam wie bei Rückschlüssen auf den Rezipienten (z. B. auf welcher Grundlage die Meinungsbildung im Publikum erfolgt) oder auf die soziale Situation (z. B. welche gesellschaftlichen Kräfte wie Gehör finden).

Zur Wiederholung (vgl. Kap. 3.2): *Wertende Kategorien dienen der Erfassung propositionaler Codiereinheiten (als Spezialfall der inhaltlichen Einheiten), die sachliche oder wertende Feststellungen über Personen, Tatsachen oder Vorgänge treffen (Argumente, Meinungen, Kommentare).* Die Besonderheit ist also weniger, dass von dem Codierer eine Evaluation der Sachverhalte verlangt wird – dies war ansatzweise schon bei anderen inhaltlichen Kategorien erforderlich (vgl. Kap. 8.4 und 8.5). Vielmehr kann hinzukommen, dass das zu beurteilende Objekt – die Codiereinheit – selbst bereits ein einzelnes, konkret bewertendes Element wie ein Argument oder eine Meinungsäußerung darstellt. Beide Fälle sollen im Folgenden unterschieden und separat voneinander behandelt werden, da sie sich auf unterschiedliche Analyseeinheiten beziehen: Argumente und Meinungen werden in der Regel auf der Ebene einzelner *Aussagen* codiert, während übergreifende Evaluationen sich beispielsweise auf die Tendenz eines ganzen Beitrags oder die Übersichtlichkeit einer gesamten Zeitschrift beziehen.

Gesamtbewertung versus Aussagenerfassung

Merksatz

Evaluationsleistungen des Codierers können auf allen Analyseebenen nötig sein; besonders sorgfältig zu behandeln ist jedoch die Erfassung einzelner wertender Aussagen.

Wir gehen in diesem Kapitel wieder vom Allgemeineren zum Speziellen vor und betrachten zunächst einige Beispiele für eher pauschale Gesamtbewertungen durch den Codierer (vgl. Kap. 9.2 und 9.3), bevor die Identifikation, Zerlegung und Erfassung von Aussagen behandelt wird (vgl. Kap. 9.4). Für beides gilt freilich, dass wir hier in Bereiche vordringen, in denen mehr denn je das individuelle Urteilsvermögen des einzelnen Codierers gefragt ist. Was für den einen bereits eine negative Einschätzung eines Politikers darstellt, ist für den anderen noch eine neutrale Beschreibung; derselbe Beitrag kann für den einen eine politische Tendenz aufweisen, für die anderen nicht. Um dennoch ein akzeptables Maß an intersubjektiver Überprüfbarkeit der Verschlüsselung zu gewährleisten, muss der Bedeutungsgehalt der einzelnen Kategorien und ihrer Ausprägungen umso ausführlicher dargestellt und in einer gründlichen Schulung allen Codierern klargemacht werden. Ist keine zufrieden stellende Übereinstimmung der Codierer zu erreichen, muss das Instrument so lange nachgebessert (oder so lange geschult) werden, bis tatsächlich von einer einheitlichen Vorgehensweise ausgegangen werden kann (vgl. Kap. 10 und 11).

Globalbewertungen von Analyseeinheiten | 9.2

Von einer Globalbewertung der Analyseeinheit durch den Codierer sprechen wir dann, wenn ihm ein summarisches Urteil abverlangt wird, für das der Codierer selbst unterschiedliche Aspekte und Sachverhalte gewichten, zueinander in Beziehung setzen und anschließend eine abgewogene Bewertung abgeben muss. Dies wäre beispielsweise dann der Fall, wenn für einen gesamten Beitrag innerhalb der Wahlberichterstattung festgehalten werden soll, ob er Angela Merkel eher positiv, eher negativ oder eher neutral darstellt. Diese Vorgehensweise ist aus Publikumssicht deswegen gerechtfertigt, weil Studien bereits zeigen konnten, dass der Rezipient ebenfalls eher einen Globaleindruck von einem Text »mitnimmt« und weniger einzelne Argumente miteinander »verrechnet«. Um diese Tendenz für die Analyseeinheit summa summarum einschätzen zu können, muss der Codierer sich einen Gesamteindruck bilden, für den er natürlich die einzelnen enthaltenen Bewertungen zu berücksichtigen hat – aber genauso den allgemeinen Duktus der Berichterstattung, ihre Zwischentöne und die Verknüpfung der Bewertungen im Beitrag. Es handelt sich also um eine komplexe Aufgabe, die durch unsere journalistischen Grundprinzipien nicht gerade vereinfacht wird: Eine ausgewogene Berichterstattung gilt im Journalismus nämlich als Qualitätsmerkmal, weshalb oft auch innerhalb von Beiträgen Pro- und Kontra-Ansichten referiert werden, was dem Codierer die eindeutige Zuordnung erschwert.

Globalbewertung als summarisches Urteil

Merksatz

Globalbewertungen verlagern wesentliche ergebnisrelevante Entscheidungen auf die Codierer, was besondere Anforderungen an deren Urteilsfähigkeit stellt und durch ein umso präziseres Instrument mit genauen Anweisungen und Codierregeln unterstützt werden muss.

Wir wollen diese Überlegungen am Beispiel zweier Kategorien – eine physische und eine inhaltlich definierte Analyseeinheit (Beitrag bzw. Akteur) – verdeutlichen und uns dabei zunächst der *Kategoriendefinition* zuwenden. Der Aspekt der Skalenbildung steht im Mittelpunkt des anschließenden Abschnitts. Abb. 9.1 zeigt eine – für unsere Zwecke eher einfach gehaltene – Beschreibung der Kategorie »Valenz der Berichterstattung«. Valenz meint dabei, ob der Beitrag insgesamt eher Positives, Negatives oder beides zu vermelden hat. Inhaltlicher Hintergrund könnte etwa der alte Vorwurf sein, Medien würden sich in ihrer

---

Abb. 9.1

Wertende Kategorie zur Erfassung der Valenz eines Beitrags

13. Valenz der Berichterstattung

Zur Bestimmung der Valenz (Positivität/Negativität) eines Beitrags werden alle expliziten oder impliziten Bewertungen herangezogen, die der jeweiligen Berichterstattung zu entnehmen sind. Der Codierung wird dabei zwar das faktische Geschehen zugrunde gelegt, die Einstufung erfolgt jedoch nicht nach »objektiven« Ereignismerkmalen, sondern ausschließlich aufgrund der im Beitrag enthaltenen Deutungen. Allerdings kann die Einschätzung, ob ein Ereignis prinzipiell entweder schlecht, weder schlecht noch gut (neutral) oder gut ist, als erster Hinweis dienen.

Negative Berichterstattung bezieht sich meist auf Ereignisse, die die Bevölkerung als unangenehm, verlustreich, existenzbedrohend, ungesund, konflikthaltig usw. empfindet; z. B. Steuererhöhungen, Attentate, Konkursanmeldungen, Arbeitslosenzahlenmeldungen, Koalitionsbrüche. Diese Ereignisse werden entsprechend negativ konnotiert, d. h. als schädlich, unerwünscht, bedrohlich, zerstörerisch etc. bezeichnet. Naturkatastrophen, Unfälle und Verbrechen sind in der Regel als negativ zu bewerten, auch wenn dies im Beitrag selbst nicht nochmals ausdrücklich gesagt wird.

Positive Berichterstattung dagegen dokumentiert Erfolge, Fortschritte, Einigungen usw. Beispiele hierfür sind Bilanzerfolge von Unternehmen, Vorankommen von Friedensverhandlungen, Durchbrüche in der Forschung, Fahndungserfolge der Polizei. Entsprechende Sachverhalte werden von der Berichterstattung gewürdigt, anerkannt, begrüßt oder für gut befunden usw.

Ist ein Beitrag nicht eindeutig als überwiegend positiv oder negativ einzuordnen, sollte Ausprägung 2 (»neutrale/ambivalente Berichterstattung«) verschlüsselt werden. Dies gilt insbesondere für reine Faktenmeldungen und längere, abwägende Artikel, in denen unterschiedliche Positionen zu Wort kommen (oder z. B. bei Katastrophen: »Glück im Unglück«-Berichte).

Sportnachrichten und Wetterbericht werden grundsätzlich nicht berücksichtigt (Code »0«).

0 nicht anwendbar

1 negative Berichterstattung
2 neutrale/ambivalente Berichterstattung
3 positive Berichterstattung

Berichterstattung hauptsächlich dem Schlechten in der Welt zuwenden (»bad news«, Nachrichtenfaktor Negativismus).

Zur Einschätzung, welche Valenz ein Beitrag aufweist, ist zunächst wieder zu bestimmen, worauf der Codierer sein Urteil stützen soll. Bezugspunkt ist auch hier häufig, wie oben bereits dargestellt, die vermuteten Wahrnehmungen eines »durchschnittlichen« Lesers, Hörers oder Zuschauers (vgl. Kap. 8.4). Im vorliegenden Fall wird die Natur des faktischen Geschehens zwar zugrunde gelegt; die Evaluation erfolgt allerdings auf Basis der im Beitrag manifest enthaltenen Bewertungen. Es geht also um die Art und Weise, wie die Journalisten die enthaltenen Sachverhalte bewerten, nicht um die Valenz des Geschehens selbst. Für die Identifikation positiver oder negativer Aspekte wird eine ganze Reihe von Beispielen genannt. Dabei handelt es sich jedoch um keine abgeschlossene, sondern eine exemplarische Liste, anhand derer der Codierer solche und ähnlich gelagerte Fälle identifizieren kann. Für die Codierung ist dann – mit Ausnahme von Wetter und Sport, die per Definition ausgeschlossen wurden, weil »Erfolge« und »schlechte Nachrichten« hier offensichtlich einer anderen Logik folgen – eine Art Bilanz zu erstellen: Überwiegt der positive oder der negative Gesamteindruck? Oder ist der Beitrag eher ausgewogen? Oder sind gar keine Bewertungen erkennbar (»neutral«)?

journalistische Bewertung versus Valenz des Geschehens

Merksatz

Für Bewertungscodierungen relevante Aspekte werden meist anhand exemplarischer Vorgaben und seltener anhand einer abgeschlossenen Liste von Vorgaben definiert.

An diesem Fall lässt sich auch sehr gut das Prinzip der »harten« Codierung erklären: Unter einer **harten Codierung** versteht man bei der Inhaltsanalyse, wenn die Codieranweisung ausdrücklich vorsieht, dass nur eindeutige Fälle einer bestimmten Vorgabe zuzuordnen sind, während eher unklare Fälle in eine eigene Sammelausprägung fallen. In unserem Beispiel wird Wert darauf gelegt, dass in die qualifiziert positive bzw. negative Ausprägung nur Beiträge einsortiert werden, die tatsächlich eine klare Tendenz aufweisen. Der Sinn einer »harten« Codierung besteht darin, für die jeweiligen Ausprägungen auch wirklich nur unzweifelhafte Fälle zu ermitteln – um den Preis einer möglicherweise relativ zahlreich besetzten Auffangvorgabe. In der Auswertung können dann allerdings auch entsprechend »harte« Aussagen getroffen werden. Insbesondere wenn die Fälle in den »harten« Ausprägungen anschließend

»harte« Codierung

einer vertiefenden Analyse unterzogen werden sollen, ist die restriktivere Vorgehensweise geboten.

> **Merksatz**
>
> Sollen aus Auswertungsergebnissen besonders weit reichende Schlussfolgerungen gezogen werden oder berühren sie besonders sensible Aspekte, empfiehlt es sich, eine »harte« Codierung vorzusehen.

Beispiel: Akteurseinstufung

Wurde bislang die Gesamtbewertung einer physisch definierten Analyseeinheit (Beitrag) erläutert, so wendet ein weiteres Beispiel nun dieselbe Logik auf die inhaltlich definierte Analyseeinheit eines Akteurs an. Denn häufig verlangt die Fragestellung gerade Urteile zur Personendarstellung in den Medien, z. B. von Kanzlerkandidaten im Fernsehen oder Opfern und Tätern in der Boulevardpresse. Abb. 9.2 zeigt exemplarisch eine Codiervorgabe aus einer Studie im Unterhaltungsbereich – nämlich die Kategorie zur Souveränität, die ein Gesprächsgast bei seinem Auftritt in der Late-Night-Show von Harald Schmidt an den Tag legte. Auch hierbei handelt es sich um einen Gesamteindruck, der sich im Verlauf eines Gesprächs nach und nach herauskristallisiert.

Wieder wird eine »harte« Codierung verlangt, es sollen also nur eindeutige Fälle in die jeweiligen Ausprägungen eingeordnet werden. Dies ist deswegen nachvollziehbar, weil ggf. der Vorwurf, ein Moderator mache einen nennenswerten Teil seiner Gäste lächerlich, durchaus gravierend ist und auf entsprechend klaren Vorfällen beruhen sollte. Für die Definition der beiden qualifizierten Ausprägungen erhält der Codierer eine offene Liste mit Indikatoren, die sich auf das Verhalten des Gastes, des Moderators und des Publikums beziehen. Die Verschlüsselung selbst sieht wiederum nur drei Ausprägungen vor, neben der »neutralen« Mittelposition also jeweils nur eine positive (Souveränität) und eine negative (Lächerlichkeit) Stufe. Damit handelt es sich um eine wenig differenzierte Skala auf Nominalniveau, die keine weiteren graduellen Abstufungen erlaubt. Der folgende Abschnitt befasst sich nun ausführlicher mit der Konstruktion angemessener Skalen für die Erfassung von Bewertungen.

14. Gesamteindruck: Souveränität des Gastes
   (Harald-Schmidt-Show)

In einer summarischen Bewertung wird eingeschätzt, welchen Eindruck der Gast in dem Gespräch mit Harald Schmidt hinterlassen hat. Es wird dabei der Eindruck zugrunde gelegt, den ein durchschnittlicher Fernsehzuschauer gewinnen muss. Unterschieden wird anhand der zentralen Dimension, ob der Gast die Situation eher souverän bewältigt hat oder sich eher lächerlich gemacht hat.

Indikatoren für *Lächerlichkeit* sind ein unbeholfenes Auftreten, wenig geistreiche Antworten, das Außer-Fassung-Geraten, spöttische Bemerkungen Harald Schmidts, die unkommentiert bleiben, insgesamt das Nicht-Bemerken, daß man sich auf Kosten des Gastes lustig macht, oder entsprechende Publikumsreaktionen wie Gelächter auf ernstgemeinte Antworten usw.

Indikatoren für *Souveränität* sind z. B. ein ruhiges Auftreten, eine beherrschende, steuernde Position im Interview oder geistreiche Konter auf Harald Schmidts Bemerkungen, Unterstützung aus dem Publikum oder tatsächlich lobend gemeinte Aussagen des Moderators.

Es ist zu beachten, dass diese Einschätzung in Relation zum sonstigen expliziten und gewollten Image des Gastes getroffen wird, wobei Image-konsistente Auftritte selbst dann als souverän verschlüsselt werden, wenn sich der Gast lächerlich macht (z. B. Verona Pooth). In allen Grenzfällen, in denen keine klare Zuordnung möglich ist oder das Gespräch ambivalent verläuft, ist die Mittelkategorie zu verschlüsseln.

+1 Der Gast erscheint im Interview eher souverän
 0   nicht zu entscheiden, kein ausgeprägter Eindruck des Gastes
−1 Der Gast erscheint im Interview eher lächerlich

Abb. 9.2
Wertende Kategorie zur Bewertung eines Akteurs

Skalenbildung bei wertenden Kategorien | 9.3

Über die Bildung von Skalen und ihren Ausprägungen wurde schon an früherer Stelle berichtet (vgl. Kap. 1.3 und besonders 6.2). Dort hatten wir in einem Beispiel bereits eine mehrfach abgestufte Skala zur Bewertung eines Politikers kennen gelernt. Zur Erinnerung: *Bewertungsskalen besitzen meist Ordinalniveau*, da sich keine annähernd gleichen Abstände zwischen Skalenpunkten definieren lassen. Damit stellt sich dem Forscher bei der Skalenbildung die entscheidende Frage, wie viele Ausprägungen er vorsehen soll. Das Dilemma lässt sich leicht auf den Punkt bringen und gilt für Globalbewertungen (vgl. Kap. 9.2) genauso wie für Kategorien auf Aussagenebene (vgl. Kap. 9.4):

Anzahl der Ausprägungen

- Aus statistischer Sicht ist eine *große Zahl* von Ausprägungen erstrebenswert, um die inhaltliche Dimension möglichst differenziert zu erfassen.
- Aus Sicht des Codierers ist eine *mittlere Zahl* von Ausprägungen sinnvoll – sind es nämlich zu viele, fällt die Entscheidung zwischen den Vorgaben schwer; sind es zu wenige, kann er die einzelnen Codiereinheiten nicht angemessen verschlüsseln.
- Aus Sicht der Reproduzierbarkeit der Ergebnisse ist eine *geringe Zahl* von Ausprägungen sinnvoll, denn je weniger Entscheidungsalternativen die Codierer besitzen, umso wahrscheinlicher ist es, dass sie auch übereinstimmende Entscheidungen treffen.

Erneut kann man an dieser Stelle keine pauschalen Ratschläge geben, sondern muss die Skalenbreite abgestimmt auf die jeweilige Forschungsfrage und die zu bewertende Dimension festlegen. Wenn – wie im obigen Fall (siehe Abb. 9.2) – zur Bearbeitung der Hypothesen die Unterscheidung von lediglich zwei Polen und einer neutralen oder ausgewogenen Position ausreicht, kann eine dreistufige Skala bereits genügen. In vielen Fällen wird man jedoch zumindest eine weitere Abstufung der beiden Wertungsrichtungen vorsehen wollen, um die Intensität der Bewertung im Nachhinein unterscheiden zu können (vgl. Kap. 9.4).

Eine elegante Form der Skalenbildung entwickelte Früh (2007: 245) am Beispiel von Argumenten für oder gegen die Kernkraft (siehe Abb. 9.3). Er legt dabei eine siebenstufige Ordinalskala zugrunde, wobei der Skalenpunkt 1 für eine Position uneingeschränkt kontra Kernkraft steht, der Skalenpunkt 7 für eine Position uneingeschränkt pro Kernkraft. Für die Zuordnung der einzelnen Codiereinheiten unterscheidet er explizite und implizite Argumente. Basis für die Codierung sind zunächst die *expliziten Argumente*, also alle Aussagen, die zu einem der vorab definierten Teilaspekte der Kernkraftproblematik Stellung nehmen. Alle eindeutigen Pro-Argumente erhalten den Skalenwert 6 zugewiesen, alle eindeutigen Kontra-Argumente den Skalenwert 2 und die »neutralen« Argumente den Skalenmittelpunkt 4. Diese Ausgangswerte können nun eine Verstärkung oder Abschwächung erfahren: Folgen weitere explizite Argumente zum selben Aspekt, so kann sich die Tendenz noch in die eine oder andere Richtung verschieben; aus allen aufgefundenen Argumenten zu einem Aspekt ergibt sich dann die Gesamttendenz.

Außerdem kann sich diese Tendenz auch aufgrund von *impliziten Argumenten* verstärken oder abschwächen, allerdings nur um jeweils einzelne Skalenpunkte. Unter impliziten Argumenten werden Stilmittel oder bestimmte Formen der Interpunktion verstanden, die ihre Wertung »zwischen den Zeilen« enthalten; Beispiele hierfür wären etwa Ironie, Emotionalisierung, Herabsetzung der Glaubwürdigkeit der Quelle oder deren

Wertende Aussagen: Synthetisches Kategoriensystem

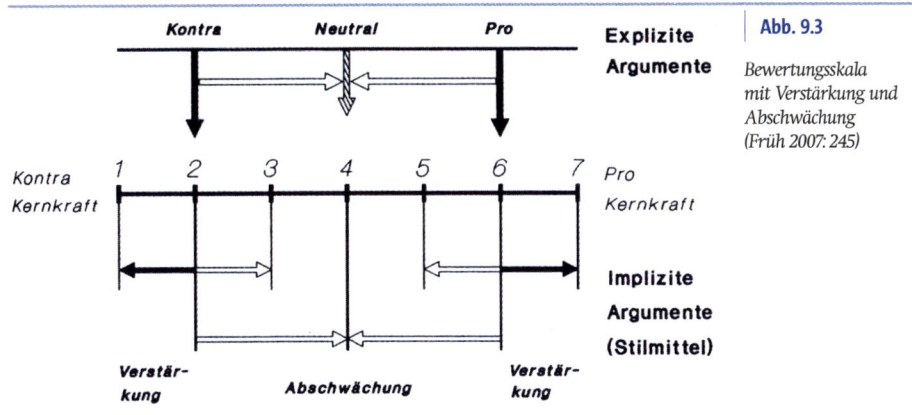

Abb. 9.3
Bewertungsskala mit Verstärkung und Abschwächung (Früh 2007: 245)

Statusaufwertung (vgl. Früh 2007: 249 ff.). Auch hierdurch ergeben sich graduelle Abstufungen, sodass die gesamte Skala von 1 bis 7 ausgeschöpft werden kann. Damit berücksichtigt diese Vorgehensweise bereits bei der Codierung, dass sich unterschiedliche Argumente in derselben Analyseeinheit – z. B. einem Artikel – gegenseitig »neutralisieren« können. Eine andere Vorgehensweise, die der nachfolgende Abschnitt erläutert, könnte allerdings einzelne Aussagen als Analyseeinheit begreifen und jedes einzelne Argument als Codiereinheit bereits auf dieser Ebene erfassen.

Wertende Aussagen: Synthetisches Kategoriensystem | 9.4

Die »Verrechnung« einzelner Bewertungen verlangt vom Codierer – gerade bei längeren Beiträgen (z. B. Hintergrundberichten in Nachrichtenmagazinen) – oft eine hohe Abstraktionsleistung und ist dementsprechend fehleranfällig. Deswegen kann die Erfassung einzelner Bewertungen auf der Ebene von Aussagen mitunter sinnvoller sein. Man würde in diesem Fall innerhalb der Analyseeinheit »Beitrag« weitere Analyseeinheiten »Aussage« identifizieren und für diese ein eigenes Kategoriensystem anwenden (hierarchische Zerlegung, vgl. Kap. 5.3). Zur Wiederholung: *Eine Aussage kann, muss aber nicht mit einem syntaktischen Satz identisch sein* – manchmal erstreckt sich eine Aussage über zwei oder mehrere Sätze, oder in ein und demselben Satz sind mehrere Aussagen enthalten (vgl. das Beispiel in Kap. 5.2).

Um die Logik der entsprechenden Kategorien zu verdeutlichen, wollen wir uns zunächst eine denkbar einfache wertende Aussage aus einem Presseartikel einer historischen Inhaltsanalyse vornehmen:

Beispiel

Aussage in einem Presseartikel
»Die deutsche Wiedervereinigung bringt unserem Land neuen Wohlstand.«

drei Komponenten wertender Aussagen

Offenkundig besteht diese Aussage aus zwei Komponenten: einem *Aussagegegenstand* (deutsche Wiedervereinigung, wirtschaftliche Folgen) und einer *Bewertung* (»bringt Wohlstand«). Dabei handelt es sich um die Minimalkonstellation, d. h. die beiden Komponenten, die mindestens vorliegen müssen, um eine wertende Aussage zu konstituieren. Eine Bewertung wäre sinnlos ohne einen Gegenstand, auf den sie sich bezieht, und die Nennung eines Gegenstands ohne Bewertung wäre keine wertende Aussage (sondern beträfe eher die Themenverschlüsselung; vgl. Kap. 8.2). Für die Codierung wertender Aussagen bedeutet dies, dass in den Kategorien auch mindestens der Gegenstand und die jeweilige Bewertung festgehalten werden müssen. Daneben steckt in unserer einfachen Aussage noch eine dritte Komponente, die deutlicher wird, wenn wir eine leichte abgewandelte Fassung dieses Satzes betrachten:

Beispiel

Aussage in einem Presseartikel
»Kanzler Kohl versicherte, dass die deutsche Wiedervereinigung unserem Land neuen Wohlstand bringt.«

Hier kommt nun mit dem *Urheber* einer Aussage (Kanzler Kohl) eine weitere Komponente hinzu, die versteckt bereits in der vorigen Aussage enthalten war: Wenn der Satz »Die deutsche Wiedervereinigung bringt unserem Land neuen Wohlstand« ohne weitere Quellenangabe im Artikelkontext enthalten wäre, würde man die Aussage richtigerweise dem Journalisten zuschreiben, der den Artikel verfasst hat. Auch da liegt im Grunde also ein Urheber für die Bewertung eines Aussagegegenstandes vor. Damit sind auch die *drei grundlegenden Komponenten von wertenden Aussagen* – Gegenstand, Bewertung, Urheber – benannt, die gleichzeitig die zentralen Kategorien für die Verschlüsselung von wertenden Aussagen darstellen und im Folgenden ausführlicher beschrieben werden.

Denn bei der Codierung geht man keineswegs so vor, dass man für jeden möglichen Gegenstand mit jeder möglichen Bewertung und jeden möglichen Urheber eine eigene Ausprägung vorsieht. Die Zahl von

Wertende Aussagen: Synthetisches Kategoriensystem

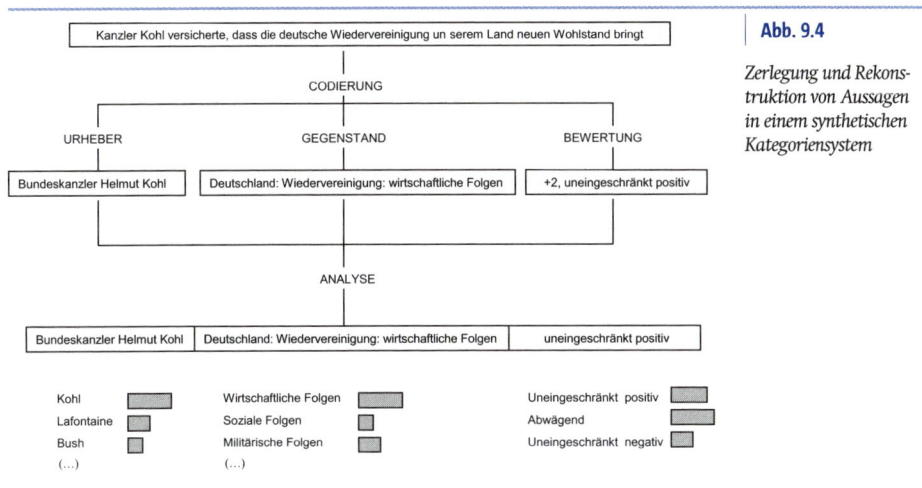

Abb. 9.4

Zerlegung und Rekonstruktion von Aussagen in einem synthetischen Kategoriensystem

Kombinationen würde selbst bei einfachen Fragestellungen schnell äußerst unübersichtlich. Stattdessen legt man ein so genanntes synthetisches Kategoriensystem (Früh 2007: 223 f.) an: Für jede Komponente wird eine eigene Kategorie entwickelt, und aus der Verknüpfung der drei Codes kann später wieder die zutreffende Kombination aus Gegenstand, Bewertung und Urheber rekonstruiert werden (siehe Abb. 9.4). Genauso kann sich die Auswertung aber nur auf die einzelnen Komponenten beziehen und darstellen, wie oft beispielsweise wirtschaftliche Folgen der Wiedervereinigung in der Berichterstattung angesprochen werden oder wie oft die sozialen Folgen usw.

Merksatz

Ein synthetisches Kategoriensystem zerlegt komplexe Konstrukte in einzelne Komponenten; aus der Kombination der jeweiligen Codierungen lässt sich dann der Aussagegehalt wieder rekonstruieren.

Der *Gegenstand einer Aussage* ist jener Sachverhalt, den der jeweilige Urheber bewertet. Wieder sollte die Gesamtheit aller vorab definierten Gegenstände das relevante Spektrum möglicher Aussagen vollständig und überschneidungsfrei abdecken (vgl. Kap. 6.2). Je nach Thema der Bewertungsanalyse kann dies zu einer umfangreichen Liste führen; auch hier ist deswegen erneut darauf zu achten, welche Aspekte zur Bearbeitung

Gegenstand

der Hypothesen tatsächlich von Belang sind – der Codieraufwand für wertende Aussagen ist nämlich erheblich! Abb. 9.5 zeigt, wie in unserem Beispiel zur deutschen Wiedervereinigung eine Kategorie aussehen könnte, die unterschiedliche Aussagegegenstände zum Prozess der Wiedervereinigung und der seinerzeit aktuellen Übersiedlerproblematik anspricht. Analog zum Vorgehen bei einer Themencodierung (vgl. Kap. 8.2), der unsere Definition der Gegenstände durchaus ähnelt, wurde eine hierarchische Gliederung gewählt. Unterschieden werden einzelne Dimensionen des Zuzugs von Übersiedlern und dessen Folgen sowie die politische und die wirtschaftliche Komponente des Vereinigungsprozesses. Wieder ist jede der Ausprägungen genau zu definieren (vgl. unser Beispiel anhand der Kategorie 113), und es gelten erneut die üblichen Codiergrundsätze – d. h. die Verschlüsselung der spezifischeren vor der allgemeineren Kategorie und die Beschränkung auf einen Gegenstand pro Codiervorgang.

Bewertung

Von wesentlicher Bedeutung ist natürlich die Festlegung der Kategorie zur *Bewertungsmessung* für jeden Gegenstand. In Anlehnung an den eben dargestellten Vorschlag, bei dem Aussagen verschiedener Intensität miteinander verrechnet wurden (siehe Abb. 9.3), soll nun auch auf Aussagenebene die Möglichkeit gegeben werden, zwischen Bewertungen unterschiedlicher Stärke zu unterscheiden. In unserem Beispiel haben wir uns deswegen für eine Skala mit zweifach abgestuften Polen entschieden:

+2 klar positive Bewertung des Gegenstandes
+1 abgeschwächt positive Bewertung des Gegenstandes
−1 abgeschwächt negative Bewertung des Gegenstandes
−2 klar negative Bewertung des Gegenstandes

Diese Skala bietet noch ein Mindestmaß an Differenzierung, ohne den Codierer durch allzu viele Codieralternativen in Bedrängnis zu bringen. Auf eine Mittelkategorie (0) kann man hier bewusst verzichten, da per Definition ausschließlich wertende Aussagen codiert werden. Im einfachsten Fall könnte diese Skalenvorgabe in einem synthetischen Kategoriensystem für sich stehen und auf jeden Aussagegegenstand gleichermaßen angewendet werden. Um übereinstimmende Codierungen zu erzielen, ist es dennoch meistens notwendig, die jeweiligen Bewertungsstufen für jeden Gegenstand mit Beispielen zu versehen. Bei komplexeren Themen können sogar nochmals explizite Erläuterungen nötig sein. Dies veranschaulicht Abb. 9.6, die für die in Abb. 9.5 definierte Ausprägung 113 (»Sozial- und Sonderleistungen für Übersiedler und DDR-Bürger«) exemplarisch die in der Bewertungskategorie spezifizierten Definitionen und Beispiele aufführt.

Abb. 9.5
Wertende Kategorie zum Gegenstand einer Aussage

15. Aussagencodierung: Gegenstand
100 Übersiedler: Bewertung des Zuzugs
    110 Bewertung des Zuzugs: gesellschaftliche Perspektive
        111 allgemeine Bewertung der Erwünschtheit
        112 Maßnahmen zur Regelung des Zuzugs
        113 Sozial- und Sonderleistungen für Übersiedler und DDR-Bürger
            Hier werden alle Aussagen verschlüsselt, die sich mit Leistungen in der Bundesrepublik Deutschland für die Übersiedler und DDR-Bürger positiv oder negativ wertend beschäftigen.
    120 Bewertung des Zuzugs: individuelle Perspektive
        121 Motive und Eigenschaften der Zuziehenden
        122 persönliche Lage der Übergesiedelten

200 Übersiedler: Bewertung der Folgen
    210 wirtschaftliche Auswirkungen
        211 Rolle der Übersiedler für die bundesdeutsche Wirtschaft
        212 Gefährdung von Arbeitsplätzen
    220 soziale Auswirkungen
        221 Entwicklungen auf dem Wohnungsmarkt
        222 Entwicklung der Kriminalität (Rolle der Übersiedler)

300 Wiedervereinigung: politischer Prozess
    310 allgemeine Bewertung der Realisierungschancen
    320 zeitliche Bewertung: Wege (politisch)
    330 Bedingungen für die Wiedervereinigung
        331 Anerkennung der Ostgrenzen
        332 militärische Entwicklung/Bündnisfrage
    340 Realisierung: Maßnahmen
        341 staatliche Kooperationsmaßnahmen
        342 staatliche Soforthilfen für die DDR

400 Wiedervereinigung: wirtschaftliche Anpassung
    410 zeitliche Bewertung
        411 Einführung des westlichen Wirtschaftssystems
        412 D-Mark als zukünftige Währung der DDR
    420 Bewertung der Auswirkungen
        421 Finanzierung des wirtschaftlichen Wiederaufbaus der DDR
        422 soziale Folgekosten einer Wirtschafts- und Währungsunion (für DDR)
        423 Wirtschaftliche und soziale Folgekosten einer Union (für BRD)

Das Beispiel verdeutlicht, dass bei der Definition der absoluten und abgeschwächten Bewertungen streng formal vorgegangen wird – bei jeder Ausprägung tauchen dieselben Aspekte wieder auf, nur mit jeweils unterschiedlicher Bewertung. Dies mag sprachlich nicht immer elegant klingen, ist aber für ein solches wissenschaftliches Instrument unvermeidlich und erleichtert dem Codierer seine Arbeit. Grundprinzip für die Vergabe der abgeschwächten Codes ist dabei, dass die Bewertung entweder *explizit* eingeschränkt, an Bedingungen geknüpft oder relativiert wird. Im Beispiel von Abb. 9.6 wäre dies, wenn Maßnahmen an Bedingungen geknüpft werden (Zitat Schäuble, Code −1). Oder die Bewertung wird *implizit* eingeschränkt, weil sie sich auf eine latente Aussage (vgl. Kap. 1.3) oder implizite Argumente (vgl. Kap. 9.2) bezieht oder nur aus dem Zusammenhang erschlossen werden kann. Beispiel für ein implizites Argument wäre der Verweis auf den Willen des Gesetzgebers (Zitat DER SPIEGEL, Code +1).

Urheber

Als dritte Komponente einer wertenden Aussage ist deren *Urheber* festzuhalten. Da es hierbei überwiegend um eine Klassifikationsleistung geht, kann in den allermeisten Fällen eine Liste von Akteuren und Handlungsträgern verwendet werden, wie sie in Kap. 8.4 bereits beschrieben wurde. Unser einleitendes Beispiel hat jedoch ein Problem verdeutlicht, das nun noch etwas genauer beleuchtet werden soll: die Rolle des Journalisten bei der Codierung von Urhebern wertender Aussagen. Denn der für die Codierung optimale Fall, dass bei jeder Aussage in einem Medienbericht auch der Urheber genannt wird, ist eher die Ausnahme als die Regel. Dies ist bei Fernsehberichten noch häufiger der Fall – dort sind Politiker und andere Handlungsträger im Bild zu sehen, während sie ihre Statements abgeben. In der Presse bedingen Stil und Lesbarkeit hingegen oft, dass sich der Urheber einer Aussage aus dem vorher gesagten oder dem Gesamtzusammenhang ergibt. Deswegen ist es hier umso wichtiger, eine angemessene *Kontexteinheit* für die wertende Aussage als Analyseeinheit zu definieren (z. B. den jeweiligen Beitrag, vgl. Kap. 3.2).

Im Umkehrschluss ist zwangsläufig der Journalist als Urheber all jener wertender Aussagen zu codieren, für die sich kein anderer Urheber auffinden lässt. Legt man die journalistischen Traditionen in Deutschland zugrunde, dann müssten solche Aussagen – wegen der gebotenen Trennung von Nachricht und Meinung – hauptsächlich in Kommentaren, Glossen und anderen meinungsbezogenen Stilformen vorkommen. Dass der Journalist bereits durch die Auswahl wertender Stellungnahmen anderer Urheber die Tendenz eines Artikels beeinflusst, soll hier nicht verschwiegen werden – wäre aber eher das Ergebnis eines entsprechenden Inferenzschlusses einer Inhaltsanalyse.

16. Aussagencodierung: Bewertung

(...)

113 Sozial- und Sonderleistungen für DDR-Übersiedler und DDR-Bürger

Hier werden alle Aussagen verschlüsselt, die sich mit Leistungen in der Bundesrepublik Deutschland für die Übersiedler und DDR-Bürger positiv oder negativ wertend beschäftigen. Dazu zählen alle Sonder- und Sozialleistungen, die den Übersiedlern aus der DDR und den DDR-Bürgern angeboten werden und die daraus entstehende unterschiedliche Behandlung von Aussiedlern, Übersiedlern, Ausländern und Einheimischen. Dies sind u. a. Eingliederungshilfen, das Notaufnahmeverfahren, die Rentenregelung (Fremdrentengesetz), Bafög-Zahlungen an Studenten aus der DDR, Kostenübernahme für die Unterbringung der Übersiedler in Heimen und Hotels, zinsverbilligte Einrichtungskredite, Eingliederungsgeld wegen Arbeitsaufkündigung in der DDR, Begrüßungsgeld, Reisekostenerlass bei Fernreisen usw.

Abb. 9.6	
Wertende Kategorie zur Bewertung einer Aussage	

+2 Sozial- bzw. Sonderleistungen für die Übersiedler und DDR-Bürger sind richtig und notwendig. Maßnahmen gegen diese Leistungen, zu deren Kürzung oder Abschaffung, werden negativ bewertet bzw. abgelehnt. Ein Missbrauch dieser Leistungen durch DDR-Bürger wird negiert.

+1 Sozial- bzw. Sonderleistungen für die Übersiedler und DDR-Bürger werden eher positiv bewertet. Sie sind zwar nicht unbedingt notwendig, aber man akzeptiert sie. Maßnahmen gegen diese Leistungen, zu deren Kürzung oder Abbau, werden festgestellt. Von Missbrauch kann nicht gesprochen werden, Gründe für auftretende Ungerechtigkeiten resultieren z. B. aus unzureichenden behördlichen Regelungen.

−1 Sozial- bzw. Sonderleistungen für die Übersiedler und DDR-Bürger werden eher negativ bewertet. Sie sind nicht notwendig, sondern Aussiedlern, Ausländern usw. gegenüber eher ungerecht. Maßnahmen gegen diese Leistungen, zu deren Kürzung oder Abschaffung, werden positiv aufgefasst, eine Einführung von Bedingungen abhängig gemacht. Ein Missbrauch der Leistungen in bestimmten Fällen wird eingeräumt.

−2 Sozial- bzw. Sonderleistungen für die Übersiedler und DDR-Bürger werden negativ bewertet. Sie sind Aussiedlern, Asylanten, Ausländern und den Bundesbürgern gegenüber absolut ungerecht. Maßnahmen gegen diese Leistungen und zu deren Abbau sind bedingungslos notwendig und wünschenswert; die Durchführung solcher Maßnahmen wird aktiv unterstützt. Ständiger Missbrauch dieser Leistungen macht eine entsprechende Änderung von Gesetzen erforderlich.

Beispiele:

+2 »Die Bonner Koalition will das Notaufnahmeverfahren und besondere Eingliederungsleistungen vorerst weiterführen.« (StN, 17.3.1990)

+1 »Derartige Ansinnen von DDR-Bürgern allerdings allein als Mißbrauch abqualifizieren zu wollen, wie dies vereinzelt geschieht, wäre verfehlt: Schließlich hat der Bonner Gesetzgeber ihnen all diese Sozialleistungen zugedacht.« (Spiegel 2/1990)

−1 »Schäuble blieb bei seiner Auffassung, das Notaufnahmeverfahren könne erst bei Rückgang des Übersiedlerstroms abgeschafft werden.« (StN, 17.3.1990)

−2 »Die Bundesländer dringen darauf, das Notaufnahmeverfahren für DDR-Übersiedler so rasch wie möglich aufzuheben.« (StZ, 22.3.90)

9 Die Tendenz

> **Merksatz**
>
> Alle wertenden Aussagen, die nicht eindeutig einem anderen Urheber zugeschrieben werden können, sind dem Journalisten des untersuchten Mediums als Urheber zuzuordnen.

Betrachten wir abschließend noch eine weitere Variante unseres einleitenden Beispielsatzes, die als Muster in der Berichterstattung ebenfalls häufig anzutreffen ist:

> **Beispiel**
>
> **Aussage in einem Presseartikel**
> »Kanzler Kohls Versicherung, dass die deutsche Wiedervereinigung unserem Land neuen Wohlstand bringt, interpretiert die wirkliche Lage falsch.«

komplexere Aussagen-Strukturen

Genauer betrachtet enthält dieser Satz nicht nur eine, sondern gleich *mehrere Aussagen*: Erstens die oben bereits codierte Aussage Helmut Kohls, zweitens eine Aussage des Journalisten, der die Lage gegenteilig einschätzt (Ausprägung –2), und drittens eine Aussage des Journalisten über Helmut Kohl und sein politisches Urteilsvermögen. Für derlei Konstruktionen wurde eine sehr aufwändige Spezialform der standardisierten Inhaltsanalyse entwickelt, die *Semantische Struktur- und Inhaltsanalyse* (vgl. Früh 2007: 270 ff.). Es würde zu weit führen, dieses Verfahren an dieser Stelle ausführlicher zu behandeln; stattdessen sei hier nur aufgezeigt, wie das eben skizzierte Problem auf vergleichsweise einfache Art angegangen werden kann, um zumindest diesen in Medienbeiträgen häufigen Fall aufzufangen. Eine vereinfachte Lösung kann darin bestehen, eine vierte Kategorie einzuführen, die Personen als *Aussageobjekte* mit einem ähnlichen Status wie den Aussagegegenstand (etwa im Sinne von Akteuren) erfasst. Dem kann dieselbe Liste mit Ausprägungen zugrunde gelegt werden wie der Urhebercodierung; der Unterschied liegt im Bedeutungsgehalt (siehe Abb. 9.7).

transitive Aussagen

In einer solchen vierten Kategorie könnte beispielsweise die Transitivität unseres Beispiels dahingehend aufgefangen werden, dass als Urheber der Journalist codiert wird, als Aussageobjekt Kanzler Kohl, der Gegenstand wie gehabt, die Bewertung allerdings negativ. Für einfachere Aussagen (wie die oben beschriebenen) würden die Kategorien »Aussageobjekt« bzw. »Urheber« jeweils leer bleiben. Eine solche Zerlegung hätte

| Gegenstand | → | Bewertung | → | Urheber | → | Aussageobjekt |

Abb. 9.7
Synthetisches Kategoriensystem unter Berücksichtigung von Transitivität erster Ordnung

den Vorteil, dass auch zwei für die Forschung besonders interessante Fälle berücksichtigt werden können: zum einen der Widerstreit der Meinungen beispielsweise im Wahlkampf, wenn regelmäßig Politiker zu den Leistungen ihrer Kontrahenten Stellung beziehen; und andererseits die Selbstthematisierung von Medien, wenn ein Medium die Arbeit eines anderen Mediums bewertet.

Diese Ausführungen sollten verdeutlicht haben, weshalb die Erfassung wertender Sachverhalte – zu Recht – als Königsdisziplin der standardisierten Inhaltsanalyse gilt. Elementare Bedeutung hat allerdings erneut die korrekte Identifikation der Analyseeinheit: Was ist eine wertende Aussage und was nicht? Oder: Wie viele wertende Aussagen stecken in einem Satz? Hilfreich für diese Entscheidungen ist die Vereinbarung, dass immer dann eine neue Aussage zu verschlüsseln ist, wenn in einer der vier Kategorien eine neue Ausprägung vorliegt. Anders ausgedrückt: Sobald laut Abb. 9.7 der Gegenstand der Aussage, der Grad der Bewertung, ihr Urheber oder ihr Aussageobjekt wechselt, liegt eine neue Analyseeinheit vor.

Identifikation der Analyseeinheit

> **Merksatz**
>
> Zur Identifikation und Abgrenzung von Aussagen kann die Übereinkunft dienen, dass bei jedem Wechsel in einer der Ausprägungen eine neue Analyseeinheit vorliegt.

Ausgangspunkt der Überlegungen in diesem Abschnitt war das Ziel, eine präzisere Erfassung der Werturteile in der Medienberichterstattung zu erzielen, als es mittels Globalbewertungen umfangreicher Analyseeinheiten durch den Codierer (vgl. Kap. 9.2) möglich ist. Im Idealfall ergibt die Codierung auf der Ebene der Aussagen dann ein deutlich differenzierteres Bild von den vorherrschenden Argumentationsstrukturen und den bedeutsamen Meinungsmachern in der öffentlichen Diskussion. Bei einer Verrechnung dieser Einzelaussagen innerhalb der übergeordneten Analyseeinheit sollte allerdings dieselbe Tendenz sichtbar werden, die der Codierer bei einer Globaleinschätzung auch ermittelt hätte.

Fallbeispiel: Muslimische Weblogs VII

In unserer Fallstudie war eine wertende Kategorie vorgesehen, die den Codierern ein einschätzendes Urteil abverlangte. Da laut Forschungsfragen dieser Studie hauptsächlich faktische Aussagen und weniger wertende Tendenzen untersucht werden sollten, blieben solche Einschätzungen seitens der Codierer eher die Ausnahme. Die wertende Kategorie in unserem Beispiel sollte die »Ausrichtung« des Weblogs messen. Weblogs, die sich thematisch auf den Islam beziehen, können zunächst islamfreundlich sein oder eher neutral über den Islam informieren. Allerdings durfte auch die Möglichkeit nicht vernachlässigt werden, dass Blogs angetroffen werden, die islamkritisch sind oder sogar eine feindliche Einstellung gegenüber dem Islam haben.

wertende Kategorie: Einstellung des Blogbetreibers

Um die verschiedenen Grade der Sympathie gegenüber dem Islam sinnvoll einstufen zu können, wurden für diese Kategorie fünf verschiedene Ausprägungen gewählt. Auch hier wurde notwendigerweise eine Auffangvorgabe entwickelt, falls Weblogs nicht eindeutig in eine der Ausprägungen eingeordnet werden konnten. Diese wurden sorgfältig definiert und mit den jeweiligen Zahlencodes versehen:mehrstufige Ausprägungen

Beispiel

−2 **islamfeindlich** (Bekenntnis zu Islamophobie, aber auch Islamhass; beleidigende, herabwürdigende und hetzerische Äußerungen; Aktionismus, d. h. Planung und Durchführung von Aktionen gegen den Islam und seine Anhänger; Islam wird als »Bedrohung« bezeichnet; verunglimpfende Karikaturen; äußerst negative Einstellung zum Islam und seinen Vertretern)

−1 **islamkritisch** (kritische Äußerungen zum Islam und seinen Anhängern; Kritik in sachlich-argumentativem Tonfall; Darstellung des Islam als rückwärtsgerichtete Religion durch die nicht vorhandene Trennung von religiösen und staatlichen Bereichen; eher negative Einstellung zum Islam und seinen Vertretern, aber auch kritische Auseinandersetzung mit dem Islam durch Muslime)

−0 **neutral** (wertfreie Darstellung des Islam, nicht wertende Informationen; eine Möglichkeit ist die Tolerierung islamischer Vorstellungen, Werte und Handlungen, obwohl sie einen Kontrast zum

»Westen« bilden; [wertneutrale] Einstellung zum Islam und seinen Vertretern)
1   **islamfreundlich** (Religionsbekenntnis/Gläubigkeit; positive Darstellung und Einstellung zum Islam; positive Aspekte werden betont; Alltagsebene; Darstellung des Islam als hochentwickelte Religion und Kultur, unter Umständen sogar der westlichen Kultur überlegen; eher positive Einstellung zum Islam und seinen Vertretern)
2   **islamistisch** (Aufforderung zu Gewalt, Revolution und Aktionen gegen Staatsgewalt; von im deutschen Sprachraum anerkannten Formen religiös motivierten Verhaltens abweichende Positionen, die als fanatisch, extremistisch oder kriegerisch bezeichnet werden können; extrem positive bis fanatische Einstellung zum Islam und seinen Vertretern)
9   **keine eindeutige Zuordnung** möglich bzw. Unsicherheit bei der Zuordnung bedeutet, dass »9« codiert wird.

Um den Codierern die Einstufung zu erleichtern, schreibt das Codebuch als Vorgehensweise vor, dass Aspekte wie die Selbstdarstellung der Blogbetreiber, die Darstellung der Blogfunktion oder auch Überschrift und Unterüberschrift des Weblogs die Grundlage der Entscheidungsfindung bilden sollten. Die Entscheidung musste zudem mit Wortfeldern belegt werden, um die intersubjektive Nachvollziehbarkeit der Zuordnung zu gewährleisten. In der Auswertung wurden später die islamistischen und islamfreundlichen Weblogs als islamophil betitelt; die islamkritischen und islamfeindlichen Blogs als islamophob.

Übungsfragen

1   Ist die folgende Aussage richtig oder falsch?
    Wertende Kategorien dienen der Erfassung referenzieller Codiereinheiten, die sich auf bestimmte Orte, Objekte, Akteure oder Ereignisse beziehen.
2   Welche der folgenden Aussagen ist/sind falsch?
    a) Argumente und Meinungen werden in der Regel auf der Ebene einzelner Aussagen codiert.
    b) Die Evaluation des Codierers bezieht sich meist auf die Tendenz der einzelnen Aussagen.
    c) Die Evaluation des Codierers bezieht sich meist auf die Tendenz eines gesamten Beitrages.
3   »Globalbewertung« der Analyseeinheit meint:

a) Ein unter Einbeziehung verschiedener Aspekte vom Codierer verlangtes, zusammengefasstes Urteil.
b) Ein vom Codierer verlangtes, gut durchdachtes Urteil über die Anwendbarkeit des Untersuchungsinstruments.
c) Ein vom Codierer verlangtes Urteil über die Aussagekraft von Analyseeinheiten.

4 Ist die folgende Aussage richtig?

Der Vorteil harter Codierungen, bei denen die Codieranweisung vorsieht, dass nur eindeutige Fälle einer bestimmten Vorgabe zugeordnet werden, ist die besondere Zuverlässigkeit der Auswertungsergebnisse.

Die Erhebungsphase: Schulung, Codierung und Feldorganisation | 10

Inhalt
10.1 Codiererschulung und Pre-Test
10.2 Feldorganisation
10.3 Codebogen und Datenerhebung
10.4 Computergestützte Inhaltsanalyse

Dieses Kapitel behandelt all die kleinen und großen Fragen, die sich bei der praktischen Anwendung des Instruments durch die Codierer ergeben. In der Erhebungsphase sind hier einige organisatorische Schritte zwingend erforderlich, von der Schulung der Codierer über die reibungslose Verteilung des Codiermaterials bis hin zur Dateneingabe und der Kontrolle der Daten. Die nachfolgenden Hinweise sollen helfen, diesen Prozess möglichst effektiv zu gestalten. Die Computerunterstützte Inhaltsanalyse (CUI) hat in den vergangenen Jahren an Bedeutung gewonnen und wird deshalb gesondert beschrieben.

Codiererschulung und Pre-Test | 10.1

Nach all der mühseligen Definitionsarbeit an Begriffen und Einheiten, Kategorien und Ausprägungen liegt es nun vor uns – das Instrument, unser Codebuch. Trotzdem ist dies bestenfalls die halbe Miete, denn erst in der praktischen Anwendung zeigt sich, ob die entwickelte methodische Logik auch im Feldeinsatz bestehen kann. Ein erster wichtiger Schritt dahin ist die *Schulung der Codierer*, also jener Personen, die sich im Forschungsalltag mit dem Instrument zurechtfinden müssen. Diese Schulung verfolgt dabei grundsätzlich zwei Ziele: Einerseits sollen alle Codierer dahin gebracht werden, dass sie das Instrument auf dieselbe Art und Weise anwenden und damit für dasselbe Codiermaterial zu demselben Codierergebnis gelangen. Nur dann lässt sich später auch der Anspruch erheben, die gefundenen Ergebnisse seien intersubjektiv

Ziele der Codiererschulung

überprüfbar. Andererseits muss diese übereinstimmende Codierung auch den Absichten des Forschers entsprechen – denn was nutzt es, wenn alle Codierer das Codebuch zwar gleich, aber gleich falsch anwenden (vgl. Kap. 11)?

> **Merksatz**
>
> In der Codiererschulung sollen sowohl die Übereinstimmung zwischen den Codierern als auch die Übereinstimmung mit der Intention des Forschers hergestellt werden.

Mit dem Umfang und der Komplexität des Instruments steigt auch der Aufwand für die Codiererschulung: Die Anwendung formaler Kategorien lässt sich schnell vermitteln, inhaltliche (und insbesondere wertende) Kategorien hingegen bedürfen intensiver Abstimmungsprozesse. Beschränkt sich die Codierung auf einen Medientyp, ist der Codierablauf schneller erklärt, als wenn in derselben Studie Fernsehen, Hörfunk, Zeitung und womöglich das Internet mit unterschiedlichen Instrumenten bearbeitet werden sollen. Ist die Identifikation von nur einer Analyseeinheit erforderlich, wird man darüber leichter Konsens erzielen, statt ein verschachteltes System von Analyseeinheiten abzuarbeiten und das Material eventuell sogar mehrmals durchzusehen. Die Erfahrung zeigt, dass der Aufwand für die Codiererschulung bei der Projektplanung regelmäßig unterschätzt wird (und damit auch der dafür erforderliche Zeit- bzw. Finanzbedarf).

Codiererzahl   Ein kritischer Faktor hierbei ist die *Anzahl* der beteiligten Codierer. Einerseits ist ein möglichst großer Codiererstab gerade dann hilfreich, wenn eine umfangreiche Auswahleinheit bearbeitet werden soll. Sind Hunderte von Videokassetten oder Tausende von Zeitungsausgaben zu sichten, so wären eine Hand voll Codierer vielleicht über Monate und Jahre beschäftigt; in dieser Zeit verändert sich aber nicht nur der Forschungsstand, sondern auch Inferenzschlüsse werden möglicherweise belanglos, weil die Ergebnisse bei ihrer Veröffentlichung schon überholt sind. Medienangebote verändern beständig ihre Gestalt, werden eingestellt oder neu gegründet, verkauft oder inhaltlich umorientiert. Umso ärgerlicher ist es dann, wenn sich die Ergebnisse einer Inhaltsanalyse auf eine zwischenzeitlich gar nicht mehr bestehende Form des Medienangebotes beziehen. Andererseits steigen mit der Zahl der Codierer der Schulungs- und Koordinationsaufwand und damit die Fixkosten der Analyse. Je mehr Personen sich auf eine gemeinsame Anwendung des Instruments einigen müssen, desto schwieriger wird es,

Übereinstimmung zu erzielen. Dennoch ist eine gewisse Vielfalt an Codierern wichtig, denn je kleiner der Stab ist, desto dramatischer wirken sich Fehlcodierungen des Einzelnen aus. Um intersubjektive Überprüfbarkeit der Befunde zu sichern, bietet sich eine »mittlere« Anzahl von Codierern an; wo diese liegt, kann nur mit Blick auf die Rahmenbedingungen der konkreten Untersuchung festgelegt werden.

Merksatz

Die angemessene Codiererzahl ergibt sich aus der Abwägung zwischen Aufwand, Praktikabilität, angestrebter Qualität und verfügbarem Zeitfenster für die Codierung.

Gerade bei einem vielschichtigen Analysedesign liegt die Idee nahe, Codierer für unterschiedliche Funktionen einzusetzen und damit ihre Leistung zu optimieren und den Schulungsaufwand zu reduzieren: etwa eine Person für die Fernsehcodierung, eine für die Presse, eine für die Sichtung des Materials, eine für jede Analyseeinheit usw. Dabei ist freilich zu beachten, dass die oben genannten Qualitätskriterien dann möglicherweise nicht mehr geprüft werden können. Oder anders ausgedrückt: Wenn (im Extremfall) eine Person für die Fernsehcodierung zuständig ist, woher wissen wir dann, dass die Unterschiede zur Berichterstattung in der Presse tatsächlich im Medienangebot begründet liegen, und nicht in einer abweichenden Codierweise der betreffenden Person? Deshalb sollte, sofern möglich, immer mindestens eine kleine Gruppe von Codierern auf eine bestimmte Aufgabe angesetzt werden. Weiter gehende Fragen der Feldorganisation werden im nachfolgenden Abschnitt 10.2, Aspekte der Qualitätskontrolle in Kap. 11 behandelt.

Arbeitsteilung unter Codierern

Es kommt häufig vor, dass Codierer nicht von außen zum Forscherteam hinzustoßen, sondern dass das Instrument bereits gemeinsam mit den Codierern (z. B. innerhalb eines Seminars an der Hochschule) entwickelt wird. Dies bringt natürlich große Vorteile, denn dadurch ist allen Beteiligten der Sinn und Zweck der jeweiligen Kategorien und ihren Ausprägungen klarer als es durch eine nachträgliche Schulung jemals erreicht werden könnte. Allerdings kann eine zu starke Beteiligung der Codierer auch dazu führen, dass das Instrument nicht mehr in seinem nüchternen Wortsinn angewandt wird, wie es idealerweise zu geschehen hätte, um Vergleichbarkeit zu sichern. Ist das Hintergrundwissen zu groß, wird möglicherweise zu viel in das Codebuch hineininterpretiert. Besonders schwierig kann die Situation schließlich in einer Mischgruppe werden, wenn nachträglich Codierer zu einem Kernteam

Codierer als Forscher

hinzukommen, das an der Entwicklung beteiligt war: Hier ist sorgfältig darauf zu achten, dass der Wissens- und Erfahrungsvorsprung ausgeglichen wird. Eine Möglichkeit ist dabei die Bildung von gemischten Codierteams, in denen die erfahrenen Codierer die anderen anleiten. Eine solche Lösung wird sich aber wohl nur für umfangreichere Projekte mit vielen Codierern anbieten.

Merksatz

Die frühzeitige Einbindung der Codierer in die Entwicklung des Instruments ist wünschenswert; möglichst sollte dies jedoch für das gesamte Codiererteam der Fall sein.

Schulung als Test des Instruments

Es ist übrigens durchaus üblich, dass sich das Instrument im Laufe der Codiererschulung noch verändert. Zumeist handelt es sich hierbei ja um die erste konkrete Anwendung außerhalb der engeren Forschergruppe, bei der Stärken und Schwächen klar zu Tage treten: Funktioniert die Identifikation und die Abgrenzung der Analyseeinheiten? Sind die Kategorien und ihre Ausprägungen tatsächlich überschneidungsfrei? Können die auftretenden Codiereinheiten sinnvoll zugeordnet werden, d. h. ist das Kategoriensystem vollständig? Allerdings ist davor zu warnen, gleich bei jeder in der Schulung festgestellten Unklarheit das Codebuch zu ändern – erst wenn es sich jenseits von Einzelfällen um einen systematischen Fehler handelt, sollte man an eine Modifikation denken.

Obwohl es fast selbstverständlich scheint, soll hier nochmals ausdrücklich erwähnt werden, dass für die Schulung der Codierer keinesfalls Material verwendet werden darf, das später auch Gegenstand der Auswahleinheit ist – *echtes Untersuchungsmaterial ist für die Schulung tabu!* Aber selbstverständlich sollte es sich um vergleichbares Material handeln, in dem grundsätzlich dieselben Inhalte angetroffen werden können (also z. B. eine andere Qualitätszeitung, die Hauptnachrichten eines anderen Senders, oder bei künstlichen Wochen die Angebote eines Tages, der nicht berücksichtigt wird). Die Beschaffung dieses Materials und die ggf. dafür entstehenden Kosten sind bei der Untersuchungsanlage einzuplanen.

Merksatz

Zur Schulung wird immer anderes Material verwendet als zur Codierung; durchaus übliche Veränderungen des Instruments aufgrund der Schulung sollten behutsam und mit Bedacht durchgeführt werden.

Für den konkreten *Ablauf der Codiererschulung* gibt es keine festen Regeln, denn er richtet sich nach dem Ziel der Studie und dem Charakter des Instruments. Das folgende Ablaufschema (siehe Abb. 10.1) nennt deswegen nur grob einige Phasen, die sich bei früheren Inhaltsanalysen als typisch für den Schulungsprozess erwiesen haben. In der Regel sind für die Schulung mehrere Termine vorzusehen, beginnend mit einer Einführungssitzung, in der das Ziel der Studie verdeutlicht, der Forschungszusammenhang erläutert, die zu bearbeitenden Auswahl- und Analyseeinheiten dargestellt und schließlich das Codebuch vorgestellt wird. Die Codierer sollten danach Gelegenheit zur individuellen Lektüre des Codebuchs und zu Rückfragen erhalten. Diese werden dann an einem zweiten Termin, dem Beginn der eigentlichen Schulung, besprochen. Außerdem wird hier anhand exemplarischer Analyseeinheiten eine erste Codierung in der Gruppe vorgenommen. Dies ist (insbesondere zu Beginn) ein eher zäher Vorgang, dem ausreichend Zeit eingeräumt werden sollte. Als »Hausarbeit« werden die Codierer anschließend weitere beispielhafte Codierungen vornehmen, die auf den weiteren Sitzungen diskutiert werden. Dieser Prozess setzt sich so lange fort, bis die Forscher den Eindruck gewinnen, dass die Codierer in ihrer Vorgehensweise hinreichend gut übereinstimmen und die Intention des Codebuchs korrekt umsetzen.

Ablauf der Codiererschulung

Die Phase der Codiererschulung endet mit dem so genannten *Pre-Test* – einer Anwendung des Instruments auf eine bestimmte Menge von Medieninhalten unter Realbedingungen. Aufgrund der Ergebnisse dieses

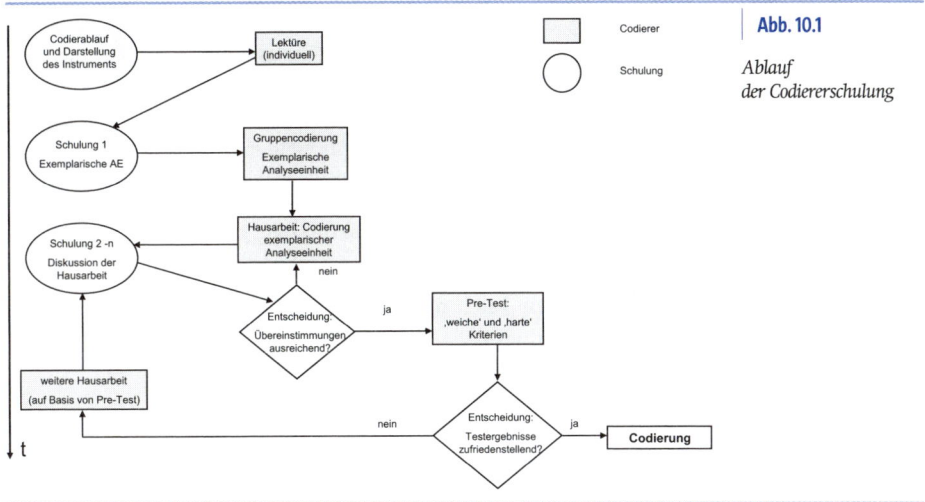

Abb. 10.1

Ablauf der Codiererschulung

Eintritt in die Feldphase Pre-Tests ist dann zu entscheiden, ob in die eigentliche Feldphase eingetreten werden kann, in der die Codierung der Auswahleinheit erfolgt. Bei dieser Entscheidung sind sowohl »weiche« als auch »harte« Kriterien zu berücksichtigen: Zu den »weichen« Kriterien gehören die allgemeinen Erfahrungen der Codierer mit dem Codierablauf, ihr Umgang mit dem Untersuchungsmaterial und ihre persönliche Einschätzung, ob das Instrument tatsächlich die für die Fragestellung wichtigen Aspekte des Medienangebots misst. Diese Kriterien sind zwar eher subjektiv, sollten aber in ihrer Aussagekraft nicht unterschätzt werden. Hauptsächliche Entscheidungsgrundlage sind jedoch die »harten« Kriterien, wie sie sich aus einem Vergleich der Codierergebnisse berechnen lassen und in Kap. 11.2 (Reliabilitätstests) noch ausführlicher vorgestellt werden. Im Zweifelsfall sind weitere Änderungen am Instrument und dementsprechende Schulungen erforderlich – solange, bis ein Pre-Test mit einem erfolgreichen Resultat abgeschlossen werden kann.

10.2 | Feldorganisation

Die Feldphase der Inhaltsanalyse umfasst den Zeitraum, in dem die zur Überprüfung der Hypothesen erforderlichen Auswahleinheiten bearbeitet werden. Dies darf man sich keineswegs so vorstellen, dass die Codierer auseinander gehen und das ihnen zugeteilte Material nach gewisser Zeit fertig bearbeitet zurückbringen – auch in der Feldphase ist eine *kontinuierliche Betreuung und Abstimmung* der Codierer vorzusehen. Während regelmäßiger Treffen werden aktuell auftretende Codierprobleme besprochen und insbesondere jene Fälle diskutiert, in denen sich der einzelne Codierer über die Verschlüsselung unsicher ist. Durch die Einigung auf eine gemeinsame Codiervariante wird nicht nur die passendste Erfassung erzielt, auch bei ähnlich gelagerten Fällen können die anderen Codierer zukünftig richtig entscheiden.

kontinuierliche Betreuung der Codierer

Merksatz

In der Feldphase ist ein ständiger Kontakt zwischen Forscher und Codiererteam (am besten durch regelmäßige Treffen) zu halten, um die Feinsteuerung des Codierprozesses zu ermöglichen und einheitlich auf alle Konkretisierungen des Instruments reagieren zu können.

Sollten sich dabei Ergänzungen oder Veränderungen des Instruments als unvermeidlich erweisen, sind diese allen Codierern unverzüglich zu vermitteln. Alle bis dahin aufgelaufenen Codierungen müssen hinsichtlich der Änderungen erneut überprüft werden. Im Interesse einer zuverlässigen Datenerhebung wie einer koordinierten Erhebungsphase sollten sich solche Modifikationen deswegen in engen Grenzen halten.

Für die *Planung der Feldphase* (vgl. Kap. 3.3) sind plausible Einschätzungen erforderlich, wie viel Zeit jeder Codierer in welchem Teil der Feldphase aufbringen kann und will. Diese Einschätzung muss jede Person für sich selbst und ihre individuelle Lebenssituation abgeben, und entsprechend ist der Codierereinsatz zu planen. Dabei sind insbesondere zwei Aspekte zu berücksichtigen:

- *saisonale Belastungen*: Bei Codierern handelt es sich oft um Studierende der Kommunikations- oder Sozialwissenschaft, die bevorzugt in der vorlesungsfreien Zeit eingesetzt werden können, aber während des laufenden Semesterbetriebs nur eingeschränkt verfügbar sind. Projekte mit einer längeren Feldzeit müssen diese Ungleichgewichte einkalkulieren.
- *punktuelle Belastungen*: Doch selbst in der vorlesungsfreien Zeit wäre es fatal, mit einer hohen täglichen Codierleistung zu kalkulieren. Codieren ist eben kein Fulltimejob, den man unbegrenzt lange ausführen kann – es stellen sich bei dieser Tätigkeit fast zwangsläufig Ermüdungserscheinungen und Konzentrationsschwächen ein. Auch bei voller Verfügbarkeit eines Codierers sollte man daher höchstens mit einer durchschnittlichen Codierzeit von etwa 4 bis 5 Stunden pro Tag rechnen, um die individuelle Leistungsfähigkeit der Personen über einen längeren Zeitraum hinweg nicht zu überschätzen.

Ist die Belastbarkeit der einzelnen Codierer bestimmt, kann mit der Koordination der Feldarbeiten begonnen werden. Entscheidender Punkt ist hierbei die *Verteilung des Untersuchungsmaterials* auf die Codierer. Hier ist grundsätzlich darauf zu achten, dass sowohl über die Medientypen und -organe als auch über den Untersuchungszeitraum und die Analyseeinheiten hinweg eine breite Streuung des Materials zu erfolgen hat. Ansonsten könnte es sich bei später ermittelten Unterschieden in den Befunden auch um Codierereffekte handeln (vgl. oben Kap. 10.1). Um dies zu kontrollieren, bietet es sich an, eine einfache Matrix zu erstellen, die die Zuteilung des Materials enthält und anhand derer unerwünschte Systematiken erkannt würden. Abb. 10.2 zeigt exemplarisch, wie solch ein Verteilungsraster am Beispiel von fünf Medienangeboten, einer Untersuchungswoche und acht Codierern aussehen könnte. Hier wurde darauf geachtet, dass jeder Codierer unterschiedliche Medien an verschiedenen Wochentagen über alle sieben Messzeitpunkte hinweg in etwa ähnlichem Umfang bearbeitet.

Planung der Feldphase

Verteilungsraster für Codierer

Abb. 10.2 Verteilungsraster für das Untersuchungsmaterial	Tag	Süddeutsche Zeitung	Frankfurter Allgemeine	BILD	ARD Tagesschau	RTL aktuell
	Mo, 12.3.	Codierer 1	Codierer 2	Codierer 3	Codierer 4	Codierer 5
	Di, 13.3.	Codierer 6	Codierer 7	Codierer 8	Codierer 1	Codierer 2
	Mi, 14.3.	Codierer 3	Codierer 4	Codierer 5	Codierer 6	Codierer 7
	Do, 15.3.	Codierer 8	Codierer 1	Codierer 2	Codierer 3	Codierer 4
	Fr, 16.3.	Codierer 5	Codierer 6	Codierer 7	Codierer 8	Codierer 1
	Sa, 17.3.	Codierer 2	Codierer 3	Codierer 4	Codierer 5	Codierer 6
	So, 18.3.	–	–	–	Codierer 7	Codierer 8

In welcher Reihenfolge wird das Material nun codiert? Oft ist es zum richtigen Verständnis der Medienberichterstattung hilfreich, früheres Geschehen zu kennen, deshalb gibt man das Material in der Regel nicht beliebig, sondern in chronologischer Reihenfolge zur Bearbeitung aus. Bei umfangreicheren Medienstichproben sollte man außerdem im Auge behalten, dass die Unwägbarkeiten im Forschungsprozess – falsche Einschätzungen des Codieraufwandes, Änderungen der zeitlichen Rahmenbedingungen o. Ä. – ausnahmsweise eine *nachträgliche Veränderung der Auswahleinheit* bedingen können. Da es sich in diesen Fällen meist um eine Reduktion des Materials handelt, sollte (falls mit dieser Gefahr zu rechnen ist) von vornherein eine entsprechende »Sollbruchstelle« eingeplant werden.

nachträgliche Veränderung der Auswahleinheit

Zunächst empfiehlt es sich, diese Gefahr durch eine Vorabrecherche zu reduzieren, in der man exemplarisch für einen überschaubaren Zeitraum (z. B. einen Monat) die Zahl einschlägiger Analyseeinheiten ermittelt, um dann auf den Gesamtumfang der geplanten Auswahleinheit hochrechnen und den Codieraufwand prognostizieren zu können. Im Codierprozess würde man anschließend das Material so ausgeben, dass in der Feldphase ggf. noch die Zahl der Untersuchungstage (oder die Zahl der bearbeiteten Medien) reduziert werden kann, ohne dass unnötig codiert wurde. Diese Lücken werden dann bei günstigem Verlauf der Codierarbeiten sukzessive aufgefüllt. Bei künstlichen Wochen (vgl. Kap. 4.2) oder ähnlichen Verfahren, bei denen ein vorgegebener Zeitraum zwingend zu bearbeiten ist, verlangt dies eine sorgfältigere Planung: Sind beispielsweise bei einer Jahresstichprobe monatlich zwei Messzeitpunkte vorgesehen, würde man zunächst je einen Tag pro Monat codieren, und erst im Anschluss daran den zweiten Tag angehen, wenn die Feldarbeiten bis dahin tatsächlich nach Plan verlaufen sind.

> **Merksatz**
>
> Bei der Planung der Feldphase ist eine Rotation der Codierer über das Untersuchungsmaterial (und unter Umständen auch Kürzungspotenziale im Material) vorzusehen.

Aus organisatorischer Sicht sollte bereits bei der Beschaffung und Archivierung des Materials berücksichtigt werden, dass eine *parallele Bearbeitung* durch unterschiedliche Codierer physikalisch voneinander unabhängige Auswahleinheiten erfordert. Oft sind diese jedoch durch zusammenhängendes Trägermaterial verbunden – mehrere Zeitschriften in einem Jahresband, mehrere Sendungen auf einer Videokassette oder mehrere Zeitungsausgaben auf einem Mikrofiche. Dies kann den Ablauf der Codierarbeiten erheblich behindern, weshalb derartige Umstände entweder (bei eigener Archivierung) schon im Vorfeld beachtet oder im Nachhinein die Anfertigung von Kopien einkalkuliert werden sollte.

Vervielfältigung des Materials

Zwar wird diese Vervielfältigung mit der fortschreitenden Digitalisierung von Medieninhalten zunehmend einfacher; ist sie dennoch zu aufwändig oder zu kostspielig, muss ein ausgeklügelter Mechanismus für die Verteilung, Rücknahme und Weiterleitung des Materials entwickelt werden, in dem der Bearbeitungsstand der jeweiligen Einheit (z. B. durch farbliche Codes) gekennzeichnet wird. Erwartungsgemäß führt dies gerade bei einer größeren Zahl von Codierern immer zu Reibungsverlusten, da Übergabetermine oft aufgrund von unvorhergesehenen Verzögerungen platzen. Trotz intensiver individueller Appelle an die Zuverlässigkeit der Codierer kann dies – im ungünstigsten Fall – zu einer massiven Ausdehnung der Feldphase führen.

> **Merksatz**
>
> Die Feldplanung muss auch die Art und Weise berücksichtigen, in der das Untersuchungsmaterial physikalisch vorliegt.

In jedem Fall hat eine *sorgfältige Dokumentation* der Ausgabe und Rücknahme der Materialien zu erfolgen, sodass jederzeit nachvollzogen werden kann, wo sich eine Kassette oder ein Zeitschriftenband gerade befindet. Von einer »Selbstbedienung« der Codierer aufgrund des Verteilungsrasters ist dringend abzuraten. Obwohl es selbstverständlich klingt, sei trotzdem erwähnt: Alle Materialien sind nach vollständiger Bearbeitung wieder einzusortieren und bis zum vollständigen Abschluss der

Dokumentation des Bearbeitungsstands

Projektarbeit zu verwahren – also keinesfalls zwischenzeitlich mit anderen Inhalten zu überspielen oder zu vernichten! In besonderem Maße gilt dies für die ausgefüllten Codebögen, die die Grundlage für die Auswertung darstellen; ihnen widmet sich der nun folgende Abschnitt.

10.3 | Codebogen und Datenerhebung

Codierung in Datei oder auf Papier?

Eine oft diskutierte Frage betrifft die *Dokumentation der Verschlüsselungsergebnisse* durch den Codierer. Oder auf den Punkt gebracht: Codierung in eine Datei oder auf Papier? Für die erste Lösung sprechen natürlich die Zeit- und die Kostenersparnis – alle Daten liegen später fertig zur Weiterverarbeitung vor und können ohne eine erneute, fehleranfällige Dateneingabe unmittelbar analysiert werden. Andererseits hat die Erfassung auf Papier auch Vorteile: Sie macht die Codierung flexibler, denn sie ist unabhängig von der Verfügbarkeit eines Rechners; sie bietet außerdem eine höhere Datensicherheit, erleichtert die Abstimmung bei Codierertreffen und verleiht dem Codiervorgang insgesamt eine größere Transparenz und Nachvollziehbarkeit. In vielen Fällen geht man deswegen immer noch klassisch vor und wendet ein zweistufiges Verfahren (Codierung auf Papier und anschließende Dateneingabe) an. Es gibt allerdings keine gesicherten Erkenntnisse darüber, welche Vorgehensweise effektiver und weniger fehleranfällig ist. Bei bestimmten Konstellationen – etwa wenn das Untersuchungsmaterial digital vorliegt und auch am Rechner bearbeitet wird – kann es das Handling sogar erheblich erleichtern, wenn die Codes ebenfalls direkt am Bildschirm eingetragen werden. Dann ist von den Codierern jedoch unbedingt zu verlangen, dass die Codierungen regelmäßig auf einer Sicherheitskopie des Datenträgers (z.B. einer Diskette) gespeichert werden, um unbeabsichtigtem Datenverlust durch versehentliche Löschungen, Überschreiben der aktuellen Version, Festplattenbruch oder Rechnerverlust vorzubeugen.

Merksatz

Klassischerweise werden die Codierresultate auf Papier fixiert und anschließend in den Rechner eingegeben; eine Verschlüsselung direkt in einer Datei kann jedoch (je nach Untersuchungsanlage) ebenfalls sinnvoll sein.

Egal auf welche Art die Datenerfassung erfolgt, in jedem Fall ist dem Codierer ein übersichtliches, gut gegliedertes und leicht ausfüllbares Formular zur Verfügung zu stellen – der *Codebogen*, manchmal auch *Codesheet* genannt (oder eine entsprechend aufbereitete Datenmaske, für die die nachfolgenden Bemerkungen genauso gelten). Insgesamt sollte der Codebogen die Logik der Inhaltsanalyse widerspiegeln, also dem vorab definierten Codierablauf (siehe Abb. 6.2) folgen und die Kategorien in der Reihenfolge aufführen, wie sie das Codebuch vorsieht. Aus Kostengründen neigt man zuweilen dazu, Codebögen eher dicht und Platz sparend anzulegen – dies rächt sich nicht selten bei der Codierung und der Dateneingabe. Da der Faktor Druckkosten inzwischen fast vernachlässigbar ist, sollte bei der Gestaltung des Codebogens viel mehr darauf geachtet werden, dass

Kriterien zur Gestaltung des Codebogens

- die einzelnen auszufüllenden Felder tatsächlich genügend Platz für die erforderlichen *handschriftlichen Eintragungen* lassen (insbesondere bei offenen Kategorien);
- die jeweiligen Kategorien nicht mit rätselhaften Kürzeln, sondern zumindest einem *nachvollziehbaren Stichwort* verdeutlicht werden;
- eine klare *Trennung der einzelnen Elemente* des Kategoriensystems erfolgt;
- am Rand ausreichend Platz für *weitere Anmerkungen*, noch zu klärende Fragen oder Diskussionspunkte beim nächsten Codierertreffen bleibt.

Beim Anlegen des Codebogens steht man vor der Entscheidung, ob für jede Analyseeinheit ein separater Codebogen vorgesehen werden soll oder nicht. Dafür spricht, dass es sich meist um von ihrer Logik und den anzuwendenden Kategorien her unterschiedliche Codiervorgänge handelt. Dies kann man dem Codierer nochmals dadurch in Erinnerung rufen, indem er – rein technisch – einen neuen Bogen anlegen muss. Außerdem werden bei hierarchischen Zerlegungen die Codierungen für die jeweiligen Analyseeinheiten in unterschiedliche Dateien eingegeben und erst später wieder anhand der Schlüsselcodes zusammengefügt (siehe Abb. 5.2). Eine Zusammenfassung unterschiedlicher Analyseeinheiten auf demselben Codebogen bietet sich hingegen an, wenn jeweils nur wenige Informationen erhoben werden sollen – dann macht eine Erhebung in Listenform die Codierung sogar übersichtlicher. In jedem Fall ist für jede Inhaltsanalyse ein eigener Codebogen zu entwickeln, der optimal auf die jeweiligen Anforderungen des Instruments angepasst ist; die Verwendung einfacher Tabellenraster ohne spezifische Erläuterung empfiehlt sich erfahrungsgemäß nicht. Abb. 10.3 zeigt exemplarisch, wie ein Codebogen für die in Kapitel 7 bis 9 vorgestellten Kategorien zur Berichterstattung über die Wiedervereinigung aussehen könnte, der für jeden Beitrag auch die aufgefundenen Aussagen erfasst.

Es ist fast überflüssig zu erwähnen, dass die Codierer beim Ausfüllen dazu angehalten werden müssen, klar und deutlich zu schreiben, gerade die offenen Kategorien in Druckschrift auszufüllen und bei Korrekturen nicht einfach darüber zu schreiben, sondern den ursprünglichen Eintrag erkennbar zu tilgen, um Missverständnisse auszuschließen.

Je nach Umfang der Auswahleinheit und der Zahl an Kategorien kann bei einer Inhaltsanalyse schnell eine enorme Datenmenge zusammenkommen – Auswertungen mit über 10.000 Fällen und mehr als einer Million einzelner Codes sind bei größeren Projekten keine Seltenheit. Dann sollte auch darüber nachgedacht werden, die Codebögen so anzulegen, dass sie maschinenlesbar sind und technisch erfasst werden können, wie dies bei Fragbögen in der Meinungsforschung schon lange üblich ist. Im Regelfall wird man jedoch auf menschliche Arbeitskraft bei der Dateneingabe zurückgreifen, und dabei sind wieder zwei Optionen abzuwägen:

- Beschäftigt man spezielle Personen eigens für die Datenerfassung, so ist dies meist die effektivste und kostengünstigste Variante. Schon

maschinelle versus manuelle Erfassung

Abb. 10.3 *Beispiel für einen Codebogen (handschriftliches Ausfüllen auf Papier)*

CODEBOGEN: INHALTSANALYSE WIEDERVEREINIGUNG   Codierer: ☐

Medium ☐   Datum ☐

Analyseeinheit: Beitrag

lfd. Nr.	Umfang	Platzierung	Ressort
Format	Genre	Hauptthema	Nebenthema
Ereignisort	Bezugsort	Akteure 1-4	
Aktualitätsbezug	Valenz		

Analyseeinheit: Aussage

lfd. Nr.	Gegenstand	Bewertung	Urheber	Aussageobjekt
lfd. Nr.	Gegenstand	Bewertung	Urheber	Aussageobjekt
lfd. Nr.	Gegenstand	Bewertung	Urheber	Aussageobjekt

(...)

nach kurzer Zeit haben diese Personen so viel Routine in dieser Tätigkeit erlangt, dass sie die Codebögen konkurrenzlos schnell eingeben – allerdings müssen die Zettel dementsprechend unmissverständlich ausgefüllt sein.
- Verwendet man hingegen die Codierer auch zur Datenerfassung, so dauert dies insgesamt zwar etwas länger, aber die Kenntnis der eigenen Handschrift ist bei der Eingabe der eigenen Bogen zuweilen von Vorteil, und oft ergeben sich bei dieser Gelegenheit noch letzte Klärungen oder Korrekturen.

Zur Erfassung können die gängigen Tabellenkalkulationsprogramme (z. B. MSExcel) herangezogen werden, da die Auswertungssoftware (wie z. B. das Programm SPSS) üblicherweise über Schnittstellen verfügt, mit denen die entsprechenden Datenformate importiert werden können.

Merksatz

Die Überführung der Codierungen in einen Datensatz ist eine zeiraubende mechanische Tätigkeit, die sich leider nur selten maschinell erledigen lässt.

Durch eine routineartige, massenhafte Tätigkeit wie dem Eintippen von Zahlenkolonnen in einen Rechner entsteht eine zusätzliche Fehlerquelle, denn selbst bei sorgfältiger Eingabe lassen sich einzelne Tippfehler und Zahlendreher nicht verhindern. Selbst wenn es gelingen sollte, solche Fehleingaben auf ein Promille aller Codes (also einen Fehler bei 1.000 Ziffern) zu reduzieren – bei großen Datensätzen bedeutet dies trotzdem noch 1.000 und mehr Fehler. Der Ratschlag, alle Daten zweimal einzugeben, dann die beiden Datensätze maschinell zu vergleichen und nur die Abweichungen zu überprüfen, ist plausibel, denn es wäre schon ein enormer Zufall, wenn bei so vielen Zahlen zweimal derselbe Tippfehler entsteht (vgl. Früh 2007: 201). Allerdings übersteigt der damit verbundene Aufwand in den meisten Fällen die finanziellen Möglichkeiten eines Projekts. Ähnliches gilt für die Lösung, die Eingabe jeweils von zwei Personen vornehmen zu lassen, von denen eine die Codierung vorliest, die andere die Werte am Rechner eintippt. Diese Vorgehensweise ist zwar deutlich schneller, als wenn eine Person gleichzeitig abliest und eingibt, aber nicht doppelt so schnell (und nur dann wäre es effektiv, da ja zwei Personen beteiligt sind und im Zweifelsfall bezahlt werden müssen). Ob die Datenqualität aufgrund der Arbeitsteilung besser ist, wäre im Einzelfall zu prüfen.

Fehler bei der Dateneingabe

Datenbereinigung In jedem Fall sind Fehler in den Daten nach der Eingabe möglichst weit gehend zu eliminieren – ein Vorgang, der sich »*Datenbereinigung*« nennt, sorgfältig ausgeführt werden muss und dessen Dauer von der Qualität der Eingabe abhängt. Eine bestimmte Art von Fehlern lässt sich damit relativ problemlos ermitteln, nämlich die »unmöglichen« Codes: Wenn bei der Dateneingabe aus Versehen eine Zahl eingetippt wurde, die es laut Codebuch gar nicht geben darf, lässt sich dies durch eine simple Auszählung der Werte leicht feststellen und anhand des Codebogens korrigieren. Ein häufig anzutreffender Fehler ist dabei, dass bei der Eingabe ein einzelner Wert vergessen wurde und so alle anderen Codes eine Spalte zu weit nach links gerutscht sind; mit der Korrektur dieses Fehlers werden dann gleich eine ganze Reihe von Fehleingaben beseitigt.

Ist allerdings schon im Codebogen ein unmöglicher Code notiert, handelt es sich nicht um einen Eingabe-, sondern um einen Codierfehler. Der wiederum kann freilich nur unter Rückgriff auf das jeweilige Material bereinigt werden. Eine andere Art von Fehler lässt sich im Nachhinein hingegen überhaupt nicht mehr korrigieren: wenn ein falscher, aber laut Codebuch möglicher Code vergeben oder eingegeben wurde. Solange sich dies nicht durch die Kombination unterschiedlicher Merkmale aufdecken lässt, bei der »unmögliche Kombinationen« zu Tage treten (Konsistenzprüfung), bleiben diese Fehler dem Forscher bei der Betrachtung des Datensatzes in aller Regel verborgen. Da sie aber die Qualität der Erhebung erheblich beeinträchtigen können, sind *stichprobenartige Kontrollen* von Codierung und Eingabe geboten, um festzustellen, mit welcher Sorgfalt diese Arbeitsschritte durchgeführt wurden.

Merksatz

Während der Feldphase empfiehlt es sich, die von den einzelnen Mitarbeitern erzielte Qualität bei Codierung und Dateneingabe durch stichprobenartige Kontrollen zu prüfen.

10.4 | Computergestützte Inhaltsanalyse

In den vergangenen Jahren haben inhaltsanalytische Verfahren, die auf die Unterstützung durch einen Computers zurückgreifen, an Bedeutung gewonnen. Dieser Abschnitt geht auf die Voraussetzungen, Einsatzmöglichkeiten und Probleme ein, die es dabei zu beachten gilt.

Ein Grund für das verstärkte Interesse an der computerunterstützen Inhaltsanalyse (CUI) liegt in der verbesserten Verfügbarkeit computerlesbarer Texte. Viele Bibliotheken digitalisieren ihre Bestände; Printerzeugnisse sind meist auch über Datenbankabfragen oder sehr platzsparend auf Speichermedien wie CD-ROMs verfügbar. Des Weiteren existiert mit dem Internet ein Ort, an dem es mittlerweile eine nahezu unüberschaubare Masse an Material gibt. Ähnlich wie bei der klassischen Form der Inhaltsanalyse werden auch computergestützt bisher fast ausschließlich Texte untersucht. Die Inhaltsanalyse von Bildern (vgl. Kapitel 5.5) rückt zwar langsam ins Blickfeld der Forschung; ob und wann allerdings eine valide computergestützte Inhaltanalyse von Bildern möglich ist, scheint genauso fraglich wie der Nutzen einer solchen Technologie. Mehr noch als bei Texten ist das Verständnis eines Bildes vom Vorwissen und der Interpretation des Betrachters abhängig. Und wir haben gesehen, wie schwierig bereits die Bedeutung einer einzelnen Aussage inhaltsanalytisch zu erfassen sein kann.

Für die Inhaltsanalyse, bei der ein Computer als Hilfsmittel zum Einsatz kommt, ist zunächst zwischen zwei Anwendungsmöglichkeiten zu unterscheiden. So gibt es zum einen Verfahren, bei denen der Computer den Codierer lediglich bei der Datenerhebung unterstützt. Dies kann beispielsweise durch eine geeignete Software geschehen, die das Codiermaterial vorstrukturiert oder den Zugriff darauf durch Suchfunktionen und Markierungen erleichtert. Dem gegenüber stehen Inhaltsanalysen, bei denen tatsächlich der Computer das Material nach einer vorgegeben Systematik auswertet. Der einfachste Anwendungsfall einer solchen computerunterstützen Inhaltsanalyse liegt in der »Ein-Wort-Analyse«: Hier untersucht man Fragestellungen, die sich durch ein Wort operationalisieren lassen (beispielsweise indiziert das Wort »Skandal« eine negative Berichterstattung). Dann werden alle Worte ausgezählt, und im besten Fall erhält man Hinweise auf die Häufigkeit bestimmter Begrifflichkeiten und Themen. Eine theoretisch komplexere Erklärung leisten solche Daten zumeist nicht, weshalb dieses Verfahren bevorzugt bei der Medienresonanzanalyse zum Einsatz kommt, wenn nämlich untersucht wird, wie häufig bestimmte Wörter (wie z. B. Unternehmens- oder Markennamen) überhaupt in der Medienberichterstattung vorkommen.

unterschiedliche Anwendungsmöglichkeiten

Ein-Wort-Analyse

Vorsicht ist hingegen vor allem bei mehrdeutigen Begriffen geboten, die im Rahmen einer weitergehenden Analyse in bestimmte Kategorien eingeordnet werden sollen. Denn nicht jedes Wort hat bekanntlich immer die gleiche Bedeutung: So kann der Begriff »Ente« entweder für das Tier, für eine umgangssprachliche Bezeichnung für einen Autotyp oder aber auch für eine Falschmeldung in einer Zeitung stehen. Der Computer erkennt lediglich die richtige Anordnung der Buchstaben – welche

Bedeutung und Bewertung dem Wort allerdings im spezifischen Kontext zugewiesen wird, kann nur durch eine genaue Betrachtung der Textumgebung ermittelt werden. An diesem Punkt setzen dann die weitergehenden Verfahren der automatisierten Textanalyse ein. Bei der »Keyword-in-context«-Methode werden zum Beispiel vor- und nachgelagerte Wörter bei der Kategorisierung mitberücksichtigt. Diese erfolgt dann entweder per Hand oder durch festgelegte Algorithmen und Handlungsvorschriften, für die die jeweiligen Begrifflichkeiten definiert und ihre Verarbeitung in den unterschiedlichen Fällen geklärt werden muss, was wiederum in zusätzlichem Codier- bzw. Planungsaufwand resultiert.

<small>»Keyword-in-context«-Methode</small>

Die Begriffe und die fallbezogenen Handlungsanweisungen werden in digitalen Wörterbüchern, sogenannten Diktionären, festgehalten, anhand derer der Computer Zuordnungen vornimmt. Häufig werden die Texte vor der eigentlichen Analyse bearbeitet: Gebeugte Wörter werden durch ihre Grundformen oder Wortstämme ersetzt (Lemmatisierung), das heißt »lief«, »läuft« und »gelaufen« würden beispielsweise zu »laufen«. Durch diese Vorbehandlung kann der Umfang des Wörterbuchs erheblich reduziert werden. Allerdings besteht die Möglichkeit, dass die Aussagen des Textes verfälscht und verkürzt werden können, was insbesondere bei der Untersuchung komplexer Texte mit vielen impliziten Aussagen eine Gefahr für die Gültigkeit der Messung darstellt.

<small>digitale Wörterbücher</small>

Bei der Erstellung eines Wörterbuches werden meist mehrere Testläufe durchgeführt, um sich einer adäquaten Erfassung des Untersuchungsgegenstands zu nähern. Zum einen müssen Homonyme (gleiche Wörter, die eine unterschiedliche Bedeutung haben; siehe das obige Beispiel mit der »Ente«) und Synonyme (sinnverwandte Wörter wie beispielsweise Metzger und Fleischer) berücksichtigt werden. Zum anderen kommt es immer wieder zu Rechtschreibfehlern. Es gibt etwa unzählige Möglichkeiten, das Wort »interessant« falsch zu schreiben – ein Problem, das vor allem bei Internet-Inhalten bedeutsam wird, die im Gegensatz zu gedruckten (und meist mehrfach geprüften) Texten ohne großen Aufwand von jedermann veröffentlicht werden können. Es ist sicher vorteilhaft, das Umfeld der Textautoren zu berücksichtigen. Texte aus den Feuilletons großer Tageszeitungen unterliegen einer anderen Ausdrucksweise als die Beiträge jugendlicher Mitglieder in einem Internetforum, und beide bedürfen vor einer Analyse der Konzeption unterschiedlicher Wörterbücher.

Bis bei einer computergestützten Inhaltsanalyse zufriedenstellende und umfassende Ergebnisse erzielt werden, muss oft viel Zeit und Arbeit investiert werden, da aus (derzeitigem) Mangel an allgemein geeigneter Software und universell einsetzbaren Wörterbüchern für jedes Projekt eine individuelle Lösung gefunden werden muss. Es ist daher abzuwägen, ob sich der erhöhte Aufwand für die Erstellung eines Codebuchs bei der automatisierten gegenüber der manuellen Inhaltsanalyse lohnt. Liegt aber erst einmal eine geeignete Software vor, die so programmiert ist, dass man in Testläufen belastbare Ergebnisse erzielt, können mit der Hilfe des Computers große Datenmengen ausgewertet werden, ohne dass man auf menschliche Codierer zurückgreifen muss. Als zusätzliche Vorteile kann man hier ganz klar eine freiere Zeiteinteilung und eine erhöhte Reliabilität verbuchen, denn ein Computer codiert im besten Fall 24 Stunden am Tag und wird eine heute getätigte Zuordnung in einem Monat übereinstimmend wiederholen können. Allerdings sollte man bei der Arbeit mit dem Computer immer bedenken, dass dieser nur so gut arbeiten kann wie der Forscher es ihm vorgibt, und dies gilt nicht nur für die Medieninhaltanalyse.

Merksatz

Eine Inhaltsanalyse, die auf den Computer zurückgreift, erspart zwar Zeit bei der Codierung, ist aber bei der Konzeption sehr aufwändig und nicht für jede Untersuchung sinnvoll.

Fallbeispiel: Muslimische Weblogs VIII

Nach der langen und aufwändigen Detailarbeit an Kategorien und Definitionen lag endlich ein fertiges Arbeitsinstrument vor, das den Praxistest erwartete. Vor der Probecodierung musste nun der Ablauf des Pre-Tests geplant, und vor allem die Codierer intensiv geschult werden. Die Codiererschulung ist ein bedeutender Arbeitsschritt innerhalb der Inhaltsanalyse, der sichert, dass alle Codierer das Codebuch gleich anwenden.

In dieser Studie lag der besondere Fall vor, dass sieben der neun Codierer das Codebuch von Anfang an mit erarbeitet hatten und es inhaltlich also bereits gut kannten. Die beiden externen Codierer wurden wegen der großen Menge an Datenmaterial hinzugezogen und erhielten eine ausführliche Codiererschulung. Neben der Einarbeitung in das Codebuch erfolgte das gemeinsame Codieren von fünf Posts, um das Erhebungsinstrument in der Praxis anzuwenden und dabei auftretende Probleme bei der Codierung am Gegenstand klären zu können. Neben ausführlichen Instruktionen und Erklärungen im Codebuch hatten die externen Codierer Tag für Tag die Möglichkeit, ihre gesammelten Fragen

Codiererschulung

und Probleme an ihre Betreuer aus der Forschungsgruppe heranzutragen. Am Ende der Feldarbeit erfolgte eine stichprobenartige Kontrolle der Ergebnisse durch den Betreuer. Damit konnten systematische Fehler in der Codierung durch die externen Mitarbeiter weitgehend ausgeschlossen werden.

Ebenso wichtig war es jedoch, sich im Rahmen der Codiererschulung auch innerhalb der Forschungsgruppe nochmals mit dem Codebuch auseinanderzusetzen. So wurde diskutiert, wie mit Sonderfällen umgegangen werden soll oder an welcher Stelle besonders »hart« (im Sinne von genau und exakt) codiert werden soll. Bei der Codiererschulung war darauf zu achten, allen Codierern die gleiche Arbeitsweise nahe zu legen, dass auf alle Codebögen auf dieselbe Art und Weise ausgefüllt werden. Wie aus Kleinigkeiten Codierfehler entstehen können, verdeutlicht das folgende Beispiel:

Im Codebogen konnte für jede einzelne Ausprägung ein eigenes Kästchen ausgefüllt werden. Legt die Schulung nicht eindeutig fest, wie mit nicht zu codierenden Ausprägungen umzugehen ist, kann die Anwendung des Codebuches variieren. Dann passiert es möglicherweise, dass Codierer 1 nur die zutreffenden Codes einträgt und alle anderen Kästchen freilässt. Codierer 2 füllt aber die nicht zutreffenden Kästchen mit »0« auf, weil er es aus einer früheren Studie so gewohnt ist. Beide Codierer liefern dann unterschiedliche Ergebnisse ab, obgleich sie dieselben Sachverhalte erkannt haben.

Pre-Test

Nachdem die Codiererschulung für die Beispielstudie abgeschlossen war, konnte das Untersuchungsmaterial für den Pre-Test bestimmt werden. Hierfür wurden Posts der Weblogs »Islam-Europe« und »Nebeldeutsch« probeweise codiert. Die Untersuchungsmenge betrug insgesamt elf Posts. Nach Codierung und Dokumentation der Posts wurden die Ergebnisse der Codierung der einzelnen Mitglieder miteinander verglichen. Differenzen zwischen den einzelnen Codierungen, Probleme bei der Codierung und unklare Kategorienbeschreibungen wurden in der Forschungsgruppe thematisiert und diskutiert. Daraufhin wurden entsprechende Beschreibungen der Kategorien im Codebuch vertieft und angepasst.

Übungsfragen

1. Welche zwei Ziele verfolgt die Codiererschulung?
2. Ist die folgende Aussage richtig oder falsch?
   Das zur Codiererschulung verwendete Codiermaterial ist immer ein Teil der Stichprobe, um mit möglichst realistischem Material zu arbeiten.

3   Es gibt zwei Möglichkeiten, Codierresultate festzuhalten und zu dokumentieren. Nennen Sie diese! Welche der beiden Möglichkeiten wird häufiger angewendet und warum?

Die Qualitätskontrolle: Reliabilität und Validität | 11

Inhalt

11.1 Zur Logik der inhaltsanalytischen Gütekriterien

11.2 Reliabilität der Codierung

11.3 Validität und Inferenzschluss

Die Aussagekraft einer Inhaltsanalyse hängt wesentlich von der Sorgfalt ab, mit der die Forschungsfragen in die Untersuchungsanlage übersetzt und das Analyseinstrument angewendet wurde. Dieses Kapitel behandelt einige wichtige Qualitätskriterien und stellt Möglichkeiten vor, wie diese mit Blick auf die eigene Studie ermittelt und dokumentiert werden können.

Zur Logik der inhaltsanalytischen Gütekriterien | 11.1

Die bisherigen Kapitel haben erläutert, wie ein inhaltsanalytisches Instrument entwickelt werden kann, das jene Sachverhalte misst, die zur Erhellung unseres Erkenntnisinteresses beitragen sollen. Ob Instrument und Messung nun tatsächlich geeignet sind, Antworten auf die Forschungsfragen zu geben, ist eine *Qualitätsfrage*. Zwei wichtige Erfolgsmerkmale sind dabei mit den Begriffen Reliabilität (oder: Zuverlässigkeit) und Validität (oder: Gültigkeit) verknüpft. Beides sind auch die wichtigsten Gütekriterien für Inhaltsanalysen (vgl. z. B. Brosius et al. 2009: 63 ff.):

- *Reliabilität* eines Messinstruments heißt Zuverlässigkeit der Messung; bei wiederholter Messung sollte das gleiche Ergebnis erzielt werden.
- *Validität* einer Erhebung bedeutet Gültigkeit der Messung; sie gibt an, ob ein Instrument tatsächlich das misst, was es messen soll.

Damit ist klar, dass Validität der übergeordnete Begriff ist, denn er bezieht sich auf die Gültigkeit des gesamten Messvorgangs. Die Reliabilität hingegen betrifft die eigentliche Messprozedur. Merten (1995: 303)

Qualitätskriterien

bezeichnet deswegen die Zuverlässigkeit auch als »interne Gültigkeit«, im Gegensatz zur Validität als »externer Gültigkeit«. Aus Gründen der begrifflichen Klarheit wollen wir aber den Begriff »Gültigkeit« weiterhin für die Validität der Untersuchung verwenden. Der Unterschied zwischen beiden Gütekriterien lässt sich leicht anhand eines Beispiels aus dem Alltag verdeutlichen, im folgenden Fall anhand der Gewichtsmessung.

Beispiel

Gewichtsmessung

Herr Müller kontrolliert jeden Morgen sein Gewicht mit einer Körperwaage. Die Messung ist reliabel, wenn Herr Müller sich zweimal hintereinander wiegt, ohne dass er zwischenzeitlich etwas gegessen oder wieder von sich gegeben hat, und beide Male dasselbe Ergebnis erhält. Dann misst das Instrument (die Waage) sein Körpergewicht zuverlässig und ist reliabel. Andererseits ist denkbar, dass die Waage zwar zuverlässig misst – aber jedes Mal falsch, weil sie nicht korrekt geeicht ist. Durch den Vergleich beispielsweise mit der Waage seines Hausarztes, deren Funktion regelmäßig geprüft wird, kann Herr Müller die Gültigkeit der Messung überprüfen. Aber auch wenn die beiden Waagen übereinstimmend messen, dann ist Validität nur für die Messung seines Gewichts gegeben; wenn er daraus Erkenntnisse etwa über seine Intelligenz ableiten wollte, würde er eine Fehlmessung bezüglich dieses Konstrukts durchführen und keine gültigen Aufschlüsse erhalten.

Bestimmung von Validität und Reliabilität

Dieses Beispiel zeigt bereits, dass Zuverlässigkeit und Gültigkeit unterschiedlich schwierig festzustellen sind: Die Zuverlässigkeit kann durch den Vergleich von unterschiedlichen Messungen mit dem fraglichen Instrument bestimmt werden, und das Ausmaß der Abweichung lässt sich ziemlich genau angeben (durch den so genannten Reliabilitätskoeffizienten). Die Gültigkeit hingegen bedarf zum Abgleich einer unabhängigen Messung und darüber hinaus sogar einer inhaltlichen Diskussion – deswegen ist sie deutlich schwerer zu bestimmen und normalerweise nicht zu quantifizieren. In den nachfolgenden beiden Abschnitten wird deswegen zunächst die einfachere Reliabilitätsprüfung erläutert, bevor wir näher auf einige Kriterien eingehen, die für eine Validitätsprüfung bei Inhaltsanalysen verfügbar sind.

> **Merksatz**
>
> Die Reliabilität einer Inhaltsanalyse lässt sich aus ihr selbst herausfinden und in einem Zahlenwert ausdrücken; ihre Validität bedarf hingegen einer darüber hinausreichenden Argumentation, die die Befunde gemeinsam mit anderen Forschungsergebnissen vor dem Hintergrund der ursprünglichen Forschungsfragen diskutiert.

Reliabilität der Codierung | 11.2

Die Reliabilitätsmessung gehört zu den Standardprozeduren im Verlauf einer Inhaltsanalyse. Manche Fachzeitschriften veröffentlichen Studien sogar nur dann, wenn im Manuskript auch Reliabilitätskoeffizienten genannt werden. Der Grund hierfür ist einleuchtend: Alle Definitionen der Inhaltsanalyse legen großen Wert darauf, dass die Methode auf einer intersubjektiv nachvollziehbaren Messung beruht (vgl. Kap. 1.3). Sie nimmt für sich in Anspruch, dass ihre Ergebnisse mit demselben Instrument jederzeit reproduziert werden können, und genau dies testet die Reliabilitätsprüfung. Im Grunde beruht jede Reliabilitätsmessung also auf der Idee einer *Messwiederholung* anhand desselben Materials. Im Falle der Inhaltsanalyse sagt sie eher indirekt etwas über die Qualität des Instruments aus, auf die aus der Sorgfalt der Codierer bei seiner Anwendung geschlossen wird. Denn wie oben schon verdeutlicht, muss an dieser Stelle mit einer gewissen Reaktivität gerechnet werden (vgl. Kap. 1.3). Diese Reaktivität soll jedoch erstens bei allen Codierern gleich ausfallen. Darüber hinaus soll sie zweitens über die Zeit hinweg stabil bleiben und sich drittens mit der vom Forscher erwarteten Reaktivität decken.

Damit sind bereits die drei wichtigsten Typen der Reliabilitätsmessung genannt:

1. *Intercoder-Reliabilität*: Wie gut stimmen die Codierer bei der Verschlüsselung desselben Materials überein?
2. *Intracoder-Reliabilität*: Wie gut stimmt die Codierung eines jeden Codierers zu Beginn und am Ende der Feldphase überein?
3. *Forscher-Codierer-Reliabilität*: Wie gut stimmen die Verschlüsselungen der Codierer mit denen des Forschers überein?

Für die *Intercoder-Reliabilität* sind die Codierungen von jeweils zwei Codierern paarweise miteinander zu vergleichen. Dies geschieht in der Regel im Rahmen des Pre-Tests und dient dem Forscher als Grundlage für die Einschätzung, ob die Schulung ausreichend war, um mit der Feldphase zu beginnen (vgl. Abb. 10.1). Für diese Prüfung gibt es bislang in den

Typen der Reliabilitätsmessung

einschlägigen Statistikprogrammen keine Auswertungsprozeduren, weshalb für die Übereinstimmungswerte dort spezielle Routinen zu programmieren sind – oder sie von Hand ausgerechnet werden müssen. Gerade bei längeren Feldphasen empfiehlt es sich, den Reliabilitätstest gegen Ende der Codierarbeiten zu wiederholen. Hieraus lässt sich zunächst entnehmen, ob die Codierer auch nach einer gewissen Zeit noch in ihrem Urteil übereinstimmen, also selbst die Lerneffekte während der Codierung ähnlich ausgefallen sind. Außerdem kann aus dieser Erhebung die *Intracoder-Reliabilität* berechnet werden, indem man pro Codierer dessen erste mit seinen zweiten Codierungen vergleicht. Schließlich sollte sich der Forscher selbst am Reliabilitätstest beteiligen: Aus dem Ausmaß der Übereinstimmung seiner Codierungen (so genannte »Master-Codierung«) mit denen jedes einzelnen Codierers können die Bereiche erkannt werden, für die ein zusätzlicher Schulungsaufwand erforderlich ist. Diese *Forscher-Codierer-Reliabilität* wird in Kap. 11.3 noch ausführlicher behandelt, denn sie gilt bereits als ein erstes Indiz für die Validität einer Studie. Abb. 11.1 verdeutlicht nochmals die Vergleichslogiken der verschiedenen Reliabilitätstests.

Grundfragen bei Reliabilitätstests

Für die konkrete Durchführung der Reliabilitätstests sind drei Fragen bedeutsam, auf deren Basis entsprechende Festlegungen getroffen werden müssen:

1. Was gilt als Übereinstimmung und was als Abweichung?
2. Wie berechnet sich der Grad der Übereinstimmung?
3. Wie viel Material muss für den Reliabilitätstest bearbeitet werden?

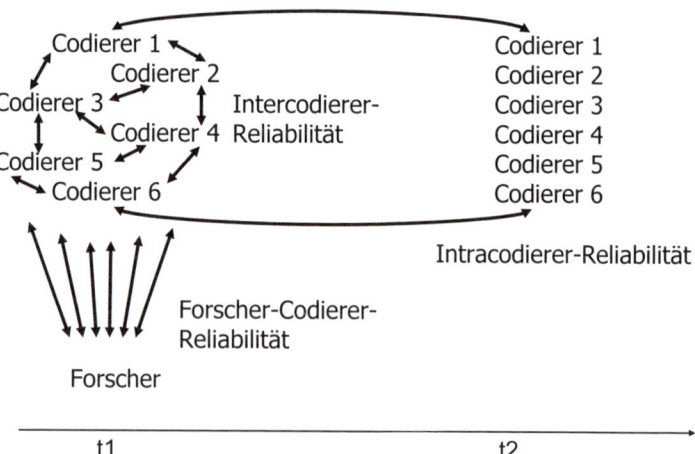

Abb. 11.1

Vergleichsprozesse bei Reliabilitätstests

Zunächst zur *Codiererreliabilität* und der (fast schon philosophischen) Abwägung, was im Sinne der Codierung als *Übereinstimmung* gewertet wird und was nicht. Der einfachste Fall ist schnell beschrieben: Zwei Codierer vermerken denselben Code auf ihrem Codebogen. Ungeachtet dessen, wie die Verschlüsselung zustande kam, würde man dies zweifellos als gewünschte Übereinstimmung im Sinne des Instruments bewerten. Der umgekehrte Extremfall ist ebenso eindeutig – wenn nämlich die beiden vergebenen Codes weit voneinander abweichen, also vollkommen unterschiedliche Ausprägungen einer Kategorie codiert wurden. Dabei handelt es sich um eine Nichtübereinstimmung, die die Reliabilität der Analyse verringert. Problematisch wird es hingegen in jenen Fällen, bei denen die Kategorie eine graduelle Abweichung erlaubt; etwa wenn bei metrischen Skalen fast unbegrenzt viele Werte verfügbar sind, wenn bei Bewertungen mehrere Stufen vorgesehen sind oder bei einer hierarchischen Codierung über- und untergeordnete Ausprägungen möglich sind. Gehen wir diese Fälle im Einzelnen durch:

Festlegung der Übereinstimmung

- *Beispiel Längenmessung*: Beim Zählen der Zeilen eines Artikels oder dem Abstoppen, wie lange ein Fernsehbeitrag dauert, kann es immer zu geringfügigen Abweichungen kommen, die im Sinne des Untersuchungsziels unbedenklich sind. So macht es für die Interpretation der Ergebnisse meist keinen Unterschied, ob die durchschnittliche Länge von Beiträgen auf eine Sekunde genau vorliegt oder nicht. Unter diesen Voraussetzungen kann für die entsprechenden Kategorien auch ein *Toleranzintervall* definiert werden, innerhalb dessen die Codierungen noch als übereinstimmend gelten – z. B. ± 2 Prozent. Dann wären die beiden Längenangaben von 100 und 102 Sekunden für die Bestimmung der Reliabilität übereinstimmend, die Abweichung also zu vernachlässigen. Die Größe des Intervalls ist an die jeweilige Skala anzupassen. Selbstverständlich ist trotzdem auszuschließen, dass ein systematischer Fehler vorliegt (z. B. ein Codierer immer vergisst, die Überschrift mit zu messen oder eine falsch gehende Uhr benutzt).
- *Beispiel Bewertungscodierung*: Wenn bei der in Kap. 9.4 vorgestellten Bewertungsskala auf Aussagenebene Werte von +2, +1, –1 und –2 erreichbar sind, muss bei eventuell auftretenden Abweichungen zwischen zwei Sachverhalten unterschieden werden: Beträgt der Unterschied zwischen beiden Codierungen nur einen Skalenpunkt (also +2 vs. +1/–1 vs. –2), dann haben beide Codierer die Tendenz der Aussage übereinstimmend erkannt (positiv bzw. negativ), aber ihre Intensität unterschiedlich eingeschätzt. In allen anderen Fällen, also bei Differenzen von zwei bis vier Skalenpunkten, wurde hingegen eine unterschiedliche Grundtendenz erfasst, was deutlich problematischer erscheint und wohl keinesfalls als Übereinstimmung

gewertet werden darf. Ansonsten kann aber – je nach angestrebtem Präzisionsgrad – die Übereinstimmung nur auf die *Tendenz* bezogen werden (dann wäre eine Abweichung von einem Skalenpunkt tolerabel) oder dieselbe *Intensität* fordern (dann wäre eine absolute Übereinstimmung notwendig).

- Beispiel *hierarchische Codierung*: Sieht die Kategorie über- und untergeordnete Ausprägungen vor (wie z. B. bei der Themencodierung in Kap. 8.2), sind ebenfalls graduell unterschiedlich gravierende Fehlcodierungen möglich. So hätte ein Codierer, der den Bandenkrieg zwischen verschiedenen Drogenkartellen unter »500 – Kriminalität« verschlüsselt, nur graduell ungenauer codiert als einer, der »560 – Organisierte Kriminalität« verschlüsselt – aber sicherlich nicht »falsch«. Auch hier könnte die Reliabilitätsberechnung vorsehen, dass zwei Codes, von denen einer dem anderen *hierarchisch untergeordnet* ist, als Übereinstimmung gelten. Ein anderer Weg wäre, für die Reliabilitätsberechnung überhaupt nur die zweitniedrigste Hierarchiestufe heranzuziehen: dann wären auch »520 – Mord, Totschlag« und »560 – Organisierte Kriminalität« übereinstimmend, weil beide der Ausprägung »500 – Kriminalität« untergeordnet sind.

All diese Definitionen von Übereinstimmung für graduell abgestufte Kategorien haben jedoch Konsequenzen für die Interpretation der Befunde. *Ein vollkommen reliables Instrument liegt nur bei vollkommener Übereinstimmung der Codierungen vor.* Sobald die Reliabilitätsberechnung Toleranzen vorsieht, muss bei der Interpretation der betreffenden Kategorien berücksichtigt werden, dass möglicherweise eine reduzierte Messgenauigkeit vorliegt. Daraus ergibt sich logisch, dass der Forschungsbericht die jeweils erzielten Reliabilitätswerte für jede Kategorie separat ausweisen muss. Aus Platzgründen findet sich in Publikationen oft nur ein pauschaler Mittelwert – dieser ist jedoch aus zwei Gründen wenig aussagekräftig:

Erstens werden dabei formale und inhaltliche Kategorien unzulässigerweise in einen Topf geworfen. Denn während bei simplen Verschlüsselungen wie dem »Medium« oder dem »Erscheinungsdatum« eine hundertprozentige Übereinstimmung fast schon Pflicht ist, stellen bei schwierigeren inhaltlichen Kategorien oft geringere Werte zufrieden. Reliabilitäten sollten also zumindest getrennt für die formalen und für die im jeweiligen Zusammenhang wichtigen inhaltlichen Kategorien aufgeführt werden. Zweitens macht es auch auch bei inhaltlichen Kategorien ein Unterschied, wie viele Ausprägungen überhaupt zur Wahl standen, worauf am Ende dieses Abschnittes noch ausführlicher eingegangen wird.

differenzierte Darstellung des Reliabilitätswerts

> **Merksatz**
>
> Die Reliabilitätswerte sind detailliert zu dokumentieren; eingeräumte Toleranzen müssen im Einzelfall begründet, hinsichtlich des Erkenntnisziels gerechtfertigt und bei der Interpretation berücksichtigt werden.

Ein ähnlich gelagertes Problem betrifft die *Identifikation von Analyseeinheiten*. Gehen wir wieder vom einfachsten Fall aus: Die Analyseeinheit ist physikalisch definiert und eindeutig erkennbar, z. B. eine Ausgabe des SPIEGELS. In diesem Fall werden die Codierer alle Kategorien auf die jeweilige Ausgabe anwenden, und ihre Codierungen können mit denen der jeweils anderen Codierer verglichen werden. Der in der Praxis weitaus häufigere Fall ist freilich, dass die Codierer die zu codierende Analyseeinheit erst noch identifizieren müssen (vgl. Kap. 5): Entweder müssen sie die relevanten Artikel aufgrund eines Aufgreifkriteriums aus der Auswahleinheit heraussuchen oder, z. B. bei hierarchisch zerlegten Analyseeinheiten, innerhalb eines Beitrags die codierbaren Aussagen finden. Auch hierfür lässt sich ein Grad der Übereinstimmung feststellen, aber er drückt dann qualitativ eine andere Art von Reliabilität aus als in den bisher beschriebenen Fällen; in Abgrenzung zur Codiererreliabilität von oben könnte man hier von *Identifikationsreliabilität* sprechen.

Identifikationsreliabilität

Sinnvollerweise unterscheidet man beide Formen auch konsequent, denn es erscheint verfehlt, bei einer falschen Identifikation – ein Codierer übersieht eine Analyseeinheit, ein anderer nicht – pauschal alle Kategorien als Nichtübereinstimmung in der Codierung zu werten. Es wurde ja aufgrund eines Folgefehlers bei der Identifikation gar nicht codiert, weshalb dieser Fall im Grunde nichts über die Codierreliabilität aussagt. Wenn die Untersuchungsanlage also von den Codierern das eigenständige Erkennen von Analyseeinheiten verlangt, sollte die Reliabilitätsprüfung zweistufig erfolgen: zuerst durch Berechnung der Identifikationsreliabilität, d. h. der Übereinstimmung bei der Ermittlung der zu bearbeitenden Einheiten, und auf einer zweiten Stufe durch die Berechnung der Codierreliabilität, allerdings nur für die von beiden gemeinsam erkannten Einheiten. Es liegt auf der Hand, dass der erste der beiden Werte mitunter die brisantere Information enthält – denn welche Aussagekraft hat eine in der Codierung sauber durchgeführte Inhaltsanalyse, wenn das ihr zugrunde liegende Material nur sehr unzuverlässig aus dem Medienangebot herausgefiltert wurde?

zweistufige Reliabilitätsprüfung

> **Merksatz**
>
> Bei der Bestimmung der Zuverlässigkeit ist zwischen den beiden Ebenen der Identifikationsreliabilität und der Codierreliabilität zu unterscheiden.

Berechnung des Reliabilitätskoeffizienten

Wenden wir uns nun – nach diesen eher grundsätzlichen Fragen, was überhaupt als Übereinstimmung zu werten ist – der eigentlichen *Berechnung des Reliabilitätskoeffizienten* zu. Hierfür gibt es in der Fachliteratur eine ganze Reihe von Formeln (vgl. die Übersicht bei Merten 1995: 304 ff.), die unterschiedlich genau die verschiedenen Charakteristika der jeweiligen Untersuchungsanlage berücksichtigen. Trotz einer Reihe von Schwächen weit verbreitet ist das klassische, weil einfach zu ermittelnde *Überschneidungsmaß nach Holsti*, mit dem man die Zahl übereinstimmender Codierungen zur Gesamtzahl aller Codierungen von zwei Personen in Beziehung setzt. Hierzu wird in der Formel die Zahl der gemeinsamen Codierungen zweier Codierer verdoppelt und anschließend durch die Summe aller von beiden insgesamt vorgenommenen Codierungen geteilt. Die Werte liegen dann als Koeffizient zwischen 0 und 1 oder können als Übereinstimmung zwischen 0 und 100 Prozent ausgedrückt werden.

> **Formel**
>
> **Codierübereinstimmung nach Holsti**
>
> $$C_R = 2 * C_\ddot{U}/(C_A + C_B)$$
>
> C_R = Reliabilitätskoeffizient der Codierung
> $C_\ddot{U}$ = Zahl übereinstimmender Codierungen
> C_A = Zahl der Codierungen von Codierer A
> C_B = Zahl der Codierungen von Codierer B

Diese Formel muss zum einen für jede einzelne Kategorie und zum anderen für jedes Paar von Codierern angewendet werden. Bei kleineren Studien mit einem übersichtlichen Codebuch und wenigen Codierern lässt sich dies noch gut per Hand erledigen. Bei zahlreichen Kategorien mit unterschiedlichen Toleranzintervallen und einem größeren Codiererstab lohnt es sich hingegen, entsprechende Auswertungsroutinen in der Statistiksoftware zu programmieren – insbesondere wenn der Reliabilitätstest mehrfach durchgeführt werden muss. Dabei ist zu beachten, dass diese Auswertung eine spezielle Datenstruktur erfordert, die sich von den sonst üblichen Auswertungsroutinen unterscheidet und nicht leicht zu erzeugen ist.

Als entscheidend für den Aufwand, der mit einem Reliabilitätstest verbunden ist, erweist sich natürlich auch der *Umfang des Materials*, das für den Test bearbeitet werden muss. Wie wir anhand der Formel gesehen haben, beruht seine Logik auf einem Vergleich zwischen den Entscheidungen jeweils zweier Codierer. Deshalb muss für jede Kategorie eine ausreichend große Zahl von Testcodierungen vorliegen, um das Vergleichsurteil auf einer hinreichenden Basis fällen zu können. Als Mindestwert werden in der Literatur 30 bis 50 Codierungen pro Kategorie angegeben; 200 bis 300 gelten als erstrebenswert (vgl. Früh 2007: 189), sind aber in der Forschungsrealität selten zu erzielen. Der Mindestwert ist allerdings leicht erreichbar: Angenommen, für jeden Artikel im politischen Teil von Tageszeitungen wäre das Thema zu verschlüsseln, so reicht eine Testcodierung von zwei Ausgaben bereits aus, denn erfahrungsgemäß sind pro Zeitungsexemplar im politischen Teil rund 40 Artikel enthalten.

Material für Reliabilitätstest

Merksatz

Das absolute Minimum für die Beurteilung von Codiererübereinstimmungen im Rahmen des Reliabilitätstests sind 30 bis 50 Codierungen innerhalb einer Kategorie; anzustreben sind 200 bis 300 Codierungen.

Bei hierarchisch zerlegten Analyseeinheiten ist es durchaus üblich, für die Codierung auf der letzten Stufe (z. B. von einzelnen Aussagen) nur einen Teil des Materials heranzuziehen, das für die übergeordnete Ebene erforderlich ist (also z. B. nur fünf längere Artikel). Freilich sollte bei der Auswahl des Materials nicht nur auf die Zahl der Codierungen, sondern auch auf deren Schwierigkeitsgrad geachtet werden: Im Reliabilitätstest müssen auch Medienangebote enthalten sein, die komplexer strukturiert sind (z. B. längere Hintergrundartikel) und bei möglichst vielen Kategorien einschlägige Codierungen erfordern. Denn ein Reliabilitätskoeffizient von 1 (volle Übereinstimmung) ist wenig aussagekräftig, wenn er nur darauf beruht, dass ein bestimmtes Merkmal im Material überhaupt nicht vorkam und die Kategorie gar nicht angewendet werden musste.

Nachdem (mithilfe der Formel) für je zwei Codierer deren Übereinstimmung bezüglich jeder Kategorie ermittelt wurde, lässt sich das Ergebnis des Reliabilitätstests anschließend in dreierlei Hinsicht darstellen:

Ergebnisdarstellung bei Reliabilitätstests

1. Nach Kategorien: Mittelwert aller Koeffizienten pro Kategorie (über alle Codiervergleiche).
2. Nach Codierern: Mittelwert aller Koeffizienten für einen Codierer (über alle Kategorien).
3. Als Matrix: Übereinstimmungen nach Kategorien und Codierern.

Im ersten Fall – der in der Regel auch bei Publikationen ausgewiesen wird – erhalten wir Angaben über die Zuverlässigkeit, mit der eine *Kategorie* von den Codierern angewendet wurde. Die Ergebnisse zeigen, an welcher Kategorie vielleicht noch nachgebessert werden sollte, welche gut funktioniert und welche überhaupt nicht. Der zweite Fall gibt Aufschluss darüber, welcher *Codierer* insgesamt am besten mit den anderen übereinstimmt und welcher stärker von den anderen abweicht. Auf dieser Basis lässt sich erkennen, welcher Codierer noch generellen Schulungsbedarf aufweist. Die detailliertesten Erkenntnisse lassen sich jedoch aus einer *Matrix* ziehen, in der pro Kategorie die Werte für jede Kombination zwischen zwei Codierern abgetragen werden. Hieraus kann man gezielt ermitteln, welcher Codierer mit welcher Kategorie Probleme hat und konkret nach den Ursachen dafür forschen.

Natürlich stellt sich dabei unmittelbar die Frage, welcher Übereinstimmungswert als »gut« und welcher als »schlecht«, welcher als »noch akzeptabel« und welcher als »nicht ausreichend« eingeschätzt werden muss. Hierfür gibt es keine allgemeinen Richtwerte. Das Optimum, eine 100%ige Übereinstimmung, wird nur selten erreicht, z. B. bei formalen Kategorien. Die Güte der übrigen Werte muss vor dem Hintergrund des Schwierigkeitsgrades der jeweiligen Kategorie betrachtet werden. Wie oben erwähnt, wäre beim bloßen Festhalten des Erscheinungsdatums eines Artikels alles andere als eine vollkommene Übereinstimmung enttäuschend. Bei Kategorien zu komplizierten Sachverhalten, die sich nur mühsam voneinander abgrenzen lassen, werden wir bereits Koeffizienten von .75 (Koeffizienten werden üblicherweise in einer solchen Schreibweise, also ohne Null und anstatt dem Komma durch ein Punkt bezeichnet, dargestellt) als Erfolg werten. Ohne pauschalisieren zu wollen, interpretiert man in der Praxis bei inhaltlichen Kategorien Werte von .80 und höher als hinreichende Qualität.

Merksatz

Die Beurteilung von Reliabilitätskoeffizienten kann nur anhand des Schwierigkeitsgrades der jeweiligen Kategorie erfolgen; tendenziell sind für inhaltliche Kategorien Werte ab .80, für formale Kategorien Werte nahe an 1.0 zu fordern.

Kritische Größe bei dieser Beurteilung – und deswegen wird sie auch in einige andere Formeln für die Reliabilität wie z. B. *Scotts Phi* eingebaut – ist die *Zahl möglicher Ausprägungen*. Erneut ein Beispiel: Angenommen, für die Codierung der Valenz auf Aussagenebene würde ein Koeffizient von .65 erreicht, so könnte man diesen Wert angesichts der diffizilen Materie durchaus ermutigend deuten. Sind allerdings überhaupt nur die Ausprägungen +1 (positive Wertung) und –1 (negative Wertung) vorgesehen, dann liegt schon die Zufallswahrscheinlichkeit für zwei übereinstimmende Codierungen bei .50. Nun wäre der erzielte Wert höchst unbefriedigend, denn die Urteile der Codierer stimmen nur geringfügig besser überein, als wenn wir die Codes rein zufällig vergeben hätten. Umgekehrt sinkt mit der Zahl der Codieralternativen natürlich die Ratewahrscheinlichkeit, weshalb für Kategorien mit langen Listen möglicher Ausprägungen (z. B. Themen oder Akteure, s. o.) Zufallsübereinstimmungen quasi ausgeschlossen und folglich eher moderate Koeffizienten akzeptabel sind. Deshalb sollte bei Reliabilitätswerten nach Holsti zumindest dokumentiert werden, auf wie viele mögliche Ausprägungen sich die Berechnung bezieht. Um die Reliabilitätswerte zu erhöhen, könnte man nun auf die Idee kommen, Kategorien mit umfangreichen Codiervorgaben auf wenige Ausprägungen zu reduzieren. Dies funktioniert zwar, bringt aber gravierende Nachteile mit sich: Ob eine solchermaßen zuverlässige, aber reduzierte Kategorie nämlich noch gültige Ergebnisse produziert, ist stark zu bezweifeln – ein Aspekt, mit dem sich der folgende Abschnitt näher befasst.

Zahl möglicher Ausprägungen

Validität und Inferenzschluss | 11.3

Die Validität von Ergebnissen ist – und das gilt für alle sozialwissenschaftlichen Methoden – deutlich schwieriger zu beurteilen als ihre Reliabilität. Denn hier geht es um die inhaltliche Richtigkeit und sachlogische Gültigkeit vor dem Hintergrund des gesamten Forschungsprozesses. Ob eine Vorgehensweise Gültigkeit beanspruchen kann, also das gemessen wurde, was aufgrund der Forschungsfrage und der Hypothesen gemessen werden sollte, kann anhand unterschiedlicher Kriterien beurteilt werden. Hier sind die üblichen Kriterien aus der Methodenliteratur einschlägig, und darüber hinaus auch weitere, speziell für die Inhaltsanalyse charakteristische Merkmale. Wir behandeln im Folgenden vier Typen von Validitätsprüfung (vgl. genauer z. B. Krippendorf 2004):
1. Analysevalidität
2. Inhaltsvalidität

Typen der Validitätsprüfung

3. Kriteriumsvalidität
4. Inferenzvalidität

Die erste Variante haben wir im Grunde bereits kennen gelernt: Die oben beschriebene *Forscher-Codierer-Reliabilität* (vgl. Kap. 11.2) gibt, darauf weist Früh (2007: 196 ff.) zu Recht hin, Auskunft darüber, wie gut der vom Forscher gemeinte Bedeutungsgehalt durch die Codierer getroffen wurde. Dies stellt bereits eine erste Art von Validitätsprüfung dar, die über die reine Zuverlässigkeit des Messinstruments hinausgeht und im Weiteren als *Analysevalidität* bezeichnet wird. Wenn der Forscher sich am Reliabilitätstest beteiligt, so wird er die Inhalte so codieren, wie es seinem Klassifikationsverständnis entspricht. Dies mag im Einzelfall nicht richtiger oder falscher sein als das eines Codierers – aber es ist das entscheidende Verständnis, denn es entspricht der Logik, auf deren Basis später auch die Hypothesen geprüft und die Forschungsfragen beantwortet werden. Die Codierung des Forschers kann man deswegen quasi als »gesetzt« betrachten, und die Frage ist nun, wie gut die eigentliche Feldarbeit die Auffassung des Forschers trifft. Aufgrund der ausführlichen, gemeinsamen Schulungen sollte sich hier eine eher geringe Diskrepanz ergeben; treten trotzdem größere Abweichungen auf, so kann (zu Beginn der Codierarbeiten) noch nachgeschult werden. Werden die Differenzen erst am Ende der Feldphase bemerkt, so bleibt dem Forscher meist nichts anderes übrig, als sein Verständnis wohl oder übel der tatsächlichen Codierweise anzupassen.

Merksatz

Die Analysevalidität ergibt sich aus einer Reliablitätsberechnung zwischen Forschern und Codierern; sie ist damit die einzige Art von Validität, die sich quantifizieren lässt.

Der zweite Validitätstyp, der in der Methodenliteratur immer wieder erwähnt wird, ist die so genannte *Inhaltsvalidität*. Sie bezieht sich auf die Frage, ob die zu messenden Konstrukte durch die Messung vollständig abgebildet wurden, also alle relevanten Teilaspekte berücksichtigt und keine Dimensionen vergessen wurden. Dabei handelt es sich also ebenfalls um ein Kriterium, das wir im Zusammenhang mit der Kategorienbildung und der Definition von Ausprägungen (vgl. Kap. 6.2) bereits behandelt haben. Dort wurde versucht, aufgrund früherer Forschungsarbeiten, externer Quellen (wie z. B. Expertenmeinungen) und einer ersten Sichtung des Untersuchungsmaterials im Vorfeld der Erhebung ein vollständiges Kategoriensystem zu bilden. Im Nachhinein lässt sich am Verlauf der

Codierung ablesen, ob dieses Ziel erreicht wurde: Wie oft mussten die Auffangwerte (z. B. »Sonstiges«, »andere«) oder Restkategorien codiert werden, und wie häufig nutzte der Codierer offene Kategorien, um relevante Aspekte nachzutragen? Nennenswerte Anteile solcher Codierungen würden darauf hindeuten, dass das Codebuch nicht alle wichtigen Dimensionen erfasst hat. Darüber hinaus können auch die Erfahrungsberichte der Codierer oder handschriftliche Anmerkungen auf den Codebögen zur Beurteilung der Inhaltsvalidität herangezogen werden.

Merksatz

Aussagen über die Inhaltsvalidität betreffen die Vollständigkeit des Instruments und lassen sich zum Teil aus Vorüberlegungen, zum Teil aus Codierungen und Codiererverhalten ableiten.

Zur Prüfung der Validität können auch Außenkriterien herangezogen werden, die – sofern verfügbar – anderen Studien mit ähnlichen Fragestellungen und vergleichbarer Vorgehensweise entnommen werden. Eine hohe *Kriteriumsvalidität* wäre bei einer Studie dann gegeben, wenn sich ihre Ergebnisse durch andere Inhaltsanalysen stützen lassen, im Einklang mit der früheren Forschung stehen oder gefundene Unterschiede und überraschende Ergebnisse aus der Untersuchungsanlage plausibel erklärt werden können. Als externe Vergleichsquellen geben im Falle der Inhaltsanalyse mitunter auch qualitative Erhebungen wertvolle Hinweise. Diese stellen die Zusammenhänge zwar meist exemplarisch, aber dafür tiefer gehender dar und können deswegen zur Validierung der quantitativen Befunde dienen. Damit soll jedoch nicht gesagt werden, dass die in externen Quellen dokumentierten Befunde generell als »richtig« gelten müssen und nun geprüft würde, wie sehr man sich diesen annähert: Im Gegenteil ist immer zu beachten, dass unterschiedliche Forschungsarbeiten nicht mehr sind als Beschreibungen der Wirklichkeit aus verschiedener Perspektive, für die – gerade in den Sozialwissenschaften – die Kategorien »richtig« und »falsch« keine angemessenen Beurteilungskriterien darstellen. Jede Studie stellt eine Momentaufnahme unter den jeweils gültigen Randbedingungen dar, und die Anwendung und Offenlegung ihrer Methodik soll transparent machen, wie der Forscher zu seiner Interpretation der Wirklichkeit kam. Dennoch ist es im Sinne der Kriteriumsvalidität zunächst beruhigend, wenn die eigenen Ergebnisse im Einklang mit der bisherigen Forschung stehen und diese weiterentwickeln, während für vollkommen konträre Befunde zuerst einmal eine Erklärung gefunden werden muss.

Kriteriumsvalidität

> **Merksatz**
>
> Die Kriteriumsvalidität benutzt den Vergleich mit externen Quellen und vergleichbaren Erhebungen, um die Plausibilität der Ergebnisse einer Inhaltsanalyse einzuschätzen.

Inferenzvalidität

Schließlich sei auf die der Kriteriumsvalidität verwandte *Inferenzvalidität* hingewiesen. Sie fragt, ob die auf Basis der Inhaltsanalyse beabsichtigten Interpretationen, insbesondere die Inferenzschlüsse auf Kommunikator, Rezipient und die soziale Situation (vgl. Kap. 2), Gültigkeit beanspruchen können. Wieder werden für die Beurteilung externe Quellen hinzugezogen, und wieder handelt es sich um Aspekte, die bei der Diskussion der Ergebnisse im Forschungsbericht üblicherweise angesprochen werden. Allerdings handelt es sich bei den Vergleichsobjekten weniger um andere Inhaltsanalysen, sondern um Studien mit unterschiedlicher Methodik, die die Schlüssigkeit der eigenen Befunde belegen sollen. Wenn beispielsweise unsere Inhaltsanalyse ergibt, dass das Fernsehprogramm am Wochenende tatsächlich durch ein erhöhtes Maß an Aggressivität und Gewaltdarstellungen gekennzeichnet ist, dann sollte aus einer Befragung Jugendlicher zumindest sichergestellt werden, dass diese Inhalte von Schülern überhaupt gesehen werden, bevor über mögliche Wirkungen auf den montäglichen Schulalltag spekuliert wird. Passende Studien, die die eigene Argumentation ergänzen oder sinnvolle Daten für eine Sekundäranalyse bereitstellen, sind nicht immer leicht zu finden. Deshalb ist es für manche Forschungszusammenhänge unvermeidlich, selbst eine zweite Datenerhebung parallel zur Inhaltsanalyse durchzuführen. Einige Beispiele für solche Mehrmethodenstudien werden in Kap. 13 vorgestellt, nachdem zunächst die Auswertung und Ergebnisdarstellung anhand einiger Inhaltsanalysen exemplarisch beschrieben wurde (vgl. Kap. 12).

> **Merksatz**
>
> Zur Beurteilung der Inferenzvalidität sind meist externe Erhebungen mit einem anderen methodischen Zugriff erforderlich, um die Gültigkeit weiter gehender Schlussfolgerungen aufgrund der Inhaltsanalyse zu belegen.

Fallbeispiel: Muslimische Weblogs IX

Nachdem der intensiven Arbeit an der Erstellung des Codebuchs, der Schulung der Codierer und dem Pre-Test war es an der Zeit, die Reliabilität (Zuverlässigkeit) und die Validität (Gültigkeit) des Forschungsinstrumentes zu überprüfen. Erfüllt das Codebuch die Qualitätsanforderungen an eine Inhaltsanalyse? Es musste getestet werden, ob es genau das misst, was es messen soll – also die Teilöffentlichkeit muslimischer Weblogs im Internet. Außerdem war die Reliabilität der Messung zu gewährleisten, also bei wiederholter Anwendung des Instruments durch den Codiererstab auf dasselbe Material immer das gleiche Ergebnis zu erzielen.

Da die Posts überwiegend textbasierter Natur sind, konnte das Datenmaterial durch den Aufbau eines Archivs fixiert werden, um nachträglichen Veränderungen des Materials im Internet vorzubeugen und damit eine Überprüfung und Re-Analyse der Codierung zu ermöglichen. Zudem wurden alle untersuchten Posts vom Codierer jeweils in einer Text-Datei abgespeichert. Die Codiererreliablität lag bei unserem Fallbeispiel im Mittel über alle Kategorien hinweg bei einem Wert von 0.89. Dieser Wert resultiert aus durchschnittlichen Werten von 0.81 für die inhaltlichen Kategorien und 0.97 für die formalen Kategorien. Wie bereits erwähnt setzten sich die inhaltlichen Kategorien auch aus interpretativen Elementen zusammen, was eine Erklärung für den nicht optimalen, aufgrund der komplexen und auch bewertenden Einschätzungen jedoch einen tolerablen Wert darstellt. *Reliabilität*

Praktisch umsetzbar ist die Berechnung der Intercoder-Reliabilität mit Hilfe einiger Excel-Befehle. Subtrahiert man die Codierungen einer Analyseeinheit von jeweils zwei unterschiedlichen Codierern voneinander (Ergebnis »0« bedeutet dann Übereinstimmung) und summiert die Anzahl aller Nullen über die Kategorien auf, erhält man die Anzahl der übereinstimmenden Codierungen der beiden Codierer. Man sollte sich bei der ersten Berechnung von Reliabilitäten und gegebenenfalls nicht zufriedenstellenden Ergebnissen immer bewusst machen, dass diese Berechnung – trotz des damit verbundenen Aufwands – dem Forscher auch bei der Optimierung des Instruments hilft. Defizite des Codebuches, die in der Erarbeitungs- und der Probecodierungsphase noch unerkannt bleiben, treten dann deutlich zutage und können behoben werden. Man sollte sich deswegen von zunächst schlechten Werten nicht sofort entmutigen lassen, sondern sie als Herausforderung betrachten, das Instrument weiter zu verbessern.

Eine weitere wichtige Frage, auf die vor dem Eintritt in die eigentliche Feldphase eingegangen werden musste, war die nach der Validität *Validität* der Codierung. Inwiefern war absehbar, ob mit dem erarbeiteten Instrument die ursprünglichen Forschungsfragen beantwortet und damit das in der Studie angestrebte Ziel erreicht werden könnte? Dass die Forschergruppe auch selbst zum Codiererstab gehört, war eine gute Voraussetzung, um die Frage nach der Analysevalidität mit einem bewussten Ja beantworten zu können. Auch die Inhaltsvalidität wurde in dieser Studie so gut als möglich abgesichert. So orientierte sich die Forschergruppe bei der Bildung der Kategorien an ein als valide zu betrachtendes Instrument zur Erfassung von Themenbereichen, das sich auch schon in anderen Studien als gültig erwiesen hat. Bei allen anderen Kategorien bot sich dieses Verfahren allerdings nicht an. Da eine Studie dieser oder vergleichbarer Art zuvor noch nie durchgeführt wurde, war es ebenso schwierig, Kriteriumsvalidität herzustellen. Vergleiche mit externen Forschungen können zwar nicht angeführt werden, jedoch sehen die Forscher der Gruppe ihre Ergebnisse sowohl in theoretischer als auch in empirischer Hinsicht als plausibel an (Konstruktvalidität). Die Inferenzvalidität lässt sich in dieser Studie allerdings recht gut nachvollziehen: Dadurch, dass die empirischen Erhebungen als Mehrmethodendesign (vgl. Kap. 13) angelegt waren, kann begründet angenommen werden, dass aus den Ergebnissen sinnvolle Inferenzschlüsse gezogen werden können. Allerdings wurde bei dieser Studie weniger auf verallgemeinerbare Ergebnisse hingearbeitet, als sich hauptsächlich nur auf das untersuchte Material bezogen. Eine auf das Forschungsziel bezogene Aussagekraft der späteren Datenanalyse war aufgrund dieser Überlegungen bereits zu diesem frühen Zeitpunkt klar erkennbar.

Übungsfragen

1 Sind folgende Aussagen richtig oder falsch?
   a) *Reliabilität* eines Messinstruments heißt *Zuverlässigkeit* der Messung. Bei wiederholter Messung sollten die gleichen Ergebnisse erzielt werden.
   b) *Validität* einer Messung bedeutet *Gültigkeit* der Erhebung. Sie gibt an, ob ein Instrument tatsächlich das misst, was es messen soll.
2 Es gibt verschieden Typen der Reliabilitätsmessung. Nennen Sie die drei wichtigsten und ordnen sie folgende Definitionen entsprechend zu!
   a) … misst, wie gut die Codierung jedes Codierers zu Beginn und am Ende der Feldphase übereinstimmt.
   b) … misst, wie gut die Codierer bei der Verschlüsselung desselben Materials übereinstimmen.

c) ... misst, wie gut die Verschlüsselungen der Codierer mit denen des Forschers übereinstimmen.
3 Um den Reliabilitätskoeffizienten zu berechnen, ist eine bestimmte Formel weit verbreitet. Wie heißt diese? Wie werden die Codierübereinstimmungen berechnet?
4 Der Reliabilitätskoeffizient bewegt sich immer zwischen den Werten 0 und 1, d. h. 0 Prozent Übereinstimmung und 100 Prozent Übereinstimmung. Wie erfolgt die Beurteilung dieser Werte für die verschiedenen Kategorien?
5 Ob die Ergebnisse einer Inhaltsanalyse valide sind, kann unterschiedlich geprüft werden. Nennen Sie mindestens drei verschiedene Typen der Validitätsprüfung!

Der Verwertungszusammenhang: Exemplarische Inhaltsanalysen zu unterschiedlichen Mediengattungen

Inhalt

12.1 Vorbemerkung: Befunde von Inhaltsanalysen aus der akademischen Forschung

12.2 Studie I: Diskussion über die Meinungsfreiheit im Zuge des Karikaturenstreits in der deutschen Tagespresse

12.3 Studie II: Vergleich von Spiegel und Focus

12.4 Studie III: Fernsehnachrichten und Wahlkampf

12.5 Studie IV: Crossmedia-Verweise als Scharnier zwischen Werbeträgern

12.6 Der Forschungsbericht

Dieses Kapitel zeigt anhand einer Reihe exemplarischer Studien aus den vergangenen Jahren auf, wie Inhaltsanalysen in der kommunikationswissenschaftlichen Forschung eingesetzt werden, um akademische Forschungsfragen zu bearbeiten. Die Auswahl der vorgestellten Studien berücksichtigt unterschiedliche Medientypen ebenso wie verschiedene Arten von Inferenzschlüssen. Auf die Formulierung von Übungsfragen wurde für dieses und das nachfolgende Kapitel verzichtet, da es sich hierbei im Wesentlichen um Literaturzusammenfassungen handelt.

12.1 Vorbemerkung: Befunde von Inhaltsanalysen aus der akademischen Forschung

Die bisherigen elf Kapitel haben ausführlich dargestellt, wie aus einem Forschungsinteresse über die Definition von Begriffen, die Formulierung von Hypothesen, die Entwicklung eines Untersuchungsinstruments und dessen Anwendung auf mediale Produkte inhaltsanalytische Daten erhoben werden (siehe Abb. 3.1). Der Prozess, den wir – wie die Methode – »Inhaltsanalyse« im eigentlichen Sinne nennen, ist damit abgeschlossen.

Eine inhaltsanalytische Studie hingegen tritt jetzt in die Auswertungsphase, in der statistische Datenanalysen vorgenommen und deren Ergebnisse interpretiert werden. Dabei handelt es sich um Arbeitsschritte, die bei einer Inhaltsanalyse nicht wesentlich anders ablaufen als für andere Daten, wie sie z. B. aus Befragungen gewonnen werden. Außerdem hängt jede Auswertung natürlich von den untersuchten Forschungsfragen und Hypothesen ab, weshalb sich allgemeine inhaltliche Regeln nur schwierig formulieren lassen. Aus diesen Gründen verzichtet die vorliegende Einführung auf einen Auswertungs-Crash-Kurs, sondern verweist statt dessen auf die entsprechenden einführenden Anleitungen.

Literatur

Für das Vorgehen bei der Auswertung einer Inhaltsanalyse können bewährte Lehrbücher der Datenanalyse und Statistik herangezogen werden, die sich ausführlich mit den entsprechenden Verfahren und Prozeduren beschäftigen. Stellvertetend seien hier genannt:

Küchenhoff, Helmut/Knieper, Thomas/Eichhorn, Wolfgang (2006): Statistik für Kommunikationswissenschaftler. 2., überarb. Aufl., Konstanz: UVK.

Bühl, Achim (2010): SPSS 18 (ehemals PASW): Einführung in die moderne Datenanalyse. 12. aktualisierte Aufl., München: Pearson Studium.

vier Studien — Stattdessen gehen wir erneut exemplarisch vor und wollen die Auswertung und Darstellung von inhaltsanalytischen Befunden anhand einer kleinen Auswahl empirischer Studien aus den letzten Jahren veranschaulichen. Am Beispiel dieser Veröffentlichungen sollen die übliche Logik der Ergebnisdarstellung verdeutlicht und die verschiedenen Möglichkeiten aufgezeigt werden, wie eine Argumentation auf Basis von Inhaltsanalysedaten aufgebaut werden kann. Die vier hierfür ausgewählten Studien decken unterschiedliche Mediengattungen (von der Tageszeitung bis zum Internet) ab, untersuchen vielfältige Merkmale der Angebote und beabsichtigen unterschiedliche Inferenzschlüsse. Die Darstellung folgt dabei unseren Ausführungen in den früheren Kapiteln und gliedert sich jeweils in folgende Teile:

1. Hintergrund/Erkenntnisinteresse
2. Forschungsfragen bzw. Hypothesen und Ergebnisse
3. Untersuchungsanlage
4. formale und inhaltliche Kategorien
5. Qualitätskontrolle

Bei den einzelnen Studien wurde außerdem auf eine gute Zugänglichkeit geachtet – alle sind entweder in einschlägigen Fachzeitschriften veröffentlicht, die in jeder Hochschulbibliothek geführt werden sollten. Wir empfehlen, Kopien der einzelnen Aufsätze anzufertigen und diese vor der Lektüre der nachfolgenden Abschnitte durchzuarbeiten – nur dann dürfte sich aus unserer Darstellung ein optimaler Erkenntnisgewinn einstellen.

Studie I: Diskussion über die Meinungsfreiheit im Zuge des Karikaturenstreits in der deutschen Tagespresse | 12.2

Hintergrund/Erkenntnisinteresse
2005 veröffentlichte die dänische Tageszeitung *Jyllands-Posten* zwölf Karikaturen, die den Propheten Mohammed darstellten. In einer dieser Karikaturen wird der Religionsstifter beispielsweise mit einer Bombe im Turban gezeigt. Die Veröffentlichung führte insbesondere in der arabischen Welt zu Protesten und Boykottaufrufen gegen Dänemark und dänische Produkte. In einigen Ländern im Nahen Osten kam es gar zu Ausschreitungen und Angriffen auf Botschaftseinrichtungen, die mit der Zeit jedoch abflauten. Die Zeitung *Jyllands-Posten* sowie die verantwortlichen Redakteure und Karikaturisten werden jedoch nach wie vor bedroht und stehen im Visier radikaler Islamisten, die die Verunglimpfung ihrer Religion rächen wollen.

Literatur

Naab, Teresa K./Scherer, Helmut (2009): Möglichkeiten und Gefahren der Meinungsfreiheit. In: Publizistik, Heft 3, S. 373–389.

Der sogenannte Karikaturenstreit und die Diskussion um Meinungsfreiheit und die Verletzung religiöser Gefühle wirken bis heute nach. Die empirische Studie beschäftigt sich mit dem Diskurs in den deutschen Printmedien über diesen Karikaturenstreit und untersucht mithilfe einer *quantitativen Argumentationsanalyse* dessen Inhalte und Akteure.

Forschungsfragen und Ergebnisse

In vielen westlichen Ländern und auch in Deutschland kam es im Rahmen des Karikaturenstreits zu einer Diskussion, wie weit Meinungsfreiheit gehen darf und ob religiöse Gefühle eine Schranke der freien Meinungsäußerung darstellen. Die Studie untersucht in Zuge dessen die *Argumente in der Debatte um die Meinungsfreiheit* in deutschen Tageszeitungen. Von Interesse war vor allen Dingen, wie die Möglichkeiten und Gefahren der Meinungsfreiheit diskutiert wurden. Einerseits spiegelt die Berichterstattung der Medien den Diskurs der öffentlichen Akteure wieder; deren Argumente werden in den Zeitungen aufgegriffen und gegeneinander abgewogen. Zum anderen sind die Journalisten jedoch selbst Akteure in diesem Konflikt, denn die Meinungsfreiheit ist die Grundlage ihrer Arbeit und eine Diskussion über Einschränkungen betrifft ihr journalistisches Handeln im Kern. Über eine bloße Feststellung der Diskussionsinhalte hinaus sollte daher mit der Studie analysiert werden, *welche Rolle Medien als Teilnehmer* im Diskurs spielen und wie sich die *anderen Akteure* einbringen.

Betrachtet man die Ergebnisse, so zeigt sich zunächst, dass Gründe für die Meinungsfreiheit lediglich in einem Prozent der Argumente thematisiert werden und auch die positiven Folgen sowie der Zweck der Meinungsfreiheit kaum Erwähnung finden. Mit 42 Prozent aller Argumente weitaus häufiger genannt wurden solche, die die Grenzen der Meinungsfreiheit ansprechen, und hier fanden sich weit mehr Argumente, die sich für bestimmte Beschränkungen aussprechen (26 Prozent) als dagegen (12 Prozent). 16 Prozent der Argumente beziehen sich auf »Religion als Schranke der Meinungsfreiheit«. Ein zweiter großer Block von Argumenten behandelt die mögliche oder tatsächliche Bedrohung der Meinungsfreiheit (16 Prozent aller Argumente), wobei hier vor allem Geschehnisse während des Karikaturenstreits wie Zensurmaßnahmen oder die Bedrohung von Medienschaffenden einen Niederschlag finden. Eine generelle Schutzwürdigkeit der Meinungs- und Medienfreiheit, und zwar unabhängig von bestimmten Grenzen, wird in 8 Prozent der Argumente vertreten. Mit 27 Prozent der Argumente haben »sonstige Argumentationsinhalte« einen großen Anteil an der Diskussion, womit sich zeigt, dass viele unterschiedliche Aspekte genannt wurden, die sich jedoch nicht in Gruppen klassifizieren ließen und in der weiteren Diskussion nicht weiter aufgegriffen wurden.

Clusteranalyse

Es wurden zudem mit Hilfe einer Clusteranalyse fünf typische Argumentationsweisen in den Artikeln ermittelt (siehe Abb. 12.1). Das erste Argumentationsmuster, das unter dem Oberbegriff »Grenzbefürwortung« zusammengefasst werden kann, beinhaltet vor allem Argumente, die eine Beschränkung der Meinungsfreiheit befürworten und hierfür

	Journalistische Stilform		
	Informationsbetonte Stilformen	Meinungsbetonte Stilformen	Gesamt
Argumentationscluster	(n=138)	(n=52)	(n=190)
Grenzenbefürwortung	29	15	25
Grenzenablehnung	15	29	19
Bedrohung	22	35	25
Zensur	22	6	17
Schutzwürdigkeit	12	15	13
Gesamt	100	100	100

N=190; Artikel, die nur sonstige Argumente enthalten, ausgeschlossen; Artikel mit nicht zuordenbaren Stilformen ausgeschlossen

Cramer-V=.28, Irrtumswahrscheinlichkeit p<.01

Informationsbetonte Artikel: Nachricht, Bericht, Lexikonartikel

Meinungsbetonte Artikel: Kommentar, Kolumne, Glosse, Kritik

Abb. 12.1

Argumentationscluster der Artikel nach journalistischen Stilformen, in % (Quelle: Naab/Scherer 2009, Tab. 4, S. 385)

vorwiegend Religion als Grenze nennen. Demgegenüber steht ein zweites Muster, das als »Grenzablehnung« betrachtet werden kann und in dem, wie sich bereits vermuten lässt, eine Beschränkungen der Meinungsfreiheit durch Religion oder sonstige Normen abgelehnt wird. Als weitere Argumentationstypen werden »Zensurmaßnahmen« und die »Bedrohung und Schutzwürdigkeit der Meinungsfreiheit« thematisiert, in denen sich die jeweiligen Argumente des Diskurses mit unterschiedlichem Gewicht verteilen.

Auch in Hinblick auf die Stilform der Berichterstattung unterschieden sich die angetroffenen Argumente: Meinungsbetonte Artikel wiesen die Grenzen doppelt so häufig zurück, wie sie Beschränkungen befürworteten. Bei den informationsorientierten Artikeln war dieses Verhältnis genau umgekehrt. Hinsichtlich der typischen Argumentationsmuster unterschieden sich die untersuchten Tageszeitungen allerdings nicht.

Untersuchungsanlage

Für die Studie wurden drei Tageszeitungen untersucht, die ihrer generellen Tendenz nach jeweils einen unterschiedlichen politischen Standpunkt einnehmen und in Deutschland als Leitmedien gelten. Die *Frankfurter Allgemeine Zeitung* wird gemeinhin als gemäßigt konservativ, die *Süddeutsche Zeitung* als gemäßigt liberal angesehen. Darüber hinaus wurde *die tageszeitung* mit in die Analyse einbezogen, da sie wichtige alternative Meinungen repräsentiert. Beginnend mit dem 30. September 2005, also

Grundgesamtheit

dem Tag, an dem die Karikaturen erschienen, wurden alle Ausgaben bis zum 31. März 2006 untersucht. Für diesen Zeitraum wurden jene Beiträge näher betrachtet, die sich im Zusammenhang mit den Mohammed-Karikaturen auch mit der Meinungs- und Medienfreiheit beschäftigten. Bei der Suche nach geeigneten Artikeln wurde das digitale Archiv der jeweiligen Zeitung verwendet und dabei bestimmte Ressorts wie Leserbriefe, Pressespiegel, Bilder und Ähnliches ausgeschlossen. Von Interesse waren also lediglich die Kernressorts Politik, Kultur, Meinung, Medien usw.

Die letztendlich identifizierten 239 Artikel wurden dann auf die in ihnen enthaltenen Argumente untersucht, die die Analyseeinheit der Untersuchung darstellten. Ein Argument war nach Definition der Forscher jede Aussage über die Meinungsfreiheit, die dieses Konstrukt ausdifferenziert. Dies kann etwa durch eine Stellungnahme zur Notwendigkeit der Meinungsfreiheit, zu Einschränkungen oder ihrem Schutzumfang geschehen. Diese Aussagen konnten wertend, aber auch neutral ausfallen und mussten nicht begründet sein. Insgesamt wurden 839 Argumente identifiziert.

Die jeweiligen Argumente wurden zunächst einzeln erhoben. Um aber Aussagen über die Gesamtaussage eines Artikels und generell über die Argumentationsweise in der Berichterstattung treffen zu können, wurden die jeweiligen Argumentationsmuster betrachtet. Hierzu wurde für jeden Artikel geprüft, welche Argumente vorlagen und welche nicht. Aufgrund der daraus resultierenden Kombinationen wurde eine hierarchische Clusteranalyse durchgeführt. Mit ihr konnten Gruppen von Argumenten und deren Struktur, sprich: deren Argumentationsstränge, ermittelt werden.

Formale und inhaltliche Kategorien

Während der Vorbereitung der Studie wurde – neben der theoretischen Vorarbeit – auch eine qualitative Inhaltsanalyse von Hintergrundartikeln der Magazine *Spiegel* und *Focus* sowie der Wochenzeitung *Die Zeit* durchgeführt. Hierdurch sollte zunächst ein grober Überblick über das Spektrum möglicher Argumente und der am Diskurs teilnehmenden Akteure gewonnen werden. Das Codebuch für die quantitative Untersuchung baute auf den in dieser Voruntersuchung ermittelten Dimensionen auf.

Überblick durch Vorstudie

Mit Blick auf die formalen Kriterien war demnach vor allem bedeutsam, aus welcher Zeitung ein Argument stammte, um mögliche Unterschiede in der Berichterstattung der einzelnen Medien zu untersuchen. Inhaltlich interessierten besonders die spezifischen Argumentationen und in einem weiteren Schritt deren Urheber.

Qualität der Untersuchung
Vor Beginn der Untersuchung wurde das Kategoriensystem anhand eines Pre-Tests geprüft und in Teilen verbessert. Für die Intercoder-Reliabilität wurden über alle Variablen zufriedenstellende Werte zwischen .7 und 1.0 erreicht, wobei zu vermuten ist, dass die hohen Übereinstimmungen zumeist bei den eher einfacher zu ermittelnden formalen Kategorien erzielt wurden. Darüber hinaus lassen sich aus der Publikation selbst wenige Aufschlüsse zur Qualität der Untersuchung entnehmen, da ansonsten weder Näheres über die Schulung noch über die Herkunft der Codierer berichtet wird. Problematisch kann der hohe Anteil an Argumenten sein, die keiner der vorgesehenen Kategorien zugeordnet werden konnten.

Reliabilitätstests

Studie II: Vergleich von SPIEGEL und FOCUS | 12.3

Hintergrund/Erkenntnisinteresse
Die Markteinführung des Nachrichtenmagazins FOCUS stellte auch ein bedeutendes Medienereignis dar. Neben einer großen Anzahl von Artikeln in der aktuellen Presse finden sich auch einige Studien zur politischen Ausrichtung des Magazins. Dennoch war der Gegenstand wissenschaftlicher Untersuchungen bis dato hauptsächlich DER SPIEGEL, der sich nach mehr als 40 Jahren Quasimonopol mit dem FOCUS erstmals einem Konkurrenten im Bereich der Nachrichtenmagazine gegenübersah. *Die Studie basiert auf der Vermutung, dass es auf Seite der Kommunikatoren beider Magazine möglicherweise formale und inhaltliche Annäherungen gegeben hat, nachdem der FOCUS auf den Markt kam.* Alle zuvor erschienenen, vergleichenden Studien zum Thema hatten zwei Gemeinsamkeiten: Zum einen stark eingeschränkte Stichprobengrößen, zum anderen wurden in keiner Studie zeitliche Veränderungen gemessen. Die Zielsetzung dieser vergleichenden Inhaltsanalyse bestand nun darin, bei der Untersuchung der interessanten Merkmale auf eine repräsentative Stichprobe zurückgreifen zu können und so viele Merkmale wie möglich über einen Zeitraum von dreieinhalb Jahren zu betrachten.

Annäherungen zwischen Nachrichtenmagazinen?

Literatur

Wilfried Scharf/Ralf Stockmann (1998): »Der Spiegel« und »Focus«. Eine vergleichende Inhaltsanalyse 1993 bis 1996. In: Publizistik, Heft 1, S. 1–21.

Ziel der Inferenzschlüsse sind damit natürlich zuerst die Kommunikatoren beider Verlage, es werden aber auch Vermutungen über die Wahrnehmung der Inhalte durch die Leser angestellt.

Forschungsfragen und Ergebnisse

Prüfung der Forschungsfragen

Die Grundlage dieser Untersuchung bildeten drei Forschungsfragen, zu denen jeweils detaillierte Analysen vorgelegt wurden:

1. Welche Unterschiede bestehen zwischen den beiden Magazinen und worin liegen ihre Gemeinsamkeiten?

Beide Magazine ähneln sich von ihrer Grundkonzeption – im inhaltlichen Angebot decken sie ein nahezu gleiches Spektrum ab (siehe Abb. 12.2). Unterschiede finden sich in der optischen Gestaltung, wobei der FOCUS auf einen massiven Einsatz grafischer Elemente setzt. Das Bewusstsein für die Grundaufgabe von Nachrichtenmagazinen, nämlich Kontrolle und Kritik auszuüben, erscheint beim SPIEGEL ausgeprägter.

2. Hat der SPIEGEL, 50 Jahre lang von Konkurrenz weit gehend unbehelligt, auf den überraschend erfolgreichen Konkurrenten aus München in irgendeiner Weise reagiert? Sind Inferenzen zwischen den Magazinen messbar?

Im Untersuchungszeitraum hatte der SPIEGEL kaum reagiert und ist wenig von seiner bisherigen Linie abgewichen. Der Wechsel von der Schwarz-weiß- zur Buntoptik und eine kürzere Satzlänge bilden hierbei die Ausnahme.

3. Unterscheiden sich SPIEGEL und FOCUS auf der qualitativen Ebene ihrer Berichterstattung?

Hier waren hingegen einige Unterschiede zu erkennen: Während FOCUS, entgegen seinem Slogan »Fakten, Fakten, Fakten«, eher Meinungen von Politikern, Prominenten und Betroffenen lieferte, bot der SPIEGEL mehr Fakten. Ebenso ist die Hintergrundberichterstattung des FOCUS oft lückenhaft, was dem Leser vermutlich eine eigene Bewertung erschweren

Abb. 12.2

SPIEGEL und FOCUS, Anteile der Ressorts an den Titelthemen (Quelle: Scharf/Stockmann 1998, Tab. 1, S. 5)

Gesamt n = 389	›Spiegel‹ (n = 213)	›Focus‹ (n = 174)
Deutschland	31,5 %	25,3 %
Ausland	10,3 %	3,4 %
Kultur	2,3 %	2,3 %
Wirtschaft	11,3 %	8,6 %
Gesellschaft	25,8 %	37,4 %
Wissenschaft	16,0 %	20,7 %
Medien	1,9 %	1,1 %
Sport	0,5 %	0,5 %
Sonstiges	0,5 %	0,0 %
gesamt	100,1 %	99,3 %

könnte. Der SPIEGEL erlaubt aufgrund seiner umfangreichen Hintergrundberichterstattung dem Leser, ein eigenständiges Urteil zu fällen, auch wenn die Berichterstattung oft tendenziös und die Meinungen des Autors oder der Redaktion offensichtlich sind.

Untersuchungsanlage
Die Auswahleinheit der Studie stellten die Nachrichtenmagazine DER SPIEGEL und FOCUS dar, im Untersuchungszeitraum vom Erscheinen des FOCUS im Januar 1993 bis zum Juni 1996. Um etwaige Reaktionen des SPIEGELS auf den FOCUS nachzeichnen zu können, wurden zusätzlich die Ausgaben des SPIEGELS der zweiten Jahreshälfte 1992 erfasst. Insgesamt wurden auf diese Weise 30 Ausgaben des FOCUS und 36 Ausgaben des SPIEGELS codiert. Die *Analyseeinheiten* bildeten: (a) Titelblätter, (b) einzelne Artikel und (c) Artikel und Anzeigen bestimmter Magazinausgaben. Um alle Bereiche adäquat zu erfassen, wurde das Untersuchungsmaterial in drei Wellen mit unterschiedlichen Kategoriensystemen erfasst (Mehrebenen-Analyse): Codierung der Titelblätter; Codierung aller Artikel und Anzeigen innerhalb bestimmter Magazinausgaben; Volltexterfassung einzelner Artikel. Es wurde keine Zufallsstichprobe gezogen, die Daten wurden in gleich bleibenden Intervallen von sechs Wochen erhoben. Diese Verfahrensweise ermöglichte aussagekräftige Betrachtungen im Zeitverlauf.

Auswahl- und Analyseeinheit

Formale und inhaltliche Kategorien
An Strukturdaten wurden bei den Magazinausgaben erhoben: Magazin, Nummer, Jahr, Anfangsseite, Länge, Bilder bunt, Bilder schwarz-weiß, Infografik, Infokasten, Tabelle, Autor, Ressort, Darstellungsform, Serviceteil und Werbung. Die ausgewählten 30 Volltextartikel pro Heft wurden gescannt und mittels OCR-Software in computerlesbare Form überführt. Hierbei sind zusätzlich eingegangen: Ressort, Spalten optisch, Spalten Text, Verhältnis Text zu Bild, Anzahl Zeilen, Anzahl Wörter, Anzahl Sätze, durchschnittliche Satzlänge. Bei den Titelblättern wurde die Anzahl und Art der Themen, deren Ressort, Servicecharakter, Grundstimmung und Investigativität erfasst.

Alle erhobenen Daten liegen entweder nominalskaliert (Ressort usw.) oder intervallskaliert vor (Länge, Anzahl Bilder uw.). Ein Teil der Studie besteht aus dem Vergleich von Kennwerten (z. B. Artikellänge) beider Magazine, Zeitreihenanalysen ermöglichen die Untersuchung von Veränderungen.

Zur Analyse der inhaltlichen Aspekte wurde ein Maß für die so genannte externe bzw. interne Relevanz entwickelt. Grundlage war die Aufgabe von Nachrichtenmagazinen, Informationen zu vermitteln und

externe versus interne Relevanz

Hintergründe aufzuzeigen. Ein wesentliches Bewertungskriterium für den Stellenwert einer Nachricht ist ihre Relevanz (vgl. Kap. 13.2), da diese den Informationswert von Nachrichtenmagazinen bestimmt. Externe Relevanz bezeichnet hier das Ausmaß, in dem das Hauptereignis einer Nachricht beachtenswert ist und dient in erster Linie dazu, die Selektion des Hauptereignisses einer Nachricht zu beurteilen. Interne Relevanz bezeichnet hingegen, wie wichtig ein Sachverhalt für die Verständlichkeit und die Vollständigkeit eines oder mehrerer Nachrichtentexte über ein bestimmtes Ereignis ist.

Qualität der Untersuchung

Reliabilitätstest

Hinsichtlich der Analyse der formalen Merkmale ließ sich eine hohe Reliabilität feststellen. Dagegen ist die Untersuchung der inhaltlichen Aspekte, vor allem die der externen Relevanz, mit Vorsicht zu betrachten. Hier leidet die Reliabilität unter der Tatsache, dass keine Untersuchungen über das zeitversetzte Erscheinen gleicher Inhalte in beiden Magazinen angestellt wurden, was den Befund, SPIEGEL und FOCUS würden über weit gehend verschiedene Themen berichten, etwas relativiert. Die Validität der Ergebnisse ist hoch, was zum einen durch den langen Untersuchungszeitraum zu erklären ist, zum anderen durch die Verwendung unterschiedlicher Codierverfahren für die einzelnen Hypothesen.

12.4 Studie III: Fernsehnachrichten und Wahlkampf

Hintergrund/Erkenntnisinteresse

Vermutlich beeinflusst die Berichterstattung im Fernsehen während eines Wahlkampfes das Wahlergebnis. Gerade Fernsehnachrichten erreichen wesentlich mehr Menschen als Zeitungsmeldungen. Ein Großteil der Deutschen benennt sie als wichtigste Quelle politischer Informationen. Darüber hinaus enthalten Fernsehnachrichten bedeutend mehr visuelle Informationen, die die emotionalen Reaktionen der Rezipienten stärker prägen als verbale. Wegen dieses Wirkungspotenzials liegt Politikern sehr viel daran, im Fernsehen einen positiven Eindruck zu hinterlassen, da dieser ausschlaggebend für die Wahlentscheidung der Rezipienten sein kann. Dieser Eindruck ist sowohl von seinem persönlichen Auftreten, aber auch von der Art der Darstellung durch den Journalisten abhängig.

Wirkung von Wahlkämpfen im Fernsehen

Literatur

Marcus Maurer/Hans Mathias Kepplinger (2002): Warum die Macht der Fernsehbilder wächst – Verbale und visuelle Informationen in den Fernsehnachrichten vor den Bundestagswahlen 1998 und 2002. In: Christina Holtz-Bacha (Hrsg.): Die Massenmedien im Wahlkampf. Opladen: Westdeutscher Verlag, S. 82–97.

Die Studie untersucht, welche verbalen und visuellen Informationen die Rezipienten über die Kanzlerkandidaten in den Bundestagswahlkämpfen 1998 und 2002 erhielten. In einem zweiten Teil werden die Ergebnisse der Inhaltsanalysen mit den Befunden aus einer Wählerbefragung verknüpft.

Forschungsfragen/Hypothesen und Ergebnisse

Der Untersuchung liegen drei Unterscheidungen zu Grunde: Erstens werden die kurzzeitigen Eindrücke, die der Fernsehzuschauer anhand der Fernsehberichterstattung von Politikern gewinnt, von den damit verbundenen dauerhaften Vorstellungen unterschieden. Die zweite Ebene der Untersuchung betrifft die Unterscheidung zwischen dem kurzzeitigen Gesamteindruck (bzw. der dauerhaften Gesamtvorstellung) und den Einzeleindrücken (bzw. Vorstellungen). Drittens werden schließlich verbal und visuell vermittelte Eindrücke von Politikern differenziert. Auf der Grundlage dieser Unterscheidungen ergaben sich für die Studie folgende Forschungsfragen:

- Welchen Einfluss haben die kurzzeitigen Eindrücke auf die dauerhaften Vorstellungen?
- Welchen Einfluss haben die Eindrücke bzw. Vorstellungen von Einzeleigenschaften auf die Gesamturteile über Politiker?
- Welchen relativen Einfluss haben verbale und visuelle Fernsehinformationen auf die kurzzeitigen Eindrücke von Politikern, und inwiefern beeinflussen sie die dauerhaften Vorstellungen von Politikern?

Dabei gehen die Forscher davon aus, dass der Gesamteindruck, den ein Beitrag von einem einzelnen Kandidaten hinterlässt, auf den (verbal oder visuell vermittelten) Einzeleindrücken beruht: Je mehr positive Einzeleindrücke ein Beitrag also vermittelt, desto positiver wird der Gesamteindruck sein, den man von dem Kandidaten erhält. Den verschiedenen Einzeleindrücken werden ein unterschiedliches Gewicht zugesprochen, was auf der Vermutung beruht, dass manche Einzeleindrücke den Gesamteindruck stärker prägen als andere. Die Bedeutung visueller und verbaler Information ergibt sich daraus, wie stark sich beide auf den

Hypothesenprüfung

Gesamteindruck auswirken. Diese Fragestellungen berühren immer auch die Rezipientensicht, weshalb über die Anwendung der Inhaltsanalyse hinaus eine Wählerbefragung unerlässlich ist (Mehrmethodendesign).

Ein wesentliches Ergebnis dieser Untersuchung ist, dass der Bundestagswahlkampf 2002 deutlich mehr Beiträge mit visuellen Informationen über die Kanzlerkandidaten enthielt als der Wahlkampf vier Jahre zuvor. Der Gesamteindruck, den beide Kandidaten durch Fernsehbeiträge mit visuellen Informationen hinterließen, war deutlich positiver als der Eindruck anhand von Beiträgen ohne visuelle Inhalte (siehe Abb. 12.3). Ein Großteil der 18 erfassten Einzeleigenschaften der Kandidaten wurde bei beiden Wahlen allerdings überwiegend verbal vermittelt (2002 jedoch seltener erkennbar als 1998).

Untersuchungsanlage

Die Anlage der Studie musste zwei Ziele berücksichtigen: Einerseits sollte die generelle Frage beantwortet werden, welche kurzzeitigen Wahrnehmungen von einzelnen Eigenschaften den kurzzeitigen Gesamteindruck und die dauerhaften Vorstellungen von Kanzlerkandidaten prägen. Zum anderen sollte überprüft werden, ob und inwiefern sich die angedeuteten Zusammenhänge zwischen 1998 und 2002 verändert haben.

Um die Relevanz verbaler und visueller Informationen über die Kanzlerkandidaten in den Bundestagswahlkämpfen 1998 (Schröder und Kohl) und 2002 (Schröder und Stoiber) darzustellen, wurde eine Inhaltsanalyse von Nachrichtensendungen vorgenommen. Dabei umfasste die Auswahleinheit die Berichterstattung der TAGESTHEMEN (ARD), des HEUTE-JOURNALS (ZDF), von RTL-AKTUELL (RTL) und der Sendung 18:30 (SAT.1). Die Untersuchungszeiträume beliefen sich jeweils auf die Phase unmittelbar nach Bekanntwerden des jeweiligen Kanzlerkandidaten und auf die Phase di-

Abb. 12.3

Gesamteindruck von den Kanzlerkandidaten anhand der Fernsehnachrichten vor den Wahlen 1998 und 2002 (Quelle: Maurer/Kepplinger 2003, Tab. 2, S. 88)

	1998				2002			
	Schröder		Kohl		Schröder		Stoiber	
	positiv	negativ	positiv	negativ	positiv	negativ	positiv	negativ
	%	%	%	%	%	%	%	%
Anhand aller Beiträge	42	15	25	34	40	24	32	15
Anhand der Beiträge, die auch visuelle Informationen enthielten	50	9	32	28	46	18	38	11
Anhand der Beiträge, die keine visuellen Informationen enthielten	33	22	16	43	29	36	13	26

rekt vor der Bundestagswahl. Für den Wahlkampf 1998 flossen demnach alle Sendungen der Zeiträume zwischen dem 2. März und 27. März sowie 10. August und 4. September ein. Im Jahr 2002 wurden die Beiträge vom 14. Januar bis 7. Februar und vom 16. August bis 12. September untersucht. Alle Beiträge der genannten Nachrichtensendungen mit verbalen oder visuellen Informationen über die Kandidaten wurden erfasst.

Diese Studie zeichnet aus, dass zusätzlich eine telefonische Befragung durchgeführt wurde, um den Einfluss der (relativ dauerhaften) Vorstellungen von einzelnen Persönlichkeitseigenschaften der Kandidaten auf das Gesamturteil der Bürger über sie zu untersuchen. Kurz vor den Bundestagswahlen 1998 und 2002 wurden jeweils rund 500 Bürger nach ihrem Gesamteindruck sowie nach ihrem Eindruck von zwölf einzelnen Persönlichkeitseigenschaften der Kandidaten befragt. Diese Datenerhebung sollte klären, ob und wie sich die Art der Medienberichterstattung auf die Bevölkerung auswirkte – dies allein aus den Ergebnissen der Inhaltsanalyse zu schließen wäre bloße Spekulation (vgl. Kap. 3 und 13). *(ergänzende Wählerbefragung)*

Formale und Inhaltliche Kategorien
Die Inhaltsanalyse der Fernsehnachrichten beruht auf einem Codebuch, das in einer besonderen Form abgefasst war: Die Kategorien wurden nicht in (mit Zifferncodes versehenen) Ausprägungen codiert, sondern die Codierer orientierten sich an Schätzskalen, auf denen sie die ihrer Ansicht nach jeweils zutreffende Stufe zu kennzeichnen hatten. Ein Team von dreizehn (1998) bzw. vier (2002) geschulten Codierern wurde nach dem Zufallsprinzip rotierend auf die einzelnen Sendungen verteilt. Sie notierten auf den fünfstufigen Schätzskalen den spontanen Gesamteindruck, den die Beiträge über die Kandidaten auf sie hinterließen. Die Ausprägungen der Skalen waren von »sehr positiv« bis »sehr negativ«. Danach wurden die spontanen Eindrücke von 18 Persönlichkeitseigenschaften der Kandidaten festgehalten. Dazu wurden sie erneut auf einer fünfstufigen Skala von »trifft voll zu« bis »trifft überhaupt nicht zu« eingeschätzt. Konnte eine Eigenschaft überhaupt nicht erkannt werden, wurde dies gesondert festgehalten. Darüber hinaus wurden für jede Einzeleigenschaft die Quellen der kurzzeitigen Wahrnehmung der Codierer festgehalten. Hier reichte die Skala wieder über fünf Stufen von »eindeutig verbal« bis »eindeutig visuell«. *(Entwicklung von Schätzskalen)*

Qualitätskontrolle
Inwiefern die jeweiligen Instrumente einem Pre-Test unterzogen wurden, erwähnt der Bericht nicht. Dennoch ist davon auszugehen, dass gerade bei dieser besonderen Erfassung subjektiver Eindrücke, welche in der quantitativen Forschung sehr schwierig zu erheben sind, die

Reliabilitätstests Forschungsinstrumente (wie Fragebogen und Codebuch) gründlich getestet wurden. Ebenso galt es hier, die Codierer und Interviewer besonders zu schulen, damit ausgeschlossen werden kann, dass subjektive Meinungen und Einstellungen, das Forschungsergebnis verfälschen. Allerdings geben die Autoren auch keinerlei Auskunft über die Ergebnisse der Reliabilitätstests, die bei einer solchen Vorgehensweise, die sehr stark auf den persönlichen Erfahrungshintergrund des Codierers und seine individuellen Einschätzungen abhebt, besonders wichtig wären.

12.5 Studie IV: Crossmedia-Verweise als Scharnier zwischen Werbeträgern

Hintergrund/Erkenntnisinteresse
Die klassische Mediawerbung leidet unter dem allgegenwärtigen Überangebot von Werbeaussagen im Alltag und bei der Mediennutzung. Es wird vermutet, dass es zu einer Informationsüberlastung innerhalb der Zielgruppen kommt und diese sich von der klassischen Werbung abwenden. Da in den vergangenen Jahren die Reichweiten des Fernsehens und der Zeitungen gesunken sind, wird es für werbetreibende Unternehmen immer schwieriger, auf einem einzigen Weg große Teile der Bevölkerung zu erreichen. Das Schlagwort »Crossmedia-Werbung« steht für ein Konzept, mit dem die Kontakthäufigkeit und -qualität über drei Kommunikationswege wieder erhöht werden soll.

Literatur

Schweiger, Wolfgang/Schmitt-Walter, Nikolaus (2009): Crossmedia-Verweise als Scharnier zwischen Werbeträgern. Eine Inhaltsanalyse von Fernseh-, Zeitungs-, Zeitschriften- und Plakatwerbung. In: Publizistik, Heft 3, S. 347–371.

Hierbei werden im Zuge eines Media-Mixes (1) Anzeigen in den unterschiedlichen Medien geschaltet. Diese Anzeigen sind (2) inhaltlich und formal aufeinander abgestimmt, folgen also einer integrierten Kommunikationsstrategie, und versuchen (3) über Verweise auf andere Werbemittel, bzw. Kommunikationskanäle (vor allem das Internet) aufmerksam zu machen und die Zielpersonen zu deren Nutzung zu motivieren.

Forschungsfragen und Ergebnisse
Der Studie geht es in erster Linie um eine Bestandsaufnahme der aktuellen Crossmedia-Werbepraxis. Im Fokus stehen hierbei nicht die Inhalte der Anzeigen, sondern die Verweise, die als Scharniere zwischen den Werbemitteln wirken. Der Crossmedia-Verweis ist ein Verweis von einem Werbemittel auf ein anderes massenmediales Werbemittel bzw. einen anderen Marketingkanal. Als forschungsleitende Fragen formulierte die Studie:

- Welche Verbreitung hat die einfachste Form von Crossmedia-Werbung, nämlich der Verweis auf eine Website?
- Wie auffällig werden Crossmedia-Verweise dargestellt?
- Welche Rolle spielen andere Verweisziele wie E-Mail-Adressen oder Telefonnummern?
- Wie versuchen die Werbemacher, die Rezipienten zum Besuch bzw. zur Nutzung eines anderen Werbekanals zu motivieren?

Forschungsfragen

Darüber hinaus wurde die Entwicklung der Crossmedia-Verweise in der TV-Werbung im Rahmen einer Längsschnittanalyse über die vergangenen zehn Jahre untersucht.

Die Ergebnisse zeigen, dass Crossmedia-Verweise in der Werbung inzwischen weit verbreitet sind: Knapp drei Viertel aller untersuchten Anzeigen enthalten mindestens einen Verweis, 38 Prozent sogar mehr als einen. Im Schnitt liegt die Anzahl bei 1,5 Verweisen, wobei die schnellen und aufmerksamkeitsschwachen Werbemittel wie Fernsehen und Plakat häufig einen oder auch gar keinen Verweis enthalten (im Schnitt 0,9 Verweise). Printmedien weisen hingegen eine weitaus höhere Verweisanzahl auf, was damit zusammen hängen könnte, dass die Leser eine Anzeige hier deutlich länger wahrnehmen können. Die Zeitreihenanalyse der TV-Spots ergibt seit 1997 einen beinahe linearen Anstieg von anfangs 16 auf nunmehr 56 Prozent Spots mit Crossmedia-Verweisen. Parallel zur Zunahme der Onlinenutzer in der Bevölkerung stieg auch der Anteil jener Spots, die mindestens einen Webverweis enthielten. Die Zahl der Webverweise hat sich jedoch in den letzten Jahren der Untersuchung in geringerem Maße entwickelt als die Anzahl der Onlinenutzer, was so interpretiert wird, dass nun ein sinnvolles Maximum erreicht ist, zumal im Fernsehen Kampagnen mit bildhafter, emotionaler Ansprache überwiegen und diese weniger mit Verweisen arbeiten.

Crossmedia-Werbung funktioniert nur, wenn die Nutzer Kontakt mit mehreren Werbemitteln in unterschiedlichen Mediengattungen haben. Hierfür sollen sie möglichst den Verweisen folgen, weshalb nicht nur die Werbemittel aufmerksamkeitserregend und werbewirksam sein müssen, sondern auch die gesetzten Verweise. Um die Attraktivität von Verweisen zu erhöhen, verwendet knapp die Hälfte aller Verweise

Nutzungsanreize (wie beispielsweise die Möglichkeit, an einem Gewinnspiel teilzunehmen). Oft werden Nutzungsanreize beim Verweis auf eine Telefonnummer gebraucht, was sich damit erklären lässt, dass Rezipienten selten ohne Grund eine Telefonnummer anrufen. Anders hingegen stellt sich die Situation beim Verweis auf Webseiten dar: Dort entfällt die Kontakthürde des Telefons, bei dem man mit einem direkten Ansprechpartners konfrontiert wird, und gleichzeitig werden dort verschiedene Informationen und Dienste angeboten. Der Grund, warum Webseiten häufig auch ohne Nennung eines Nutzungsanreizes auskommen, könnte zudem darin bestehen, dass es für Unternehmen scheinbar zum guten Ton gehört, auf die Webseite hinzuweisen.

Untersuchungsanlage

Stichprobe   Die Stichprobe sollte für die Querschnittanalyse 1.000 Anzeigen/Spots pro Werbeträger-Medium (Zeitung, Zeitschrift, Plakat, TV) umfassen. Um saisonalen Verzerrungen vorzubeugen, wurden die Anzeigen zu jeweils gleich großen Teilen danach ausgewählt, ob sie im Frühling oder Herbst erstmals eingesetzt wurden. Da es im Zuge von Kampagnen oftmals mehrere Anzeigenvarianten gibt, wurde immer nur das erste Werbemittel erfasst. Dies schmälerte die letztendliche Stichprobengröße ebenso wie der Umstand, dass die Datenbank für 2007 weniger als 1.000 Plakate umfasste. Für die TV-Längsschnittanalyse wurden außerdem je 200 Spots, die zwischen 1997 und 2005 erschienen, in Zweijahresintervallen analysiert, wobei wiederum die eine Hälfte im ersten Quartal und die andere Hälfte im dritten Quartal gewählt wurde (siehe Abb. 12.4) Alle Anzeigen und Spots (n=4.066) entstammen einer kostenpflichtigen Datenbank, worauf im Rahmen der Qualität der Untersuchung noch einzugehen ist.

Abb. 12.4

Stichprobenziehung und realisierte Werbemittel-Stichprobe (Quelle: Schweiger/Schmitt-Walter 2009, Tab. 1, S. 357)

Medium	Zeitraum	Ziehungsregel	n brutto	n netto
Zeitung	2007	• Datenbanksortierung: Datum des Ersteinsatzes in absteigender Reihenfolge	1.000	857
Zeitschrift	2007		1.000	887
Plakat	2007	• jeweils erste 500 Anzeigen pro Quartal 1/2007 und Quartal 3/2007	1.000	542
Fernsehen (Querschnitt)	2007	• Entfernung von Dubletten und Anzeigenvarianten innerhalb einer Kampagne	1.000	882
Fernsehen (Längsschnitt)	1997–2005	• 1997, 1999, 2001, 2003, 2005 jeweils 200 Anzeigen • dabei jeweils erste 100 Anzeigen pro Quartal 1 & 3 (ansonsten wie oben)	1.000	898
Gesamt				4.066

Formale und inhaltliche Kategorien
Das Kategoriensystem für die Untersuchung war in einem 30-seitigen Codebuch niedergelegt. Als erster Schritt wurde auf der Ebene der Anzeige (Analyseeinheit Anzeige) erhoben, ob es sich um ein Werbemittel mit argumentativer oder emotionaler Ansprache handelte: Zu ersteren zählen Anzeigen, in denen mindestens ein Kaufargument genannt wurde, während bei letzteren keine Argumente vorlagen. Darüber hinaus wurde auf einer zweiten Ebene verschlüsselt, ob ein oder mehrere Crossmedia-Verweise vorliegen. Wichtig ist hier, dass es sich um Verweise auf Werbeträger handeln musste; normale publizistische oder sonstige Medien fallen nicht hierunter, da sie lediglich beworben werden und keine eigenständigen Werbeträger im Rahmen einer Crossmedia-Kampagne sind. Sie werden daher nicht analysiert. Diese Abgrenzungsvorschrift erstreckte sich auch auf Webseiten als Verweisziele, wobei unterschieden wurde zwischen eigenständigen Angeboten wie Nachrichtenseiten, sozialen Online-Netzwerken, Suchmaschinen usw. und Webseiten mit Werbefunktionen wie Unternehmens-, Marken-, Kampagnen- und Produktseiten. Für die Crossmedia-Verweise (Analyseeinheit Verweis) wurden die Zielmedien, die inhaltliche, optische und akustische Gestaltung, die Platzierung und Hervorhebung in der Anzeige kategorisiert sowie zusätzlich verschiedene Formen von Nutzungsanreizen (z. B. weitere Informationen, Downloads, Gewinnspiele usw.) erhoben.

Qualitätskontrolle
Da die Forscher die Anzeigen aus dem kommerziellen Angebot der Ad-Zyklopädie, einer Sammlung von über 1,5 Millionen Werbeanzeigen und -spots, entnommen haben, können keine Aussagen über die Systematik und Vollständigkeit gemacht werden. Der Anspruch einer repräsentativen Stichprobe ist aufgrund der möglicherweise verzerrten Grundgesamtheit nicht zulässig. Allerdings wäre es auch unmöglich gewesen, im Rahmen der Studie eine ähnlich hohe Anzahl an Anzeigen selbstständig zu sammeln. Für das gewählte Verfahren spricht ferner, dass bei der Masse der Anzeigen, die sich in der Datenbank befinden, Verzerrungen in Richtung eines Marktes, Kampagnentyps oder werbetreibenden Unternehmens nicht plausibel erscheinen.

Die Codierung wurde von 30 Kursteilnehmern vorgenommen, die sich im Rahmen eines universitären Seminars ausführlich mit dem Crossmedia-Konzept beschäftigt haben und auch an der Konzeption und Überarbeitung des Codebuches beteiligt waren. Als Reliabilitätstest wurde eine Doppelcodierung von 296 Anzeigen mit 416 Verweisen von jeweils zwei Codierern durchgeführt. Die berichtete Übereinstimmung liegt im Schnitt bei .89 (Holsti-Formel) und für die in der Studie

> Repräsentativität

besprochenen Kategorien bei mindestens .80. Lediglich für die Variablen »versprochene Gratifikation: Service/Probleme lösen« (.75) und »Größe des Verweises« (.73) fielen die Ergebnisse etwas schlechter, aber noch halbwegs reliabel aus.

12.6 Der Forschungsbericht

Nachdem nun die mühevolle Arbeit der theoretischen Konzeption von Thema, Forschungsfragen und Hypothesen, die Konstruktion eines Codebuches mit Kategoriensystem, die Erhebung und die Auswertung der Daten sowie die Interpretation der Ergebnisse hinter uns liegt, ist es nicht nur ein sinnvoller, sondern auch ein unbedingt notwendiger Schritt, diese Arbeit schriftlich zu dokumentieren. Nicht nur die Erkenntnis des Einzelnen bringt die Forschung und die Wissenschaft voran, sondern der *Erkenntnisgewinn* muss aus wissenschaftstheoretischer Sicht verbreitet werden. Somit können auch andere Forscher das gewonnene Material und die Ergebnisse weiterverwenden, kritisieren, widerlegen oder weiteranalysieren, wenn sie sowohl die Ergebnisse einsehen, als auch die theoretischen Vorüberlegungen und die Methodik kennen und intersubjektiv nachvollziehen können. Deswegen wird am Ende eines Projekts ein Forschungsbericht, ein Buch oder ein Aufsatz für eine wissenschaftliche Fachzeitschrift verfasst oder ein Vortrag auf einer Fachtagung gehalten. Im Forschungsprozess wird so der Übergang von *Begründungs- zum Verwertungszusammenhang* geleistet.

Es existieren zwar verschiedene selbständige Lehrbücher über den Prozess des wissenschaftlichen Schreibens; stattdessen soll hier ein *anwendungsbezogener Überblick* über das Verfassen eines Forschungsberichtes auf Basis einer inhaltsanalytischer Datenerhebung gegeben werden. Die Systematik, die hier vorgestellt wird, orientiert sich wieder an den Bedürfnissen von Einsteigern in die empirische Forschung.

Das *Ziel eines Forschungsberichtes* ist die systematische Beantwortung der Forschungsfragen, die zu Beginn der Studie entworfen wurden. Dabei sollten die forschungsleitende Theorie ebenso wie die Methodik der Studie nachvollziehbar und leserfreundlich dargestellt werden. Außerdem ist es sehr wichtig, alle Überlegungen und Vorgehensweisen sinnvoll miteinander zu verknüpfen und stringent zu argumentieren.

Der endgültige *Textumfang* ist stark abhängig davon, zu welchem Zweck der Forschungsbericht verfasst wird. Der nachfolgende Überblick bezieht sich gleichermaßen auf kürzere wie längere Formate; obwohl keine konkreten Seitenzahlen angegeben sind, sollte in der Regel dem Ergebnisteil der größte Stellenwert zukommen, gefolgt von Theorieteil.

Forschungsbericht

1) **Inhaltsverzeichnis**
2) **Tabellenverzeichnis, Abbildungs-/Schaubildverzeichnis, Abkürzungsverzeichnis** (optional)
3) **Einführung**
   - Hinführung zum Thema
   - kurzer Überblick über das Thema der Studie
   - Abriss über das Vorgehen und den Aufbau des Textes
4) **Theorieteil** (kann mehrere Kapitel umfassen)
   - Vorstellung des theoretischen Hintergrunds der Fragestellung
   - Ausführen der wichtigsten Forschungsergebnisse
   - Theoretische Entwicklung der eigenen Fragestellung aus dem zuvor Gesagten
5) **Hypothesen/Forschungsfragen** (kann in den Theorieteil eingegliedert werden)
   - Aufstellung von ca. drei bis acht Forschungsfragen bzw. Hypothesen
   - Die Forschungsfragen bzw. Hypothesen sollten logisch aus dem Theorieteil ableitbar sein, wobei diese Zusammenhänge dem Leser auch deutlich beschrieben werden sollten.
   - Forschungsfragen bzw. Hypothesen sollten eher größere Zusammenhänge ansprechen – nicht für jede Kategorie im Codebuch bedarf es einer eigenen Hypothese.

   Eine *Forschungsfrage* wird dann genutzt, wenn es in diesem Bereich noch wenig fundierte Literatur bzw. Forschung gegeben hat.

   Eine *Hypothese* wird dann aufgestellt, wenn eine breite Wissensbasis über diesen Bereich vorliegt. Sie sind konkreter formulierbar als Forschungsfragen und sollten eindeutig falsifizierbar sein.
6) **Methodenteil**
   - Sinn: Herstellung einer intersubjektiven Nachvollziehbarkeit der Vorgehensweise für den Leser
   - Beschreibung, Diskussion und Reflexion der eigenen Methodik
   - Bestandteile:
     1. Beschreibung des Codebuchs als Messinstrument
        a. Herleitung der Kategorien (jedoch konstruktorientiert, keine bloße Aufzählung der Kategorien)
        b. Definition von Untersuchungs-, Analyse, Codier- und Kontexteinheit
        c. optimal: mit grafischer Darstellung des Codebuch-Aufbaus
     2. Durchführung
        a. Erklärung der Vorgehensweise

       b. Beschreibung des Pre-Tests
       c. Ergebnisse der Reliabilitätstests
   3. Beschreibung der Auswahleinheit
       a. z. B. Anzahl der codierten Artikel, Anzahl der erfassten Codiereinheiten pro Messebene
       b. Repräsentativitätsüberlegungen

7) Ergebnisteil
- Die Ergebnisse sollten entlang der Hypothesen bzw. Forschungsfragen, aber keinesfalls nach der Reihenfolge der Kategorien im Codebuch dargestellt werden.
- Beantwortung der Forschungsfragen bzw. Hypothesen:
  1. Kurze, sinngemäße Skizzierung der Forschungsfragen bzw. Hypothesen
  2. Beschreibung des datenanalytischen Vorgehens
  3. Darstellung (wenn sinnvoll zusätzlich tabellarisch bzw. graphisch aufbereitet), Interpretation und Diskussion der Ergebnisse
  4. Zusammenfassung der Ergebnisse zu jeder Hypothese und Rückbezug zum theoretischen Hintergrund und zu vorherigen Forschungsergebnissen
- Sollte im aktiv geschrieben werden; Nominalstil, SPSS-technische Kürzel oder SPSS-Tabellen sind zu vermeiden

8) Zusammenfassung / Diskussion / Ausblick / Kritik
- Zusammenfassung und Diskussion von Fragestellung, Methode und Ergebnissen
- Interpretation und Rückbezug der Ergebnisse auf die theoretische Grundlage
- Forschungsausblick sowie kritische Reflexion der Studie

9) Literaturverzeichnis
- alphabetische Auflistung aller verwendeten Quellen und Materialien in einheitlicher Belegweise
- einheitliche Zitation, entweder amerikanisch (also in Klammern hinter dem Zitat) oder in Fußnoten

10) Anhang:
- alle für die Dokumentation der Forschungsdurchführung relevanten Materialien
- z. B. Codebuch, weitere Tabellen, Anschreiben usw.

> **Literatur**
>
> Die vorstehende Übersicht bezieht sich auf ein von Constanze Rossmann erstelltes Dokument:
> http://home.ifkw.lmu.de/~rossmann/science/science_content/merkblatt_forschungsbericht.pdf

Fallbeispiel: Muslimische Weblogs X

Journalist, Projektmanager, Jurist, Sozialpädagoge oder Krankenschwester – das Spektrum der Blogbetreiber der Muslimosphäre ist breit und reicht in verschiedene soziale sowie berufliche Felder. In noch wesentlich größerer Breite stellen sich die Themen und Ereignisse dar, die in über 5.700 Blogeinträgen vorgestellt, kommentiert und bewertet wurden. Die quantitative Inhaltsanalyse machte zweierlei sichtbar: Erstens gibt es innerhalb der Muslimosphäre zwei Pole, die als islamophile bzw. islamophobe Gruppe bezeichnet werden. Zweitens unterscheiden sich diese Gruppen deutlich; während die islamophoben Blogs ein hochgradig politisiertes »Bollwerk« gegen den Islam bilden, ist die islamophile Gruppe kaum als einheitliches Gebilde zu beschreiben – vielmehr zeigt sich hier die Heterogenität des Islam.

Die Gruppen zeigen untereinander keinerlei Vernetzungen, aber auch die Vernetzung unter ähnlich ausgerichteten Weblogs ist sehr unterschiedlich. Während sich die islamophoben Weblogs in einem regen Netzwerk mit mehreren zentralen Webseiten befinden, bilden sich unter den islamophilen Blogs eher wenige, lose Verbindungen, und viele Seiten sind isoliert. Ein weiterer wesentlicher Unterschied zeigt sich bei den in den Posts behandelten Themen: Die islamophilen Weblogs beschäftigen sich hauptsächlich mit Themen rund um den Religionsalltag, wohingegen von den Posts islamophober Herkunft eher Ausnahmezustände und negative Konnotationen wie Islamisierung oder islamistischer Terrorismus diskutiert werden. Dabei erfüllen islamophile Blogs diverse Funktionen (Infoplattform, Watchblog, Online-Tagebuch usw.) und spezialisieren sich zumeist auf ein Gebiet (etwa Vorgänge im Ausland, Privatleben, Koran).

islamophob versus islamophil

Insgesamt lässt sich also weder von einer blogübergreifenden Diskursgemeinschaft noch von einer geschlossenen, konsistenten Teilöffentlichkeit sprechen; vielmehr findet sich in der islamophilen Muslimosphäre die Heterogenität und die Diversität des Islam bzw. die

Individualität seiner Glaubensanhänger wieder. Somit bieten, so die Verfasser der Studie, islamophile Weblogs eine mögliche Alternative zum medial vorherrschenden »Zerrbild« des Islam.

Kommunikationswissenschaftliche Anwendung: Die Inhaltsanalyse als Teil eines Mehrmethodenansatzes | 13

Inhalt
13.1 Methodische Untersuchungskonzepte für Theorien und Modelle
13.2 Inferenzen auf den Kommunikator: Nachrichtenwerte
13.3 Inferenzen auf den Rezipienten: Agenda-Setting
13.4 Inferenzen auf die soziale Situation: Framing
13.5 Mehrstufen-Ansatz: Kultivierung

Die im vorigen Kapitel vorgestellten Inhaltsanalysen konzentrierten sich zumeist auf die Beschreibung der Medienberichterstattung, ohne dass ergänzende Datenerhebungen vorgenommen wurden, um weiter gehende Inferenzschlüsse abzusichern. Nachfolgend wird deshalb überblicksartig die Logik einiger kommunikationswissenschaftlicher Theoriefelder dargestellt, in denen Inhaltsanalysen häufig mit anderen Formen der Datenerhebung kombiniert werden. Dies soll den Blick für die Einsatzgebiete der Methode jenseits eher deskriptiver Fragestellung weiten.

Methodische Untersuchungskonzepte für Theorien und Modelle | 13.1

In der Kommunikationswissenschaft entwickelte Theorien und Modelle der Massenkommunikation beziehen sich fast nie ausschließlich auf Medieninhalte – sie sind immer mit Prozessen der Aussagenentstehung oder ihren Auswirkungen verknüpft. Wenn zur empirischen Untersuchung der jeweiligen Ansätze Inhaltsanalysen herangezogen werden, ist ein Inferenzschluss unvermeidlich (vgl. Kap. 2.2). Dieser unterläge aber erheblichen Einschränkungen, würde er sich bloß auf die Daten der Inhaltsanalyse berufen, wie bereits im Zusammenhang mit deren

Validität diskutiert (vgl. Kap. 11.3) wurde. Daher sehen die entsprechenden Studien oft weitere Datenerhebungen wie Publikumsbefragungen, Feld- und Laborexperimente oder Beobachtungen vor. Die Forschungsfragen und Hypothesen werden in der Gesamtkonzeption der Studie (siehe Abb. 3.1) dann durch unterschiedliche Teilstudien bearbeitet.

Merksatz

Theoriegeleitete kommunikationswissenschaftliche Untersuchungen kombinieren die Inhaltsanalyse oft mit weiteren Datenerhebungen, um die Gültigkeit der erforderlichen Inferenzschlüsse abzusichern.

Einbettung der Inhaltsanalyse in umfassendere Untersuchungen

Die Grundlagen dieser Methoden können hier natürlich nicht weiter vertieft werden – sie sind Gegenstand eigener Methodenliteratur (für einen ersten Einstieg vgl. Brosius et al. 2009, Diekmann 2009, Scheufele/Engelmann 2009 oder Wirth/Lauf/Fahr 2005). Lohnenswert ist es allerdings, einen genaueren Blick darauf zu werfen, wie die Inhaltsanalyse in die jeweiligen Forschungskonzepte eingebettet wird und welcher Stellenwert ihr dort zukommt. Dieses Kapitel blickt über den Tellerrand der Inhaltsanalyse hinaus und erweitert die Perspektive auf ihre praktische Anwendung in der akademischen Forschung. Im Folgenden soll veranschaulicht werden, wie sich existierende theoretische Konzepte unter Berücksichtigung von Inhaltsanalysen – methodisch sinnvoll – in konkrete Untersuchungsanlagen umsetzen lassen.

Übersicht

Ausgewählte Ansätze mit beabsichtigten Inferenzschlüssen und Methoden

Abschnitt	Theorie/Modell	Inferenzschluss	weitere Methode(n)
13.2	Nachrichtenwerte	Kommunikator	Beobachtung, qualitative Befragung
13.3	Agenda-Setting	Rezipient	quantitative Befragung
13.4	Framing	Situation, Rezipient	Dokumentenanalyse, Experiment
13.5	Kultivierung	Rezipient	Statistiken, Befragung, Experiment

Wir gehen dabei wieder exemplarisch vor; im Gegensatz zum vorigen Kapitel stehen nun aber nicht einzelne Studien im Mittelpunkt, sondern die theoretischen Ansätze dahinter. Wir können natürlich erneut nur eine kleine Auswahl behandeln – es wurde allerdings darauf geachtet, eher populäre Beispiele aufzugreifen, die in der Kommunikationsforschung weit verbreitet sind, und an ihnen möglichst unterschiedliche Formen von Inferenzschlüssen und zusätzlich angewendeten Methoden aufzuzeigen, wie die Übersicht verdeutlicht.

Zur leichteren Orientierung folgt auch hier jeder Abschnitt einem einheitlichen Aufbau. Da die einzelnen Ansätze hier nicht als bekannt vorausgesetzt werden sollen, beginnen wir mit einer kurzen Vorstellung der wesentlichen Aussagen der betreffenden Forschungsrichtung. Diese Darstellung ist auf die anschließende Beschreibung der Analyselogik ausgerichtet; zur Vertiefung sei auf die einschlägigen kommunikationswissenschaftlichen Standardwerke verwiesen. Der Aufbau der einzelnen Abschnitte gliedert sich folgendermaßen:
1. Erkenntnisinteresse des theoretischen Ansatzes
2. beabsichtigte Inferenzschlüsse
3. Methodik der Untersuchung und Stellenwert der Inhaltsanalyse

Inferenzen auf den Kommunikator: Nachrichtenwerte | 13.2

Erkenntnisinteresse
Die Nachrichtenwert-Forschung setzt bei der medialen Darstellung von Ereignissen an. Sie beschäftigt sich im Wesentlichen mit der Frage, nach welchen Regeln Ereignisse ausgewählt und zu Nachrichten verarbeitet werden. Dabei geht sie davon aus, dass bestimmte Selektions- und Interpretationsregeln für Journalisten handlungsleitend sind – und dass nach diesen Regeln eine eigene Realität, die Medienrealität, definiert wird. In ihrer langjährigen Tradition hat die Nachrichtenwert-Forschung zwei zentrale Begriffe geprägt: den des Nachrichtenfaktors und den des Nachrichtenwertes.

Selektion und Interpretation des aktuellen Geschehens

- *Nachrichtenfaktoren* sind Ereignissen zugeschriebene Merkmale, die deren Publikationswürdigkeit erhöhen, wenn sie in großer Zahl bzw. in bestimmten Kombinationen vorhanden sind. Ob die Nachrichtenfaktoren den Ereignissen immanent oder lediglich Zuschreibungen von Journalisten sind, ist unter den Vertretern der Nachrichtenwert-Theorie strittig.
- Der *Nachrichtenwert* eines Ereignisses bezeichnet dessen Publikationswürdigkeit, die aus dem Vorhandensein und der Kombination verschiedener Ereignismerkmale resultiert. Je mehr Nachrichtenfak-

toren ein Ereignis aufweist, desto höher ist sein Nachrichtenwert und desto größer ist die Chance, dass es veröffentlicht wird.

Massenmedien können die Realität nicht vollständig abbilden, sondern nur bestimmte Ausschnitte daraus vermitteln. Bei der alltäglichen Auswahl publikationswürdiger Ereignisse gibt es gewisse grundlegende Stereotypen, die den Journalisten die Selektion erleichtern. Die zentrale Frage lautet also: Welche Stereotype oder Kriterien müssen Ereignisse erfüllen, um zu Nachrichten zu werden? Diese Ereigniskriterien werden Nachrichtenfaktoren genannt: Aspekte wie Überraschung, Negativismus, Bedeutsamkeit, Prominenz, Nähe oder Eindeutigkeit (siehe Abb. 13.1). Je stärker ein Ereignis diesen Kriterien – die ihm durch Journalisten zugeschrieben werden – entspricht, desto größer ist sein Nachrichtenwert und somit seine Chance, in den Medien veröffentlicht zu werden.

Abb. 13.1

Beispiel für einen Nachrichtenfaktoren-Katalog (hier lt. Schulz 1982)

Dimension	Nachrichtenfaktor
Status	Elite-Nation
	Elite-Institution
	Elite-Person
Valenz	Aggression
	Kontroverse
	Werte
	Erfolg
Relevanz	Folgen
	Betroffenheit
Identifikation	Nähe
	Ethnozentrismus
	Personalisierung
	Emotionen
Konsonanz	Thema
	Stereotypisierung
	Vorhersehbarkeit
Dynamik	Aktualität
	Unsicherheit
	Überaschung

Für eine genaue Definition der einzelnen Faktoren vgl. Winfried Schulz (1982): News structure and peoples awareness of political events. In: Gazette, Heft 3, S. 139–153.

Beabsichtigte Inferenzschlüsse
Erstes Ziel der Nachrichtenwertforschung sind Aufschlüsse über die Vorgehensweise und die Arbeitsauffassung der Journalisten in den Redaktionen – die Inferenzschlüsse beziehen sich also auf den *Kommunikator* der Medienbotschaften. Dabei werden jedoch zwei unterschiedliche erkenntnistheoretische Positionen eingenommen:

Inferenzschlüsse auf Kommunikator

- Die *hypothetisch-realistische* Position geht vom Vorhandensein einer objektiv erkennbaren Wirklichkeit aus, die der Journalist angemessen abbilden sollte. Bei Nachrichtenfaktoren würde es sich dann um ereignisimmanente Kriterien handeln.
- Die *konstruktivistische* Position begreift Wirklichkeit prinzipiell als Konstruktion. Demzufolge existieren immer nur unterschiedliche Interpretationen der Realität, denn Menschen (und auch Journalisten) erfahren dieselbe Wirklichkeit niemals gleich, sondern geben jedem Ereignis seinen eigenen persönlichen Sinn. Jede Auswahl wäre demnach eine individuelle Interpretation der Realität, aber Journalisten stimmen oft darin überein, was sie als berichtenswert ansehen und konstruieren so ähnliche Medienrealitäten. Die Nachrichtenfaktoren sind dann keine Auswahl-, sondern Interpretationsmuster und meldungs-, nicht ereignisimmanent.

Die Konsequenz dieser Überlegungen für den beabsichtigten Inferenzschluss ist erheblich: Mithilfe einer Inhaltsanalyse lässt sich aus der Berichterstattung sehr gut herausziehen, welche Nachrichtenfaktoren in den *veröffentlichten Medienbotschaften* enthalten sind. Aber aus der Betrachtung des Arbeitsergebnisses der Journalisten kann nicht unterschieden werden, ob im jeweiligen Einzelfall ereignis- oder meldungsbezogene Kriterien gemessen wurden – man sieht es den in der Inhaltsanalyse gemessenen Nachrichtenfaktoren nicht an, ob der Nachrichtenwert Grundlage der Auswahlentscheidung war oder in der Meldung erst erzeugt wurde.

Methodik der Untersuchungsanlage und Stellenwert der Inhaltsanalyse
Die Inhaltsanalyse der Berichterstattung muss, um diese Frage zu klären, durch weitere Erhebungen ergänzt werden. Erste Abhilfe böte bereits eine so genannte Input-Output-Analyse: Würde man nämlich nicht nur das veröffentlichte Material kennen, sondern das gesamte Material, das dem Journalisten vorlag, wäre schon einiges gewonnen. Dann könnte man das Originalmaterial (und damit auch die abgelehnten Inhalte) auf seinen Nachrichtenwert untersuchen. Aus dem Vergleich zwischen abgelehnten und angenommenen Inhalten lässt sich die Bedeutung der Nachrichtenfaktoren für die Auswahlentscheidung ablesen; aus dem

Vergleich des Ausgangsmaterials mit der Berichterstattung dann ihre Bedeutung für die Interpretation des Geschehens.

Allerdings ist das leichter gesagt als getan: Meist lässt sich das »Originalmaterial« gar nicht exakt bestimmen. Der Journalist speist seine Tätigkeit nicht nur aus den täglich hunderten von Agenturmeldungen, eintreffenden Pressemitteilungen und Informationsmaterialien – er nimmt auch die Berichte anderer Medien wahr, recherchiert aktiv durch Anrufe und Besuche oder nutzt das Zeitungsarchiv. All diese Quellen zu erfassen, ist kaum möglich, weshalb die Inhaltsanalyse oft auch durch unmittelbar auf den Kommunikator bezogene Methoden ergänzt wird:

Ergänzung durch Beobachtung oder Befragung

1. Eine *Beobachtung* der Journalisten erlaubt es, konkretes Verhalten fallbezogen zu beschreiben – welche Entscheidungen sie treffen und wie sie das Material faktisch bearbeiten. Bittet man sie darüber hinaus, ihr Vorgehen laut zu kommentieren (»Methode des lauten Denkens«), so erhält man aufschlussreiche qualitative Daten über den Auswahl- und Interpretationsprozess.
2. Systematischere Erkenntnisse kann man beispielsweise aus einer standardisierten *Befragung* einer größeren Zahl von Journalisten erhalten, die ermittelt, wie sie bei der Bearbeitung des Materials verfahren. So können grundlegende Muster jenseits einzelner Entscheidungen aufgedeckt werden.

Beide Methoden haben den Nachteil, dass sie auf die Auskünfte der Kommunikatoren angewiesen sind, also nur deren Aussagen zur Verfügung haben, unabhängig davon, ob der Journalist sich überhaupt dessen bewusst ist, was er tut. Genau deswegen benötigt man die Inhaltsanalyse, denn alleine damit lassen sich – jenseits der individuellen, oft verzerrten Wahrnehmungen der einzelnen Journalisten – »objektive« Aufschlüsse über die existierenden Nachrichtenfaktoren und Nachrichtenwerte erhalten. Umgekehrt ergibt die Inhaltsanalyse aber nur Erkenntnisse zur Struktur der Berichterstattung, aber nicht über den eigentlichen Auswahlprozess.

13.3 | Inferenzen auf den Rezipienten: Agenda-Setting

Erkenntnisinteresse
Dem amerikanischen Kommunikationsforscher Maxwell McCombs verdanken wir die Anekdote, ihm sei 1968 bei der Lektüre der Tageszeitung in einem Straßencafé aufgefallen, dass das Blatt ein Thema von (seiner Ansicht nach) großer Bedeutung für die Bevölkerung eher randständig behandelte, während ein offenkundig untergeordnetes Problem mit

einer großen Schlagzeile aufgemacht war. Wie wir bereits im Zusammenhang mit der Nachrichtenwertforschung (vgl. Kap. 13.2) festgestellt haben, können Medien aus der Vielfalt des aktuellen Geschehens nur einen kleinen Ausschnitt präsentieren. Da dem Individuum viele Ereignisse nicht unmittelbar, also durch persönliche Erfahrungen, zugänglich sind, erscheint es plausibel, dass eine Person aus den Medien nicht nur die sachlichen Informationen über ein Thema entnimmt, sondern aus dem Stellenwert des Themas in den Medien auch dessen vermeintliche gesellschaftliche Bedeutung erschließt.

Thematisierung gesellschaftlicher Probleme

Der Agenda-Setting-Ansatz unterstellt nun eine *strukturierende Wirkung* der medialen Bedeutung von Themen auf die Vorstellungen der Menschen, was die drängenden Probleme der Zeit sind – eben auf ihre eigene »Tagesordnung« (Agenda) akuter gesellschaftlicher Probleme. Wichtige, in den Medien groß aufgemachte Themen werden auch vom Publikum für wichtig gehalten; klein oder gar nicht berichtete Themen schätzt das Publikum hingegen vermutlich als weniger bedeutend ein. Die Auswirkungen dieser zunächst eher simplen Hypothese sind alles andere als trivial: Durch ihren Einfluss auf die öffentliche »Agenda« tragen die Medien zur Entscheidung bei, welche Probleme gegenwärtig als besonders dringlich und lösungsbedürftig gelten, während andere Probleme, die nicht Gegenstand der Berichterstattung sind, in den Hintergrund gedrängt werden. Somit bestimmen die Medien über die Verteilung von Aufmerksamkeit und Ressourcen in der Gesellschaft mit.

Beabsichtigte Inferenzschlüsse
Der Agenda-Setting-Ansatz geht von Wirkungen der Berichterstattung auf die Medienrezipienten und im weiteren Sinne auch auf die gesellschaftliche Situation aus. Der beabsichtigte Inferenzschluss bezieht sich also auf das Medienpublikum. Dabei sind jedoch zwei Ebenen von Folgerungen zu unterscheiden:

Inferenzschlüsse auf Publikum

- Auf *individueller Ebene* wird vermutet, dass sich die Effekte bei jedem einzelnen Mediennutzer einstellen: Eine Person wird die eigene Agenda wichtiger Themen an den von ihr konsumierten Medieninhalten orientieren.
- Auf *gesellschaftlicher Ebene* wird vermutet, dass sich – unabhängig von individuellen Effekten – die von den Medien präsentierten Themen auf die Vorstellungen der gesamten Bevölkerung niederschlagen, welches die gerade wichtigen Themen der Zeit sind.

Würde man Aussagen über den Agenda-Setting-Effekt alleine auf eine Inhaltsanalyse aufbauen, so müsste man zunächst die Themenstruktur der Berichterstattung messen. Auf dieser Basis wäre dann zu folgern, dass sich die Agenda einer Einzelperson aus den in »ihren« Medien präsentierten Themen, die der Bevölkerung aus den in allen Medien präsentierten Themen zusammensetzt.

Methodik der Untersuchungsanlage und Stellenwert der Inhaltsanalyse

Bei diesen Folgerungen handelt es sich zunächst um bloße Spekulationen, die die Forschung zum Agenda-Setting-Effekt überprüfen will. Dazu werden meist zwei Erhebungen herangezogen: über die Messung der Medienagenda durch die Inhaltsanalyse hinaus eine Messung der Publikumsagenda, die in der Regel durch eine standardisierte *Bevölkerungsumfrage* erfolgt. Durch den Vergleich der beiden Erhebungen kann nun festgestellt werden, in welchem Ausmaß die Themenwahrnehmung der Rezipienten tatsächlich mit der Medienagenda übereinstimmt – der Inferenzschluss wird also durch eine weitere Datenerhebung abgesichert. Dabei sind zwei unterschiedliche Strategien zu unterscheiden:

Ergänzung und Publikumsbefragung

- Einfacher ist die Analyse auf gesellschaftlicher Ebene: Hier stellt man schlicht die Ergebnisse für jede der beiden (separat ausgewerteten) Erhebungen gegenüber – also die Menge der Berichterstattung über ein Problem vs. den Prozentanteil von Befragten, die dieses Thema für wichtig halten (siehe Abb. 13.2). Stimmt die Reihenfolge in beiden Erhebungen gut überein, unterstellt man einen Zusammenhang zwischen Medien- und Publikumsagenda.
- Schwieriger wird die Analyse auf individueller Ebene: Hier muss man zunächst für jeden Befragten eine eigene Medienagenda ermitteln, und zwar auf Basis der Inhaltsanalyse von individuell rezipierten Inhalten. In diesem Fall werden also beide Erhebungen miteinander verzahnt und auch in einen gemeinsamen Datensatz zusammengeführt. Dazu benötigt man freilich genaue Angaben über die tatsächliche Mediennutzung jeder einzelnen Person. Verglichen werden dann die beiden persönlichen Agenden auf ihre Übereinstimmung – also quasi Abb. 13.2 Person für Person.

Grundsätzlich stellt sich unabhängig von der jeweiligen Vorgehensweise die Frage nach der Kausalität der Einflüsse: Folgt die Bevölkerungsagenda der Medienagenda oder umgekehrt? Aus einem einzigen Vergleich – z. B. der Ergebnisse einer Bevölkerungsumfrage mit der ihr vorausgehenden Medienberichterstattung – lässt sich diese Wirkungsrichtung nicht bestimmen. Hierzu sind Messungen zu mehreren Zeitpunkten erforderlich, und im optimalen Fall können Forscher auf ganze Zeitreihen zurückgreifen, bei denen in regelmäßigem Abstand durchgeführte Umfragen einer kontinuierlichen Inhaltsanalyse gegenübergestellt werden.

| Issues | Differential media attention | Consequent public perception of issues | Abb. 13.2 |

X_1, X_2, X_3, X_4, X_5, X_6 → X_1, X_2, X_3, X_4, x_5, X_6

Vergleich von Medien- und Publikums-Agenda beim Agenda-Setting-Effekt (Quelle: McQuail/Windahl (1999): Communication Models. London/New York: Longman, S. 105.)

Inferenzen auf die soziale Situation: Framing | 13.4

Erkenntnisinteresse
Wenn wir bei dem Beispiel der Thematisierungsprozesse bleiben, so war bereits bei der inhaltlichen Codierung aufgefallen, dass Themen mit einem unterschiedlichen Differenzierungsgrad auftreten und beschrieben werden können (vgl. Kap. 8.2). Attribute von Ereignissen, Personen und Objekten werden dabei in eine Struktur gegossen, die sich zu größeren Bezugsrahmen (z. B. Themen) verdichten können. Abb. 13.3 zeigt exemplarisch die mögliche Strukturierung des Themenkomplexes »Europawahl 1999«.

Die wissenschaftliche Forschung zur Bedeutung solcher Strukturen wird in jüngerer Zeit unter dem Stichwort »Framing« zusammengefasst. In der Forschung werden zwei Typen von Frames unterschieden:
- Mit *Medien-Frames* sind Strukturen gemeint, die sich auf die Art und Weise der medialen Darstellung von Themen beziehen. Hier werden journalistische Texte auf die Attribute oder die thematischen Aspekte hin untersucht, die sie einem Sachverhalt zuordnen. In der einfachsten Variante dienen dabei die so genannten fünf W-Fragen des journalistischen Handwerks (Wer? Wann? Wo? Was? Warum?) zur Konstruktion eines Frames; bei komplexeren oder längerfristig aktuellen Themen entwickeln sich dagegen vielschichtigere und detailreichere Frames. Forschungsfragen sind dann beispielsweise, ob für ein Ge-

Verdichtung von Geschehen in einem Bezugsrahmen

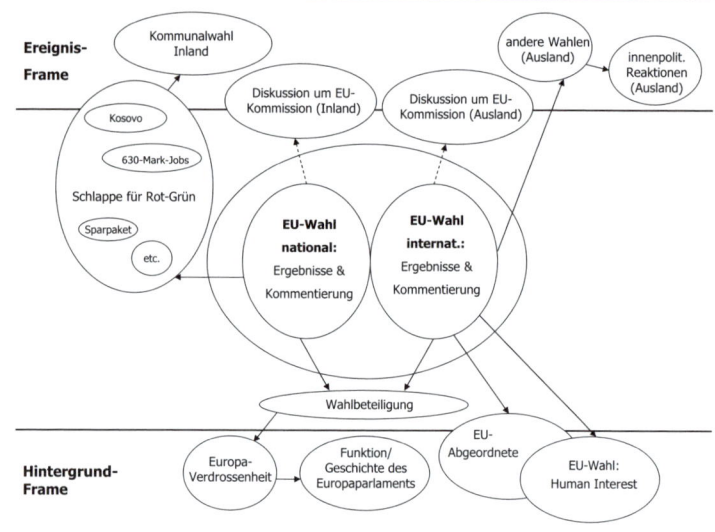

Abb. 13.3

Beispiel: Framing des Themas »Europawahl 1999«

schehen ein Skandal-Frame gewählt wird, ob Personen in den Mittelpunkt gerückt werden (Personalisierung) oder ob eine eher hintergründige oder eine eher episodische Berichterstattung vorliegt.

- Davon sind *Frames des Individuums* zu unterscheiden, die sich auf die Art und Weise beziehen, in der Menschen ihr Wissen über jene Sachverhalte organisieren, die ihnen für die weitere Informationsverarbeitung zur Verfügung stehen sollen. In der Psychologie wird dieses Konzept mit der Annahme verknüpft, dass die kognitive Organisation des Gehirns in Frames (dort auch als »Schemata« bezeichnet) eine Erleichterung der Informationsverarbeitung bedeutet, denn zur Speicherung werden oft nur einzelne zentrale Attribute herangezogen. Dies reduziert die Komplexität des Geschehens, sodass trotz der Reizüberflutung unserer Wahrnehmung noch eine sinnvolle und schnelle Informationsverarbeitung erfolgen kann. Außerdem leiten individuelle Frames die Interpretation von neu eintreffenden Informationen.

Während die Medien-Frames hauptsächlich die Ebene des gesellschaftlichen Diskurses ansprechen und das zentrale Produkt dieses Diskurses formen, beziehen sich die individuellen Frames stärker auf die kognitive Ebene der Realitätswahrnehmung. Je nachdem, auf welche Personengruppe sich diese Frames beziehen, ergeben sich unterschiedliche Perspektiven für die Argumentation: Sind Politiker oder das politische

System betroffen, ist dies meist eine öffentlichkeitstheoretische Perspektive; geht es um Medienvertreter, ist die Perspektive auf Framing journalismus- oder inhaltszentriert; und beim Rezipienten bzw. Publikum zumeist wirkungszentriert.

Beabsichtigte Inferenzschlüsse
Neben der (im ersten Beispiel bereits ausführlich erläuterten) möglichen Rückschlüsse auf den Kommunikator (vgl. Kap. 13.2) stellt das Framing-Konzept die Grundlage für zwei weitere Typen von Inferenzschlüssen dar:

> Inferenzschlüsse auf Rezipienten und Situation

1. Die Medienwirkungsforschung unterstellt einen *Einfluss der Medien-Frames auf die individuellen Frames*: Die kognitiven Strukturen eines Individuums werden sich parallel zu den Themenstrukturen entwickeln, die die von ihm genutzten Medien aufweisen. Bei der Informationsverarbeitung besitzen dann die durch die Medien geprägten Wissensstrukturen einen großen Einfluss.
2. Gleichzeitig geht die Forschung zur politischen Kommunikation davon aus, dass sich aus den in den Medien präsentierten Frames Aufschlüsse für den *Verlauf des politischen Diskurses* geben. Welche Aspekte wurden wann in die Diskussion eingebracht, welche (politischen) Akteure meldeten sich wann zu Wort, welche Lösungsvorschläge wurden wie eingeordnet und bewertet?

Im ersten Fall handelt es sich also wieder um einen Inferenzschluss auf den Rezipienten (vgl. Kap. 13.3), genauer: auf die Organisation seiner Wissensstrukturen. Im zweiten Fall soll auf die gesellschaftliche Situation rückgeschlossen werden; die Medienberichterstattung wird hier lediglich als Quelle benutzt, ohne dass die Rolle des Kommunikators oder individuelle Effekte auf den Rezipienten von Interesse wären.

Methodik der Untersuchungsanlage und Stellenwert der Inhaltsanalyse
Auch hier bietet es sich an, die erwähnten Inferenzschlüsse durch zusätzliche Datenerhebungen abzusichern, und in besonderem Maß gilt dies sicherlich für die generell schwierigen Vermutungen über die Wissensorganisation von Menschen. Erneut steht eine ganze Reihe von methodischen Alternativen zur Verfügung, die die Befunde der Inhaltsanalyse ergänzen und ihre Aussagekraft erhöhen können:

> Ergänzung durch Experimente oder Dokumentenanalysen

1. Bei der Untersuchung von Effekten auf die individuelle Informationsverarbeitung kommen meist *experimentelle Designs* in Laborsituationen zum Einsatz, wie sie aus der psychologischen Forschung bekannt sind. Unter strenger Kontrolle der Randbedingungen werden die Teilnehmer dann mit speziell ausgewählten Medienframes (idealerweise jenen, die in der Inhaltsanalyse ermittelt wurden) konfron-

tiert. Entsprechende Experimentalstudien konnten nachweisen, dass medial konstruierte Bezugsrahmen tatsächlich die kognitiven Frames der Menschen prägen.

2. Soll die Inhaltsanalyse zur Beschreibung sozialer Wirklichkeit dienen, so bietet es sich an, die mediale Darstellung mit anderen, externen Darstellungen abzugleichen. Infrage kommen hierbei etwa *Dokumente* wie Protokolle und Aufzeichnungen oder die Verlautbarungen von Beteiligten. Zu beachten ist, dass die Frage nach »wahr« oder »falsch« hier meist am Kern der Sache vorbeigeht, sondern gerade widersprüchliche Daten (d. h. unterschiedliche Interpretationen der Realität) als wichtige Elemente des Diskurses beachtet werden müssen.

13.5 | Mehrstufen-Ansatz: Kultivierung

Erkenntnisinteresse und beabsichtigte Inferenzschlüsse

George Gerbner entwickelte mit seiner Forschungsgruppe seit Mitte der sechziger Jahre einen Ansatz zur Erklärung langfristiger Effekte, insbesondere des Fernsehens. Seine Kultivierungsthese geht davon aus, dass das gesamte Fernsehprogramm (unabhängig von einer einzelnen Sendung) ein spezifisches Bild der gesellschaftlichen Wirklichkeit vermittelt, das sich bei einem längerfristigen und intensiven Fernsehkonsum auf die persönlichen Realitätsvorstellungen gerade von so genannten »Vielsehern« niederschlägt.

langfristige Beeinflussung der Weltsicht

Als Prämisse für die Kultivierungsthese wird unterstellt, dass
- die Fernsehinhalte *homogen* sind (weil sie von einer TV-Industrie zentral und möglichst massenattraktiv produziert werden);
- die Zuschauer diese Inhalte *nichtselektiv* wahrnehmen.

In der Konsequenz entsteht – Gerbner zufolge – durch das Fernsehen eine ideologisch dem gesellschaftlichen Mainstream verpflichtete, weit reichend geteilte Symbolwelt. Durch den Umgang mit dieser Fernsehrealität werden beim Rezipienten konsonante Vorstellungen über die Alltagsrealität »kultiviert«. Dieser Effekt müsste sich bei den Vielsehern, die sich überproportional häufig dem Fernsehangebot aussetzen, besonders ausgeprägt zeigen. Gerade weil es sich um die Vermutung mittel- bis langfristiger Effekte handelt, ist an dieser Stelle eine sorgfältige empirische Arbeit erforderlich. Oft wurde das Phänomen im Hinblick auf die Wirkungen von Gewaltdarstellungen untersucht – ausgerechnet bei diesem Thema dürfte es jedoch nicht hinreichen, in einer Inhaltsanalyse eine erhebliche Menge von aggressiven Akten und Gewalttaten festzustellen, um von einer massiven Beeinflussung des Publikums auszugehen.

Inferenzschlüsse auf den Rezipienten

Methodik der Untersuchungsanlage und Stellenwert der Inhaltsanalyse
Zur Einschätzung des eigentlichen Effektes sind wieder mehrere Datenerhebungen erforderlich, die sich in Vergleichsprozesse auf zwei unterschiedlichen Stufen aufteilen lassen (siehe Abb. 13.4).

Ergänzung durch Sekundäranalysen und Befragung

1. In der so genannten *Message System Analysis* – einer Inhaltsanalyse im Sinne dieses Buches – wird zunächst die Medienrealität erhoben, etwa die Gewalthaltigkeit der Programme oder die Darstellung bestimmter inhaltlicher Aspekte oder Berufsgruppen.
2. Aus externen Quellen werden anschließend »objektive« Informationen über die gesellschaftliche Wirklichkeit zu genau diesen Aspekten erhoben. Meist werden hierzu amtliche Statistiken, seltener auch Expertenurteile herangezogen. Aus dem Vergleich von Inhaltsanalyse (aus 1.) und externen Daten ergibt sich dann das *Kultivierungspotenzial* der Berichterstattung – denn eine verzerrende Kultivierung kann natürlich plausiblerweise nur für solche Sachverhalte erwartet werden, die in der Fernsehwelt auch verzerrt dargestellt werden.
3. Im letzten Schritt werden die betreffenden, potenziell kultivierenden Aspekte dann in eine standardisierte *Bevölkerungsumfrage* aufgenommen und die Zuschauer nach ihrer persönlichen Realitätswahrnehmung befragt. Besonders wichtig ist hier die Erhebung der Fernsehnutzungsmuster, da abgesichert werden muss, ob der Befragte überhaupt mit den betreffenden Inhalten in Berührung kam bzw. es sich um einen »Vielseher« handelt oder nicht.

Die Bedeutung der Inhaltsanalyse in diesem Forschungsprozess ist erheblich, denn erst aus den von ihr ermittelten Defiziten der Berichterstattung leiten sich die Aspekte ab, für die eine kultivierende Wirkung vermutet werden kann. In zahlreichen Studien hat sich auch der

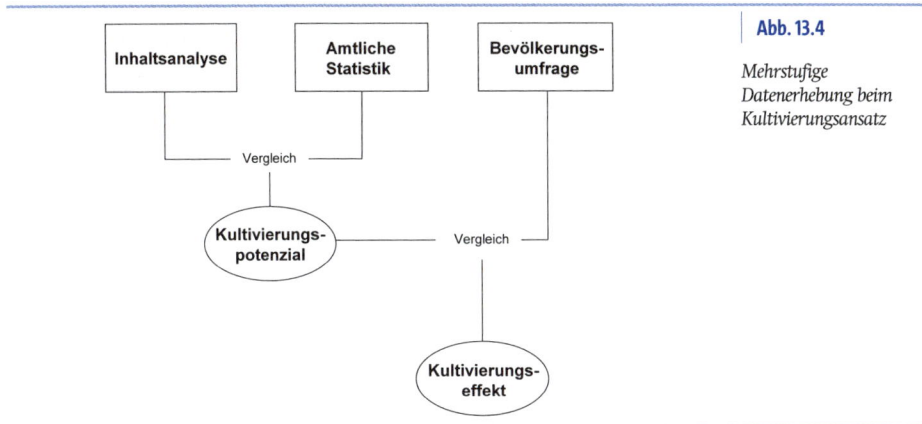

| Abb. 13.4

Mehrstufige Datenerhebung beim Kultivierungsansatz

Kultivierungsansatz als stabiles Phänomen erwiesen: Obwohl Menschen generell zu Fehleinschätzungen neigen – beispielsweise wird der Anteil von Polizisten und Anwälten in der Bevölkerung regelmäßig überschätzt – tritt dies bei Vielsehern noch deutlich häufiger auf. Allerdings können die Zusammenhänge zuweilen auch in umgekehrter Richtung interpretiert werden. So muss der Eindruck von Vielsehern, man würde mit größerer Wahrscheinlichkeit das Opfer eines Gewaltverbrechens werden, nicht zwangsläufig auf ihrem Medienkonsum beruhen. Man könnte genauso vermuten, dass generell ängstlichere Menschen wegen ihrer Furcht vor Verbrechen häufiger zu Hause bleiben – und dann auch mehr fernsehen.

Fallbeispiel: Muslimische Weblogs XI

Auch in unserem begleitenden Fallbeispiel wurde ein Mehrmethodendesign eingesetzt. Neben der bisher ausführlich vorgestellten quantitativen Inhaltsanalyse kamen auch eine qualitative Inhaltsanalyse sowie Experteninterviews mit Blogbetreibern zum Einsatz. Die Kombination der verschiedenen Methoden ermöglichte einen tieferen Einblick in die Muslimosphäre, ohne den die Beschreibung der muslimischen Weblogs nicht in er gebotenen Differenziertheit hätte geschehen können. Die quantitative Inhaltsanalyse wurde, wie schon zuvor beschrieben, zur Erfassung der Muslimosphäre in ihrer Gesamtheit angewendet. Dabei sollte die Vernetzung untereinander und die Interaktionsmöglichkeit innerhalb der Weblogs untersucht werden: Aus welchen Akteuren setzt sich diese Sphäre zusammen und welche Themen sowie Ereignisse werden dort verhandelt (s. o.)?

qualitative Inhaltsanalyse und Interviews

Nach diesem eher statistischen Überblick konzentrierte sich der qualitative Teil der Inhaltsanalyse auf die Funktionsmechanismen des Diskurses in der Muslimosphäre. An mehreren Fallbeispielen wurde das Diskussionsverhalten der Akteure in islamfreundlichen Blogs analysiert. Dadurch sollte geklärt werden, inwieweit die untersuchten Diskurse zu einer Gemeinschaftsbildung führen können. Die Interviews schließlich dienten eher der allgemeinen Einordnung der Befunde in den Forschungskontext und wurden in die systematische Auswertung nicht explizit mit aufgenommen. Es handelte sich hierbei um eine telefonische Befragung von sechs Blogbetreibern der in der qualitativen Studie untersuchten Fallbeispiele. Bei der Befragung wurden schwerpunktmäßig die Motivation für und die Einstellung zum Bloggen erfragt. Zudem sollten die Blogbetreiber jene Auffälligkeiten erklären, die beide Inhaltsanalysen in den jeweiligen Blogs zu Tage gefördert hatten.

Abschließende Überlegungen

Andere Methodenlehrbücher beginnen häufig mit grundsätzlichen Überlegungen, wie die Inhaltsanalyse aus Sicht der Wissenschaftstheorie zu beurteilen ist, bevor sie die Methode selbst erläutern. Wir sind umgekehrt vorgegangen und haben zunächst versucht, ein Grundverständnis für die praktische Vorgehensweise zu wecken, und enden nun vor diesem Hintergrund mit einigen wenigen Bemerkungen zum Sinn, aber auch zu den Grenzen der standardisierten Medieninhaltsanalyse.

Die immer noch wichtigste Einschränkung betrifft die *Interpretation der Ergebnisse*: Wie die beispielhaften Anwendungen in dieser Einführung verdeutlichen sollen, zielt ein Großteil der Inhaltsanalysen darauf ab, Inferenzschlüsse beispielsweise auf den Kommunikator, den Rezipienten oder auf die soziale Situation zu ziehen. Für dieses Ziel verkörpert sie aber bestenfalls eine Hilfskonstruktion, denn sie beschäftigt sich nicht mit dem eigentlich interessierenden Forschungsgegenstand – also etwa den Journalisten, den Wählern oder einer politischen Entscheidung. Stattdessen setzt sie bei den Kommunikationsprozessen an, an denen diese Forschungsgegenstände beteiligt sind; aber die Inhaltsanalyse untersucht gerade nicht diese Prozesse selbst, sondern die Medientexte, die gewissermaßen als »Protokolle« dieser Prozesse veröffentlicht sind. Wir nehmen damit eine doppelt indirekte Messung vor, und wie angemessen diese ist, hängt natürlich von der jeweiligen Vorgehensweise, aber insbesondere von der Forschungsfrage ab.

Ein in der Kommunikationswissenschaft ausführlich behandeltes Phänomen, das für diese Überlegungen eine Schlüsselrolle einnimmt, ist das der *Selektivität*: Selektionen, also Auswahlverhalten, kennzeichnen das individuelle Verstehen und die soziale Verständigung in vielfacher Hinsicht: Von der Medienwahl des Einzelnen über seine selektive Wahrnehmung der Inhalte bis zum selektiven Behalten von Informationen; von der Nachrichtenauswahl in den Redaktionen über die selektive Informationsweitergabe durch Quellen bis zur Auswahl der Inhalte durch Dokumentationen und Archive. Und schließlich geht auch die Inhaltsanalyse selektiv vor, wenn sie bestimmte Berichte ausgewählter Medien in einer bestimmten Zeitspanne nach bestimmten Kriterien untersucht.

> **Merksatz**
>
> Kommunikationsprozesse sind ebenso wie die Methodik der Inhaltsanalyse durch vielfache Selektionsprozesse gekennzeichnet, deren Einfluss auf die Gültigkeit der Befunde zu berücksichtigen ist.

Aus diesem Grund sollte sich der Forscher vor der Publikation seiner Befunde nochmals ausdrücklich vergegenwärtigen, welche oft impliziten, d. h. gar nicht bewusst getroffenen Selektionsentscheidungen sich in der eigenen Studie verbergen. Soweit diese die Herstellung des Instruments betreffen, sollten sie allerdings schon während der Konzeption bedacht worden sein. Gemeint sind an dieser Stelle eher Fragen wie: Kann ich aus den untersuchten Medien tatsächlich etwas über die Berichterstattung »der Journalisten« insgesamt aussagen? Werden die Medien in meiner Stichprobe tatsächlich von einem breiten Publikum genutzt? Welchen Einfluss hatte die Selektionslogik der Medien (z. B. Nachrichtenwerte) auf die Darstellung des Geschehens? Einschränkungen, die aus solchen Überlegungen resultieren, sollten bei der kritischen Würdigung der eigenen Studie im Forschungsbericht unbedingt angebracht werden.

keine verbindliche Erhebung von Bedeutung

Ein weiteres erkenntnistheoretisches Problem ergibt sich aus der ebenfalls impliziten Unterstellung, mit der standardisierten Inhaltsanalyse könne *Bedeutung* gültig und verbindlich erhoben werden. Richtig ist, dass durch die Festlegungen im Codebuch die gemessene Bedeutung offengelegt wird und dass durch eine sorgfältige Codiererschulung (die sich in hohen Reliabilitätswerten niederschlägt) der Bedeutungsgehalt intersubjektiv überprüfbar ermittelt wird. Falsch wäre freilich, diese durch die Inhaltsanalyse – hoffentlich präzise – beschriebene Bedeutung zu einer allgemeingültigen *Deutung* zu erheben: Schließlich verkörpert sie nicht anderes als die von einem Forscher aufgrund seines wissenschaftlichen Interesses eingenommene Perspektive: Kein Artikel zerfällt aus sich heraus in bestimmte Codiereinheiten, sondern der Forscher bestimmt das Analyseraster (Codebuch), das im jeweiligen Fall an den Artikel angelegt wird. Und seine Perspektive kann sich von den Zugängen anderer Forscher ebenso unterscheiden, wie durch die Zerlegung in Analyse- und Codiereinheiten der »tiefere Sinn« einer Botschaft unter Umständen gänzlich verloren gehen kann.

Merksatz

Prüfe stets am Ende jeder Inhaltsanalyse: Sind die Aussagen in meinem Bericht, meine Interpretationen und Schlussfolgerungen tatsächlich von der Datenerhebung gedeckt?

Dies führt uns zu einem grundsätzlichen Aspekt, über den speziell in jener Phase Mitte des 20. Jahrhunderts viel diskutiert wurde, als sich die Inhaltsanalyse als eigenständige Methode zu profilieren begann.

Kritische Forscher sahen sie als Paradebeispiel eines positivistischen Wissenschaftsverständnisses. Mit dem *Positivismus* wird eine grundsätzliche Orientierung bezeichnet, derzufolge die Realität aufgrund wahrnehmbarer Phänomene objektiv erkennbar wäre. Dann wären alle beobachtbaren und entsprechend beschreibbaren Phänomene real, und über ihre Beziehungen untereinander wären allgemeine Gesetzmäßigkeiten induktiv ableitbar. Es liegt auf der Hand, dass gerade die Inhaltsanalyse sofort in Positivismus-Verdacht geraten musste: Schließlich ging sie zunächst von manifest vorliegenden Medieninhalten aus, die anhand der in einem Codebuch niedergelegten Kriterien kategorisiert werden können. Und ihre Ergebnisse sollten sogar verlässlich genug sein, um aus den Medienbeschreibungen weitergehende Schlussfolgerungen auf andere soziale Phänomene ziehen zu können.

Positivismus versus Kritischer Rationalismus

Obgleich sich die Inhaltsanalytiker selbst niemals als Positivsten missverstanden wissen wollten, wurde dieser Vorwurf dennoch immer wieder laut. Inzwischen hat sich jedoch die Einsicht durchgesetzt, dass die Methode – trotz ihres Strebens nach intersubjektiver Überprüfbarkeit der Befunde – ebenfalls der in der empirischen Wissenschaft dominierenden Position des *Kritischen Rationalismus* zuzuordnen ist. Diese setzt bei dem Problem an, dass bei einer induktiven Vorgehensweise, die aus Einzelfällen auf eine Gesetzmäßigkeit schließt, niemals ein Sachverhalt als positiv wahr bezeichnet werden darf, weil der endlichen Zahl an Beobachtungen immer eine unendliche Zahl möglicher Beobachtungen gegenüber steht. Karl R. Popper, Begründer und Hauptvertreter des Kritischen Rationalismus, führte selbst ein simples Beispiel aus dem Alltagswissen an: Der Satz, alle Schwäne wären weiß, muss immer eine Vermutung bleiben, denn selbst wenn man noch so viele weiße Schwäne beobachtet, kann nicht ausgeschlossen werden, dass irgendwo ein schwarzer, blauer oder roter Schwan existiert.

Die Konsequenzen aus diesen Überlegungen sind enorm – denn aus dieser Position ergibt sich zwingend, dass Aussagen über die Wirklichkeit nur Hypothesen sind, die so lange als gültig betrachtet werden können, wie sie nicht widerlegt sind. An die Stelle der positivistischen Verifikation tritt deswegen das Falsifikationsprinzip, das auf einer deduktiven Vorgehensweise beruht: Den empirischen Beobachtungen gehen Theorien und Hypothesen voraus, die die Feldarbeit leiten; gelingt es der Erhebung nicht, diese Hypothesen zu widerlegen (falsifizieren), werden sie einstweilig weiterhin als bewährt (aber nicht als wahr!) angesehen. Die objektive Wahrheit selbst ist allerdings nicht erkennbar. Die Inhaltsanalyse operiert heute weitestgehend unter dem Paradigma des Kritischen Rationalismus: Zwar enthält die Kategorienbildung immer auch induktive Elemente, wenn sie vor dem Hintergrund des

Falsifikationsprinzip

Codiermaterials ergänzt und verfeinert wird; grundsätzlich folgt sie aber der in diesem Buch vorgestellten, theorie- und hypothesengeleiteten Vorgehensweise.

Aufgrund der angestrebten, weitergehenden Inferenzschlüsse sind jedoch zwei Arten von Hypothesen zu unterscheiden:

Hypothesenprüfungen

- Hypothesen, die sich auf das untersuchte Medienmaterial im engeren Sinne beziehen: Sie sind mit der inhaltsanalytischen Erhebung vergleichsweise präzise zu falsifizieren bzw. zu stützen; aufgrund der oben erwähnten Einschränkungen handelt es sich aber weiterhin nur um Hypothesen über die Berichterstattung.
- Hypothesen, die sich auf den Inferenzschluss (z. B. die Kommunikationsabsicht des Kommunikators) beziehen: Sie können in der Regel durch die Inhaltsanalyse selbst nicht geprüft werden, sondern verlangen eine weitere Datenerhebung; Beispiele für solche Mehrmethodendesigns wurden in Kap. 13 bereits ausgeführt.

Stellenwert der standardisierten Medieninhaltsanalyse

Unter diesen Rahmenbedingungen lässt sich auch der eingangs angedeutete Stellenwert der standardisierten Medieninhaltsanalyse für die Kommunikationswissenschaft nochmals verdeutlichen: Als Methode zur Prüfung von Vermutungen über Medienberichterstattung, die über die Werkinterpretation einzelner Kommunikate hinausgehen, liefert sie eine systematische Beschreibung von Medieninhalten anhand der vom Forscher spezifizierten, für die jeweilige Fragestellung relevanten Kriterien. Aus der Prüfung entsprechender Hypothesen lassen sich weitergehende Annahmen sinnvoll ableiten, die sich auf den Entstehungskontext oder die Wirkung dieser Medienberichterstattung beziehen und durch zusätzliche empirische Erhebungen zu testen sind. Und angesichts der unüberschaubaren Flut von medialer Kommunikation und der Flüchtigkeit vieler Inhalte leistet in vielen Fällen bereits die systematische Beschreibung auf der ersten Stufe einen wertvollen Beitrag zur Reduktion von Komplexität, dem Grundanliegen der empirischen Sozialforschung.

Anhang

Glossar	255
Beispiel-Codebuch	259
Antworten zu den Übungsfragen	279
Abbildungsverzeichnis	283
Literatur	285
Register	289

Glossar

A

aggregieren zu übergeordneten Dimensionen zusammenfassen
Akteur Person in der Berichterstattung
Analyse systematische Untersuchung einer Theorie, eines Gegenstandes oder Sachverhalts bezüglich aller einzelnen Komponenten und Faktoren, die ihn bestimmen
Analyseeinheit Elemente aus dem Untersuchungsmaterial, für die im Rahmen der Codierung eine Klassifizierung vorgenommen wird (Artikel, Beiträge usw.)
Analysetiefe/Auflösungsgrad bestimmt die Detailliertheit der Erhebungen und Auswertungen bezüglich der Analyseeinheit
Ausprägung die für eine Kategorie vorgesehenen Vorgaben (Codes)
Auswahleinheit physisch vorliegende Materialien, die für die Untersuchung ausgewählt wurden (Medienberichterstattung)

C

Codebuch Regelwerk, Untersuchungsinstrument der Inhaltsanalyse
Codes zahlenmäßig verschlüsselte und statistisch auswertbare Informationen
Codiereinheit an einem Merkmalsträger interessierende Aspekte, die innerhalb einer Analyseeinheit für die Codierung bedeutsam sind
Codierer Personen, die das Codebuch anwenden
Codierung Verschlüsselung von medialen Botschaften

D

Daten durch Anwendung des Untersuchungsinstruments gewonnene, systematische Informationen über die Untersuchungsobjekte
Definition genaue Bestimmung des Gegenstandes eines Begriffes
deskriptiv beschreibend
Differenzierung Unterscheidung
disjunkt getrennt

E

Empirie auf methodischem Weg gewonnene Erfahrung, Erkenntnisse über die Realität
empirische Sozialforschung Erhebung und Interpretation von Daten über Gegebenheiten und Vorgänge in der Gesellschaft
Erkenntnisinteresse Definition der zu untersuchenden Fragestellung
erschöpfend vollständig
Evaluation Bewertung

exemplarisch beispielhaft
explizit ausdrücklich; ausführlich und differenziert im Material dargestellt
explorativ ohne gesichertes Hintergrundwissen untersuchend

G

Globalbewertung summarisches Urteil
Grundgesamtheit Menge aller potenziellen Untersuchungsobjekte für eine bestimmte Fragestellung (in der empirischen Forschung)

H

Hermeneutik geisteswissenschaftliches Verfahren der Auslegung von Texten
Hypothese unbewiesene Annahme von Gesetzmäßigkeiten oder Tatsachen, mit dem Ziel diese zu verifizieren oder zu falsifizieren

I

implizit nicht ausdrücklich erwähnt, indirekt
Inferenz/Inferenzschluss Wissen, das aufgrund logischer Schlussfolgerungen gewonnen wurde
Interpretation Auslegung, Deutung
intersubjektiv nachvollziehbar verschiedene Personen gelangen zum selben Ergebnis
investigativ aufdeckend, enthüllend

K

Kategorie formale und inhaltliche Kriterien, die an das Untersuchungsmaterial angelegt werden (theoretisches Konstrukt, das zur Beantwortung der Forschungsfrage gemessen werden muss)
Kategoriensystem Summe aller Kategorien; spezifiziert, anhand welcher Kriterien die relevanten Codiereinheiten gemessen werden sollen
klassifizieren einordnen, einteilen
Komplexität Vielschichtigkeit; Gesamtheit aller Merkmale oder Möglichkeiten
Konstrukt theoretische Beschreibung oder Bezeichnung eines sozialen Phänomens
Korrelation statistisch ermittelter Zusammenhang zwischen zwei Sachverhalten

M

manifeste Inhalte offenkundige, ausdrücklich genannte Inhalte
Mediengattung medialer Darstellungstyp (z. B. Printmedien, Rundfunk usw.)

Medienorgane einzelner Medienanbieter (z. B. FAZ, ARD usw.)
Messniveau wichtige Eigenschaft von Merkmalen; gibt an wie mit gewonnen Daten gearbeitet werden kann bzw. wie sie interpretiert werden dürfen. Die vier Messniveaus sind: Nominalskala, Ordinalskala, Intervallskala und Ratioskala.

P

Paradigma Denkmuster, Forschungsperspektive
Pre-Test Vorbereitende, zur Einübung dienende Anwendung des Untersuchungsinstruments auf festgelegte Inhalte unter Realbedingungen
publizistische Einheit fasst alle Tageszeitungen, die im Mantelteil weitestgehend übereinstimmen und sich meist nur im Titel, im Anzeigenbereich und im Lokalbereich unterscheiden zusammen

Q

qualitativ auf Erhebung und Deutung von Zusammenhängen einzelner Beobachtungen beruhend
quantitativ auf zahlenmäßiger Darstellung einer umfangreicheren Menge von Beobachtungen beruhend

R

Reduktion Verringerung
Relevanz Bedeutung, Wichtigkeit
Reliabilität Zuverlässigkeit der Messung
repräsentative Stichprobe verkleinertes, strukturgleiches Abbild der Grundgesamtheit, für die eine Hypothese Geltung beansprucht
Repräsentativität Gültigkeit von Ergebnissen für eine Gesamtheit von Objekten, ermittelt durch Analyse einer kleineren Gruppe dieser Objekte
Reproduzierbarkeit genaue Wiederholbarkeit

S

Skala Maßeinteilung
Statistik wissenschaftliche Methode zur zahlenmäßigen Erfassung, Untersuchung und Darstellung von massenhaften Erscheinungen
Stichprobe Teilmenge aus der Grundgesamtheit

T

Teststatistik Prüfgröße bzw. Stichprobenfunktionen, mit deren Hilfe über Gültigkeit oder Ungültigkeit von Hypothesen entschieden wird

Theorie System wissenschaftlich begründeter Aussagen zur Erklärung bestimmter Tatsachen oder Erscheinungen und der ihnen zugrunde liegenden Gesetzmäßigkeiten

trennscharf unterschiedliche Vorgaben messen unterschiedliche Aspekte ohne Überschneidungen

V

Validität Gültigkeit der Vorgehensweise

Beispiel-Codebuch: Muslimische Weblogs

Das nachfolgende exemplarische Codebuch zum Thema »Muslimische Weblogs«, das dem den einzelnen Kapiteln hinzugefügten Fallbeispiel zugrunde liegt, beruht auf einem Instrument, das durch eine studentische Forschungsgruppe der Universität Erfurt im Rahmen ihrer Bachelor-Abschlussarbeit konzipiert, im Anschluss daran weiterentwickelt und publiziert wurde. Einträge in kursiv beziehen sich auf die Variablenlabels, die bei der späteren Datenverarbeitung in SPSS vergeben wurden. Aus didaktischen und Platzgründen werden nachfolgend einige Kategorien nur beispielhaft, verkürzt oder modifiziert abgedruckt, zudem wurden zugunsten der Übersichtlichkeit jegliche Quellen- und Literaturverweise entfernt. Der Verfasser dankt den Mitgliedern der Projektgruppe, Kerstin Engelmann, Friederike Günther, Nele Heise, Florian Hohmann, Ulrike Irrgang, Sabrina Schmidt und Irina Sailer, sowie ihrem Projektbetreuer Prof. Dr. Kai Hafez herzlich für ihre Erlaubnis, dieses Instrument für das vorliegende Lehrbuch zu verwenden.

Materialauswahl

Auswahleinheit:

Die Grundgesamtheit dieser Studie besteht aus allen Webseiten, die zur Muslimosphäre (MS) gehören. Zur Mulimosphäre werden definitionsgemäß Webseiten gezählt, die mindestens eines der folgenden Aufgreifkriterien erfüllen:
- In der Stamm-URL oder im Namen der Internetpräsenz ist der Wortstamm eines der folgenden Begriffe enthalten: Koran, Islam oder Muslim.
- In den Selbstdarstellungen der Betreiber der Internetpräsenzen wird ersichtlich, dass diese gläubige Muslime sind.
- Auf der Hauptseite der Internetpräsenz befindet sich ein islamischer Glaubens- oder Gebetsausspruch.
- Die Themen, Beiträge, Ressorts oder Artikel der Hauptseite müssen überwiegend von Muslimen bzw. für Muslime verfasst worden sein oder über Muslime, den Islam und zugehörige Themen berichten oder Informationen oder Interpretationen zum Islam und dessen Ausübung enthalten.

Die Erfassung der Muslimosphäre gelingt durch die Eingabe von den Schlagwörtern »Islam«, »Muslim« und »Koran« in die Suchmaschine Google und durch eine Linkverfolgung der aufgefundenen Seiten. Somit ergibt sich eine gültige Grundgesamtheit aus 797 Webseiten, worunter sich 161 Blogs befinden, die einer Vollerhebung unterzogen werden.

Stichprobe der Posts:

Aufgrund des umfangreichen Datenmaterials der verschiedenen Posts auf den 161 Blogs wird nur ein zeitlich begrenzter Ausschnitt der Posts erhoben. So werden nur Beiträge berücksichtigt, die in einem Zeitraum vom 01.08.2007 bis zum 21.10.2007 gepostet wurden. Daraus ergibt sich eine Fallzahl von 5.753 Posts.

Analyseeinheit:

In der Studie zu muslimischen Weblogs finden zwei Analyseeinheiten ihre Anwendung: der Weblog und der einzelne Post.

»Weblogs sind regelmäßig aktualisierte Webseiten, die bestimmte Inhalte (zumeist Texte beliebiger Länge, aber auch Bilder oder andere multimediale Inhalte) in umgekehrt chronologischer Reihenfolge darstellen. Die Beiträge sind einzeln über URLs adressierbar und bieten in der Regel die Möglichkeit, Kommentare zu hinterlassen. Dadurch sowie durch Verweise auf andere Weblogs, denen interessante Informationen entnommen wurden oder zu deren Autoren ein persönlicher Kontakt besteht, bilden sich Netzwerke von untereinander verbundenen Texten und Webseiten heraus; die Gesamtheit aller Weblogs wird zuweilen als »Blogosphäre« bezeichnet.«

Die Einträge werden Post, aber auch Posting genannt und stellen die Hauptbestandteile aller Weblogs dar. Die Posts werden umgekehrt chronologisch sortiert, somit finden sich die neuesten Beiträge zuoberst im Weblog. Ältere Beiträge werden zum Teil auf weiteren Seiten angezeigt oder in Archiven aufgelistet. Der erste Post ist demzufolge der chronologisch am weitesten zurückliegende bzw. der früheste im Weblog. Der zu codierende Teil des Posts fängt mit der Überschrift an und endet vor dem ersten Kommentar. Statische, deskriptive Daten wie Anzahl der Kommentare, das Datum, Anzeige der Trackbackfunktion usw. zählen nicht zum Inhalt und werden auch nicht bei der Kategorie *Postlänge* mitgezählt. Der Permalink, die spezifische Adresse des einzelnen Posts, bildet die Grundlage der Codierung.

Kontexteinheit:

Als Kontexteinheit dient jeweils für die Analyseeinheit der Weblog und der einzelne Beitrag, das heißt es werden nur die Informationen erfasst, die aus dem jeweiligen Weblog oder Post zu erschließen sind. Andere (externe) Quellen werden nur dann zur Klärung hinzugezogen, wenn es sich beim Inhalt des Posts lediglich um einen externen Link ohne jegliche weitere Klärung handelt.

Analyseeinheit I: Weblog

Code	**Code** ist der Liste der Weblogs zu entnehmen
Datum	
Datum	Datum der Archivierung sechsstellig eintragen: **TT.MM.JJ**
Codierer	
Codierer	**Codierernummer eintragen**

1 [...] 2 [...] 3 [...] 4 [...] 5 [...]

Internetadresse

URL	URL mit **http://[...]** angeben (URL bedeutet Uniform Ressource Locator).
Verfügbarkeit	
Verfügbarkeit	**Code** eintragen
1	verfügbar
0	nicht verfügbar

Nicht verfügbar sind Seiten, die nicht einsehbar oder aus bestimmten Gründen (gelöscht, in Bearbeitung, Serverprobleme usw.) nicht erreichbar sind.

Name des Weblog

Titel der Seite	**Titel der Hauptseite,** wie er im Browserfenster oben links angezeigt wird
999	nicht vorhanden
Überschrift des Weblog	**Überschrift des Weblog** eintragen
999	nicht vorhanden
Unterüberschrift des Weblog	**Unterüberschrift** (unter der Überschrift) eintragen
999	nicht vorhanden

Hier werden mehrere Wörter oder Wortgruppen eingetragen.

Rubriken des Weblog

Selbstdarstellung Blogbetreiber	**Code** Vorhandensein Rubrik »Über mich«, »About me« o. ä., auch Kontakt oder Impressum
1	vorhanden
0	nicht vorhanden

Darstellung Zweck/ Funktion des Blog	**Code** Vorhandensein einer Rubrik »Über«, »About« o. ä.
1	vorhanden
0	nicht vorhanden

Zur Selbstdarstellung zählen auch das Impressum bzw. Kontaktdaten, wenn mindestens der vollständige Name und Adresse angegeben wird. Eine E-Mail-Adresse allein ist nicht ausreichend. Blog- und Selbstdarstellung können daneben auch im (datumstechnisch) ersten Post eines Weblogs oder der Überschrift sowie allen Unterüberschriften stattfinden.

Archiv(ierung)	**Code** Vorhandensein Rubrik »Archiv«
1	vorhanden
0	nicht vorhanden

In einem Weblog-Archiv werden ältere Posts nach Tagen, Monaten und/oder Jahren chronologisch aufgeführt. Es befindet sich in der Regel auf einer Ebene mit der Navigationsführung des Weblog.

Statistik	**Code** Vorhandensein Rubrik »Blog-Statistik«, »Besucher« o. ä. (Zähler von Besucherzahlen, Hits, Aufrufen oder dergleichen)
1	vorhanden
0	nicht vorhanden

Zahl Statistik	**angezeigte Zahl** eintragen (nur, wenn Statistik vorhanden; eingetragen werden die Hits)

In der Weblog-Statistik werden Besucherzahlen, auch Hits, aufgeführt, meist in einer Art fortlaufenden Zähler. Hierbei werden zumeist lediglich die Aufrufe der Seite erfasst, Aussagen über längere »Aufenthalte« können nicht getroffen werden. Einige Zähler differenzieren jedoch zwischen Besuchern gesamt und dem jeweiligen Tag. Falls dies der Fall sein sollte, wird die gesamte Anzahl der Besucher codiert.

Linkliste	**Code** Vorhandensein Rubrik »Links«, »Verweise« o. ä.
1	vorhanden
0	nicht vorhanden

Anzahl der Links	**Zahl** eintragen (nur, wenn Linkliste vorhanden)

Hier werden alle aufgeführten Links, auch außerhalb der MS, gezählt. Jedoch muss der Codierer prüfen, ob Blogs unter den Links sind bzw. vom Blogbetreiber fälschlicherweise als

Links aufgelistet wurden. Die zu codierenden Links müssen explizit vom Blogbetreiber als »Links« (Linkliste u. ä.) gekennzeichnet sein. Hierzu können auch als Links bezeichnete Banner o. ä. Sonderelemente gehören. Sonderelemente werden nicht im Codebogen codiert, aber falls Sonderelemente wie Banner o. ä. auf Seiten innerhalb der MS verweisen, hält dies der Codierer als Kommentar im Textdokument fest. Dies gilt ebenso für alle anderen Anmerkungen und Kommentare.

Blogliste	**Code** Vorhandensein Rubrik »Blogroll« o. ä.
1	vorhanden
0	nicht vorhanden

Anzahl der Weblogs	**Zahl** eintragen (auch, wenn keine explizite Blogliste vorhanden)

Die Blogroll enthält Verweise auf andere Weblogs, meist als Leseempfehlungen oder Listen befreundeter oder regelmäßig gelesener Autoren. [...] Da die Blogroll in der Regel permanent auf der Startseite eines Weblogs sichtbar ist, besitzen diese Relationen einen stärkeren Stellenwert gegenüber den vergleichsweise flüchtigen Verweisen in Einzelbeiträgen [...]. Hier werden alle Blogs codiert, auch diejenigen außerhalb der MS. Dies betrifft auch nicht-deutschsprachige Blogs. Wenn keine explizite Blogliste vorhanden ist, müssen alle Links diesbezüglich geprüft werden.

Ausrichtung des Weblog

Ausrichtung	**Code** eintragen
−2	islamfeindlich
−1	islamkritisch
0	neutral
1	islamfreundlich
2	islamistisch
9	nicht zuzuordnen

Vorgehensweise: Untersuchung und Bewertung der (pseudo-)statischen Elemente, Selbstdarstellung Blogbetreiber, Darstellung Blogfunktion, erster Post des Weblogs, Überschrift und Unterüberschrift des Weblogs unter Bezugnahme der folgenden fünf Ausprägungen:

−2 **islamfeindlich** (Bekenntnis zu Islamophobie, aber auch Islamhass; beleidigende, herabwürdigende und hetzerische Äußerungen; Aktionismus, d. h. Planung und Durchführung von Aktionen gegen den Islam und seine Anhänger; Islam wird als »Bedrohung« bezeichnet; verunglimpfende Karikaturen; äußerst negative Einstellung zum Islam und seinen Vertretern)

−1 **islamkritisch** (kritische Äußerungen zum Islam und seinen Anhängern; Kritik in sachlich-argumentativem Tonfall; Darstellung des Islam als rückwärtsgerichtete Religion durch die nicht vorhandene Trennung von religiösen und staatlichen Bereichen; eher

0	negative Einstellung zum Islam und seinen Vertretern, aber auch kritische Auseinandersetzung mit dem Islam durch Muslime) **neutral** (wertfreie Darstellung des Islam, nicht wertende Informationen; eine Möglichkeit ist die Tolerierung islamischer Vorstellungen, Werte und Handlungen, obwohl sie einen Kontrast zum »Westen« bilden; [wertneutrale] Einstellung zum Islam und seinen Vertretern)
1	**islamfreundlich** (Religionsbekenntnis/Gläubigkeit; positive Darstellung und Einstellung zum Islam; positive Aspekte werden betont; Alltagsebene; Darstellung des Islam als hochentwickelte Religion und Kultur, unter Umständen sogar der westlichen Kultur überlegen; eher positive Einstellung zum Islam und seinen Vertretern)
2	**islamistisch** (Aufforderung zu Gewalt, Revolution und Aktionen gegen Staatsgewalt; von im deutschen Sprachraum anerkannten Formen religiös motivierten Verhaltens abweichende Positionen, die als fanatisch, extremistisch oder kriegerisch bezeichnet werden können; extrem positive bis fanatische Einstellung zum Islam und seinen Vertretern)
9	**keine eindeutige Zuordnung** möglich bzw. Unsicherheit bei der Zuordnung bedeutet, dass »9« codiert wird.

Die Bewertung eines Blogs muss mit Wortfeldern in der Textdatei hinreichend belegt werden. Dies kann einzelne Wörter, Wortgruppen oder ganze Sätze betreffen.

Akteure

Zahl der Blogbetreiber bzw. Anzahl Poster im UZ eintragen (der Selbstdarstellung bzw. den Posts zu entnehmen)

Hier wird die Zahl der Blogbetreiber eingetragen. Lassen sich keine Betreiber über die Selbstdarstellung, Impressum oder ersten Post identifizieren, wird die Zahl der Poster im Untersuchungszeitraum (UZ) ermittelt und eingetragen. Die Codierung der nachfolgenden Kategorien (bis zu Anzahl der Blogteilnehmer) geschieht auf Grundlage des ersten Posts, der Überschrift und der Unterüberschrift des Weblogs. Sind dort mehrere Betreiber genannt, wird nur der erstgenannte codiert.

Namen der Blogbetreiber bzw. Poster **Name** eintragen (Vor- und Zuname bzw. Nickname; alle Namen gesondert eintragen)

Staatsangehörigkeit des Blogbetreibers	**Code** eintragen
1	deutsch
2	nicht-deutsch
9	nicht zuzuordnen

Hier muss der Akteur seine Staatsangehörigkeit explizit benennen.

Aufenthalts- bzw. Wohnort Blogbetreiber	**Land** eintragen
999	nicht vorhanden

Der Wohnort oder Aufenthaltsort kann explizit genannt oder über die Angabe einer Adresse preisgegeben werden.

Religionszugehörigkeit des Blogbetreibers	**Code** eintragen
1	Muslim(a)
2	Christ(in)
3	Jude/Jüdin
4	Buddhist(in)
5	Hindu(istin)
6	Atheist(in)
7	sonstige Religion
9	nicht zuzuordnen

Hier muss der Akteur seine Religionszugehörigkeit explizit benennen.

Angabe zur Profession des Blogbetreibers	**Code** eintragen
1	vorhanden
0	nicht vorhanden
Art der Profession	**Bezeichnung** eintragen (nur, wenn Angabe vorhanden)

Hier muss der Akteur seine Profession (beispielsweise Student oder Anwalt) explizit benennen.

Anzahl aller Blogteilnehmer	**Zahl** eintragen (es sind alle Posts und Kommentare im UZ zu berücksichtigen; es werden nur identifizierbare Poster oder Kommentatoren gezählt; Liste in externer Textdatei anlegen)

Hierbei ist zu berücksichtigen, dass ein Kommentator, der unter »anonym« oder »Gast« kommentiert, nicht zu identifizieren und deshalb zu vernachlässigen ist. In einer externen Textdatei wird eine Liste mit den identifizierbaren Postern und Kommentatoren angelegt, Dopplungen bereinigt – unterschiedliche Schreibweisen zählen nicht als Dopplung

(z. B. Schariagegner, Scharia Gegner) – und die Zahl aller Akteure (ohne Blogbetreiber) eingetragen.

Betreibertyp	Code eintragen
1	Privatperson (eindeutig Betreiber mit privaten Interessen bzw. die den Blog als Hobby betreiben und nicht vorrangig im Namen einer Gruppe, Firma oder dergleichen agieren)
2	nicht-organisierte Personengruppe (z. B. ein Kreis von Freunden oder Menschen mit gleichen Interessen, die sich jedoch nicht im Rahmen einer Organisationsstruktur zusammenfinden)
3	organisierte Personengruppe (z. B. Verein, Interessengruppe)
4	Unternehmen (betreibt den Blog aus eindeutig kommerziellen Interessen bzw. unternehmensbedingten Gründen heraus)
5	Medienanbieter (z. B. die ZEIT oder die TAZ, betreiben den Blog eingebunden in Strukturen des Medienangebotes als zusätzliches bzw. auch relativ au-tonomes Angebot, betrieben wird er zumeist von einem Redakteur des Medienangebotes)
6	Partei
7	Institution (eindeutig eine Repräsentanz einer Institution, z. B. Bundesamt)
9	nicht zuzuordnen

Alle Angaben zum Betreiber (Religion, Wohnort, Profession usw.) werden aus der Selbstdarstellung, dem ersten Post sowie Überschrift und Unterüberschriften, entnommen.

Posts allgemein

Erster Post im Weblog	Datum des Post sechsstellig codieren: **TT.MM.JJ**
Anzahl der Posts im UZ	**Zahl** eintragen
Kategorisierung der Posts	**Code** Vorhandensein von Kategorisierungswörtern (Labels/Tags/Schlagworte/Stichwörter/Kategorien)
1	vorhanden
0	nicht vorhanden
Anzahl der Kategorien	**Zahl** eintragen
Kommentarmöglichkeit	**Code** generelles Vorhandensein einer Möglichkeit für Leser, Posts zu kommentieren
1	vorhanden
0	nicht vorhanden

Analyseeinheit II: Einzelner Post im UZ

Folgende Angaben sind für jeden einzelnen Post des Weblog innerhalb des ZU zu codieren.

Datum des Post	Datum des Post sechsstellig codieren: **TT.MM.JJ**
999	nicht vorhanden
Uhrzeit des Post	Uhrzeit des Post vierstellig codieren: **HH:MM**
999	nicht vorhanden
Anzahl der Kommentare	**Zahl** eintragen
999	Kommentarfunktion gesperrt

Bei vielen Weblogs ist es möglich, eine eigene Meinung zu einem Eintrag zu veröffentlichen. Ein solcher Kommentar wird dann auf der gleichen Seite wie der Eintrag selbst oder als Pop-up angezeigt.

Anzahl Kommentatoren	**Zahl** eintragen

Zur Ermittlung der Kommentatoren siehe oben (Anzahl aller Blogteilnehmer).

Art des Post	**Code** eintragen
1	nur Quelle
2	eigener Text und Quelle
3	ohne externe Quelle

Wird ausschließlich eine Quellen angegeben oder in den Post kopiert, dann ist die Art des Posts »1«. Sobald der Poster ein nicht aus der Quelle stammendes Wort integriert, wird eine »2« codiert. Ist keine Quellenangabe im Sinne unseres Verständnisses vorhanden, ist die Art des Posts eine »3«. Unter einer Quelle wird a) ein Link, b) eine Quellenangabe (Autor, Titel), c) ein direktes Zitat oder d) ein Bild oder Video, das nicht privat vom Poster hergestellt wurde, verstanden. Sobald eines dieser Determinanten zutrifft, muss die Quelle codiert werden.

Funktion des Post	**Code** eintragen
1	Information
2	Kommentar, Meinungsäußerung, Interpretation
3	Mischform
9	nicht zuzuordnen

Es zählt der überwiegende Eindruck. Sobald eine Rahmung oder Bewertung der Information durch den Poster vorgenommen wird, fällt der Post nicht mehr unter die Ausprägung »1«. Sind Ausschnitte von Quellen in den Post integriert, in denen Meinungen und Bewertungen vorgenommen werden, ist dennoch der Ausschnitt als Informationsbereitstellung vom Poster zu bewerten. Deswegen ist eine Kombination von Art des Posts »1« oder »2« und Funktion des Posts »2« ausgeschlossen. Mehrere Quellen sind einzeln zu codieren.

Primärquelle	Code eintragen
1	Infoseite
2	Blog
3	Forum
4	Homepage
5	Onlinemedium
6	kommerzielle Seiten
7	Presseagentur
8	Fernsehen
9	Radio
10	Printmedien
11	Multimedia-Portal
99	sonstige

Unter einer Primärquelle wird a) ein Link, b) eine Quellenangabe (Autor, Titel), c) ein direktes Zitat oder d) ein Bild oder Video, das nicht privat vom Poster hergestellt wurde, verstanden. Sobald eines dieser Determinanten zutrifft, muss die Quelle codiert werden. Es zählen hier ausschließlich die Quellenangaben die auf der Ebene des Posts sichtbar sind. Enthält ein Post mehrere Primärquellen, so wird hier und nachfolgend die erste codiert.

Name der Primärquelle	Name eintragen
Art der Primärquelle	**Code eintragen**
1	Video
2	Audio
3	Foto
4	Grafik/Zeichnung
5	Text/Artikel
9	nicht zuzuordnen
Herkunft Primärquelle	**Code eintragen**
1	MS
2	außerhalb MS
3	nicht-deutschsprachige MS

Der Codierer muss den Namen der Quelle mit der in der externen Liste »Gesamtkatalog.exe« enthaltenden Internetpräsenzen der MS abgleichen. Lassen sich Hyperlinks nicht öffnen, kann der Codierer die Art der Quelle nicht bestimmen (wäre »9«). Auf Grundlage des Browserfensters kann er jedoch Namen der Quelle, die Quelle an sich und Herkunft der Quelle bestimmen.

Sekundärquelle	Code eintragen (wenn keine Sekundärquelle vorhanden weiter mit Postlänge)
1	Infoseite
2	Blog

3	Forum
4	Homepage
5	Onlinemedium
6	kommerzielle Seiten
7	Presseagentur
8	Fernsehen
9	Radio
10	Printmedien
11	Multimedia-Portal
99	sonstige

Sind in einem Post auch die Quellen der angegeben Primärquelle enthalten (z. B. hinein kopierter externer Artikel, der sich Quellen bedient), so werden dessen Quellen auch codiert. Jedoch nur wenn die Quellen auf Ebene des Posts sichtbar sind (z. B. Ausschnitt aus einem Artikel, in dem Quellen vorkommen, ist in den Post reinkopiert). In dem Fall ist die Quelle des reinkopierten externen Inhalts Primärquelle und der reinkopierte Inhalt Sekundärquelle. Somit ist die Primärquelle die »Ur-Quelle«, die in der Sekundärquelle aufgearbeitet wurde. Dennoch werden externe textbasierte Inhalte außerdem noch einmal einzeln als Primärquelle codiert. Bei Audiovisuellen Inhalten handelt es sich meist nur um einen Distributeur. Das heißt, dass die Ursprungsquelle bzw. der ursprüngliche Inhalt meist nicht selbst vom Bereitsteller (z. B. youtube.com) produziert wurde. In diesem Fall ist der Distributeur Sekundärquelle und die Ursprungsquelle (z. B. ARD- Sendung: Titel, Thesen, Temperamente) die Primärquelle.

Herkunft Sekundärquelle	**Code** eintragen
1	MS
2	außerhalb MS
3	nicht-deutschsprachige MS

Der Codierer muss den Namen der Quelle mit der in der externen Liste »Gesamtkatalog.xls« enthaltenden Internetpräsenzen der MS abgleichen.

Name Sekundärquelle	**Name** eintragen
Postlänge	**Zahl der Wörter** eintragen (Posts sind in externer Textdatei zu speichern)
Verweise/Links zum Post	**Code** Vorhandensein der Trackbackfunktion
1	vorhanden
0	nicht vorhanden

Die »Trackback«-Funktion löst das Problem, »dass ein Hyperlink prinzipiell nur einseitig ausgerichtet ist und ein Link von Seite A auf Seite B nicht wieder zu Seite A zurückführt.« Der Trackback automatisiert Verweise, indem der Autor in seinem Beitrag seine Quellen gesondert referenziert. Bei der Veröffentlichung des Beitrages wird der zitierte Text dann automatisch um den Hinweis ergänzt, dass sich ein anderes Weblog auf sie bezogen hat. Dadurch fällt es Weblog-Nutzern leichter, die Verbreitung von Informationen nachzuverfolgen. »Weblogbeiträge verweisen in der Tat häufig auf eine oder mehrere externe Quellen (verlinken auf diese Quelle), mehr noch: Der Hinweis auf diese Seite(n) ist oft der (einzige) Grund für diesen Weblogbeitrag.«

Anzahl der Trackbacks	**Zahl** eintragen (nur, wenn Verweise vorhanden)
Post mit Islambezug	**Code** eintragen
1	Islambezug vorhanden
2	kein Islambezug

Islam, Moslem/Muslim, Koran, Allah (in dieser Form oder als Wortstamm) müssen mindestens einmal wörtlich in Titel, Untertitel, Bild oder Bildunterschrift oder im Post genannt sein.

Ereignis des Post	**Code** eintragen
1	vorhanden
0	nicht vorhanden
Name des Ereignisses	**Name** eintragen (nur, wenn Ereignis vorhanden)

Bei der Berechnung des Ereignisses müssen, insofern die Informationen im Post hinreichend enthalten sind, die Fragen nach dem Was, Wann, Wie, Wer, Wo beantwortet werden.

Thema des Post	**Code** eintragen (siehe Anhang)

Hier wird das Hauptthema des Textes bestimmt. Es können max. drei Hauptthemen verschlüsselt werden, die in dem Post den breitesten Raum einnehmen. Die thematischen Kategorien sind im Anhang genauer definiert und mit Beispielen unterlegt, die entweder aus entsprechender Literatur sowie aus den Weblogs stammen oder selbst erstellt wurden.

Anhang: Themenliste

Anmerkung: Im Originaldokument ist **jede** der fettgedruckten Kategorien ausführlich erläutert und mit Beispielen versehen. Aus Platzgründen haben wir für das vorliegende Fallbeispiel nur jeweils einige exemplarische Kategorienbeschreibungen aufgeführt.

POLITIK

Themen, die in einem politischen Kontext dargestellt werden, werden in der Oberkategorie Politik codiert und in die entsprechende Unterkategorie eingeordnet.

Unter Politik ist einerseits das in der Gesellschaft stattfindende soziale Handeln von Individuen, Gruppen, Organisationen, Parteien, sozialen Bewegungen, Massenmedien, Parlamenten und Regierungen, das durch Verfassung und Gesetze weitgehend geregelt ist, zu verstehen (institutionelle Dimension). Die Politik hat andererseits eine normative Dimension: Sie beruht auf Vorstellungen über Grundwerte und Ziele für die Gestaltung der politischen Ordnung einer Gesellschaft – das ist der Staat – und will materielle und ideelle Interessen vertreten. Drittens ist Politik im Prozess der politischen Willensbildung – mit Konflikt und Konsens – Kampf um Macht und Herrschaft.

10000   DEUTSCHLAND

Alle politischen Handlungen bzw. politischen Ereignisse, die in der Bundesrepublik Deutschland stattfinden oder sich direkt auf Deutschland beziehen. Ausgenommen sind hierbei alle Konflikte, Maßnahmen zur Konfliktprävention und -lösung (siehe 13000) sowie alle EU-bezogenen Handlungen und Ereignisse (siehe 12100).

11000   Innenpolitik

Im weiteren Sinne werden damit die Formen und Inhalte wie auch die Ergebnisse politischen Handelns innerhalb der Bundesrepublik Deutschland bezeichnet, an denen im Wesentlichen nur Einwohner Deutschlands beteiligt sind. Ausgenommen sind hierbei Konflikte, Handlungen zur Konfliktprävention sowie Konfliktlösung. Ihr Kern sind die mit Anspruch auf gesamtgesellschaftliche Verbindlichkeit getroffenen Regelungen über begehrte Werte (Ressourcen wie Geld, Bildung, Arbeit usw.) in einem Gemeinwesen und die Rückwirkungen dieser Regelung auf Form, Vorgang und Inhalt des Politischen (Steuern, Freiheit, Bildung, Arbeit usw.)

11010   Justiz

Als Justiz wird einerseits die behördliche Organisation des Gerichtswesens, andererseits die Rechtsprechung der verschiedenen Gerichtszweige und -instanzen bezeichnet. Justiz ist immer dann als Thema zu codieren, wenn sich der Artikel entweder auf abgeschlossene, bestehende oder zukünftige Rechtsverfahren bezieht. Debatten zum Beschluss neuer Gesetze sowie das legislative Verfahren in Bundestag und Bundesrat fallen unter die betreffende innenpolitische Kategorie. Beispiel: *»Verfahren gegen Ackermann hat begonnen«*

11020   Sicherheitspolitik

Die Kategorie Sicherheitspolitik umfasst alle Maßnahmen der Legislative und der Exekutive, die sich auf den Schutz der Bevölkerung innerhalb Deutschlands im Sinne einer inneren Sicherheit beziehen. Hierzu gehören der Prozess der Gesetzgebung, sicherheitspolitische Debatten sowie die Maßnahmen zur Umsetzung der Beschlüsse. Gründe für die Gefährdung der inneren Sicherheit (z. B. Kriminalität, Terrorismus) fallen nicht in diese Kategorie. Beispiel: »*Biometrische Reisepässe müssen bis 2009 beantragt werden.*«

11030	Gesundheitspolitik
[...]	
11040	Parteien
[...]	
11050	politische Affären
[...]	
11060	Wahlen
[...]	
11070	Rechtsextremismus
[...]	
11080	Linksextremismus
[...]	
11090	politische Personen, Politiker
[...]	
11100	Sozialpolitik

Ordnung und Sicherung des sozialen Lebens von staatlicher Seite. Hierzu gehören u. a. soziale Sicherungssysteme (Alters-, Krankheits- und Unfallversicherung), die Arbeitslosenversicherung sowie neuere Systeme gegen Risiken des Einkommensausfalls und anderweitiger Notlagen. Unter der Kategorie »Sozialpolitik« werden fallen folgende Unterkategorien:

	11101	Ausländer, Migranten, Asylanten
	11102	Bildungspolitik
	11103	Umweltpolitik
	11104	Integrationspolitik
	11105	Familienpolitik (Jugend, Kinder, Ehe)
11110	Medienpolitik	
11120	Wirtschaftspolitik	
11200	Außenpolitik	

Außenpolitik ist die Durchsetzung nationalstaatlicher Interessen gegenüber anderen Staaten im internationalen System. Zur Außenpolitik im engeren Sinne gehören von Außenministerien und diplomatischen Aktivitäten wie Staatsbesuche, Vertragsabschlüsse sowie die Mitarbeit in internationalen Organisationen. Außenpolitik im weiteren Sinne umfasst auch andere Formen staatlichen Außenverhaltens von Verteidigungs- über

Außenwirtschafts- bis hin zur Tourismuspolitik. Sie kann dabei auch durch nichtgouvernementale Akteure (z. B. Parteien, Wirtschaftsverbände, NGOs, politische Stiftungen) durchgeführt werden. Ausgenommen sind hierbei alle Konflikte, Maßnahmen zur Konfliktprävention sowie -lösung. Beispiel: »*Angela Merkel besucht Amtskollegen Erdogan in der Türkei.*«

12000	**Internationales**

Alle politischen Handlungen und Ereignisse, die außerhalb der Bundesrepublik Deutschland stattfinden und sich nicht direkt auf Deutschland beziehen. Ausgenommen sind hierbei alle Konflikte, Maßnahmen zur Konfliktprävention sowie -lösung. Beispiel: Staatsbesuche ohne deutsche Beteiligung, z. B. »*Bush trifft Brown zur Verbesserung ihrer zwischen-staatlichen Beziehungen*« → Stünde bei diesem Beispiel ein (zwischenstaatlicher) Konflikt im Vordergrund, würde in »13000 Konflikte« codiert.

12100	EU
12200	USA
12300	andere Länder
12310	islamische Länder
12320	nicht-islamische Länder
13000	**Konflikt(e), -Lösung(en), -Prävention(en)**

Konflikte bezeichnet man als den Gegensatz zwischen Interessen und der daraus resultierenden Auseinandersetzung zwischen sozialen Gruppen in der Gesellschaft sowie zwischen Gesellschaften und Staaten. Sie beinhalten drei Aspekte: 1) den eigentlichen Konfliktgegenstand, 2) die Sichtweise der Konfliktparteien auf den Konflikt, 3) das Konfliktverhalten. Der Konflikt ist immer der Inhalt einer Auseinandersetzung, die in unterschiedlichen Formen ausgetragen werden kann. Konfliktlösungen meinen die erfolgreiche Auseinandersetzung mit einem Konflikt. Die Kategorie beinhaltet folgende Unterkategorien:

13100	Krieg
13200	Militär- und Polizeieinsätze
13300	Unruhen, Aufstände
13400	Demonstrationen
13500	Flüchtlinge
13600	Frieden(sverhandlungen)
13700	humanitäre Hilfe
13800	Terrorismus
13900	Menschenrechtsverletzungen

WIRTSCHAFT

Der Begriff bezeichnet alle Aktivitäten und Einrichtungen, die der Produktion, Distribution und Konsumtion von Gütern und Dienstleistungen dienen. Das Ziel dieser Aktivitäten besteht darin, die in der Umwelt vorhandenen Ressourcen und die vom Menschen geschaffenen Ressourcen zu nutzen, um die Erhaltung und Sicherheit des Lebens der Menschen zu garantieren und zu fördern sowie ihre materiellen Bedürfnisse zu befriedigen. Als eine der gestaltenden Kräfte in der Gesellschaft hat die Wirtschaft eine gesellschaftliche Verantwortung zu tragen. Es werden in der Kategorie »Wirtschaft« alle Beiträge aus dem Bereich der Wirtschaft codiert (ohne Wirtschaftskriminalität), unabhängig vom Herkunftsland (also auch Weltwirtschaft).

20100	Konjunktur, Wirtschaftslage
20200	Gewerbliches
20210	Wirtschaftsskandale
20220	Unternehmensprofile
20300	Persönlichkeiten
20400	Wirtschaftsorganisationen

GESELLSCHAFT

30100	Gesundheit/Ernährung	
30200	Bildungswesen	
30300	Umweltprobleme	
30400	Reisen, Urlaub	
30500	Religion ohne Islam	
	30510	Christentum
	30520	Judentum
	30530	sonstige Religionen
	30540	interreligiöser Dialog
	30550	religiöse Persönlichkeiten
30600	Massenmedien, Journalismus	
30700	Kunst, Kultur	
30800	Geistes- und Naturwissenschaften	
30900	Sport	
31000	historische Ereignisse, Gedenktage, Feiertage	
31100	Unglücke	
31200	Kriminalität	
31300	gesellschaftliche Integration	
31400	Persönlichkeiten	
31500	nichtstaatliche Organisationen	

31600		interkultureller Dialog
31700		**Minderheiten**
31800		**Privatleben**

ISLAM

40000   **Islam**

Der Islam ist eine der fünf großen Weltreligionen mit ca. 1,3 Milliarden Gläubigen. Der Islam ist eine monotheistische abrahamitische Religion, die sich streng vom Polytheismus und auch von der christlichen Vorstellung von Inkarnation und Dreifaltigkeit abgrenzt. Bestimmendes Element ist die Lehre vom *tauhid*, der Einheit Gottes. »Der Islam gründet auf dem Koran, der für die Gläubigen das unverfälschte Wort Gottes ist [...].«In diese Kategorie fallen alle Aussagen zur islamischen Religion, ihrem Erscheinungsbild, der Religionsausübung und ihren Gläubigen, soweit diese nicht explizit in eine der Unterkategorien einzuordnen sind.

40100   **Geschichte**

Diese Kategorie umfasst alle Aussagen zu den historischen Hintergründen der islamischen Religion, wie z. B. ihrer Ausbreitung ausgehend von der Arabischen Halbinsel. Ausgenommen sind historische Bezüge zu bestehenden Kategorien wie beispielsweise Koran, Muhammad oder Hadith. Beispiel: *»Islam in Deutschland 1739–1945«*

40200   **Religionsausübung**

Hierunter fallen alle Aussagen und Informationen über Handlungen und Verhaltensweisen, die in einem engen Zusammenhang mit der Religionsausübung stehen. Das sind zum Beispiel Zeremonien wie die religiöse Beschneidung, Namensfindung, Hochzeit oder Beerdigung im Islam, sowie Aussagen über Verhaltensweisen seiner Anhänger, die sich nicht explizit in eine der Unterkategorien einordnen lassen.

    40210   **islamische Kunst**

    In diese Kategorie fallen Äußerungen und Beschreibungen islamischer Kunst und Kunsthandwerks, wie beispielsweise Koranständer, Kaligrafie und Teppiche. Ausgeschlossen ist Moscheearchitektur. Beispiel: *»Islamische Kleinkunst, seien es Teppiche, Fayencen oder Koranständer zeugen davon.«*

    40220   **Feiertage**

    In diese Kategorie fallen Informationen und Erfahrungsberichte zu den beiden großen islamischen Festtagen »Opferfest« (Īd ul-Adha) und »Fest des Fastenbrechens«(Ramadanfest, Īd al-Fitr), sofern diese Hauptthemen des Posts sind. Beispiel: *»Es ist Opferfest (dauert vier Tage lang), deswegen geht es morgen zu den Großeltern, wo die ganze Sippschaft sein wird.«*

40230		**Handlungsregeln**

Diese Kategorie umfasst alle auffindbaren Handlungsregeln mit klarem Bezug zum Islam. Diese können dabei ihren Ursprung im Koran, einer Fatwa, den Hadithen oder der Scharia haben.

	40231	Ernährung
	40232	Fasten
	40233	Beten
	40234	Spenden
	40235	Pilgerfahrt, Hadsch
	40236	Kleidung
40300		**Koran (Suren)**
40400		**Hadith**
40500		**Fatwa**
40600		**Strömungen**

Hier werden die verschiedenen Ausprägungen und Erscheinungsformen des Islams verortet.

	40610	**Islamisierung**

Islamisierung ist die Ausbreitung des Islam in nicht islamischen Ländern, das bedeutet die stärkere Präsenz des Islam beispielsweise über Symbole wie Moschee, Kopftuch tragende Frauen, Akzeptanz von Feiertagen. Darunter ist auch der Dschihad in seiner expansiven Form nach außen zu verstehen. Ebenso bezeichnet die Islamisierung die Missionierung und Überzeugungsarbeit gegenüber Nicht-Muslimen. Unter der Islamisierung sind keine gewalttätigen Handlungen zu verbuchen. Beispiel: *»Werde Muslim und lebe glücklicher und zufriedener!«* Darunter ist auch der Dschihad in seiner expansiven Form nach außen, wie im folgenden beschrieben, zu verstehen.: «Jihadi: the Islamic armed struggle (*al-jihad*), which exists in three main variants:
- internal (combating nominally Muslim regimes considered impious);
- irredentist (fighting to redeem land ruled by non-Muslims or under occupation);
- and global (combating the West).

The characteristic actor is, of course, the fighter (*al-mujahid*).»

	40620	**Islamismus**

Islamismus meint die politische Auslegung des Islam, mit dem Ziel der Errichtung eines islamischen Staates oder der Umwandlung

eines existierenden Staates kompatibel zur Anwendung der Scharia. Die Scharia ist die einzig gültige Rechtsordnung.
Nach Roy sind islamistische Bewegungen: »[...] organisiert, haben eine Ideologie, ein Programm und offizielle Veröffentlichungen. Sie nehmen am politischen Leben teil, ihre Führer (die sich schriftlich und mündlich äußern) sind bekannte öffentliche Personen. Es gibt (manchmal) Wahlen, Meinungsumfragen, Demonstrationen, (öfter) Verhaftungen und Prozesse.« Beispiel: *»Islamische Splittergruppe fordert Gültigkeit der Scharia für Muslime auch in Europa.«*

40630   islamischer Fundamentalismus
Allgemein streben Fundamentalisten nach einer reinigenden Reform bestehender Glaubensinhalte und religiöser Praktiken vor dem Hintergrund der eigenen Vorstellung von grundsätzlichen Prinzipien und Normen der vertretenen Religion. Fundamentalisten sehen ihre Auslegung der Texte als die einzig gültige an. Der Bezugspunkt bzw. die Zielgruppe ist beim islamischen Fundamentalismus die *ummah* (alle Muslime weltweit. »Die geschlossene, buchstabengläubige, konservative Lesart des Islam, die nationalstaatliche Lösungen zugunsten der Umma [...] auf Grundlage der Scharia ablehnt« will
1. eher die Durchsetzung der Scharia als eine »Definition des wahrhaft islamischen Staates« (= Islamismus),
2. keine Identifikation mit einem Nationalstaat, Durchsetzung von islamischen Normen in muslimischen Gesellschaften und Minderheiten,
3. den Kampf für eine weltweite Umma und
4. die Gründung einer reinen Glaubensgemeinschaft (strikte Trennung zwischen Gläubigen und Nicht-Gläubigen). Beispiel: *»Fundamentalisten klauen 1000 Jahre alten Koran.«*

40700	islamistischer Terrorismus	
	40710	Al-Qaida
	40720	Märtyrertum
40800	Islamkritik	
40900	Islamophobie	
	40910	Angst vor Islam und Islamisierung
	40920	Islamhass
41000	Moschee	
	41010	Bau und Architektur, Kunstgeschichte

	41020	Aktionen gegen Moscheebau
	41030	Aktionen für Moscheebau
41100		Muslima, muslimische Frauen
41200		Ex-Muslime
41300		muslimische Gemeinschaft
	41310	Sunna/Sunniten
	41320	Schia/Schiiten
	41330	Sufismus/Sufis
	41340	Organisationen
	41350	Gruppen
	41360	zum Islam Konvertierte
	41370	islaminterne Konflikte
41400		persönlicher (großer) Dschihad
41500		Scharia
41600		Persönlichkeiten
	41610	Muhammad/Mohammed
	41620	religiöse Vertreter

Antworten zu den Übungsfragen

Kapitel 1

1 Die Aussage ist falsch.
Medieninhaltsanalysen sind folgendermaßen gekennzeichnet:
- Sie betrachten eine *große Anzahl* von Botschaften *ähnlicher Natur*.
- Diese Botschaften werden auf darin auffindbare *Muster* hin durchsucht.
- Das Resultat ergibt sich aus der *systematischen Analyse* zahlreicher medialer Erzeugnisse.

2 Alle Aussagen bezüglich der Zielsetzung quantitativer bzw. standardisierter Inhaltsanalysen sind richtig.

3 Die Aussagen a und b sind falsch.
Formale und inhaltliche Kriterien nennt man Kategorien. Die im Codebuch festgehaltenen Kategorien und deren Ausprägungen bilden in ihrer Gesamtheit das Kategoriensystem (siehe Aussage c).

4 Antworten b und c treffen auf intersubjektive Nachvollziehbarkeit zu.
Eine wie in a beschriebene Objektivität, die unabhängig vom Beobachter zu den immer selben Wahrnehmungen führt, ist in der Realität nicht zu erreichen.

Kapitel 2

1 Die Aussagen a und b sind richtig.
Im Gegensatz zu Aussage c muss ein *Bedeutungswandel* gerade bei der Möglichkeit zeitunabhängiger Untersuchungen *berücksichtigt* werden.

2 Die drei wichtigsten Kontexte für Inferenzschlüsse sind:
1. der Kommunikator
2. der Rezipient
3. die historische, soziale oder politische Situation

3 Die Aussage ist richtig.

Kapitel 3

1 Antwort a ist richtig.

2 Die Aussage ist falsch.
Ohne die *Formulierung des Forschungsinteresses* und der zu untersuchenden Hypothesen ist die Konzeption einer Inhaltsanalyse de facto unmöglich, denn erst die Formulierung des Forschungsinteresses stellt den *inhaltlichen Rahmen* für alle Entscheidungen, die innerhalb der Inhaltsanalyse getroffen werden müssen, dar. Theorien und bereits vorliegende Forschungsergebnisse sind in jedem Fall zu berücksichtigen!

3 Antworten a und b sind richtig.
4 Antworten b und d sind richtig.

Kapitel 4

1 Die Aussage ist richtig.
2 Antworten a und c sind falsch.
Nur durch eine *Zufallsauswahl* wird in jedem Fall eine *repräsentative Stichprobe* von Auswahleinheiten erzeugt. Durch eine bewusste Auswahl kann bei sorgfältiger Vorgehensweise (Quotierung) auch eine aussagekräftige Auswahleinheit ermittelt werden, die allerdings den strengen Voraussetzungen für Repräsentativität nicht genügt.
3 Antwort a ist richtig.
4 Aussagen a und d sind falsch.
Klumpenstichproben sind weit verbreitet in der Medieninhaltsanalyse, sie besitzen jedoch eine größere *Anfälligkeit für Auswahlfehler*, was bei der Untersuchungsanlage und der Interpretation der Ergebnisse zu berücksichtigen ist.
Die *willkürliche Auswahl* erzeugt in *keinem Fall Repräsentativität* und die Ergebnisse sind nicht verallgemeinerbar!

Kapitel 5

1 Aussage d ist falsch.
Erhobene Daten lassen sich nicht nachträglich auf niedrigerer Ebene differenzieren!
2 *Parallele Zerlegung*: Aussage c ist falsch.
Bei der parallelen Zerlegung können sich die Analyseeinheiten sowohl überschneiden als auch decken.
Hierarchische Zerlegung: Aussage b ist falsch.
Jede identifizierte Ebene ist Träger für eine bestimmte Information.
3 Die Aussage ist richtig.

Kapitel 6

1 Die Erarbeitung eines Codebuchs.
2 Antworten a und b sind richtig.
3 Die Antworten b und c sind richtig.
4 Die Kategorien müssen *vollständig* (erschöpfend) und *trennscharf* (disjunkt) sein, damit nur *relevante Sachverhalte* (präzise) gemessen werden.

Kapitel 7

1 Formale Kategorien dienen
   1. der Erhebung formaler Codiereinheiten, von so genannten *manifesten Sachverhalten* (z. B. Datum, Umfang usw.).
   2. als *Differenzierungskriterium* für weitergehende Analysen; sie besitzen die Funktion von *Schlüsselcodes* bei hierarchisch zerlegten Analyseeinheiten und sie besitzen des Weiteren die Funktion als *Gewichtungsfaktor* bei der Auswertung anderer (z. B. inhaltlicher) Kategorien.
2 Aussage c ist richtig.
   Codiert man das *Datum im Zahlenformat*, ergibt sich tatsächlich ein *chronologischer* Ablauf.
   Fortlaufende Ziffern als entsprechende Möglichkeit zur Verschlüsselung des Datums sind durchaus möglich, bedeuten jedoch einen *hohen Aufwand* für die Codierer, da die einzelnen Ziffern auch einzeln nachgesehen werden müssen.

Kapitel 8

1 Aussage a ist richtig.
   Bei inhaltlichen Kategorien handelt es sich um vom Erkenntnisinteresse abhängige Bedeutungsdimensionen. Der Codierer muss logische Schlussfolgerungen ziehen, um diese zu klassifizieren.
2 Bei den verschiedenen Typen von Codiereinheiten handelt es sich um referenzielle, thematische und propositionale Einheiten.
   Folgende Zuordnung ist korrekt:
   Referentielle Einheiten: Es handelt sich hierbei um Personen, Objekte, Ereignisse oder Orte (a).
   Propositionale Einheiten: Mit ihrer Hilfe werden sachliche oder wertende Feststellungen über Personen, Tatsachen oder Vorgänge getroffen (b).
   Thematische Einheiten: Durch diese Codiereinheiten werden übergreifende Diskursstrukturen ersichtlich (c).
3 Aussagen a und b sind richtig, Aussage c ist falsch.
   Der enorme Vorteil bei der Auswertung der Daten aus einem hierarchisch aufgebauten Codebuch besteht in der Tatsache, dass sich unterschiedliche Ebenen anhand der definierten Struktur einfach zusammenfassen lassen.

Kapitel 9

1 Die Aussage ist falsch.
   Wertende Kategorien dienen der Erfassung *propositionaler Codiereinheiten*, die sachliche oder wertende Feststellungen über Personen, Tatsachen oder Vorgänge treffen.
2 Aussage b ist falsch.

3 Aussage a ist richtig.
Es wird von einer *Globalbewertung* durch den Codierer gesprochen, wenn von ihm ein *summarisches Urteil* verlangt wird, für welches der Codierer selbst verschiedene Aspekte und Sachverhalte abwägen, zueinander in Beziehung setzen und eine Bewertung abgeben muss.

4 Die Aussage ist richtig.
Auch Ergebnisse, die sensible Sachverhalte berühren, lassen sich besser auf Basis von harten Codierungen interpretieren.

Kapitel 10

1 1. Alle Codierer sollen in der Folge das *Instrument* (Codebuch) *gleichermaßen anwenden* und somit für *dasselbe Codiermaterial* zu einem *gleichen Ergebnis* kommen.
2. Die *übereinstimmende Codierung* muss auch den *Absichten des Forschers* entsprechen.

2 Die Aussage ist falsch.
Es wird zur Codiererschulung *nie* das gleiche Material verwendet wie zur anschließenden Codierung selbst!

3 Man kann die Ergebnisse auf *Papier* festhalten oder in Form einer *Datei*. Meist kommt ein *zweistufiges Verfahren* zum Einsatz, bei dem zunächst die Codierung auf Papier erfolgt und danach die Eingabe in eine Datei vorgesehen ist. Vorteile sind u. a. die Flexibilität der Codierung (unabhängig von einem Rechnerzugang) und die Nachvollziehbarkeit des Codierprozesses.

Kapitel 11

1 Beide Aussagen sind richtig!

2 Bei den drei wichtigsten Typen der Reliabilitätsmessung handelt es sich um *Intracoder-Reliabilität* (a), *Intercoder-Reliabilität* (b), und *Forscher-Codierer-Reliabilität* (c).

3 Es handelt sich bei der Formel um das Überschneidungsmaß nach Holsti: die sog. *Holsti-Formel*. Es wird die Zahl der gemeinsamen Codierungen zweier Codierer verdoppelt und durch die Summe aller von beiden vorgenommenen Codierungen geteilt.

4 Die Bewertung erfolgt anhand des Schwierigkeitsgrades der Kategorie. Formale Kategorien erfordern einen Wert nahe der 1, inhaltliche Kategorien erfordern tendenziell Werte ab 0.8.

5 Mögliche Antworten: *Analysevalidität, Inhaltsvalidität, Kriteriumsvalidität, Inferenzvalidität*.

Abbildungsverzeichnis

Abb. 1.1	Beispiel für eine Inhaltsanalyse aus MEDIA TENOR (www.mediatenor.de): Medienimage BÜNDNIS 90/DIE GRÜNEN 1998–2009	16
Abb. 1.2	Beispielhafte Medienbotschaften Quellen: Frankfurter Rundschau vom 24.2.2005: 1 & 2; J.-C. Forest (1970), Barbarella: 35; Paul Celan (1971), Schneepart: 49.	17
Abb. 2.1	Beschreibung der Medienberichterstattung	28
Abb. 2.2	Inferenzschlüsse aufgrund der Medienberichterstattung	32
Abb. 3.1	Die Inhaltsanalyse im sozialwissenschaftlichen Forschungsprozess (in Anlehnung an Früh 2007: 102)	38
Abb. 4.1	Bestimmung der Auswahleinheit	54
Abb. 4.2	Definition einer künstlichen Woche	59
Abb. 5.1	Hierarchisch gegliederte Analyseeinheiten für die Tageszeitung	78
Abb. 5.2	Verknüpfung hierarchisch zerlegter Analyseeinheiten	82
Abb. 5.3	Hierarchisch gegliederte Analyseeinheiten für Fernsehnachrichten	83
Abb. 5.4	Schlüsselbilder aus Nachrichtensequenzen am Beispiel »Straßenschlachten in Seoul«	85
Abb. 6.1	Der Aufbau eines Codebuchs	96
Abb. 6.2	Ablaufschema für die Codierung (am Beispiel von Fernsehnachrichten)	99
Abb. 6.3	Messung eines Konstrukts durch mehrere Kategorien (in Anlehnung an Früh 2007: 88 ff.)	102
Abb. 6.4	Geeignete und ungeeignete Vorgaben für die Kategorie »politische Akteure«	106
Abb. 7.1	Formale Kategorie zur Erfassung der codierten Auswahleinheit (Medium)	116
Abb. 7.2	Formale Kategorie zur Erfassung des Publikationsdatums	118
Abb. 7.3	Formale Kategorie zur Erfassung des Umfangs der Berichterstattung	121
Abb. 7.4	Formale Kategorie zur Erfassung der Platzierung	123
Abb. 7.5	Formale Kategorie zur Erfassung der Ressortzuordnung	124
Abb. 7.6	Formale Kategorie zur Erfassung von Formaten im Fernsehen	125
Abb. 7.7	Formale Kategorie zur Erfassung von Genre im Fernsehen	126
Abb. 8.1	Zerlegung der Codiereinheit »Thema« in Ebenen von unterschiedlichem Auflösungsgrad	134
Abb. 8.2	Inhaltliche Kategorie zur Erfassung von Themen (hierarchische Zerlegung, Ausschnitt)	135
Abb. 8.3	Inhaltliche Kategorie zur Erfassung von Themen (Basis: gesellschaftliche Felder)	137

Abb. 8.4	Inhaltliche Kategorie zur Erfassung des Ereignisortes (1985–1995)	143
Abb. 8.5	Inhaltliche Kategorie zur Erfassung der Akteure und Handlungsträger in Nachrichtenbeiträgen	147
Abb. 8.6	Inhaltliche Kategorie zur Erfassung des Bekanntheitsgrads eines Akteurs/Handlungsträgers	148
Abb. 8.7	Inhaltliche Kategorie zur Erfassung des Aktualitätsbezugs	151
Abb. 9.1	Wertende Kategorie zur Erfassung der Valenz eines Beitrags	158
Abb. 9.2	Wertende Kategorie zur Bewertung eines Akteurs	161
Abb. 9.3	Bewertungsskala mit Verstärkung und Abschwächung (Früh 2007: 245)	163
Abb. 9.4	Zerlegung und Rekonstruktion von Aussagen in einem synthetischen Kategoriensystem	165
Abb. 9.5	Wertende Kategorie zum Gegenstand einer Aussage	167
Abb. 9.6	Wertende Kategorie zur Bewertung einer Aussage	169
Abb. 9.7	Synthetisches Kategoriensystem unter Berücksichtigung von Transitivität erster Ordnung	171
Abb. 10.1	Ablauf der Codiererschulung	179
Abb. 10.2	Verteilungsraster für das Untersuchungsmaterial	182
Abb. 10.3	Beispiel für einen Codebogen (handschriftliches Ausfüllen auf Papier)	186
Abb. 11.1	Vergleichsprozesse bei Reliabilitätstests	198
Abb. 12.1	Argumentationscluster der Artikel nach journalistischen Stilformen, in % (Quelle: Naab/Scherer 2009, Tab. 4, S. 385)	217
Abb. 12.2	SPIEGEL und FOCUS, Anteile der Ressorts an den Titelthemen (Quelle: Scharf/Stockmann 1998, Tab. 1, S. 5)	220
Abb. 12.3	Gesamteindruck von den Kanzlerkandidaten anhand der Fernsehnachrichten vor den Wahlen 1998 und 2002 (Quelle: Maurer/Kepplinger 2003, Tab. 2, S. 88)	224
Abb. 12.4	Stichprobenziehung und realisierte Werbemittel-Stichprobe (Quelle: Schweiger/Schmitt-Walter 2009, Tab. 1, S. 357)	228
Abb. 13.1	Beispiel für einen Nachrichtenfaktoren-Katalog (hier lt. Schulz 1982)	238
Abb. 13.2	Vergleich von Medien- und Publikums-Agenda beim Agenda-Setting-Effekt (Quelle: McQuail/Windahl (1999): Communication Models. London/New York: Longman, S. 105.)	243
Abb. 13.3	Beispiel: Framing des Themas »Europawahl 1999«	244
Abb. 13.4	Mehrstufige Datenerhebung beim Kultivierungsansatz	247

Literatur

Die Zahl von Methodenlehrbüchern, die sich speziell mit der Medieninhaltsanalyse befassen und in aktuellen Versionen vorliegen, ist leicht überschaubar: Aus dem deutschen Sprachraum empfehlen sich drei Werke für eine vertiefte Beschäftigung, vier weitere englischsprachige Bände können zur Ergänzung herangezogen werden. Allerdings treten hier mitunter terminologische Probleme auf, wenn die Verwendung der Begriffe nicht ohne weiteres den im deutschen üblichen Ausdrücken entspricht. Außerdem stellt das nachstehende, kommentierte Literaturverzeichnis drei allgemeine Lehrbücher zur empirischen Sozial- bzw. Kommunikationsforschung vor, auf die im Text mehrfach verwiesen wurde. Gerade für Einsteiger eignen sich diese Bände, um die Inhaltsanalyse in das Spektrum der anderen sozialwissenschaftlichen Methoden einordnen zu können – wenngleich die dort enthaltenen Erläuterungen zur Inhaltsanalyse selbst weniger detailliert sind als die in den übrigen Bänden. Daraufhin folgen zwei Bücher über die Befunde inhaltsanalytischer Forschungen und für die tiefere Auseinandersetzung mit Inhaltsanalysen im World Wide Web wird außerdem ein speziell auf diesen Themenbereich verfasstes Buch empfohlen.

Früh, Werner (2007): Inhaltsanalyse. Theorie und Praxis
6., überarbeitete Auflage; Konstanz: UVK (UTB 2501)
Der Band gliedert sich in zwei Teile, von denen der erste sich der »Theorie der Inhaltsanalyse« widmet. Er stellt die grundsätzliche Logik der Methode systematisch dar und sei mit Nachdruck zur Vertiefung empfohlen. Im zweiten Teil finden sich ausführliche Anwendungsbeispiele, weitere Musterkategorien und eine noch ausführlichere Diskussion möglicher Probleme bei der Verschlüsselung, als sie hier aufgrund der gebotenen Kürze geleistet werden konnte.

Merten, Klaus (1995): Inhaltsanalyse. Einführung in Theorie, Methode und Praxis
2., verbesserte Auflage; Opladen: Westdeutscher Verlag
2004 unverändert neu aufgelegt
Mit über 400 Seiten wendet sich das Buch an den fortgeschrittenen Anwender, der sich für den wissenschaftlichen Hintergrund der Methode und deren Geschichte interessiert. Seine ausführliche Systematik verschiedener inhaltsanalytischer Verfahren füllt den Hauptteil des Buches aus und ist in ihrer Vollständigkeit konkurrenzlos. Sie stellt die beste Quelle für Anwendungen jenseits der Standardlösungen dar, auf den sich das vorliegende, einführende Bändchen zur Medieninhaltsanalyse notwendigerweise beschränken musste.

Wirth, Werner/Lauf, Edmund (Hrsg.) (2001): Inhaltsanalyse. Perspektiven, Probleme, Potentiale
Köln: Herbert von Halem
Hat man sich einmal entschieden, eine Inhaltsanalyse durchzuführen, kann dieser Sammelband wertvolle Dienste bei der Lösung von spezifischen Methodenproblemen

leisten. In insgesamt 21 Aufsätzen zu speziellen Anwendungen und Fragen der Inhaltsanalyse werden aktuelle Aspekte u. a. von Konzeptualisierung, Kategorienbildung, Codierung, Gütesicherung und der computergestützten Inhaltsanalyse vertieft. Außerdem enthält er eine Gegenüberstellung der oben erwähnten Lehrbücher von Früh und Merten.

Krippendorff, Klaus (2004): Content analysis. An introduction to its methodology
Second Edition; Thousand Oaks usw.: Sage
Zum ersten Mal 1980 erschienen, gilt der inzwischen über 400 Seiten starke Band als *das* klassische Referenzwerk zur Inhaltsanalyse. Entwickelt aus der langjährigen Erfahrung des Autors mit Forschungsprojekten und unzähligen Lehrveranstaltungen und Seminaren, stellt es die Methode zugleich plastisch und tief schürfend vor – bis hin zu Hinweisen zur Formulierung von Forschungsanträgen und Abschlussberichten. Gerade bei schwer wiegenderen Problemen oder Unsicherheiten in der Anwendung der Methode lohnt sich ein Blick in dieses Standardwerk. Allerdings sollte man unbedingt die lange erwartete, vollständig überarbeitete und didaktisch hervorragend aufbereitete zweite Auflage aus dem Jahr 2004 konsultieren.

Neuendorf, Kimberley A. (2002): The content analysis guidebook
Thousand Oaks usw.: Sage
Im typischen Stil der amerikanischen »Textbooks« wird anhand zahlreicher Anwendungsbeispiele eine Übersicht über die Methode gegeben. Die Sprache ist leicht verständlich, viele Abbildungen erleichtern das Verständnis. Inhaltliche Stärken des Buches sind Fragen der Reliabilität sowie die Auswertung und Ergebnisdarstellungen von Inhaltsanalysen; demgegenüber treten die praktischen Aspekte von Kategorienbildung und Codierung etwas in den Hintergrund.

Riffe, Daniel/Lacy, Stephen/Fico, Frederick G. (2005): Analyzing media messages. Using quantitative content analysis in research
Second Edition; Mahwah: Lawrence Erlbaum
Die strukturierte Darstellung der inhaltsanalytischen Logik steht im Mittelpunkt des Bandes, der die Materie weniger beispielorientiert, sondern eher systematisch aufbereitet. Er eignet sich deswegen gut als Nachschlagewerk und liefert bei schwierigeren methodischen Problemen interessante Anregungen. Seine Stärken sind eindeutig die Kapitel zur Stichprobenziehung und zur Validität sowie zur Ermittlung von Reliabilitätswerten.

Berelson, Bernard (1952): Content analysis in communication research
New York: Hafner
Der große Klassiker der Literatur zur Inhaltsanalyse: In diesem Buch wurde, von der Forschung seinerzeit stark beachtet, zum ersten Mal die Inhaltsanalyse als eigenständige Methode umfassend beschrieben. Als Lehrbuch ist es aus heutiger Sicht wenig

geeignet, aber für all jene wertvoll, die sich für die Entstehung des Forschungszweigs interessieren.

Brosius, Hans-Bernd/Koschel, Friederike/Haas, Alexander (2009): Methoden der empirischen Kommunikationsforschung. Eine Einführung
5. Auflage; Opladen: VS Verlag für Sozialwissenschaften
Basierend auf einer allgemeinen Einführungsvorlesung behandelt dieser Überblick die wichtigsten in der Kommunikationsforschung angewendeten Methoden. Zwei Kapitel stellen die Grundzüge der Inhaltsanalyse dar – zum einen die wesentlichen Definitionen und die Untersuchungsanlage, zum anderen Kategorienbildung und Codebuch. Ein weiteres Kapitel behandelt speziell die computergestützte Inhaltsanalyse. Aufgrund der gebotenen Kürze kann die Medieninhaltsanalyse hier zwar nur überblicksartig angesprochen werden, als schneller Einstieg oder zur Auffrischung der Kenntnisse ist dieser Band jedoch gut geeignet. Außerdem stellt er die Inhaltsanalyse in den weiteren Zusammenhang relevanter Methoden, was gerade für die in Kap. 13 angesprochene Konzeption von Mehrmethoden-Designs hilfreich sein kann.

Diekmann, Andreas (2009): Empirische Sozialforschung. Grundlagen, Methoden, Anwendungen
20. Auflage; Reinbek: Rowohlt (rowohlts enzyklopädie 551)
Dieses Standardwerk zur Methodenlehre führt auf gut 600 Seiten die Grundlagen der empirischen Sozialforschung für interessierte Einsteiger aus, einschließlich der wissenschaftstheoretischen Grundlagen. Sein Schwerpunkt liegt ganz klar auf den in der Soziologie vorwiegend eingesetzten Methoden, insbesondere auf der Befragung; außerdem widmet sich ein Kapitel den wichtigsten Fragen der Datenanalyse. Auf gut 30 Seiten wird auch die Inhaltsanalyse behandelt; allerdings merkt man der Darstellung an, dass sie eher der Vollständigkeit halber in das Buch aufgenommen wurde. Für die Anwendungen in der Kommunikationswissenschaft sind die Ausführungen nur begrenzt nützlich. Dafür leisten die anderen Teile eine kompakte und trotzdem profunde allgemeine Methodeneinführung.

Scheufele, Bertram/Engelmann, Ines (2009): Empirische Kommunikationsforschung
Konstanz: UVK (UTB 3211)
Bei diesem Band handelt es sich um ein aktuelles, allgemeines Methodenlehrbuch für Einsteiger in das empirische Arbeiten und ist im selben Stil aufbereitet wie die vorliegende »Inhaltsanalyse«. Das Buch deckt ein methodisch breites Feld ab und bietet auch Kapitel über die Wissenschaftstheorie oder statistische Auswertungsverfahren an; dafür wird die Methode der Inhaltsanalyse nur in einem Unterkapitel abgehandelt. Dort geht insbesondere die Unterscheidung und Beschreibung von quantitativer versus qualitativer Inhaltsanalyse über die hier aufgeführten Sachverhalte hinaus. Außerdem erfolgt eine andere Kategorisierung von Typen der Inhaltsanalyse, die für die Konzeption eigener Arbeiten hilfreich sein kann.

Bonfadelli, Heinz (2002): Medieninhaltsforschung.
Grundlagen, Methoden, Anwendungen
Konstanz: UVK (UTB 2354)
Die systematische Erforschung von Medieninhalten steht im Mittelpunkt dieser Übersichtsdarstellung, die sowohl wichtige Befunde der Inhaltsforschung als auch die dabei angewendeten Methoden behandelt. Der Schwerpunkt liegt auf der Bündelung empirischer Erkenntnisse zu den wichtigsten Gegenstandsfeldern wie z. B. der Konvergenz-Debatte, Medienresonanz-Analysen oder Medien-Frames. Zu diesen Gebieten werden ausführliche und aktuelle Literaturhinweise gegeben. Ein längeres Kapitel von rund 30 Seiten beschäftigt sich auch mit Grundfragen und Basiskonzepten der standardisierten Inhaltsanalyse; darüber hinaus werden auch semiotische Verfahren, Diskursanalysen und qualitative Verfahren der Textanalyse vorgestellt.

Maurer, Marcus / Reinemann, Carsten (2005): Medieninhalte. Eine Einführung
Wiesbaden: Verlag für Sozialwissenschaften
(Studienbücher zur Kommunikations- und Medienwissenschaft)
Ähnlich wie im Band von Bonfadelli (s. o.) geht es auch hier darum, die wesentlichen Ergebnisse empirischer Studien zu massenmedialen Inhalten zusammenzutragen. Explizit verweisen die Autoren darauf, dass sie vor allem auf Studien zurückgreifen, die als Methode die quantitative Inhaltsanalyse verwenden. In dieser Hinsicht ergänzt dieses Buch die vorliegende Einführung, denn seine methodischen Anmerkungen beschränken sich auf die Darstellung elementarer Kriterien, die die Beurteilung der empirischen Studien erleichtern soll. Die behandelten Gegenstandsfelder erstrecken sich auf die aktuelle Berichterstattung, fiktionale und unterhaltende Inhalte sowie Werbung.

Welker, Martin / Wünsch, Carsten (Hrsg.) (2010): Die Online-Inhaltsanalyse. Forschungsobjekt Internet
Köln: Herbert von Halem
Dieser Sammelband gibt einen umfassenden Überblick über Probleme und Möglichkeiten der Inhaltsanalyse von Internet-Inhalten. Neben theoretischen Überlegungen zu Grundgesamtheit und Stichprobenziehung im Internet oder Analyseeinheiten und Kategorienbildung werden auch Fragen der Reliabilität und Validität ausführlich besprochen. Darüber hinaus finden sich ein Exkurs zur automatisierten Textanalyse und praktische Beispiele für die Umsetzung konkreter Studien, die auf die Online-Inhaltsanalyse zurückgreifen. Selbst wenn nach der Lektüre des Buches deutlich wird, dass es für Internet-Studien so schnell kein inhaltsanalytisches Patentrezept gibt, seien die 19 Aufsätze jedem nachdrücklich ans Herz gelegt, der sich in der eigenen Forschung auf dieses komplexe (und doch spannende) Feld begeben möchte.

Register

Ablaufschema für die Codierung 99
Agenda-Setting 235–236, 240–243
Akteur 45, 84, 86, 99, 104, 107–108, 110, 127–128, 144, 148, 157, 215–216, 218, 248
Aktualität 33, 131, 149–150
Analyseeinheit .. 42–45, 47, 51, 60, 75–81, 83, 85–87, 89–94, 98–100, 104, 106–107, 115–116, 120, 128, 144–145, 150–151, 157, 160, 163, 168, 171, 173, 176–177, 185, 201, 209, 218, 229, 260
Analysetiefe 36, 76, 97
Analysevalidität 205–206, 210
Anwendungsphase 40
Archivierung 47, 53, 56, 69–71, 127, 183
Auffangkategorie 106, 135, 152, 154
Auffangvorgabe .. 106–107, 110, 128, 159, 172
Aufgreifkriterien 43, 56, 65, 70–71, 90
Auflösungsgrad 43, 47, 76, 83, 93, 116, 134, 141, 146
Ausprägung 20–21, 25, 40, 61, 84, 97, 103–110, 117, 122, 124, 127–128, 132, 135–136, 138–139, 141, 144, 146, 149–150, 152–156, 159–162, 164, 166, 168, 170–172, 175, 177–178, 192, 199–200, 205–206, 225
Aussage 17, 19–20, 23, 25, 36, 45, 47, 51, 58, 68, 73, 80–81, 84, 86–88, 94, 98, 109, 145, 152, 163–164, 168, 170–174, 189–190, 192, 199, 210, 218, 226, 229
Aussageobjekte 170
Auswahleinheit . 42–43, 47, 51, 53–55, 57–58, 61–62, 65–66, 68–69, 71, 73, 76–78, 83, 89–90, 92, 97, 100–101, 113, 115–117, 123–124, 149, 153, 176, 178, 180, 182, 186, 201, 221, 224, 232, 259
Auswahlfehler 61, 73
Auswertungsphase 40, 48, 115, 214
Bedeutungsträger 76
Befragung . 23, 29, 39, 86, 208, 225, 236, 240, 248
Begründungszusammenhang 39–40
Beispiel . 28–31, 33–35, 85–86, 88, 91–92, 98, 109–111, 127, 152, 161–162, 166, 172, 192, 196, 244
Beobachtung ... 14, 22, 39, 86, 108, 236, 240
Bewertung .. 14, 80, 92, 110, 128, 150, 152, 157, 161–162, 164, 166, 168–171, 190, 220
Bewertungsskala 163, 199
Bezugsort 131, 133, 141, 143–144
Bildanalyse 85, 87–88
Codebogen . 21, 48, 100, 103, 128, 175, 184–188, 192, 199, 207
Codebuch 21, 23, 25, 45, 49–50, 67, 84, 88–89, 92–93, 95–96, 98, 100, 103, 107–111, 113, 117, 127, 129, 132, 134, 139, 146, 149, 151–153, 173, 175, 177–179, 185, 188, 191–192, 202, 207, 209, 218, 225–226, 229–232, 250–251

Codiereinheit 42, 44, 91, 101, 107, 122, 132, 134, 150–151, 156, 163, 232
Codierer 21–24, 27, 39, 43–45, 47–49, 56, 77, 81, 85, 88, 91–92, 95, 97–100, 103–104, 106, 111, 113–115, 117, 119, 124, 127, 129, 132, 138–139, 149–150, 152, 155–157, 159–160, 162–163, 166, 168, 171–181, 183–185, 187, 189, 191–192, 197–207, 209–211, 219, 225–226, 229
Codiererschulung .. 23, 40, 47, 89, 97, 149, 151, 175–179, 191–192, 250
Codierung . 21–22, 27, 40, 43–45, 47, 51, 53, 56, 66, 75–76, 78, 81, 84, 89, 93, 97–98, 101, 103–106, 113–114, 116–120, 122, 129, 135, 138–139, 141–145, 151, 154, 159–160, 162–164, 168, 171, 176–180, 184–185, 187–188, 191–192, 195, 197–203, 205–207, 209–210, 221, 229, 243
computergestützte Inhaltsanalyse 19, 188–189
Datenbereinigung 188
Datenerhebung . 73, 175, 181, 184–185, 187, 189, 208, 225, 230, 235, 242, 247, 250, 252
Datenniveau 36, 105
Datum 54, 78, 83, 87, 93, 98, 113, 116–117, 127, 129
Dauer 29, 85, 104, 113, 118–120, 188
Definition 20–22, 24, 37, 39–43, 45–47, 49, 53, 55–57, 59–61, 64, 68–71, 73, 75, 78, 82–83, 89–90, 92, 101, 103, 105, 109, 118–120, 123–124, 133–136, 139, 144, 155, 159–160, 166, 168, 191, 206, 213, 218, 231
Diskurs . 28, 30–31, 49, 135–136, 138, 215–218, 233, 248
Entdeckungszusammenhang 39
Entscheidungsregeln 107
Entwicklungsphase 40–41
Ereignisort 99, 141, 143–144
Erkenntnisinteresse 27, 30–31, 37, 39, 44, 46, 50, 56, 58, 63, 83, 87, 89, 132, 134, 136, 153, 214–215, 219, 222, 226, 237
Fallbeispiel 16, 28, 37, 49, 71, 92, 107–108, 127, 151, 172, 199, 233, 248
Feldarbeit 61, 192, 206, 251
Feldorganisation 175, 177, 180–181, 183
Flächenlineal 119
formale Kategorien . 96, 113, 115, 127–129, 204
Format 56, 117, 119, 122, 125, 127
Forscher-Codierer-Reliabilität 197–198
Fragenkatalog 46
Framing 30, 35, 235–236, 243–245
Gegenstand einer Aussage 165
Gestaltungsmerkmal 84, 90
Gewichtung 114–115, 121
Globalbewertung 157, 173

Grundgesamtheit   42, 47, 51, 58–64, 68–73, 108, 217, 229
Handlungsträger . .   131, 133, 144–145, 147, 168
harte Codierung   159
Hermeneutik   17
hierarchische Codierung   134
hierarchische Zerlegung   75, 78–79, 81–83, 94
Hypothesen .   39–40, 46, 50–51, 77, 81, 97, 101, 127, 136, 162, 166, 180, 205–206, 213–214, 222–223, 230–232, 236, 251–252, 258
Inferenzschlüsse   27, 31–33, 35–36, 39–40, 46, 54–55, 63, 132, 155, 176, 208, 210, 214, 220, 235–237, 239, 245, 249, 252
Inferenzvalidität 206, 208
inhaltliche Kategorien   88, 108, 127, 131–132, 151, 218, 225, 229
Inhaltsvalidität 205–207, 210
Instrument   22, 40, 84, 89, 95, 108, 136, 157, 168, 175, 177–178, 180, 195–197, 200, 209–210
Intercoder-Reliabilität 197, 209, 219
intersubjektiv 22, 95, 175, 197, 250
Intervallniveau   104
Intracoder-Reliabilität   198
Kategorienbildung   40–41, 47, 73, 95, 100, 104, 108, 136, 206, 251
Kategoriensystem   21–22, 25, 40, 43, 47, 76–77, 88, 95–96, 100–101, 107–108, 163, 165–166, 171, 178, 206, 219, 229–230, 279
Klassifikation 44, 105, 131–132, 149, 155
Klumpenauswahl 58, 60
Kommunikationsproblem   38
Konstrukt 39, 50, 71, 101–102, 106, 218
Kontexteinheit   42, 45, 51, 88, 98, 129, 168, 231
Kriteriumsvalidität 206–208, 210
Kultivierung 235–236, 246–247
künstliche Woche   59
Länge .   44, 79, 85, 93, 99, 104, 113, 115, 118–119, 139, 199, 221, 260
latente Inhalte   24
Leitmedien 63, 217
manifeste Inhalte   24
Medien Tenor   20
Mediengattung 56, 227
Medienresonanzanalyse   31
Merkmalsträger   43–44
Messung   20–21, 76, 101–102, 105, 118–120, 129, 134–135, 190, 195–197, 206, 209–210, 242, 249
Methodenkombination   39
Nachrichtenwerte   33, 235–237, 239–240, 250
Nominaldefinition 103, 115
Ordinalniveau 104–105, 161
parallele Zerlegung   75–76
Planungsphase 39, 48

Platzierung   44, 79, 87, 99, 107, 115, 121–123, 229
Pre-Test   175, 177, 179, 191–192, 209, 219, 225, 232
Projektplanung 39, 43, 47, 66, 176
Publikation 41, 48–49, 200, 204, 219
quantitativ   18, 20, 49, 87, 93, 108, 215, 218, 233, 248
Quellenvergleich   28
Quotenauswahl 59, 62
Reaktivität 23, 69, 197
Reduktion von Komplexität   18, 53, 86, 136, 252
Reichweite 54, 65, 70, 133, 226
Reliabilität   191, 195, 197, 199, 201, 203, 205–206, 209–210, 222
Ressort 56, 76, 81, 121, 124, 218, 221
Sammelkategorie   107
Schichtung   61
Schlüsselcode 81, 99, 114
Schlüsselereignisse   54
Schlüsselplan 134, 139
Schlussfolgerungen   24, 27, 31, 34, 36, 44, 47, 60, 160, 208, 250–251
Semantische Struktur- und Inhaltsanalyse .   170
Skalenbildung 158, 161–162
Skalenniveau   104
Stichprobe . .   15, 42, 54, 58, 60, 69, 73–74, 192, 219, 228–229, 250
synthetisches Kategoriensystem .   163, 165, 171
systematisch . . .   14, 21–22, 42, 192, 230, 248
Text-Bild-Schere   84
Thema   18–19, 29–30, 46, 49–50, 76–77, 79–80, 83, 98, 108–109, 114, 121, 131, 133–135, 138, 152, 165, 203, 219, 231, 240, 242, 246
Theorie .   33, 37, 39, 49, 87, 101, 230, 236–237
Trennschärfe . . .   101, 103, 105, 108, 111, 127, 139
Übereinstimmung .   157, 176–177, 198–204, 211, 242
Untersuchungsmaterial .   21, 23, 25, 40, 43, 47, 53–54, 64, 75–76, 93, 95, 102, 111, 120, 124, 136, 151, 153, 178, 180, 182–184, 192, 221
Urheber   32, 80, 145–146, 164–165, 168, 170–171, 218
Validität   195–198, 205–207, 209–210, 222, 236
Verteilungsraster   181
visuelles Codebuch   84
Vollerhebung 42, 57, 60, 73
Vollständigkeit   64, 101, 103, 105–106, 108, 122, 207, 222, 229
Wahlkampf 54, 171, 213, 222–223, 225
wertende Aussagen 163, 165, 171
wertende Kategorien 87, 132, 156, 173
Wirkungen 33–34, 208, 241, 246
Zeitverlauf 28–29, 31, 114, 117, 119, 221
Zufallsauswahl 54, 59, 61

UVK:Weiterlesen

Klaus Beck
Kommunikationswissenschaft
2., überarbeitete Auflage 2010
250 Seiten, 20 s/w Abb., broschiert
UTB 2964
ISBN 978-3-8252-2964-1

Andrea Beyer, Petra Carl
Einführung in die Medienökonomie
2., überarbeitete und erweiterte Auflage
2008, 260 Seiten, 70 s/w Abb., broschiert
UTB 2574
ISBN 978-3-8252-2574-2

Joan Kristin Bleicher
Internet
2010, 102 Seiten, broschiert
UTB 3425
ISBN 978-3-8252-3425-6

Heinz Bonfadelli
Medieninhaltsforschung
Grundlagen, Methoden, Anwendungen
2002, 212 Seiten, 30 s/w Abb., broschiert
UTB 2354
ISBN 978-3-8252-2354-0

Heinz Bonfadelli
Medienwirkungsforschung I
Grundlagen und theoretische Perspektiven
3., überarbeitete Auflage
2004, 300 Seiten, 90 s/w Abb., broschiert
UTB 2502
ISBN 978-3-8252-2502-5

Heinz Bonfadelli
Medienwirkungsforschung II
Anwendungen in Politik,
Wirtschaft und Kultur
2., überarbeitete Auflage
2004, 328 Seiten, broschiert
UTB 2615
ISBN 978-3-8252-2615-2

Nils Borstnar, Eckhard Pabst,
Hans Jürgen Wulff
**Einführung in die Film-
und Fernsehwissenschaft**
2., überarbeitete Auflage 2008
250 Seiten, 25 s/w Abb., broschiert
UTB 2362
ISBN 978-3-8252-2362-5

Anja Ebersbach,
Markus Glaser, Richard Heigl
Social Web
2., überarbeitete Auflage 2010
278 Seiten, 70 s/w Abb., broschiert
UTB 3065
ISBN 978-3-8252-3065-4

Gerlinde Frey-Vor,
Gabriele Siegert,
Hans-Jörg Stiehler
Mediaforschung
2008, 412 Seiten
80 s/w Abb., broschiert
UTB 2882
ISBN 978-3-8252-2882-8

Klicken + Blättern

Leseproben und Inhaltsverzeichnisse unter

www.uvk.de

Erhältlich auch in Ihrer Buchhandlung.

UVK Verlagsgesellschaft mbH

UVK:Weiterlesen

Werner Früh
Inhaltsanalyse
Theorie und Praxis
6., überarbeite Auflage
2007, 310 Seiten
15 s/w Abb., broschiert
UTB 2501
ISBN 978-3-8252-2501-8

Andreas Hepp
Transkulturelle Kommunikation
2006, 342 Seiten
40 s/w Abb., broschiert
UTB 2746
ISBN 978-3-8252-2746-3

Bernd Klammer
Empirische Sozialforschung
Eine Einführung für Kommunikations-
wissenschaftler und Journalisten
2005, 346 Seiten
20 s/w Abb., broschiert
UTB 2642
ISBN 978-3-8252-2642-8

Hans-Jürgen Krug
Radio
2010, 118 Seiten, broschiert
UTB 3333
ISBN 978-3-8252-3333-4

Helmut Küchenhoff et al.
**Statistik für Kommunikations-
wissenschaftler**
2., überarbeitete Auflage
2006, 384 Seiten
60 s/w Abb., broschiert
UTB 2832
ISBN 978-3-8252-2832-3

Jan Lies (Hg.)
Public Relations
Ein Handbuch
2008, 634 Seiten, 200 s/w Abb.
gebunden im Großformat
ISBN 978-3-8252-8408-4

Oliver Marchart
Cultural Studies
2008, 278 Seiten
10 s/w Abb., broschiert
UTB 2883
ISBN 978-3-8252-2883-5

Klaus Meier
Journalistik
2007, 276 Seiten
50 s/w Abb., broschiert
UTB 2958
ISBN 978-3-8252-2958-0

Klicken + Blättern

Leseproben und Inhaltsverzeichnisse unter

www.uvk.de

Erhältlich auch in Ihrer Buchhandlung.

UVK Verlagsgesellschaft mbH

UVK:Weiterlesen

Michael Meyen
Mediennutzung
Mediaforschung, Medienfunktionen, Nutzungsmuster
2004, 278 Seiten
20 s/w Abb., broschiert
UTB 2621
ISBN 978-3-8252-2621-3

Lothar Mikos
Film- und Fernsehanalyse
2., überarbeitete Auflage 2008
396 Seiten, 55 s/w Abb., broschiert
UTB 2415
ISBN 978-3-8252-2415-8

Lothar Mikos, Claudia Wegener (Hg.)
Qualitative Medienforschung
Ein Handbuch
2005, 616 Seiten, 50 s/w Abb.
gebunden im Großformat
UTB 8314
ISBN 978-3-8252-8314-8

Marion G. Müller
Grundlagen der visuellen Kommunikation
Theorieansätze und Analysemethoden
2003, 304 Seiten, broschiert
16 farbige und 14 s/w Abb.
UTB 2414
ISBN 978-3-8252-2414-1

Daniel Perrin
Medienlinguistik
Inklusive CD-ROM
2006, 248 Seiten
40 s/w Abb., broschiert
UTB 2503
ISBN 978-3-8252-2503-2

Stephan Porombka
Kritiken schreiben
Ein Trainingsbuch
2006, 270 Seiten, broschiert
UTB 2776
ISBN 978-3-8252-2776-0

Manuel Puppis
Einführung in die Medienpolitik
2., überarbeitete Auflage 2010
360 Seiten, 60 s/w Abb., broschiert
UTB 2881
ISBN 978-3-8252-2881-1

Heinz Pürer, Johannes Raabe
Presse in Deutschland
3., völlig überarbeitete
u. erweiterte Auflage 2007
656 Seiten, 76 s/w Abb.
gebunden im Großformat
UTB 8334
ISBN 978-3-8252-8334-6

Klicken + Blättern
Leseproben und Inhaltsverzeichnisse unter

www.uvk.de

Erhältlich auch in Ihrer Buchhandlung.

UVK Verlagsgesellschaft mbH

UVK:Weiterlesen

Heinz Pürer
Publizistik- und Kommunikationswissenschaft
Ein Handbuch
2003, 598 Seiten, 34 s/w Abb.
gebunden im Großformat
UTB 8249
ISBN 978-3-8252-8249-3

Bertram Scheufele,
Ines Engelmann
Empirische Kommunikationsforschung
2009, 254 Seiten
60 s/w Abb., broschiert
UTB 3211
ISBN 978-3-8252-3211-5

Armin Scholl
Die Befragung
2., überarbeitete Auflage
2009, 292 Seiten
10 s/w Abb., broschiert
UTB 2413
ISBN 978-3-8252-2413-4

Rainer Schützeichel
Soziologische Kommunikationstheorien
2004, 384 Seiten, broschiert
UTB 2623
ISBN 978-3-8252-2623-7

Rudolf Stöber
Deutsche Pressegeschichte
Von den Anfängen bis zur Gegenwart
2., überarbeitete Auflage
2005, 396 Seiten
90 s/w Abb., broschiert
UTB 2716
ISBN 978-3-8252-2716-6

Barbara Thomaß (Hg.)
Mediensysteme im internationalen Vergleich
2007, 370 Seiten
10 s/w Abb., broschiert
UTB 2831
ISBN 978-3-8252-2831-6

Stefan Weber (Hg.)
Theorien der Medien
Von der Kulturkritik bis zum Konstruktivismus
2., überarbeitete Auflage
2010, 330 Seiten
6 s/w Abb., broschiert
UTB 2424
ISBN 978-3-8252-2424-0

Guido Zurstiege
Werbeforschung
2007, 234 Seiten
32 s/w Abb., broschiert
UTB 2909
ISBN 978-3-8252-2909-2

Klicken + Blättern

Leseproben und Inhaltsverzeichnisse unter

www.uvk.de

Erhältlich auch in Ihrer Buchhandlung.

UVK Verlagsgesellschaft mbH